现代汉语实用教程

（第二版）

主　编　王汉生
副主编　胡利华　周　安
编　委　（以姓氏笔画为序）
　　　　王子英　王汉生　王晓艳　刘　牧
　　　　刘仁三　刘红松　李祖民　周　安
　　　　胡利华　徐　玲　桑春燕

图书在版编目(CIP)数据

现代汉语实用教程(第二版)/王汉生主编. —北京:北京大学出版社,2015.9
ISBN 978-7-301-25795-1

Ⅰ.①现…　Ⅱ.①王…　Ⅲ.①现代汉语—高等职业教育—教材　Ⅳ.①H109.4

中国版本图书馆 CIP 数据核字(2015)第 092444 号

书　　名	现代汉语实用教程(第二版) XIANDAI HANYU SHIYONG JIAOCHENG
著作责任者	王汉生　主编
策 划 编 辑	王　莹
责 任 编 辑	王　莹
标 准 书 号	ISBN 978-7-301-25795-1
出 版 发 行	北京大学出版社
地　　址	海淀区成府路 205 号　100871
网　　址	http://www.pup.cn　新浪微博:@北京大学出版社
电子信箱	zyjy@pup.cn
电　　话	邮购部 010-62752015　发行部 010-62750672　编辑部 010-62765126
印 刷 者	北京溢漾印刷有限公司
经 销 者	新华书店
	787 毫米 × 1092 毫米　16 开本　23.75 印张　578 千字 2009 年 1 月第 1 版 2015 年 9 月第 2 版　2023 年 1 月第 5 次印刷
定　　价	49.00 元

未经许可,不得以任何方式复制或抄袭本书之部分或全部内容。
版权所有,侵权必究
举报电话:010-62752024　电子信箱:fd@pup.pku.edu.cn
图书如有印装质量问题,请与出版部联系,电话:010-62756370

第二版前言

安徽省"十一五"规划教材《现代汉语实用教程》由中国科学技术大学出版社正式出版之后，十多所院校使用了该教材。经实践检验，该教材是一本很适合应用型本科及高职高专院校使用的特色鲜明的成熟教材。师生们认为，该教材针对性、实用性、时代性、系统性强，习题丰富，题型多样，理论层次适中，内容详略得当，使用起来得心应手。不过大家也针对教材中的不足提出了一些宝贵的意见和建议，希望该教材在第二版时能够得以弥补，予以完善。

根据国家职能部门近几年所发布的新的规范要求，根据反馈回来的意见和建议，也根据编委们的亲身体会和新的领悟，我们对该教材作了一定的修改和调整，对有些章节进行了重新编写。基本情况大致如下。

1. 将"汉字"前移为第一章，将"语音""语汇""语法"集中在一起，分列为第二、第三、第四章。

2. 修改"语音"一章中"方音辨正"的部分内容，让地方特色与各地情况有机结合，使"方音辨正"更富有针对性，从而收到更好的"辨正"效果。

3. 修改"语法"一章中"词类划分的标准及具体词类"，将各类词的阐述内容按照定义、分类、语法特点的顺序重新排列，以使教与学更加方便。

4. 调整"语法"一章中"复句的关系类别"，使之更贴近中学教学语法体系。

5. 根据中华人民共和国国家质量监督检验检疫总局和中国国家标准化管理委员会所发布的《标点符号用法》，修订第四章第十节"标点符号及其运用"。

6. 在第一章第四节之后，增写第五节"输录汉字与书写汉字的同和异"，将原第五节"汉语电子文案的规范与美化"调整为第六节，从而使汉字的具体应用与学生职业能力的形成更为紧密地结合在一起。

7. 修改"修辞"一章"修辞概说"中的第二个问题"与修辞相关的几个问题"的部分内容，增添"修辞与语音、语汇、句子之间的关系"这一问题。

8. 将"修辞"一章的原五节内容"修辞概说""语音修辞""语汇修辞""句子修辞""辞格"调整为"修辞概说""修辞的原则""修辞的途径""修辞的方法""辞格的运用""语体和语言风格"并重写"修辞的途径"与"修辞的方法"。

9. 增添并调整部分习题，使习题的数量更加丰富，习题的内涵和要求与教材中的相关内容更为协调，也更有利于培养学生的职业能力。

10. 修改完善与上述内容相对应的电子课件、试题库、《〈现代汉语实用教程〉习题解答与相关资料》等。

11. 修改措辞不够精当之处，并对阐述语言进行适当润色。

在修订本教材的过程中，亳州师范高等专科学校的胡利华老师，阜阳师范高等专科学校的桑春燕老师、王子英老师，江汉大学文理学院的王晓艳老师，安徽工业经济职业技术学院的刘仁三老师，武昌职业学院的李祖民老师，淮北职业技术学院的刘红松老师，阜阳职业技术学院的徐玲老师、周安老师、刘牧老师（现已调出）都积极参与，提出了宝贵的意见和建议，出色地完成了各自所承担的修订任务，并表现出善于沟通协作、乐于团结互助的良好的精神风貌。

阜阳师范学院的王绍峰教授、胡习之教授，一直非常关心该教材的编写工作，他们不仅在初编时给予了精心的指导，而且在修订时也给予了热情的帮助。在此致以诚挚的谢意。

阜阳职业技术学院的许多领导和同事，高等教育出版社、北京大学出版社的编辑和领导，都对本教材的修订工作给予了热情的关心和大力的支持，在此一并致谢。

我的恩师倪祥和老师，对于该教材的编写和修订工作更是无私地倾注了自己的热情和心血。对于倪祥和老师的谆谆教诲，本人更会铭记在心，永不忘怀。

该教材虽已修订，但不足之处在所难免。同时作为教材，也应当不断吸收新的研究成果，积极适应新的社会形势，通过认真吸收各方面的意见和建议，使之更臻完善，更具有时代性和实用性。欢迎广大同人给予热情的指导和帮助。

2015 年 6 月 16 日

第一版前言

王汉生同志主编的《现代汉语实用教程》即将出版，知悉后本人十分欣喜。

王汉生同志从教三十余年，主讲"现代汉语"也已长达二十三年，可谓专业理论娴熟，教学经验丰富，处理学术问题也已得心应手。他从编写讲稿到把讲稿转化为教材，历经反复修改、推敲、酌定，凝聚了多年的心血。这本《现代汉语实用教程》可以说是一部精心之作。

他根据应用型本科教育、职业技术教育与普通高等教育分工的不同，调整了内容的侧重点，对理论性太强、学生理解有一定难度的问题，适当降低了要求或予以淡化；而对实用性较强、打基础必需的问题，则适当加以突出，并注重学生理解、分析和操作能力的培养。这样的调整是适当的，是一种突破，应当予以充分的肯定。例如：对于现代汉民族共同语的历史形成问题，对于汉语方言区的划分问题，对于汉语词的形态变化的标志问题，对于词类划分的层次问题，对于句子语用方面的深入阐释问题，对于将复句划分为联合和偏正两大类型的问题，对于句群的层次分析问题等，由于学时有限或学生在短时间内难以深入领会，便适当地精简或干脆删去。而对语言实践有指导意义的，编者便深入浅出，力争说清说透。比如：对于运用汉字的民族感情和规范书写的问题，对于运用汉字进行文案处理的问题，对于划分词类标准的理解和掌握问题，对于复杂短语的层次分析问题，对于句子成分的理解和分析问题，对于多重复句的层次分析和关系说明的问题，对于修辞的原则、途径、方法及应该注意的问题等，教材从培养学生对于现代汉语的理解分析能力和规范应用能力的角度出发，给予了较为翔实的阐述并列举了大量的实例。

适当降低理论层次并精简部分内容，并不等于在阐释问题时就可以避重就轻。王汉生同志根据他几十年的教学经验，对学生必然要遇到而又难以解决的问题，要么在列举示例时解析，要么在"练习与思考"中出现。为了便于学生自学，王汉生同志还精心编写了与本教材配套使用的《〈现代汉语实用教程〉习题解答与相关资料》。

现代汉语是实用性和操作性很强的一门学科，一般要经过严格的操练才能掌握。本教程每一章节之后，都设计了"练习与思考"。"练习与思考"中的习题，既体现出题型的多样性和新颖性的特点，又体现出针对性和实效性很强的特点；既能为学生课后复习巩固、适当扩大问题探讨的范围提供用武之地，又能为教师帮助学生解决疑难问题并考察语言运用中的新问题提供方便条件。从这里我们也不难看出编者的良苦用心。

更为可贵的是，王汉生同志在编写的过程中，不仅查阅了语言学界的许多专著，吸收了其成熟观点，而且也渗透了编者自己多年以来的研究成果。比如关于"语素"的定义的理解和应用问题，关于如何把握词类划分标准的问题，关于"为了""为着"的词性问题，关于"是"的词性问题，关于单复句的划界问题，关于汉字的演变与改革的问题，关于修辞的原则、途径和方法的问题，关于修辞手段与题旨情境之间相辅相成和相反相成的关系问题等。编者多年来积极参与这些问题的探讨，先后发表了二十余篇这方面的学术论文，还为《现代汉语修辞专题》撰写了"论修辞的原则"和"关于修辞的方法"两个专题。教程融入他本人的研究成果，不仅能推动现代汉语问题的更加深入的研究，而且使教材增加了不少新的亮点。编者在吸取语言学界的成熟见解的时候，能够使各家观点互不抵牾，和谐交融，自成一个完整而严密的体系，这实在是一种高超的驾驭能力的体现。

王汉生同志1978年考上大学后，由于他基础扎实，学习勤奋，因而成绩优秀，是我教过的优异的学生之一。毕业后，他先后在阜阳教育学院、阜阳职业技术学院任教，是我语言教学的同行和朋友。我深知他潜心汉语教学与研究，学风、教风严谨，工作一丝不苟，因此能写出这样一本扎实而又实用的好教程。在此特向读者推荐。

倪臻和

阜阳师范学院

2008年8月写于北京

目　录

绪　论 ··· 1

 第一节　语言・汉语・现代汉语 ··· 1
  一、语言 ··· 1
  二、语言的分与合 ··· 4
  三、汉语和现代汉语 ··· 7
  练习与思考 ··· 11
 第二节　现代汉语规范化 ··· 12
  一、中华人民共和国成立以后的语言文字工作 ································· 12
  二、《国家通用语言文字法》的基本内容 ··· 13
  三、促进汉语规范化，大力推广普通话 ··· 13
  练习与思考 ··· 15
 第三节　《现代汉语实用教程》（第二版）以及现代汉语学习 ····· 15
  一、《现代汉语实用教程》（第二版） ··· 15
  二、现代汉语学习 ··· 16
  练习与思考 ··· 16

第一章　汉字 ·· 17

 第一节　汉字概说 ··· 17
  一、文字和汉字的产生 ··· 17
  二、文字和汉字的作用 ··· 17
  三、汉字的特点 ··· 20
  练习与思考 ··· 22
 第二节　汉字的形体 ··· 22
  一、汉字形体的演变 ··· 22
  二、现行汉字的形体 ··· 26
  练习与思考 ··· 28
 第三节　汉字的结构 ··· 28
  一、结构系统 ··· 28

  二、构造方法 ………………………………………………………… 32
    练习与思考 ………………………………………………………… 35
 第四节 现行汉字的规范 ……………………………………………… 35
  一、汉字的简化和整理 …………………………………………… 35
  二、汉字的标准化 ………………………………………………… 37
  三、推行规范汉字 ………………………………………………… 41
  四、汉字的信息处理 ……………………………………………… 43
    练习与思考 ………………………………………………………… 44
 第五节 输入汉字与书写汉字的同和异 …………………………… 45
  一、输入汉字的几种主要方法 …………………………………… 45
  二、输入汉字与书写汉字的相同点和不同点 …………………… 46
    练习与思考 ………………………………………………………… 47
 第六节 汉语电子文案的规范与美化 ……………………………… 48
  一、汉字与编辑排版 ……………………………………………… 48
  二、汉语电子文案的规范与美化 ………………………………… 48
  三、纠正电脑编辑排版中的常见失误 …………………………… 49
    练习与思考 ………………………………………………………… 50

第二章 语音 …………………………………………………………… 51

 第一节 语音概说 ……………………………………………………… 51
  一、语音的性质 …………………………………………………… 51
  二、语音单位 ……………………………………………………… 54
  三、《汉语拼音方案》和国际音标 ……………………………… 55
    练习与思考 ………………………………………………………… 56
 第二节 汉语音节的构成要素 ……………………………………… 58
  一、声母和辅音 …………………………………………………… 58
  二、韵母和元音 …………………………………………………… 63
  三、声调 …………………………………………………………… 69
    练习与思考 ………………………………………………………… 71
 第三节 汉语音节的拼写 …………………………………………… 74
  一、音节的结构及其特点 ………………………………………… 74
  二、声韵拼合规律 ………………………………………………… 75
  三、音节的拼写 …………………………………………………… 76
    练习与思考 ………………………………………………………… 78
 第四节 语音要素的应用与变异 …………………………………… 78
  一、音变 …………………………………………………………… 78
  二、音位及其变体 ………………………………………………… 83
    练习与思考 ………………………………………………………… 85
 第五节 说话与阅读 …………………………………………………… 86
  一、重音 …………………………………………………………… 86

二、停顿 ··· 88
　　三、句调 ··· 89
　　四、朗读与朗诵的关系 ································· 91
　　练习与思考 ··· 91
第六节　语音规范化 ·· 92
　　一、标准音的确立 ······································ 92
　　二、方音辨正 ··· 94
　　三、关于普通话水平测试的问题 ···················· 101
　　练习与思考 ··· 104
　　附一　声母辨正辅助字表 ···························· 105
　　附二　韵母辨正辅助字表 ···························· 110

第三章　语汇 ··· 113

第一节　语汇概说 ··· 113
　　一、语汇的性质 ·· 113
　　二、基本语汇和一般语汇 ···························· 115
　　练习与思考 ··· 122
第二节　语素 ··· 122
　　一、什么是语素 ·· 122
　　二、语素的分类 ·· 123
　　三、语素和汉字、音节的关系 ······················ 124
　　练习与思考 ··· 125
第三节　词 ·· 125
　　一、什么是词 ··· 125
　　二、词与短语的区分 ·································· 125
　　三、从语汇学角度看词的类型 ······················ 126
　　四、词的理据 ··· 133
　　练习与思考 ··· 134
第四节　熟语 ··· 135
　　一、熟语的特征 ·· 135
　　二、几种常见的熟语 ·································· 136
　　练习与思考 ··· 143
第五节　词义 ··· 143
　　一、词义的性质 ·· 143
　　二、词义的构成 ·· 146
　　三、单义词和多义词 ·································· 148
　　四、语境与词义 ·· 150
　　练习与思考 ··· 152
第六节　词语的关系 ·· 152
　　一、语义场 ··· 152

二、同义词和反义词 ································· 155
　　三、同音词和同形词 ································· 161
　　练习与思考 ··· 163

第七节　语汇的发展与规范化 ····························· 164
　　一、语汇的发展 ····································· 164
　　二、语汇的规范化 ··································· 167
　　练习与思考 ··· 169

第四章　语法 ··· 170

第一节　语法概说 ······································· 170
　　一、语法和语法学 ··································· 170
　　二、汉语语法的特点 ································· 172
　　三、语法单位 ······································· 173
　　四、语法分析 ······································· 173
　　练习与思考 ··· 174

第二节　词类 ··· 174
　　一、词类与词性 ····································· 174
　　二、词类划分的标准及具体词类 ······················· 175
　　练习与思考 ··· 199

第三节　短语 ··· 201
　　一、短语的结构类型 ································· 201
　　二、短语的功能类别 ································· 210
　　三、短语的层次分析 ································· 211
　　四、多义短语 ······································· 214
　　练习与思考 ··· 214

第四节　句子的特征和类型 ······························· 216
　　一、句子的特征 ····································· 216
　　二、句型 ··· 217
　　三、句类 ··· 218
　　四、句式 ··· 218
　　练习与思考 ··· 219

第五节　句子成分与单句分析 ····························· 219
　　一、句子分析和句法分析 ····························· 219
　　二、句子成分 ······································· 220
　　三、单句分析举例 ··································· 229
　　四、句子的语义分析 ································· 230
　　练习与思考 ··· 230

第六节　几种特殊的句式 ································· 232
　　一、双宾句 ··· 232
　　二、把字句 ··· 233

三、被字句 234
　　四、存现句 236
　　练习与思考 237
第七节　单句中常见的语法错误 237
　　一、搭配不当 237
　　二、语序不妥 239
　　三、成分残缺或多余 240
　　四、句式杂糅 241
　　五、歧义及歧义的消除 242
　　练习与思考 244
第八节　复句及其类型 246
　　一、复句的含义 246
　　二、复句中各分句之间的关系 246
　　三、复句与关联词语 247
　　四、复句的关系类别 249
　　五、复句的层次类别及其分析 257
　　六、紧缩复句 259
　　七、复句中常见的语病 260
　　练习与思考 262
第九节　句群和句群的分析 264
　　一、什么是句群 264
　　二、句群同复句、段落的关系 264
　　三、句群的类型 267
　　四、多重句群层次关系的分析 269
　　五、句群中常见的语病 269
　　练习与思考 272
第十节　标点符号及其运用 274
　　一、标点符号的定义、种类和书写位置 274
　　二、标点符号的功能 275
　　三、标点符号的相互关系 278
　　练习与思考 280

第五章　修辞 282
　第一节　修辞概说 282
　　一、修辞的含义 282
　　二、与修辞相关的几个问题 282
　　练习与思考 285
　第二节　修辞的原则 286
　　一、与题旨情境保持和谐统一是修辞的基本原则 286
　　二、"修辞立其诚"是修辞的重要原则 288

练习与思考 ·· 291
　第三节　修辞的途径 ··· 291
　　　一、从语音要素入手 ··· 291
　　　二、从语汇要素入手 ··· 295
　　　三、从句子要素入手 ··· 302
　　　练习与思考 ·· 310
　第四节　修辞的方法 ··· 313
　　　一、选择修辞法 ·· 313
　　　二、调整修辞法 ·· 316
　　　三、增删修辞法 ·· 322
　　　四、创新修辞法 ·· 323
　　　练习与思考 ·· 326
　第五节　辞格的运用 ··· 327
　　　一、辞格概说 ·· 327
　　　二、常用辞格 ·· 327
　　　三、辞格的综合运用 ··· 346
　　　练习与思考 ·· 347
　第六节　语体和语言风格 ·· 350
　　　一、语体 ·· 350
　　　二、语言风格 ·· 359
　　　练习与思考 ·· 362

参考书目 ··· 365
后　记 ··· 366

绪 论

第一节 语言·汉语·现代汉语

一、语言

（一）符号及其类型

符号是社会信息的物质载体，通常被叫作记号或指号。人们常用甲事物代表乙事物——甲事物就是能起指代作用的物质载体，被称为"能指"；乙事物就是被指代的社会信息，被称为"所指"。"能指"与"所指"之间既非相似关系，也非相关关系；而只是约定俗成的关系。起指代作用的事物与被指代的事物之间构成统一体，这便成了符号。社会上存在着大量的丰富多彩的符号。交通路口的红绿灯、篮球赛场上裁判员的"T"型手势、部队营区的起床号、校园里上下课的铃声等都是传递着特定信息的物质载体，都是生活中常见的符号。语言只是诸种符号中最复杂、最系统的一种符号。

从人们对于符号的识别途径和识别功效来看，符号可分为听觉符号、视觉符号、触觉符号等类型。图案、色彩、手势、表情、声音、凹凸物等只要跟一定的意义约定俗成地联系在一起，都可以成为符号的形式。语言、音乐等是听觉符号，手势、旗语、红绿灯等是视觉符号，盲文是触觉符号，盲道则是由触觉和听觉相统一而形成的特殊符号。盲文和普通人使用的文字都是记录语言的；从这个意义上讲，文字等则是语言符号的符号，文字的能指是书写形式，所指是语言。

（二）语言及其属性和特点

语言是人类社会最重要的交际工具和思维工具，是由语音、语汇、语法三要素构成的层级分明、逻辑严谨的符号系统。任何层级的语言单位，都是特定的语音语义的结合体。

1. 语言的属性

从内在的特性看，语言具有社会属性、物质属性、工具属性和逻辑属性。
（1）语言的社会属性。
语言是一种特殊的社会符号。人们在长期的社会实践中，逐步感受到表达事物、交流思想、传递情感的必要性和迫切性，人们非常需要有一种方便快捷的东西能帮助自己达此目的，于是语言便应运而生。语言的能指是语音，所指是事物、思想或情感；语言的形式是语音，内容是语义——语音与语义统一起来，便形成了庞大的符号系统——语言。

在人类的语言中，不存在无意义内容的语音形式，也不存在无语音形式的意义内容；语音形式可以很好或较好地为意义内容服务，而意义内容却无法决定语音形式，二者之间只能是约定俗成的关系。用什么样的语音形式表达什么样的意义内容，是人们在长期的社会实践中约定俗成的结果。离开了人类社会，其他任何动物都无法理解和使用语言。当然，人类社会自诞生了语言以来，语言也便成了维系人类社会有序运转的最重要的手段。人类社会离开了可以传递各种信息的语言，必然陷于混乱愚昧的不堪境地，那将是不可想象的。

口头语言是用声音来传递信息的，不过能够用声音进行信息交流的不仅仅是人类，蜜蜂、蟋蟀、海豚、黑猩猩等动物也能以声音传递信息。但是，它们那样的交际手段和人类的语言是不可同日而语的，且具有本质的不同。

语言离不开人类社会，人类社会也离不开语言，可见语言具有社会属性。社会属性是语言的本质属性。

（2）语言的工具属性。

人们创造语言，就是要用它来交换信息的。语言从它产生的那一天起，就具有了工具的属性。

语言是人类社会最重要的交际工具。人类可以使用多种工具进行交际，比如手势、表情、旗语、电报代码、交通标志、网络隐语等，但它们要么需要用语言来说明，要么是在语言的基础上产生的，都只能在特定的范围内使用，都只能传达简单的交际信息。只有语言才能传达丰富细腻、完整系统、复杂多变的交际信息，因而它是人类社会须臾不能离开的最重要的交际工具。

某种语言的创造权可以归属于某个民族，但语言的使用权却可以归属于全人类。人们可以使用其他民族的语言进行交际。语言可以为统治阶级服务，也可以为被统治阶级服务，它一视同仁地为人们的交际活动忠诚服务。

语言还是人类思维的工具。不管运用何种语言进行思维，没有语言作工具，人们便无法进行复杂深入、系统严谨的有条理、合规则的思维。

（3）语言的物质属性。

语言是在人的大脑高度发达的情况下产生的，没有这样的物质基础，语言便无从产生。

声音是由物质的振动而形成的，语音也不例外；语音是由人的发音器官的规则运动而形成的，人的发音器官也是物质。语音的传播媒介可以是气体，也可以是固体和液体，它们都是具体的物质，比如书就是物质的。在现代社会中，语言的传播媒介和传播手段丰富多彩、格外先进，但它们也都是物质的。

从另一个角度来看，承载语言的可以是人，也可以是摄录机、光盘、电脑等，可见语言的载体也都是物质的。

语言产生的条件是物质的，语言发出的声源是物质的，语言传播的媒介是物质的，语言的载体也是物质的，所以语言具有物质属性。

（4）语言的逻辑属性。

语言由语音、语汇、语法三要素构成——语音是语言的物质外壳，语汇是语言的建筑材料，语法是语言的结构规则；三要素之间，既相对独立、相互区别，又相互制约、相互依存，它们共同构成完整而严密的语言系统。

语言系统由语音、语汇、语法等子系统构成，各子系统及其分支系统构成语言系统的不同层级。各个层级既相对独立又层层套叠，每个层级都有自己的单位与范畴，都具备特定的内在联系与构成体系，各子系统之间又是相互联结、相互渗透、相互作用、相互制约的。

语言系统的层级性及其相互关系，正是语言逻辑属性的重要体现。

语言必须是有条理、可理解的，各种语言之间都具有一定的对应规律，否则语言就不能成为人类社会的交际工具。语言的这种特点，正反映出语言与人类的思维规律是完全一致的。语言各子系统之间的组合规则，语言在表情达意方面准确细腻、严谨周到、有条不紊的要求，无不与人类的思维规律相互契合。语言组合及语言表达的这些要求，正是语言逻辑属性的本质体现。

语言符号是一个有限的集合体，不管是音位、语素和词语，还是各个方面的相关规则，都是有限的。使用某种语言的人们可以运用有限的词语、有限的语法规则，组合成无数个可以表达各种意义内容的句子来。这种用有限的语言单位和规则生成无限的言语成品，传递无限丰富的社会信息的属性，就是语言的生成性。语言组合的每一次延伸，语言结构的每一次扩展，都必须是符合规律的。语言的生成性特点，也是语言逻辑属性的有力体现。

2. 语言的特点

从表现状况来看，语言还具有社会性、全民性、系统性、生成性等特点。

（1）语言的社会性。

语言是属于人类社会的，语言具有社会性特点。

语言符号是社会约定俗成的，这种约定俗成是任意性和强制性的对立统一。

语言符号的任意性是指声音与其代表的事物之间没有必然的联系。如"水"，汉语普通话说 shuǐ，汉语的一些方言说 shuí、féi 等，英语说 water。可见这些读音与"水"的意义之间的关系不是必然的，而是任意的，是人们约定俗成的结果。否则，无法解释语言中大量存在的同义词、多义词和同音词等现象，也无法解释语言的民族性和语言的发展变化。

语言符号的强制性是指语言符号的音义结合关系一旦约定俗成之后，个人必须遵守，不能随意更改。当初如果把"黄"叫作"红"，把"红"叫作"黄"，完全可以，现在也会这么使用，但是汉族人按照既有的习惯约定后，就不能轻易更改了。赵高虽权倾一时，可"指鹿为马"，但他当时的表演也只能作为笑料流传人间。语言符号的强制性比其他任何符号都要明显，也更重要，因为它涉及全体社会成员生活的每时每刻，涉及整个社会能否正常运转。

语言符号的任意性是符号创始之初的特性，强制性是符号通行之时的特性。任意性和强制性是辩证统一的。没有任意性，语言无法呈现出不断发展变化的丰富多彩的生动局面；没有强制性，语言无法实现其社会交际的职能。任何个人，都不能因任意性而随意改变语言符号的音义结合关系，也不能借口强制性限制语言的创新与发展。当然，在语言使用的实践中，强制性比任意性重要得多，作为个人，都应当自觉维护语言的强制性特点。

语言随着社会的演变而演变，随着社会的发展而发展；不过语言的发展演变是渐进的，而不是突变的。在语言发展演变的过程中，三要素所呈现出的具体状况是不尽相同的——语汇最活跃，发展演变的痕迹最显著，其次是语音，再次是语法。

（2）语言的全民性。

语言作为一种特殊的工具性符号，具有全民性，没有阶级性。任何一种语言都一视同仁地为使用该种语言的每一位社会成员服务，少数阶级习惯语、行业语以及方言词，无法改变语言的全民性特点。

语言的使用权往往超越语言的创造权，人类社会的各种语言都可以为人类社会的每一位成员服务。汉语可以为汉民族的人服务，也可以为其他少数民族服务，还可以为世界各族人民服务。汉民族的人使用汉语进行交际自不待言，也可以使用其他少数民族的语言如藏语、维吾尔语、朝鲜语，甚至英语、俄语、法语……进行交际也未尝不可；其他民族的人在使用语言进行交际时也是如此。

从语言的使用情况和服务功能来看，语言具有全民性。

（3）语言的系统性。

语言符号不是一盘散沙，而是层级分明、规则明确、相互联系、相互制约的一个整体，这就是语言系统。

语言符号的价值是由两种基本的关系来决定的，一是纵向的形成结构的组合关系，二是横向的形成类别的聚合关系。以"词"为例，组词造句是结构的建立。结构怎么建立，是组合的问题；哪些词能出现在一定的组合中的同一位置，这又是聚合的问题。句子就是组合规则和聚合规则相互作用的产物。每个词既是某个聚合体中的成员，又在组合中承担一定的角色——这正是词的价值的体现。其实，组合和聚合不仅是语言符号各层级构成要素之间的主要关系，而且是每一个语言符号的价值体现，还是语言符号系统性的直接体现。

语言的系统性特点，使语言成为有规则、有条理、可理解、可生成的特殊的符号系统。

（4）语言的生成性。

语言具有生成性特点，前文已经谈到，这里不再赘述。

语言的生成性特点使语言具有适应性强、表现力强、信息量大、使用简便、机动灵活、丰富多彩、能力争获得最佳效果等优势，是人类语言有别于任何动物"语言"的重要标志，也是语言之所以成为人类社会最重要的交际工具和思维工具的奥妙所在。

二、语言的分与合

（一）民族语言与民族交际语

就世界范围而言，据统计民族语言有 5 000 种左右。根据语言之间历史来源的不同，可以把它们分为若干语系。汉藏语系和印欧语系是使用人数最多的两个语系。汉藏语系诸语言主要分布在亚洲东南部的中国、泰国、缅甸、不丹、尼泊尔、印度、孟加拉国、越南、老挝、柬埔寨等地。它的一个显著的特点就是音节具有能够区别意义的固定的声调。印欧语系诸语言的分布区域最广，欧洲、美洲、大洋洲、亚洲印度的多数人都使用印欧语系的语言，其中使用英语、西班牙语的人数最多，分布最广。就世界各地使用语言的现状来看，使用汉语的人数正在不断增多，汉语有可能成为使用人数最多的语言之一。

民族语言就是为某个民族所创造，主要在某个民族区域内使用的语言。中国有56个民族，使用着约80种民族语言。这些语言分别属于汉藏、阿尔泰、南亚、马来—玻利尼西亚和印欧等五大语系，此外还有一些系属不明的语言，如朝鲜语、京语等。属于汉藏语系的中国语言有20多种，如汉语、藏语、彝语、苗语、壮语、傣语、侗语等，其中汉语使用人口最多，占95%以上，分布在全国各地。很多少数民族也兼用或者直接使用汉语。新加坡、马来西亚、泰国等地也有不少人使用汉语。

在一个国家内部的一些多民族聚居的地区，主体民族的语言往往是该地区各民族间的通用语，这种语言就是民族交际语。如中国内蒙古自治区牧区的蒙古语，西藏、青海等地藏族自治州的藏语等，都是这个区域内部不同民族间的民族交际语。在汉族与其他民族交界的地区，汉语往往是民族交际语。中国有些民族，如彝族和苗族之间，则直接使用汉语作为民族交际语。

（二）方言与共同语

1. 方言

某一方言是通行于某一地理区域或某一行业领域的语言，可看作一种语言的不同变体，一般包括地域方言和社会方言。狭义的方言指地域方言。地域方言是民族语言在不同地域的变体。它的形成与地理自然环境、社会历史变迁、人口迁徙流动、语言接触融会等都有一定的关系。地域方言的差异涉及语音、语汇、语法等各个层面。汉语方言在语音层面上的差异比较大，语汇的差异次之，语法方面差异较小。

现代汉语的方言是现代汉民族共同语的地域分支。方言内部还可以分出若干种次方言和土语。汉语的方言比较复杂，各方言之间的分歧由来已久。现代汉语方言主要有七大方言区，即北方话区（官话区）、吴语区、湘语区、赣语区、客家话区、闽语区和粤语区。在七大方言中，粤语和闽语与普通话差别最大，吴语次之，湘语、赣语、客家话又次之，北方话与普通话差别最小。

（1）北方话区：北方话是现代汉民族共同语的基础方言，它以北京话为代表，又叫北方方言或官话，主要分布在我国长江以北和西南各省区，占汉语分布面积的3/4，使用人口约占汉族总人口的70%以上，是分布最广、使用人数最多的一种汉语方言。北方话内部又可分为华北、东北次方言，西北次方言，西南次方言和江淮次方言等。

（2）吴语区：吴语也叫江浙话，原以苏州话为代表，但从现在的影响看，应以上海话为代表。吴语分布在江苏省东南部和上海市，浙江省及其毗连的赣东北、闽北地区，安徽南部十余个市县也穿插有部分地区使用吴语，使用人口占汉族总人口的8.4%是北方话之外使用人口最多的汉语方言。

（3）湘语区：湘语也叫湖南话，以长沙话为代表。分布在湖南省大部分地区以及广西壮族自治区北部少数几个县，使用人口约占汉族总人口的5%。

（4）赣语区：赣语也叫江西话，以南昌话为代表。主要分布在江西省中部和北部、湖北省东南一带，使用人口约占汉族总人口的2.4%。

（5）客家话区：客家话以广东梅县话为代表。西晋、唐末以及南宋末年的动乱时代，许多人从中原迁徙到南方，称为客家。客家人虽然居住分散，但语言却自成系统，内部差别不太大。分布在广东、广西、福建、台湾、江西等省的部分地区和湖南、四川等省的少数地区，比较集中的是广东东部和北部、福建西部、江西南部。使用人口约占汉族总人口的4%。

（6）闽语区：闽语主要分布在福建、海南、台湾等省。闽语内部分歧较大，有以厦门话为代表的闽南次方言、以福州话为代表的闽东次方言和以建瓯话为代表的闽北次方言等。外国的华侨和华裔中也有不少人说闽语。闽语使用人口占汉族总人口的近百分之五。

（7）粤语区：粤语也叫广东话，当地人叫白话，以广州话为代表。分布在广东、广西、香港、澳门等地。世界各地的华侨和华裔中有很多人说粤语。使用人口超过汉族总人口的5%。

2. 共同语

共同语的含义有广义和狭义之分。

广义的共同语是指不同地域之间的人们所共同使用的语言。共同语的范围可大可小，既可指国际性的共同语，也可指一个国家和民族内部的共同语，甚至还可指方言区内部的共同语。共同语是语言走向统一的产物。众多的语言或方言往往成为人们交往和相互理解的障碍。要消除障碍，就必须使语言走向统一。社会越进步，科技越发展，人们要求统一语言的愿望就越迫切，交际的需要往往使得某一种或几种语言（或方言）逐渐成为一定范围内的共同语。在经济发达的国家中，其交际语言往往都是高度统一的。

狭义的共同语特指民族共同语。一种民族语言往往有好几种方言，其中影响最大的成为基础方言，逐渐形成民族共同语。哪一种方言能够成为民族共同语的基础方言，取决于客观的政治、经济、军事、历史、文化等方面的条件。现代汉民族共同语是以北京语音为标准音、以北方话为基础方言、以典范的现代白话文著作为语法规范的普通话。现代汉民族共同语的形成既有复杂的社会历史渊源，又经历了一个漫长的演进过程，有其形成的必然性。

3. 方言与共同语的关系

方言是一种民族语言的地方分支或地域变体，是局部地区的人们所使用的语言。一种民族语言的共同语，是通用于这个民族全体成员的。方言和共同语之间是基础与升华、核心与分支、低级与高级的关系。对于各地方言来说，规范化的共同语是民族语言的高级形式，它比任何方言都更富有表现力。民族共同语一旦形成，就会对方言产生强大的影响，它的词语经常传播并渗透到各个方言中去。规范化的共同语，往往促使方言逐渐向它靠拢，被它同化，对地域方言的发展能起制约和引导的作用。推广普通话的目的不是为了消灭方言，而是为了消除方言隔阂，以利社会交际，并推动社会更快发展。这是社会发展的必然趋势，同时也应当成为每一位公民的自觉行动。与此同时，共同语也要从方言中吸收有用的成分，吸收鲜活而富有表现力、富有生命力的成分，以丰富和发展自己。地域方言之间差异的缩小，以至于消失，必将经历一个长期而复杂的过程。2000年公布的《中华人民共和国国家通用语言文字法》第二章第十六条规定了方言使用的范围：（1）国家机关的工作人员执行公务时确需使用的；（2）经国务院广播电视部门或省级广播电视部门批准的播音用语;(3)戏曲、影视等艺术形式中需要使用的;(4)出版、教学、研究中确需使用的。这些规定将随着语言形势的发展变化而逐步有所调整。

(三) 口语和书面语

人们口头交际的语言被称作口语,它的表现形式是语音;用文字记载下来用于阅读欣赏的语言被称作书面语。我国通常用"话"表示语言的口头形式,如兰州话、厦门话等;用"文"表示语言的书面形式,如古文、白话文、散文、韵文等。口语和书面语具有不同的特点。口语短句多,散句多,时常省略一些句法成分,但有时又容易重复,连贯性较差,逻辑性不强;书面语长句多,完全句多,表意周密严谨,具有较强的连贯性、逻辑性和系统性。

口语和书面语相互影响、相互促进,共同推动语言不断向前发展。口语是第一性的,是形成书面语的基础,书面语是口语的加工形式,它源于口语又高于口语。书面语便于加工提炼,有利于语言的规范化,有利于文学语言的形成和发展。文学语言是经过加工、规范的书面语,比一般的书面语更富有表现力。现代汉语的文学语言不仅包括文艺作品的语言,还包括社会科学和自然科学著作的语言。书面语虽比口语具有较强的稳定性,但口语和书面语也是可以协调发展、共同提高的。一旦书面语与口语脱节到一定程度,人们便会用接近口语的新书面语去代替它。汉语历史上的白话取代文言就是一个典型的例子。从现代社会的发展形势来看,口语和书面语脱节的可能性已越来越小。

口语和口头形式,书面语和笔头形式是有区别的。口语和书面语有语体风格的不同,口头形式和笔头形式则不一定有这样的不同。口语可以用笔头形式记录,书面语也可以用口头形式表达——小说、戏剧、影视文学作品中人物的对话等,一般都是用笔头形式记录的口语,科学报告、新闻广播、诗歌朗诵等所用的语言大多是用口头形式表达的书面语。

三、汉语和现代汉语

(一) 汉语

汉语是汉民族使用的语言,也是中华民族使用的语言。汉语包括通用语和方言。汉语是世界上最丰富、最发达的语言之一。汉语几乎同汉民族一样,历史悠久,博大精深,是一个严谨而庞大的系统。

汉语在我国的社会进步、经济发展、文化科技成果的传播、民族的团结和政权的统一等各方面都起到了独特而巨大的作用。

汉语在世界上的影响及使用的人口均居于世界前列。除了十几亿汉族同胞外,满族、回族等兄弟民族也使用汉语。汉语在新加坡等东南亚国家也拥有众多的使用人口。

汉语和国外许多民族的语言有过接触,互相影响。汉语的"丝""茶"等词,为英语、俄语、意语等许多语言借用。日语、朝鲜语、越南语同汉语的关系尤为特殊,这些语言都吸收过大量的汉语词,甚至在这些汉语词的基础上产生了很多新词。

（二）现代汉语

1. 现代汉语的含义

现代汉语主要是指现代汉民族所使用的语言。狭义的现代汉语指现代汉民族共同语，广义的现代汉语还包括汉语的各种方言。

"现代"是相对古代、近代而言的时间概念，一般指 20 世纪初的"五四"运动以后。古代汉语只保留在文献当中，包括文言和古白话。文言是周秦时代书面语和口语比较统一的语言；秦汉以后到"五四"运动之前，书面语和口语严重脱节，文言成了那个漫长时代中被统治者奉为典范的书面语。晚唐五代开始，出现了以当时口语为基础，掺杂一些文言成分的作品，如敦煌变文和《祖堂集》《景德传灯录》等禅宗语录以及明清的通俗文学作品，这些古白话也称为近代汉语。"五四"运动（白话文运动、国语运动）以后，长期分离的言与文开始重新统一，新的民族共同语便逐步形成，汉语便正式进入现代阶段。

2. 现代汉语的国际地位

随着中国国际地位的提高，现代汉语在国际事务中所发挥的作用也越来越大。世界上有很多国家都已认识到，要想成为国际大家庭的成员之一，要想和当今的世界融为一体，不学会使用现代汉语进行交际，是极为不便的。现代汉语早已成为联合国的六种工作语言之一（另外五种是英语、法语、俄语、西班牙语和阿拉伯语）。

3. 现代汉民族共同语的形成

现代汉民族共同语是现代汉民族以及兄弟民族共同用来交际的语言。汉民族有几千年的历史，早在先秦时代就存在民族共同语。春秋时期，这种共同语称为"雅言"，汉代称为"通语"，明代改称"官话"，辛亥革命后称为"国语"，中华人民共和国成立后则称为"普通话"。不过在不同的历史时期，汉民族共同语的内涵是不同的。普通话在台湾地区仍称"国语"，在新加坡、马来西亚和欧美各地的华人社区称为"华语"。

（1）基础方言的确立。

现代汉民族共同语是在北方话的基础上形成的。北方话成为现代汉民族共同语的基础方言，是历史发展的必然结果。在漫长的封建社会，我国的政治、经济、文化中心都处于北方地区，这就使得北方地区一直处于别的方言区所无法相比的重要地位。唐宋以来用古白话写成的各种文学作品很多，如唐代的变文、宋代的语录、宋元话本、元曲等，而影响最大的则是明清小说，像《水浒传》《西游记》《儒林外史》《红楼梦》等。这些小说虽带有各自的地方特色，但总的来看都是用北方话写成的。这些小说在全国各地传阅开来，产生了重大的影响，加速了北方话的推广，为民族共同语的形成创造了条件。汉民族共同语的口语形式大约形成于元代。在形成过程中，北京话有着特殊的贡献。北京作为我国的政治文化中心，前后历时 800 多年，这使得以北京话为代表的北方话很早以来就处于同汉语其他方言完全不同的特殊地位。金元以来，北京话的影响日渐显著，不仅成为各地来京人员通用的口语，而且成为各方言区之间共同的交际工具（官话）。

白话文学作品的广泛流传和北京口语的深远影响，共同促进了现代汉民族共同语的形成。"五四"运动时期的"白话文运动"和"国语运动"分别从书面语和口语两方面强化了北京话的代表地位,使书面语更加接近口语,口语也更加趋于规范,北京语音逐渐成为民族共同语的标准音。1949年中华人民共和国成立后,"国语"这一称谓在中国内地逐渐被意义明确的"普通话"所取代,新的汉民族共同语在全国范围内得到史无前例的推广。

(2) 共同语标准的确立。

为使现代汉民族共同语的规范更加明确,有利于全国各地的人们学好普通话,中国科学院哲学社会科学部于1955年召开了"现代汉语规范问题学术会议",从语音、语汇、语法三个方面确定了现代汉民族共同语的标准,也即普通话的标准:现代汉民族共同语是以北京语音为标准音,以北方话为基础方言,以典范的现代白话文著作为语法规范的普通话。

以北京语音为标准音是指以北京话语音系统为标准。北京话的一些土音成分要舍弃,一些有分歧的读音也需要认真审定。语汇流通性强,涉及面广,只能以北方方言为基础,当然也要舍弃一些过于土俗冷僻的词语,同时还要从其他方言和外族语言中适当吸收一些富有表现力的词语。语法规范的标准是典范的现代白话文著作,因为这些作品中的语言是经过加工、提炼的文学语言,流传广,影响大,具有稳定和规范的特点,便于遵循。当然,这些语法规范依据的是一般的、普遍的用例而非作家极度个人化的、特殊的用例。

4. 现代汉语的特点

现代汉语与印欧语系的语言相比较,与古代汉语相比较,在语音、语汇、语法方面都具有一些明显的特点。

与印欧语系的语言相比较,现代汉语有如下特点。

(1) 语音方面。

① 声调,是构成音节的三要素之一,具有区别意义的作用,而且与其他要素一起,使音节之间的界限格外分明。

② 音节中元音占优势,复元音比较常见,使得汉语语音中乐音成分比例较大,极具音乐美。

③ 汉语音节中没有复辅音。辅音的位置主要在音节的开头,可以作韵尾的收尾辅音只有n、ng两个。

④ 音节结构形式简短,数量有限。音节负载信息的能量大,使用效率高。

(2) 语汇方面。

① 语素以单音节为主,语素之间界限比较明显;印欧语言语素与语素之间界限不明显,词与词之间的界限明显。

② 双音节词占优势。单音节词(特别是动词)的使用频率较高,三音节词有所发展。

③ 主要采用词根复合法构词,词缀附加法构成的合成词较少。

(3) 语法方面。

① 缺乏严格意义的形态变化,如英语的 die, dies, died, dying, dead, death 是同一个词的不同变形,汉语只需用"死"表示。汉语的词在各种语法环境中基本上不改变词形,只有少数实词有重叠形式。虽然"子、儿、头"等词缀可作为词类的形态标记,但为

数太少;"们"可在指人时表示复数,但不确定;"着、了、过"可表动态,但不严格。汉语的主要语法手段只应是语序和虚词。

② 词类与句法成分之间不存在简单的对应关系,词类具有多功能性。如名词既可充当主语或宾语,又可在一定条件下充当定语、状语或谓语;反之,汉语中充当主语或宾语的也不一定就是名词。

③ 词、短语和句子的构造原则基本一致,但不完全一致。汉语的词、短语、句子都有主谓、述宾、联合、偏正、补充等五种基本结构类型;不过汉语的单句中还有句首修饰语和独立语,复句中分句之间更有其特殊的组合规则。

④ 有独具特色的词类和短语,句式多样化。现代汉语里有十分丰富的量词,有用以表达种种语气差别的语气词,有主谓谓语句这种印欧语言所缺乏的特殊句式。

与古代汉语相比较,现代汉语有如下特点。

(1) 语音方面。

① 浊塞音、浊塞擦音消失。上古汉语存在一套不送气的浊塞音和浊塞擦音音位。而普通话的塞音、塞擦音仅有送气、不送气之别,不再有清与浊的对立。

② 清鼻音、复辅音声母不复存在。上古汉语鼻音分清浊,还存在少量的复辅音。现代汉语只保留浊鼻音,没有复辅音。

③ 辅音韵尾明显减少。上古汉语的辅音韵尾较多,在现代汉语的某些方言里也还保留着一定数量的辅音韵尾,但在普通话语音系统内部,辅音韵尾大大简化,只剩下了 n、ng 两个。

④ 古代汉语有平、上、去、入四个调类。普通话没有入声,古入声字,如"黑、绝、雪、灭"等分别归并到阴平、阳平、上声和去声。

(2) 语汇方面。

① 新词大量产生,词的双音节化倾向日益明显。现代汉语新词产生的速度很快,很少出现单音节的新词,简称形式的发展也将很多三音节以上的词和短语简缩为双音节形式。

② 词缀附加法构成的合成词在逐步增多,词缀数量有所增加,派生词的比例有上升趋势。

③ 源自印欧语系语言和日语的译词和借词,数量远远超过古代。汉语早期的外来词多来自西域、南洋,以后多来自印度、中亚;现代汉语的外来词主要来自印欧语系的语言和日语。

(3) 语法方面。

① 词类有所发展,词类活用现象明显减少。现代汉语的量词系统趋于完备,介词分工更加精细,语气词完全更换,代词系统明显简化,动态助词成为常用的词类。

② 被字句、把字句等成为现代汉语的特定句式。这两种句式都是上古汉语所没有的。这与古汉语中介词的用法以及句法结构特点有着密切的关系。

③ 句子的结构趋于复杂。现代汉语的句子,短语充当句法成分很常见,附加成分增多,书面语中结构复杂、表意精密的较长句式经常出现。

④ 语序有所变化。如代词宾语在否定句、疑问句中的位置,先秦时期位于动词前,发展到现代汉语,其位置则在动词之后。

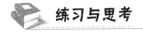
练习与思考

一、简答题

1. 什么是符号？判定符号的标准是什么？
2. 符号有哪些类型？为什么说文字是语言符号的符号？
3. 语言是自然现象还是社会现象？为什么？
4. 语言重要吗？为什么？
5. 语言具有哪些属性？什么属性是它的本质属性？为什么？
6. 语言符号的任意性和强制性的含义是什么？二者的关系如何？
7. 语言符号的系统性有哪些表现？
8. 中国境内有多少种民族语言？它们与汉语是否都有亲属关系？
9. 什么是民族交际语和民族共同语？二者有什么区别？
10. 方言与共同语的关系是怎样的？
11. 现代汉民族共同语是怎样形成的？
12. 口语和书面语有什么不同？口语和口头形式，书面语和笔头形式是不是一回事？请举例说明。
13. 什么是现代汉民族共同语？现代汉民族共同语的标准该如何理解？
14. 简述现代汉语方言的分区情况。判断一下自己的家乡话属于哪个方言区。
15. 同你熟悉的一门外语相比较，现代汉语有哪些特点？
16. 请举例说明古今汉语在语汇、语法方面的不同之处。

二、判断正误

1. 所有甲事物指代乙事物的现象，都可以称为符号。（　）
2. 符号的物质载体与实指信息之间不是相关的关系。（　）
3. 内容决定形式的规则也适用于语言。（　）
4. 汉语是世界上最丰富、最发达、最优秀的语言。（　）
5. 语言发展到一定阶段，共同语就会吃掉方言。（　）
6. 口语即以口头形式表达的语言，书面语即以笔头形式记录的语言。（　）
7. 凡是北京人发出的语音都可以称为标准音。（　）
8. 北方方言中所有的词语都可以进入普通话的语汇系统。（　）
9. 以北方方言为基础方言并不意味着排斥其他的方言。（　）
10. 典范的现代白话文中所有的用例都可以作为普通话语法规范的标准。（　）
11. 汉语中词、语、句的构造原则完全一致。（　）
12. 英语中没有量词，而汉语的量词却特别发达。（　）
13. 不管是在英语中还是在汉语中，副词都只能充当状语，状语只能由副词来充当。（　）
14. 汉语中的"们"就相当于英语中的复数形式。（　）

三、填空题

1. 语言符号具有＿＿＿＿性、＿＿＿＿性、＿＿＿＿性和＿＿＿＿性等特点。

2. "五四"运动时期的"＿＿＿＿运动"和"＿＿＿＿运动"分别从书面语和口语两方面强化了＿＿＿＿的代表地位,使书面语更接近口语,口语则更加规范,北京语音逐渐成为民族共同语的标准音。

3. 现代汉民族共同语是以＿＿＿＿为标准音,以＿＿＿＿为基础方言,以＿＿＿＿为语法规范的普通话。

4. 语法规范所依据的是典范的现代白话文著作中的＿＿＿＿、＿＿＿＿的用例而非作家＿＿＿＿、＿＿＿＿的用例。

5. 现代汉语的词类具有＿＿＿＿功能性,与句法成分之间不存在＿＿＿＿的关系。

第二节　现代汉语规范化

事物在其发展演变的进程中,难免鱼龙混杂、泥沙俱下,语言也不例外。语言在其使用及发展演变的过程中,出现一些发音不准、措辞不当、语句不通、词语生造、语义低俗、表达怪异等现象,这是不足为奇的。此外,有些健康、活泼、新鲜、生动的新的语言现象,也需要总结和推广;语言现象中的各种分歧、语言研究中的各种见解,也需要重新归纳和统一。于是,在各种条件相对成熟之时,便需要对语言成分的各个方面制定出明确、一致的标准,并想方设法推行开去,这就是语言文字的规范化工作。我国语言文字的规范工作,最早可以追溯到倡导"雅言"的春秋时期,再后来就是强制推行"书同文"的秦朝时代,现代汉语规范化只是历史上语言文字规范工作的自然延续。

一、中华人民共和国成立以后的语言文字工作

1954年12月,我国成立了文字改革委员会。1955年,国家有关部门召开了"全国文字改革会议"和"现代汉语规范问题学术会议",确定了"促进汉字改革、推广普通话、实现汉语规范化"为当时的语言文字工作的三大任务。1985年12月,中国文字改革委员会更名为语言文字工作委员会。1986年1月,国家教育委员会(以下简称"国家教委")和国家语言文字工作委员会(以下简称"国家语委")联合召开了语言文字工作会议,规定了新时期语言文字工作的方针和任务。新时期语言文字工作的方针是:贯彻执行国家关于语言文字工作的政策和法令,促进语言文字规范化、标准化,继续推动文字改革工作,使语言文字在社会主义现代化建设中更好地发挥作用。当前语言文字工作的主要任务是:做好现代汉语规范化工作,大力推广和积极普及普通话;研究和整理现行汉字,制定各项有关标准;进一步推行《汉语拼音方案》,研究并解决实际运用中的有关问题;研究汉语和汉字的信息处理问题,参与鉴定有关成果;加强语言文字的基础研究和应用研究,做好社会调查和社会咨询、服务工作。

为使语言文字规范化、标准化,国家文字改革委员会和语言文字工作委员会以及广大的专家、学者,付出了辛勤的劳动,开展了大量的工作,取得了显著的成绩。《汉语拼音

方案》《简化字总表》《第一批异体字整理表》《普通话异读词审音表》《出版物上数字用法的规定》《第一批异形词整理表》以及大量的论文、专著等，无不浸润着他们的心血和汗水。然而语言文字的规范化工作极其艰辛和复杂，是一个没有止境的漫长过程；只要语言文字还在使用，语言文字的规范化工作就要继续进行，而且一天也不能停止。语言文字的规范化工作是国家和人民赋予我们的神圣使命，我们应当以实际行动来做出回报。

二、《国家通用语言文字法》的基本内容

2000年10月31日，第九届全国人大常委会第18次会议审议通过了《中华人民共和国国家通用语言文字法》。这是我国历史上第一部有关语言文字的专门法律，它体现了国家关于语言文字工作的方针和重要政策。

《国家通用语言文字法》共分四章二十八条。第一章"总则"阐明了制定和实施《国家通用语言文字法》的宗旨和意义，其中最重要的内容是确立了普通话和规范汉字在全国通用的地位，确立了少数民族的语言文字在民族自治地区和少数民族聚居地区通用的地位。第二章"国家通用语言文字的使用"，对国家通用语言文字在国家机关、学校、新闻出版、广播影视、公共服务行业以及公共场所和公共设施、信息技术产品、广告、招牌、企业事业组织名称和在境内销售的商品包装、说明等领域的使用做出了具体规定。第三章"管理和监督"确立了各级语言文字工作部门的职责和权限，对于违反该法第二章各条款的行为，法律明文规定了处罚范围和处罚方式。第四章"附则"规定该法自2001年1月1日起实施。

该法所调整的不是个人的语言文字行为，而是政府行为、公共行为和社会交际行为。《国家通用语言文字法》同其他法律一样都具有规范作用，语言文字作为人们最重要的交际工具和维系社会的最基本的纽带，必须确定人们认同和遵循的规范与标准，《国家通用语言文字法》，尤其是它的罚则部分，为语言文字的健康、纯洁和正确运用提供了法律保障。但对于违反规定者一般采用批评教育、责令改正的办法，重在宣传、引导。这是由语言文字的特殊性决定的。语言文字本身是一个极其复杂的系统；语言文字规范化、标准化和其发展演变之间的关系也是十分复杂的；同时，一个人使用语言文字的规范程度，与其规范意识、受教育程度有直接关系。我国是发展中国家，语言文字使用的规范水平将会在政府引导、法律约束、社会监督、群众自律的力量推动下不断提高。

《国家通用语言文字法》的法律约束力虽然还比较弱，罚则的区分度还不够到位，操作性也不够强，有待于进一步修改和完善，但《国家通用语言文字法》的诞生，却已是我国语言文字规范化、标准化进程中的一件大事。语言文字的使用，是关系到国体、国格的大事情，是关系到人口素质提高、中华民族复兴的大事情，是关系到社会文明、经济发展、科技进步的大事情。用法制的手段促进语言文字使用的规范化和标准化，这是历史的一大进步，也是历史发展的必然趋势，它必将产生极其深远的影响。

三、促进汉语规范化，大力推广普通话

《国家通用语言文字法》的颁布和实施，极大地促进了现代汉语规范化工作，有利于普通话在全国范围的推广和普及。

现代汉语规范化，主要是根据汉语发展的规律来确立和推广现代汉民族共同语的各项标准。1955年召开的"现代汉语规范问题学术会议"，明确了现代汉民族共同语——普通

话在语音、语汇、语法方面的标准，但这些标准都是就整体而言的，语言状况是动态的，语言变异随时可能发生，因此现代汉语规范化工作在新时期仍有许多工作要做。首先，必须认真贯彻、落实国家关于语言文字工作的方针、政策和法律、法规；其次，要深入调研，弄清现代汉语语音、语汇、语法各方面仍然存在或新近产生的分歧和混乱现象及其原因；最后再从语言的内部规律和使用习惯入手进行科学取舍，以利普通话的深入推广。

规范不是一成不变的。人们在使用语言文字时，应当自觉遵循规范；不过在不违背规范原则的前提下，也应提倡创造性地使用语言，以使现代汉语向着更高的层次不断发展。专家们在研究语言文字时，不仅不会拘泥于既有的规范，同时还会更加关注不断涌现的新的语言现象。既有的语言规范一旦明显落后于语言的使用状况和研究成果，既有的规范便需要修改、补充和完善，新的语言规范也就会应运而生。

（一）为什么要大力推广普通话

推广普通话可以帮助人们消除交际障碍，拓展交际领域，提高文明程度；可以增强民族凝聚力，有利于国家统一。此外，社会主义市场经济的迅速发展和语言文字信息处理技术的不断进步，也使推广普通话的紧迫性日益突出。在《国家通用语言文字法》颁布之前，《中华人民共和国宪法》《中华人民共和国民族区域自治法》《中华人民共和国教育法》《中华人民共和国义务教育法》《中华人民共和国广播电视管理条例》等法律法规都明确规定"国家推广全国通用的普通话"，由此不难看出推广普通话在新时期语言文字工作中具有何等重要的地位。

（二）怎样大力推广普通话

20世纪50年代确定的"大力提倡，重点推行，逐步普及"的推广普通话的十二字方针现在仍然适用。各级各类学校、与群众接触面较广的部门以及大中城市，尤其是沿海开放地区应该成为推广普通话的重点。目前，应该着重做好普及和提高工作，使普通话成为用汉语授课的各级各类学校的教学语言，成为以汉语作为传播媒介的各级广播电台、电视台和汉语影视剧必须使用的宣传语言，并逐步成为全国党政机关、团体、企事业单位进行公务活动时使用的工作语言，尽快成为不同方言区及国内不同民族之间交际时的通用语言。

掌握并使用一定水平的普通话是当前社会各行各业人员，特别是教师、播音员、节目主持人、演员等专业人员和窗口服务行业人员必备的职业素质。因此，我国从1995年起，就开始在一定范围内对某些特定岗位的从业人员进行普通话水平测试。

国家语委颁布的《普通话水平测试大纲》是全国进行普通话水平测试工作的统一大纲，《普通话水平测试等级标准》是划分普通话等级的全国统一标准，具体分为一、二、三级，每级又分出甲、乙两个等次。中小学教师、师范院校的教师和毕业生，普通话水平不得低于二级；普通话教师、影视演员、配音演员及相关专业的毕业生应达到一级水平；国家级和省级广播电台、电视台的播音员和节目主持人，普通话水平必须达到一级甲等。我国从1997年起，逐步对上述岗位人员实行持普通话等级证书上岗的制度。

普通话水平是一个人综合素质的重要体现，也是就业于某些岗位的必备条件，应用型本科及高职高专的学生在就业之前，应使自己的普通话水平不低于二级乙等，最好能达到一级水平。

 练习与思考

一、简要回答下列问题

1. 新时期语言文字工作的任务有哪些？你能参与其中的哪些工作？
2. 简述《国家通用语言文字法》的基本内容和主要特色。
3. 你认为应当如何评价《国家通用语言文字法》？
4. 什么是现代汉语规范化？怎样开展现代汉语规范化工作？
5. 在新形势下，推广普通话的目标是什么？国家在推广普通话方面有哪些重要举措？你本人在推广普通话方面应当如何去做？

二、填空题

1. 1955 年，所确定的语言文字工作的三大任务是：_____、_____、_____。

2. 新时期语言文字工作的方针是：贯彻执行国家关于_____的政策和法令，促进语言文字_____，继续推动_____，使语言文字在社会主义现代化建设中更好地发挥作用。

3.《国家通用语言文字法》所调整的不是个人的语言文字行为，而是_____行为、_____行为和_____行为，同其他法律一样具有规范作用和法律效力。

4. 我国是发展中国家，语言文字使用的规范水平将会在_____、_____、_____的力量推动下不断提高。

5. 20 世纪 50 年代确定的推广普通话的十二字方针是"_____"。

6. 应用型本科及高职高专的学生在就业之前，应使自己的普通话水平不低于_____，最好能达到_____水平。

第三节 《现代汉语实用教程》（第二版）以及现代汉语学习

一、《现代汉语实用教程》（第二版）

《现代汉语实用教程》（第二版）作为一本应用型本科及高职高专的专用教材，在不影响知识的系统性的前提下，适当降低了理论的深度和难度，尽量避开了观点上的分歧和争议；在阐述和解析方面做到了通俗易懂，突出了实用价值；在列举实例方面抓住了有充分代表性的示例，以使学生能够举一反三；在"练习与思考"的习题设计方面呈现出一种全新的面貌——扩大了容量，变换了题型，突出了实用，注重了实效等。整个教材显示出通俗性与系统性、简明性与实用性辩证统一的突出特色。

教材按照绪论、汉字、语音、语汇、语法、修辞的顺序编写，既考虑到了知识的系统性，也考虑到了学习的渐进性。语音、语汇、语法本是语言的三要素，安排在一起阐述，更显得科学而严谨。进入"网络时代"以来，人们对于规范地书写汉字越来越不够重视，

对于汉字博大精深的内涵和实际应用的价值越来越不放在心上。为了尽早澄清学生的模糊认识，培养学生规范应用汉字的良好习惯，将"汉字"放在本书的第一章阐述，是很有必要的。教材还尽量将本专业的知识和技能与计算机应用的知识和技能有机地结合在一起，这样更有利于学生形成相关的职业能力。

二、现代汉语学习

（一）学习现代汉语的意义

（1）现代汉语是使用汉语的人们思维的工具，学习现代汉语，掌握现代汉语的组织规律，可以有效培养人们的思维能力，尤其能够有效培养人们的逻辑思维能力。

（2）现代汉语是使用汉语的人们交际和生存的工具，人们一张口、一动笔、一操作电脑，都离不开现代汉语。学习现代汉语可以有效培养我们的交际能力和实际工作能力。书面语言的表达能力和口头语言的表达能力都将会影响人们的工作质量和工作效率，影响一个人的具体生存状况，影响一个人的前途和命运。在现代社会中，人们的交往更加频繁，也更加注重交往的质量，人们的生活节奏和工作节奏还在不断加快，人们的生存方式正在发生根本性的变革，人们对于语言使用的技巧、质量和效率的要求也自然更高；尤其是文科专业的学员，受现代汉语水平的影响应会更加直接而巨大。这就要求人们，要想在现代社会中更好地生存和发展，就必须学好现代汉语。

（二）学习现代汉语的方法

（1）现代汉语理论性很强，不要怕难于理解，不要怕枯燥乏味，要深入进去，多思多想，比较联系，融会贯通，抓住重点，突破难点，力求系统地加以掌握。

（2）现代汉语实践性也很强，要在理解的基础上多做练习，多探讨问题；将分析语言作为理解语言和应用语言的桥梁和手段，将切实提高对于现代汉语的理解能力和应用能力作为学习现代汉语的出发点和落脚点。

（3）现代汉语各个部分的内容不同，特点不同，学习的方法也不应相同，有的部分重在记忆和动口，有的部分重在记忆和动手，有的部分重在理解、分析和应用，学员应当区别对待，有的放矢，务求实效。

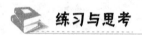 练习与思考

请制订一套切实可行的现代汉语学习方案。

第一章 汉 字

第一节 汉字概说

一、文字和汉字的产生

当社会发展到一定阶段,不同区域的人们需要相互传递信息的时候,便出现了实物记事和图画记事的交际方式。当图画文字发展到一定阶段,能够与口头语言的声音、意义、语法达成相对稳定的协调对应的关系时,象形文字便诞生了。汉字历史悠久,它是我们的祖先在长期的社会实践中逐渐创造出来的。从出土的远古时代的文物来看,可以推断汉字产生在新石器时代。河南舞阳出土的甲骨契刻符号已有八千年的历史,与殷墟甲骨文字一脉相承。遗址在西安半坡村的原始社会晚期的仰韶文化,代表了六千年前母系氏族的繁荣,出土陶器上已有一些反复出现的具有文字性质的符号。山东泰安发现的大汶口文化,它的中、晚期属于父系氏族社会,出土的陶器上有更为规则、整齐的符号,可以认定为早期的汉字。现在能见到的最早的成批的汉字资料是公元前14世纪至公元前11世纪殷商时代的甲骨文,距今有三千多年的历史。甲骨文已经是相当成熟的文字体系了(见图1-1)。

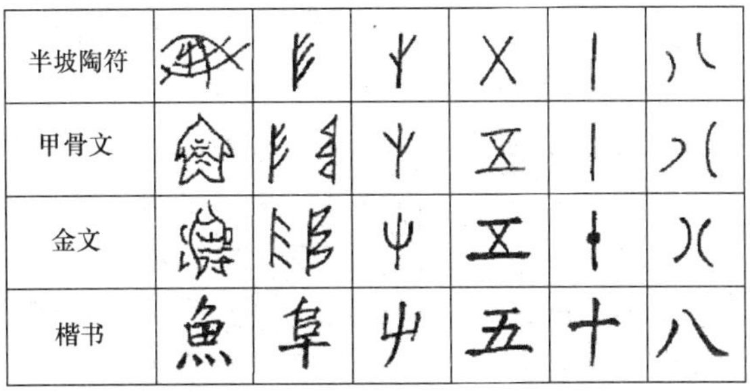

图 1-1 半坡彩陶刻符与甲骨文、金文、楷书字形对照表

二、文字和汉字的作用

(一)文字和语言的关系

(1)语言产生在前,文字产生在后。文字是有声语言和人类文化发展到一定阶段的产

物。世界上最古老的文字也只有六七千年的历史，目前世界上仍有许多语言没有相应的文字记录。可见，语言是第一性的，文字是第二性的，文字是在语言的基础上产生的。

（2）语言是听得懂的符号，文字是看得懂的符号。语言单位都包括音、义两个方面，是可听可说的听觉符号。文字记录音和义，还必须有可写可认的"形"。尽管文字具有形、音、义三个要素，是可读可写的视觉符号，但在不同的文字体系中，形、音、义三要素所呈现的情况是不尽相同的。

（3）不同的文字记录语言的方式也不同。

根据文字记录语言的方式和采用的形体不同可以把文字分为表音文字和语素文字两大类。

表音文字采用数目不多的符号表示一种语言里有限的音位或音节，所以又分为音位文字和音节文字两种。音位文字以字母为书写单位，这些字母按照拼写规则拼合成词，字母本身不表义，拼合成词后方可以词的身份表示意义。英文、法文、俄文都是音位文字。音节文字以音节为最小的书写单位，基本的书写符号和音节一一对应，字符本身也不直接表义。典型的音节文字是日文的"假名"。

语素文字是用有限的笔画组成抽象的符号记录语言中最小的音义结合体——语素的，这些基本的表意符号在不同的方言和民族语言中可表示不同的语音。大多数汉字不仅记录了汉语的音节，而且还有意义，如"口"不仅记录了音节"kǒu"，而且还有多种含义：嘴，口味，人口，容器通外面的地方，出入通过的地方等。汉字是典型的语素文字。

（4）文字通常要适应它所记录的语言的语音特点、表意特点和结构特点。

文字与语言的关系并不是严格对应的。一方面，不同的语言可以采用同一文字形式（英语、法语、德语、西班牙语都采用拉丁字母），不过文字形式虽然一样，但其表音功能和表意功能却明显不同。另一方面，同一语言也可采用不同的文字形式（如朝鲜、越南等国原来使用汉字，后来实现了拼音化）。

汉字之所以长期停留在方块字阶段且大都能够表意，这与汉语的特点有内在联系。汉语是重语素的语言，在通常情况下一个最小的意义单位往往也就用一个音节表示，一个最小的语音语义结合体往往也就用一个汉字记录。在古代汉语中，一个汉字所记录的往往就是一个词，现代汉语合成词虽越来越多，但语言的基本构成单位仍然是语素。汉语的这些特点非常有利于保持汉字表意的特点以及一般情况下一素一形的书写体系。音位文字由字母构成，字母的拼读可以反映语言的语音面貌。而汉字的字形和汉语的读音是不直接联系的，形声字中虽有代表读音的声符，但声符本身也是表意的，从声符本身并不能分解出具体的音位也反映不出汉语语音的基本面貌，同时声符也只是一个相对的概念，这与表音文字有显著的区别。在表意方面，音位文字并不能直接表意，必须构成词时才能表意；而汉字一般都能直接表意，哪怕其所表示的意义有时显得抽象或模糊，但毕竟是在表意，所以汉字应该是表意文字。汉语的古今差异和方言差异证明汉语的语音演变基本不影响汉字的字形和字义。汉字和汉语的这种关系尽管保持了几千年，但也不能据此认为汉字仅仅是"看"得懂的文字。实际上，一般一个汉字记录一个音节，同时表示一个语素，汉字应当是形、音、义的统一体。

（二）文字的作用

文字是记录语言的书写符号系统，是人类社会最重要的辅助性交际工具。文字对语言的辅助作用大致有以下几个方面：

（1）文字的出现使语言交际的时空局限得以突破，使一发即逝的语言可以"传于异地，留于异时"，拓展了语言的交际职能。

（2）文字主要是用来记录口头语言的，同时也可记录人类的各项文化活动及文化成果，有的已转化为物质财富，不仅促进了社会的发展，也使语言的规范化成为可能。

（3）文字所记录的书面语言，促进了人类思维活动的精确、细腻、周密和严谨，有利于开掘人脑的潜力，使人类文明出现质的飞跃。

在人类文化的演进过程中，语言的出现是第一个里程碑，它使猿人进化成了人；文字的出现是第二个里程碑，它使人类社会由原始社会进入文明社会，或者说从史前时期进入有史时期。

（三）汉字的作用

（1）汉字记载了中华民族灿烂的文化和科技成果。

汉族是历史悠久的民族，拥有足以自豪的古代文明。中华民族光辉灿烂的文化和科技成果，是全人类共同的宝贵财富。汉字的产生使这些财富得到很好的保存和继承，并在世界范围内传播和发展，对推动人类文明和社会进步做出了巨大贡献。

（2）汉字为人们跨时空交际提供了便利。

汉字超时空、超方言的特征拓展了人们获取信息的渠道和空间。汉字不仅可以帮助今天的人们了解古代的社会和文化，而且可以帮助不同方言区的人们顺利地进行书面交际。同时，汉字强化了中华民族同文同根的民族意识，在增进民族团结、维护国家统一方面发挥着非同寻常的重要作用。

（3）汉字对汉语的发展和规范化产生了积极影响。

汉语方言复杂，语音分歧较大，但由于有用汉字记录的统一通用的书面语，这在一定程度上使得汉语没有分化为若干独立的语言。汉字记录汉语，也为语言的加工、提炼提供了有利条件，对汉语的规范化、对汉民族共同语的形成和发展，都有积极影响。

（4）汉字被一些邻国借用，形成了特有的汉字文化圈。

汉字伴随着灿烂的中华文化向四方传播，为周边国家和民族的文化发展做出了重要贡献，逐渐形成了汉字文化圈。越南、朝鲜、日本都曾借用汉字作为自己语言的书写符号。传说在公元前汉字就已经传入越南，成为越南的正式文字；直到14世纪，越南人民才仿造汉字创造出字喃，与居于主要地位的汉字长期并用。1945年越南推翻法国殖民统治，获得独立，字喃被拉丁化拼音文字所代替。中国汉末到三国时期，汉字传入朝鲜，成为正式文字；到了15世纪中期，朝鲜才有了汉字笔画式字母——谚文，夹在汉字中使用。中国晋朝时候，汉字传入日本，成为古代日本的官方文字；公元8世纪才出现汉字夹用假名的日文，一直到现在。

（5）汉字信息处理技术拓展了汉字的应用领域，汉字还将长期为我们的社会生活服务。

目前，汉字的应用领域不仅限于人际交往方面，在人与计算机交流的新领域也取得了重大突破。可以肯定，汉字的整理和规范工作将会使汉字的优势得以充分发挥。计算机汉字输入输出技术的更新完善，更展现了汉字的美好前景。汉字应用软件的开发应用，使得汉字与处于信息化时代的人们关系更加密切。规范汉字是记录现代汉语的法定文字，也是联合国六种工作文字之一，在我国人民的生产生活和国际交往中将继续发挥重要的作用。

三、汉字的特点

汉字是记录汉语的书写符号体系，大致有以下几个特点。

（一）一个汉字一般记录汉语的一个单音节语素

汉语语素以单音节为主，一般一个汉字在记录汉语的一个音节的同时，也记录了汉语的一个语素。这是汉字的显著特点，也是汉字富有生命力的内在原因。但是汉字和音节并不是完全一一对应的关系，和语素也不是完全一一对应的关系。有的汉字能对应几个音节，如"和"；有的音节能够对应几个甚至几十个汉字，如"客、刻、课、恪、溘、嗑、骒、氪、锞、克、缂"；有的两个汉字记录一个音节，如"花儿""鸟儿""猫儿""狗儿"等；像"死"这样一形一音或一音一形的汉字并不多见。至于汉字和语素的关系则有所不同，大多数情况是一个汉字记录一个语素，如"高""糕""镐""恳""垦""啃""利""力""立"等。不过也有几个汉字记录一个语素的情况，如"窈窕""玻璃""慷慨""妯娌""吉他""巴尔扎克"等。还有一个汉字记录两个语素的情况，如"俩""仨""甭"等，这种现象极为少见。

（二）汉字的字形与字义之间有一定的理据

古代汉字图画性强，有相当一部分汉字最初可以见形知义，现行汉字的符号性加强，显义价值有所削弱，但仍有不少汉字的字形构造与字义之间存在一定的直接或间接的联系。如"雨、火、口、田、月、人"等字的字形直接描摹事物形状，"灶、尘、林、森、众、明、泪、休、仨、乒、乓"等字蕴含字义联想的信息，"江、河、波、涛、浪、泼、泡、汤、沉、沦"等字中的部件"氵（水）"揭示了字义类属。汉字的字形与字义的独特关系使得汉字本身负载着较多的文化信息。

（三）汉字有较强的超时空性

由于汉语语素意义的变化比语音的变化慢，也就是说汉字的字义比字音变化慢，而汉字字形和字义之间关系密切，因此汉字的形体和意义千百年来变化不大，具有一定的超时空性。对于不同方言区的人们来说，汉字可以帮助消除语音隔阂，给学习和使用汉语带来很大方便。音位文字就没有这种优势，现代英国人阅读600年前诗人乔叟的诗作会感到很困难，原因在于音位文字随着语音系统的变化而发生了较大的变化。

（四）汉字具有独特的书法艺术的价值

不少文字的书法艺术，都已成为世界文化宝库中的瑰宝；汉字的书法艺术当仁不让早已位列其中。汉字的书法艺术有其独特之处，这既与汉字的形体结构密切相关，又与汉字的表意功能密切相关，还与书写者的创造性劳动密切相关。古时就有书画同源之说，这说明我们的祖先很早就把写字与绘画有机贯通了。他们在书写汉字中，融入了智慧和创新，寄予了审美和追求，通过多少代书法爱好者的辛勤劳动和潜心研究，使得汉字在书法上取得了辉煌的艺术成就。一幅好的书法艺术作品，往往能使人在运笔的疾徐有致、笔势的神奇多变、结构的精巧和谐、布局的严谨独到中获得酣畅淋漓的艺术享受。汉字的书法艺术成就不仅体现在篆书、隶书、草书、楷书、行书等不同的形体中，而且体现在能够凸显独特风格的柳体、颜体、庞体等字体中；不仅体现在各种类型的字画展览上，而且体现在场馆居室的布置中；不仅体现在文物宝典的收藏中，而且体现在书法作品的市场上……这不能不说是文明古国历史中值得骄傲的辉煌一页。

（五）方块形汉字使汉字的某些优点和某些缺点达成了对立的统一

方块形是汉字在视觉上最明显的特点。每个汉字，无论笔画多少，无论内部结构怎样，都有序分布在一个方块形的平面内。这给汉字书写既带来了一定的困难，也带来了一定的方便。"乙"和"镬"这两个字，一个一画，一个二十五画，一个是独体字，一个是左右结构中又包含了上下结构的合体字，这就要求书写者在书写时要用不同的方法技巧处理这两个字中的具体笔画，要注意每一笔画的长短、粗细、方向以及所占空间，要注意各个笔画之间的呼应关系，要使各个笔画或构件在同样大小的方块内达到有机的统一。再如"村、沐、柳、呆、杏、森"等字中的每一个"木"，其形体状貌和所占空间的比例都不完全一样，若不随机应景地加以处理，写出来就不好看。这是方块汉字在书写时难而有致的一个方面的特点。然而对于已经掌握了汉字方块形特点的人们来说，他在书写之前就在大脑中装入了一个个相对稳定的方块形，这一个个相对稳定的方块形便会时时指引着书写者去处理每一个汉字的结构布局，去安排每一个构件的状貌大小。汉字方块形的特点不仅给书写者在组织汉字结构时提供了相对固定的模式，而且给书写者在文案布局方面也带来了一定的方便，同时也是印刷术为什么会在我国最早诞生的重要原因之一。这是方块汉字又一个方面的特点。这两个方面的特点使得汉字的难与易、繁与简、书与画达成了有机的统一，这就是汉字的魅力所在。

（六）汉字不实行分词连写

现代汉语中，一个词可能用一个字记录，如"傻"；也可能用多个字记录，如"傻气""傻帽儿""傻里呱唧"等。一个构词要素可以用一个汉字记录，如"傻气"中的"傻"；一个词也可以用一个汉字记录，如"他真傻"中的"傻"。汉语在书面上字字之间界限分明，也可以说语素与语素之间有明显的界限，但词与词之间就没有明显的界限了，这就是汉字不实行分词连写的特点。如"孩子不喜欢学习"，七个字，一个字就是一个语素，字与字之间留有空隙，但四个词之间并没有分界。在汉语书面语中分辨语素较为容易，分辨词就困难一些，这一点与音位文字大不相同。汉字的这一特点与汉字表意、一般一个汉字记录一个语素的特点存在着内在的联系。再者，一个汉字有时记录的是一个构词要素，有时记录的又是一个独立的词，不管是词还是构词要素，其书写形式都是一样的，这也给汉字实行分词连写造成了一定的困难。

（七）汉字结构复杂

汉字发展到今天，总量达到八九万，现行通用汉字也大致有 7 000 个，每个汉字都有一个特定的字形，而且结构复杂多变。虽然汉字有基本的构字单位——笔画和部件，但具体组合成字的规律性不是很强。比如笔画与笔画之间的配合方式，虽然概括出了相离、相接、相交等几种类型，但细加分析，仍然是因字而异，上千个独体字，就有上千种具体的笔画配合方式；至于部件与部件之间的具体组装，那也是规则有限，变化多端。音位文字则不同，它采用字母记录语言的音位，由于音位的数量有限，大约有30个，因此所使用的字母的数量也是有限的，字母本身的外在形体和内部结构也比较简单。

在上面所总结的汉字特点中，前四项显示了汉字的明显优势，后三项虽揭示了汉字的不足之处，也反映了优势与不足之间的相对关系及其内在联系。汉字研究应为汉字的学习和运用服务，应符合汉语本身的特点，应注意语音、语义、语法和汉字的内在联系，应在合规律和有可能的前提下进行改革；扬长避短、扬长补短虽是汉字改革者的共同愿望，但瑕瑜互现的客观规律也是很难违背的。如果我们运用科学的辩证的实事求是的观点来看待汉字，我们就应当承认汉字在世界各民族的文字中，是最古老、最系统、最优秀的文字之一。

 练习与思考

1. 文字的产生有何意义？文字和语言的关系是怎样的？
2. 与表音文字相比，汉字有哪些明显的特点？如何正确认识汉字的这些特点？
3. 汉字在我国的文明史中发挥了哪些重要作用？今后还会发挥怎样的作用？
4. "方块形使汉字的难与易、繁与简、书与画达成了有机的统一"，对于这种观点你是怎样认识的？
5. 你认为汉字是世界上最优秀的文字之一吗？为什么？
6. 汉字与汉语的关系不同于音位文字，汉字和音位文字与其所记录的语言的关系各是怎样的？

第二节　汉字的形体

一、汉字形体的演变

汉字的形体是指融汉字的笔画、结构、外形为一体的书写形体，简称"字形"，有别于书法艺术流派的"颜体""柳体"等"字体"。社会的发展、书写工具的改变、文字自我完善的规律等因素都会对文字的形体发展产生影响。

汉字历史悠久，它的形体经历了多次明显的变异，先后出现了甲骨文、金文、小篆、隶书、楷书五种正式形体，以及草书、行书等辅助形体。其中汉代通行的隶书是一个重要的转折点，汉字的形体由此进入到一个新的历史阶段，开始向现行汉字的形体过渡。从历时的角度看，殷商到秦汉时代是汉字形体变化频繁的时期，之后汉字的形体相对稳定，变化趋缓。汉字形体演变的总体趋势是朝着简便易写的方向发展的。

（一）甲骨文

甲骨文（见图1-2）是殷商时代通行的汉字形体，这种文字通常被刻在龟甲和兽骨上，所以叫甲骨文。甲骨文于1899年在河南安阳市郊小屯村被发现，那里是殷商王朝的国都遗址，通称殷墟，因此甲骨文也叫殷墟文字。

甲骨文是现代能见到的最早的成系统的汉字，也是分析汉字构造、研究汉字本义的珍贵资料。目前出土的龟甲兽骨有10万多片，汉字总量达5 000多个，已经考释出意义的有

1 000 多个。从造字法看，甲骨文中象形字、会意字所占的比例较高，约占 60%；形声字也已出现，约占 25%。从形体上看，象形字的图画性强，与事物原形相关；结构尚不定型，同一个字可以有多种写法；字形大多瘦长，大小不均；笔画细长方折，繁简不一。从记录的内容看，甲骨文的主要内容是卜辞，即商代王室的占卜记录。

（二）金文

金文（见图 1-3）是商代、西周以至春秋战国时期熔铸在钟、鼎等青铜器上的文字，又叫钟鼎文。金文主要指西周时代青铜器上的文字，是研究汉字的重要文字资料。金文的字形同甲骨文接近，但象形符号的图画性有所削弱，字形渐趋匀称、整齐、方正，笔画因熔铸的缘故显得肥丰圆转，异体字仍然比较多。在文字构造上，形声字增多，汉字发展的形声化趋势开始明朗。

图 1-2　甲骨文

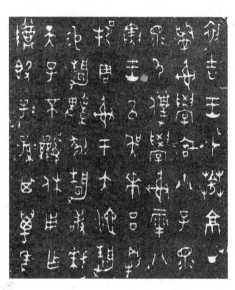

图 1-3　金文

（三）篆书

大篆和小篆（见图 1-4）统称篆书。

大篆是春秋战国时期主要通行于秦国的文字，字形同西周末年的金文接近，以秦国的籀文和石鼓文为代表。籀文传说是《史籀篇》里的文字，石鼓文因刻在鼓形石上而得名。大篆的主要特点是：象形符号的图画性进一步削弱，笔画愈益线条化，字形更加工整，构形较复杂。

小篆是在大篆的基础上整理而成的，也叫秦篆。秦统一六国后秦始皇实行"书同文"的政策，将小篆作为标准字体推行全国，所以小篆被看作我国汉字发展史上第一次规范化的形体，对于汉字的规范统一具有十分重要的意义。小篆以泰山刻石为代表，主要特点是：图画性较弱，符号性增强，笔画比大篆简化，线条柔婉、圆转、略带弧形，形体呈竖长方形，结构整齐、匀称，偏旁的写法、位置趋于定型。

(四) 隶书

隶书（见图1-5）产生于秦，在战国时代秦国简俗字的基础上形成。秦代的隶书称秦隶，笔画少波势，是当时民间日常使用的字体，实际上是写得潦草一些的小篆。到了汉代，字形有了发展，更加简单易写，这种通行于汉代的正式字体叫汉隶。隶书打破了篆书的形体结构，改造了篆书的偏旁，笔画进一步简化，线条平直、方折，并显出波势，字形扁平，有棱有角。隶书在汉字发展史上占有重要地位，隶书的通行在汉字演变的过程中也具有十分重要的意义。其重要意义主要表现为：（1）开始用点、横、竖、撇、捺转写篆书，使汉字的书写发生了隶变，使笔画的概念逐步形成；（2）隶书使汉字完全摆脱了图画形，正式步入了抽象化、符号化的新阶段，是对古汉字形体的一次突破；（3）隶书方扁，为汉字最终定型为方块形，奠定了有利的基础。

图1-4 小篆

图1-5 隶书

(五) 楷书、草书和行书

楷书、草书和行书都由隶书发展而来。

1. 楷书

楷书（见图1-6）是现行汉字的标准字体，又叫"真书""正书"。东汉中期，出现了一种字形方正，端正典雅的新隶体，称为楷隶。汉字的形体由此向楷书过渡。到了魏晋南北朝时期，楷书已经非常通行，一直沿用至今，成为后来历代书写、印刷的标准形体。楷书保存了隶书的偏旁系统和基本结构，取消了隶书的波势笔法而变为平直，字形方正，易于书写。

2. 草书

草书形成于汉代，由隶书草化而成。草书分为章草、今草和狂草。

章草（见图1-7）通行于汉魏，因用于书写奏章而得名，一说该字体流行于汉章帝年代，所以叫章草。章草是散化了的隶体，或是隶书的草化。章草字与字之间不相牵连，但一字之内多有连笔，章草书写趋于简便，但仍然保留隶书的笔法和风格，用挑法，有波势。

图 1-6 楷书

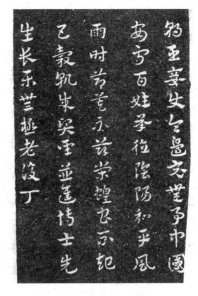

图 1-7 章草

今草（见图 1-8）成熟于东晋，特点是打破了隶书的偏旁和结构，字内往往笔画相连，一气呵成，字与字之间也是藕断丝连，气脉不断，书写更加简易快速，但不熟悉草书的人辨识起来有一定困难。

狂草（见图 1-9）出现在唐代，是在今草的基础上发展起来的。特点是笔画联绵回绕，变化多端，由于书写者放纵不羁，意到笔到，虽个性十足，却极难辨认，所以狂草实用价值不大，艺术价值较高。

3. 行书

行书（见图 1-10）产生于东汉，由隶书写法简化而来，是介于今草和楷书之间的一种字体，有行楷和行草之分。行书近楷而不拘，近草而不放，比楷书的书写效率高，比草书的实用价值大，字形流畅，易写好认，西晋以来，一直广为应用，是常用的手写体，也是楷书最主要的辅助形体。

图 1-8 今草

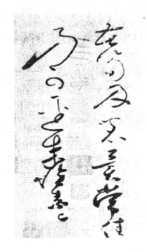

图 1-9 狂草　　图 1-10 行书

汉字形体演变的总趋势是越来越简化、符号化、定型化和规范化。简化主要表现在删除重复偏旁，减少笔画，方便书写；符号化表现在象形的图画性逐步削弱；定型化表现在笔画逐步定形，偏旁逐步形成并固定下来，至隶书之后汉字形体演变的速度也逐渐缓慢；规范化表现在异体字减少，结构相对稳固，越来越重视通行字体的规范和统一，楷书取得标准形体的地位后沿用至今就是明证。（见图1-11）

印刷体	甲骨文	金文	小篆	隶书	楷体	草书	行书
虎							
象							
鹿							
鸟							
鼎							
高							
壶							
尊							
受							
兴							

图1-11　汉字字形演变对照表

二、现行汉字的形体

现行汉字的标准形体是楷书，主要的辅助形体是行书，在某些特殊场合，如印章、签名、书法创作等，也用草书、隶书等其他形体。电脑字库中的形体更多，包括许多艺术变体。

从使用手段看，现行汉字的形体可分为手写体和印刷体。手写体因个人习惯、情趣、理解和需求不同，存在运用各种字体的可能。从书写工具看，手写体可分为硬笔和软笔两类。硬笔主要包括钢笔、铅笔、圆珠笔、水笔等，软笔主要指毛笔。这些书写工具因材质、颜色和笔尖软硬不同，会使手写体风格各异。电脑的普及使人们手写汉字的机会减少，能力也有所下降，应当引起社会的关注。

现行汉字的印刷体仍以楷书为范式，采用楷书的各种印刷变体。常见的印刷变体有宋体、楷体、仿宋体和黑体等。

宋体也称老宋体、古宋体等，笔画横细竖粗，结构严谨端正，适用于一般报刊、图书的正文和注释，是最常用的印刷体。

仿宋体是比较接近宋代印刷体的一种形体。仿宋体可分为正仿、长仿两类，现在还出现了华文中宋、新宋体、华文仿宋等。长仿宋与华文仿宋形体相近，笔画不分粗细，细长匀称，讲究顿笔，有立体感，形体清秀挺拔，适用于诗词文集、古籍资料或个人文本等；华文中宋与新宋体都与老宋体较为接近，只是华文中宋的笔画比新宋体要明显丰满粗重一些，具体使用时，要根据打印机及读者视力的状况予以选用。

楷体又称正楷体、大宋体等，字形端庄，笔画丰满，笔法自然，结构匀称；接近手写的楷书，适用于儿童读物、小学课本、个人书信等。

黑体也称粗体、方体、黑头字等，笔画粗壮不带尖，显得醒目突出，适用于文章标题和重点语句。

各种印刷体都有不同字号。在铅印时代，我国原有七种印刷字号，从大到小是一号字到七号字，后来有所增加。现在电脑排版可选择的空间更大，可以根据需要放大和缩小字号（见图1-12）。

字 号	宋 体	仿宋体	楷 体	黑 体
初号	永	永	永	永
小初号	永	永	永	永
一号	永	永	永	永
二号	永	永	永	永
三号	永	永	永	永
四号	永	永	永	永
小四号	永	永	永	永
五号	永	永	永	永
小五号	永	永	永	永
六号	永	永	永	永
七号	永	永	永	永

图1-12 现代汉字印刷体

练习与思考

1. 汉字的形体经历了哪几个阶段的变化？每种形体各有什么特点？各通行于什么朝代？
2. 在汉字形体演变的过程中，哪种形体最重要？为什么？
3. 汉字形体演变的总体趋势是什么？
4. 现行汉字的形体有哪些？各适用于什么场合？在实际运用中应怎样选择汉字的形体和字号？

第三节　汉字的结构

一、结构系统

汉字在发展演变的过程中，符号性越来越强，内部构造越来越有规律，时至今日，已经形成一个完整的文字体系。汉字的结构层次有三级：笔画、部件、字。

由最小的结构单位"笔画"组成基本的构字单位"部件"，由"部件"再构成基本的运用单位"字"。有的汉字，其结构层次只有两级，即笔画和字，如"大"；还有的汉字，其结构层次的两级是重叠的，如"一"。不过总体看来，汉字应是一个层级装配系统。这个装配系统最重要的特点就是"以少驭多"，几十个笔画，构成数百个单一部件，组配成数千个现行汉字，形成一个有机的汉字体系。

（一）笔画

笔画是构成汉字字形的最小结构单位。所谓一笔或一画，是指从落笔到起笔所留下的各种形状的笔迹。

1. 笔画的类型

1965 年文化部、中国文字改革委员会发布的《印刷通用汉字字形表》和 1988 年国家语委、新闻出版署发布的《现代汉语通用字表》规定了汉字的 5 种基本笔画，即：横、竖、撇、点、折。这种分类目前使用较广。其中前 4 种为单一笔画，后 1 种是复合笔画。单一笔画的笔形相对简单，书写方向基本不变；复合笔画是两种或两种以上简单笔画的连接，书写的方向、长短、直弯、是否带钩等都有所变化。每种基本笔画都有若干变体：横有平横、提横；竖有短竖、长竖；撇有平撇、竖撇；点有 5 个变体：短点、长点、左点、平捺、斜捺；折有 26 个变体：横折、横折提、横折折、横折折、横折折钩、横折折撇、横撇、横折钩、横折撇弯钩、横折弯、横钩、横折斜钩、横折弯钩、竖钩、竖折、竖弯、竖提、竖折、竖折折撇、竖弯钩、竖折折钩、斜弯钩、卧钩、撇折、撇点、弯钩（见表 1-1）。

汉字的基本笔画制约着汉字的排序方式。汉字的笔画与汉字的形体结构、书写排列等都有密切的关系。掌握各种笔画的特点和书写要领，有助于正确计算出汉字的笔画数量，有利于使用工具书，也方便教学，提高人们识写汉字的水平。

表 1-1 汉字笔画表

笔画类型		笔画名称	相关例字	笔画类型		笔画名称	相关例字
基本笔画	单一笔画	横		复合笔画	折的变体	横折折撇	及（第二笔）
		竖				横撇	又（第一笔）
		撇				横折钩	力（第一笔）
		点				横折撇弯钩	队（第一笔）
	复合笔画	折				横折弯	朵（第二笔）
单一笔画	横的变体	平横	一			横钩	冗（第二笔）
		提横	地（第三笔）			横折斜钩	飞（第一笔）
	竖的变体	短竖	归（第一笔）			横折弯钩	几（第二笔）
		长竖	十（第二笔）			竖钩	水（第一笔）
	撇的变体	平撇	禾（第一笔）			竖折	区（第二笔）
		竖撇	月（第一笔）			竖弯	四（第四笔）
	点的变体	短点	主（第一笔）			竖提	民（第三笔）
		长点	刈（第二笔）			竖折折	鼎（第六笔）
		左点	刃（第三笔）			竖折折撇	专（第三笔）
		平捺	之（第三笔）			竖弯钩	儿（第二笔）
		斜捺	人（第二笔）			竖折折钩	弓（第三笔）
复合笔画	折的变体	横折	口（第二笔）			撇折	丝（第一笔）
		横折提	记（第二笔）			撇点	女（第一笔）
		横折折	凹（第二笔）			弯钩	家（第六笔）
		横折折折	凸（第四笔）			斜弯钩	戈（第二笔）
		横折折折钩	乃（第一笔）			卧钩	心（第二笔）

2. 笔画的组合方式

据《现代汉语通用字表》统计，7 000 个通用汉字的笔画从 1 画到 36 画不等，平均每字 10.75 画。除"一、乙"等少量的一笔字外，绝大多数汉字都存在笔画的组合问题。现行汉字的笔画组合有 3 种方式：相离（如二、三），相接（如口、刀）和相交（如十、九）。多数汉字是综合运用以上 3 种方式构成的，如"时、或、刚"等。有时笔画数量和顺序都相同，但组合方式不同，会形成不同的字，如"刀"和"力"、"人"和"八"等。掌握汉字笔画的组合方式是正确识写汉字的关键。

3. 笔画的书写顺序

笔画的书写顺序简称笔顺，它是根据人们在长期的书写实践中所形成的书写习惯而整理归纳的。有些字的笔顺，往往通行好几种写法，有必要统一规范。现行汉字的笔顺规范主要依据《印刷通用汉字字形表》《现代汉语通用字表》和《现代汉语通用字笔顺规范》。

其中《现代汉语通用字表》是根据《印刷通用汉字字形表》确定的标准，规定了汉字的字形结构、笔画数和笔顺；《现代汉语通用字笔顺规范》则进一步把隐性的笔顺规范显性化了，7000 个通用汉字的笔顺用跟随式、笔画式和序号式三种方式列出，每个字都有明确的书写规范。

笔顺有一定的规律可循，概括地讲，就是先横后竖（如"十"），先撇后点（如"八"），先左后右（如"川"），先上后下（如"三"），先外后内（如"月"），先进后封（如"国"），先中后侧（如"小"）。依照正确的笔顺书写汉字，便于点画衔接，把字写得美观、匀称，并可提高书写效率。

（二）部件

部件由笔画构成，是中级构字单位，也是合体字的基本构形单位。合体字与独体字是相对的概念，合体字指两个或两个以上的部件构成的汉字。独体字只有一个部件，有些字尽管可以切分出部件，但余下的部分不宜再作处理，也应整体上看作独体字，如"串、丰、曲、日、本"等。

汉字总量很多，且大多都是合体字，但部件的数量却相对有限，只有几百种。因此，分析和研究汉字的部件既有必要性又有可行性。这项工作对于汉字教学、汉字运用可以收到以少驭多的效果，汉字编码也可以部件为基础。

1. 部件的分类及组装

现行汉字的部件，按照不同的标准可以分成不同的类型。

（1）根据能否独立成字，可将部件分为成字部件和非成字部件。"杉、都、剔、牧"等字，左半边都是成字部件，右半边现在看来都是非成字部件。有的成字部件在组配成合体字时笔画要做些调整，如"领、等、玫、魅、牧、科、辅"里的"令、竹、王、文、鬼、牛、禾、车"等部件；有的成字部件还有一些变体，现在看来是非成字部件如"洋、扬、阳、快"等字的左边部件及"煎、慕"等字的下面部件分别是"水、手、阜、心、火、心"等字的变体。

（2）根据能否继续切分，部件有单一部件和复合部件之分。"舍"字的构字部件是"人"和"舌"，"人"无法再切分成更小的部件，是单一部件，"舌"可以再切分成"千"和"口"，因此是复合部件。单一部件不仅是组成复合部件的基础，也是构成合体字的基本单位；复合部件至少由两个单一部件构成；三个或三个以上的单一部件共同组配汉字时，往往逐层复合。如"撷"字由四个单一部件构成，分三层组装：先由"士""口"复合成"吉"，再由"吉""页"复合成"颉"，最后由"扌""颉"复合成"撷"。单一部件"扌""士""口""页"在组配"撷"字时处于不同的层次。组装部件的层次与书写部件的顺序是不同的，比如"颖"，原是"匕"与"页"首先组装在一起构成"顷"的，然后将"顷"改造一下再与"禾"组装成"颖"的；但书写时却必须按照从上到下、从左到右的顺序，上面的"撷"也是如此。

（3）根据笔画数量多少，部件有单笔部件和多笔部件之分。复合部件都是多笔部件；单一部件里有少量是一个笔画构成的，如"一""乙"，是单笔部件。

2. 部件的结构方式

部件的结构方式不同于部件的组装层次,部件的结构方式只从各个部件在汉字中所处的位置及其相互关系的角度来看,与组装层次没有直接关系,与书写顺序关系要密切一些。

现行汉字大都是由多个部件构成的合体字。部件组成合体字的结构方式主要有以下四种。

第一种:左右结构。左右结构的汉字按从左到右的方式组装部件。"现、代、汉、语"等字按左右关系组成整字;"缈、蹴、唧、揪"等字按左中右关系组成整字。少数汉字的部件超过三个,如"游、擞、檞、檄"。

第二种:上下结构。上下结构的汉字按从上到下的方式组装部件。"美、菜、皂、感"等字按上下关系组成整字;"蕙、荧、案、裳"等字按上中下关系组成整字。超过三个部件的也有,如"嚣、叠、膏、囊"。

第三种:包围结构。包围结构的汉字中有一个部件与其余部件形成不同程度的包围关系。"困、囤、园、圆"等字是全包围结构;"风、凰、画、函、匪、匣"等字是三面包围结构;"压、庙、起、远、氘、司"等字是两面包围结构。

第四种:穿插结构。穿插结构的汉字是由某种笔形对称的部件被另一笔画自上而下所贯穿形成的,如"爽、噩、乖、乘"等。一些独体字的构字部件被一个自上而下的笔画穿过,也可看作穿插结构,如"中、甲、虫、十"等。

现行汉字,不论由几个部件组合而成,也不管按什么方式组合,都要符合按方块形布局的总原则。汉字部件布局的基本要求是:在均匀的方块形平面空间内,部件位置有定,分布平衡美观,比例关系协调。书写汉字时,要注意分析其具体结构,领会其组配特点,观察并合理掌控笔画之间、部件之间在大小、长短、宽窄、高低、主次等方面的各种关系,争取把字写得得体、匀称、规范、美观。

3. 部件与偏旁

部件也可以称为偏旁,但现行汉字的偏旁与传统分析汉字所说的偏旁不同。传统分析法一般把汉字合体字的左边称为"偏",右边称为"旁",之后逐渐没有了这种位置上的区别,偏旁主要指合体字中表示音、义的部件,即形旁、声旁。由于汉字形体结构的变化,有些古代汉字中不同的偏旁,在现行汉字中变成了形体相同的偏旁,如"春、奉、奏、秦、泰"中的"夫","要、贾、栗"中的"覀","动、层、坛、尝、运、酝"中的"云",过去写法各异,今天写法相同。它们有的是从声旁变来的,有的是从形旁变来的,有的是声旁、形旁融合而成的,不宜简单地再把它们称作形旁或声旁了。而且现行汉字的偏旁有的已不能独立成字,只是作为构字要素存在于汉字系统中,如"冫""氵""灬""纟""宀""刂""宀""彡""忄""扌""犭""艹"等。因此,从本质上说,现行汉字的偏旁就是由笔画组成的构字部件。

4. 部件与部首

部首是具有字形归类作用的部件,是字书(包括部分词典)中各部的首字或首笔或主笔,专为汉字分类检索而设立。

不同辞书的收字范围、归部角度不尽相同，部首的取舍也略有差异。以中华人民共和国成立以后编印的辞书为例，《新华字典（11版）》把收录的汉字归为189部，新《辞海》250部，《汉语大词典》和《汉语大字典》200部，《现代汉语常用字表》201部。这里的"部"就是部首，大部分由具备表意作用的部件充当，如"山、土、女、瓦、木、目、石、虫、米"等。也有少数部首不表意，如《新华字典》中的"乙"部。有一些汉字所属的部首可以充当声旁，如《新华字典》中"问、闷、闻"等字的部首"门"。采用部首给汉字归类，始于东汉许慎的《说文解字》。它把收录的9353个汉字归为540部，每个作部首的汉字部件，都具有揭示字义类属的作用，每一部首之下的字，在意义上都与部首有关，现在的部首却不同了。

部首与部件并不是完全等同的概念。如《新华字典》偏重从实际字形着眼给汉字归部，所以有的部首实际上并不是部件，而是某些笔画。相反，并不是所有的部件都有字形归类的作用，如"三、上、下、丈、才、万"等部件都可以参与组配汉字，但并不是部首。可见，并非所有的部首都由部件充当，也不是所有的部件都能成为部首。部件与部首之间不存在简单对应的关系。

二、构造方法

汉字的构造方法也叫造字法。东汉许慎的《说文解字》用"六书"来分析汉字的形成。"六书"包括象形、指事、会意、形声、转注和假借。实际上，后两种并不是真正的造字法，只能看作用字法。

现行汉字的构造方式基本上是从古代汉字传承下来的，象形、指事、会意、形声等方法也适合分析大多数现行汉字。但汉字形体的演变、简化字规范地位的确立和新造字的存在，使得现行汉字的造字法呈现一些新的变化。

（一）传统造字法

1. 象形

象形是通过描绘事物的形状来表达字义的造字方法。"日、白、月、皿、瓜、竹、雨、口、田、网、刀、匕、丁"等都是用这种方法造出来的汉字，叫象形字。这些象形字现在还有点像所描绘事物的样子。随着汉字形体的演变和事物自身的发展，大部分古代象形字几经演变已经离原物的形状越来越远了，如"丙、并、贝、禾、鸟、鱼、车、首、仓、燕、彳、带、斗"等。

古老的象形字图画性强，便于人们理解字义。象形字都是独体字，是构成其他汉字的基础。但这种造字法只能描绘一些具体的、简单的事物的形状，复杂的事物、抽象的概念难以描绘，所以象形造字法的造字能力有限，象形字的总量也不多。

2. 指事

指事是用象征性的符号或在象形字上添加提示性的符号来表达字义的造字方法。"一、二、三、上、下、十"都是用象征性的符号来表达字义的；"叉、刃、甘、本、末、亦、寸、夕、囟"都是在象形字的基础上添加提示性的符号来表达字义的。上述两类汉字都是指事字，后一种指事字数量稍多。

指事字也都是独体字。总体看来，用抽象的符号表达复杂的字义是很困难的，因此指事造字法受到很大局限，指事字在汉字中的比例很小。

3. 会意

会意是通过两个或两个以上的部件有机组合后以体现字义的造字方法。双木"林"，三木"森"，二人同向"从"，二人相背"北"，两手相牵"友"，这些会意字是用两三个相同的部件会意而成的，是同体会意。人靠在木上为"休"，人的行动与说的一致曰"信"，女在宀下为"安"，人在囗中为"囚"，从羊口中发出的叫声为"咩"，用刀裁衣是制衣的开始为"初"，眼帘下垂为"睡"，这些会意字是用若干不同的部件会意而成的，是异体会意。

会意字都是合体字，合成会意字的各个部件在古代都是独立的汉字，而且大都是象形字和指事字。会意与象形、指事相比，造字能力有所提高，会意字的数量远远超出象形字和指事字。但这种造字法也有一些局限：首先，复杂的事物和抽象的概念难以会意；其次，有些会意字的意义难以从字面理解，如"取"字从耳从又，"又"是手的意思，以手持耳，源于古代战争中割敌方战死者左耳来记功的历史。

古代有些会意字随着字形的演变、字义的变化，现在已经很难看出它们是如何会意的了，如"夺、祝、罚、祭、典、登、辞、舛、刍"等。我国1986年发布的《简化字总表》改变了一些字原有的造字方式，有的会意字，如"郵、竄"等，简化后成了形声字"邮、窜"；有的会意字，如"東、韋"等，简化后成了独体字"东、韦"。

4. 形声

形声是用一个表意部件和一个表音部件组成新字的造字方式。"纹、蚊、汶、紊"和"们、扪、闷、钉"两组字里的声旁分别是"文"和"门"，揭示了整字的读音信息，剩余部分是形旁，揭示了字义的类属。

形声字都是合体字。拥有表音成分是形声造字法有别于其他三种造字法的重要特点。由于形声字的声旁跟整字的读音相联系，因此与象形字、指事字、会意字相比具有明显的优越性。同一形旁加上不同的声旁就可以造出大批意义相关而读音有别的汉字，如形旁是"火"的形声字有"灯、灼、灿、烂、炉、炮、烙、炽、烧、烤、烘、炳、焕、炸、熄、焖、焊、熠、燎"等；相反，同一声旁加上不同的形旁也可以造出大批读音相同或相近但意义有别的汉字，如声旁是"包"，即读音跟"包"相同或相近的形声字有"雹、胞、苞、孢、笣、铇、鲍、饱、抱、刨、鲍"等。可见，形声造字法具有很强的造字能力。在《说文解字》中，形声字的比例已超过80%，后起的汉字基本上都是形声字，显示出这种造字法的强大生命力。到了现代，形声字已经占汉字总量的90%左右，这也反映了汉字字形演变的表音化趋势。

形声字的形旁大都是象形字，如上面例子中与"包"组合的形旁"雨、月、竹、齿、鱼"等都是象形字。形声字的声旁可以是象形字、指事字，也可以是会意字和形声字，如"叨、吓、琳、啪"等字的声旁"刀、下、林、拍"等。可见形声字的声旁并不是音位或音素符号，声旁的出现是汉字字形表音化趋势的标志，并不能改变汉字是语素文字的性质。

（二）现行汉字的构造

现行汉字巩固并发展了以形声字为主的格局，是形声字占绝对优势的文字体系。象形字、指事字、会意字在现行汉字里所占比例总共不过10%左右，其中会意字相对较多，象形字次之，指事字最少。

这一现状的形成，与各种造字法自身的特点有关。象形造字法、指事造字法和会意造字法都有很大的局限性，而形声造字法却摆脱了它们的某些局限性，形成了自己的独特优势。形声造字法只要按照字义类属挑选出合适的形旁，再选择一个提示读音的声旁，就可以构成一个新字。形声造字法具有很强的造字能力，后起的汉字基本上都是形声字，如"气、氘、氚、氖、秸、辘、烤、燥、饥、砂、棋、晴、皖、低、傣、啤、啦、猩"等。一些简化字也是采用形声造字法简化的，如"邮—邮，窜—窜，忧—忧"。形声字已成为汉字发展的主流。

不过也应看到，形声字形旁的表意功能还是有明显的局限性。社会的发展，古今字义的演变，假借字的存在以及一些字形旁的形体和位置都很特殊，使得一些形声字形旁的表意信息无法充分、准确地体现出来。如"篇"从"竹"，是因为古人曾在竹简上写字，而"笨"从"竹"，是因为它原本指竹子里的白色薄膜，后来被假借为"愚笨"的"笨"；"特"从"牛"是因为它的本义是公牛，"渐"从"水"是因为它的本义是水名。再如"辨"从"刀"，"恭"从"心"，"煎"从"火"，"臊"从"肉"，形旁都变了形；"疆"从"土"，"颖"从"水"，"匙"从"匕"（古人取食的器具），形旁都不在常规位置；"尚"从"八"从"向"，形旁已有所变化。另外，有的字把形旁省写了一部分，如"亭"从"高"省，"厦"从"广"省，这样的字叫省形字，识别起来有一定难度。

声旁的表音作用也有局限性。由于古今语音的演变等原因，约有75%的形声字，其声旁和整字的读音不完全一致，如"江、碧、黔、孺、绽、咄"等字的声旁"工、白、今、需、定、出"与整字的读音差异很大，几乎可以说是丧失了表音功能。有的声旁现在不再单用，很难直观表达整字的读音，如"蚓、温、滴、缪"等字都是左形右声的形声字，它们的声旁在古代都是独立的汉字，由于现在不单用，人们很难从它们身上得到形声字的读音信息。有的声旁位置特殊，难以分辨，如"在"从土才声，属左上声右下形，声旁"才"的写法也出现了变异；"布"从巾，"父"省声，属上声下形，声旁"父"省写了部分笔画且有变形，是省声字。还有的声旁在不同的形声字中表示不同的读音，也不容易掌握，如以"区"作声旁的形声字"枢、欧、呕、妪"，读音各不相同。

考察现行汉字的构造，还应该将简化汉字的方法纳入视野。常见的简化方法有以下8种：

（1）简化部件（馬—马，長—长，見—见）；
（2）更换部件（環—环，遷—迁，犧—牺）；
（3）保留特征（蟲—虫，滅—灭，鄉—乡）；
（4）保留轮廓（奪—夺，齒—齿，慮—虑）；
（5）草书楷化（為—为，東—东，專—专）；
（6）同音代替（幾—几，後—后，穀—谷）；
（7）另造新的形声字（響—响，護—护，驚—惊）；
（8）另造新的会意字（淚—泪，筆—笔，簾—帘）。

这些简化方法，有的不涉及新造字问题，如同音代替；有的是原有造字法的延续，如另造新的形声字和会意字；有的则突破了传统的造字方法，直接对原来的繁体字进行省写改造，如保留原字的特征和轮廓、更换部件、草书楷化等。

简化字并非现代才有，如"书"字早在敦煌文献中就已经有草书形体了。有些另造的形声字或会意字早已在群众中流行。再如"邓、汉、难、轰"等字的简化方法属于更换部件，"又"在这些简化字中既不是形旁，也不是声旁，作为构字部件，只是纯粹的符号。但这种简化方法早已有之，"难"字见于明代，"轰"等见于清代。汉字形体演变到隶书、楷书之时，简体字已经不少了。以往的简体字基本上属于汉字形体的自然演变，今天的简化字是对汉字的有意识的改造。

练习与思考

1. 你是怎样看待汉字构造的系统性的？
2. 什么是笔画？汉字笔画的组合有哪些方式？
3. 什么是部件？部件有哪些类型？部件的组装层次与构造方式有什么不同？
4. 古今部首有何不同？部件与部首有何不同？
5. 古代的"六书"都是造字法吗？为什么？
6. 什么是形声？它同象形、指事、会意有什么本质的区别？形声造字法有哪些优势和局限性？
7. 掌握现行汉字的结构系统和造字方法有哪些现实意义？

第四节　现行汉字的规范

根据1986年制定的语言文字工作方针，研究和整理现行汉字，制定各项有关标准，研究汉字信息处理问题，促进现行汉字的规范化、标准化等，是这一时期汉字工作的主要任务。

一、汉字的简化和整理

传统汉字存在的主要问题是"繁"与"乱"。"繁"是指笔画繁多，"乱"是指异体纷呈。这两个问题给汉字的学习和应用带来了不便，解决的办法是简化和整理。中华人民共和国成立以来，汉字的简化和整理得到了政府的支持，取得了实质性的进展。

（一）汉字的简化

简化汉字是我国20世纪50年代开始的文字改革工作的主要内容之一。1956年，国务院在公开征求意见的基础上公布了《汉字简化方案》。经过几年的实践，中国文字改革委员会于1964年编辑出版了《简化字总表》，1986年重新公布时又对个别字作了调整。《简化字总表》包括三个表，第一表是350个不作简化部件用的简化字；第二表是132个可作简化部件用的简化字和14个简化部件；第三表应用第二表的简化部件，又类推简化了1753个繁体字，使简化字的总数增加2 235个。在此之前的1977年12月，中国文字改革委员会还发布了《第二次汉字简化方案（草案）》（以下简称《二简》），涉及853个汉字。

1986年6月，国务院批准废止《二简》，指出"今后，对汉字的简化应该持谨慎态度，使汉字的形体在一个时期内保持相对稳定，以利于社会应用"。

《简化字总表》所使用的简化方法（见第三节"现行汉字的构造"）是千百年来人民群众逐渐创造出来的，其中"简化部件"是简化汉字最有效的方法，利用简化的部件可以类推简化一系列繁体字，并且使简化字和繁体字之间的形体对应关系有规律可循，方便人们掌握。

简化汉字依据的原则是"约定俗成，稳步前进"。简化汉字工作所取得的成绩是有目共睹的。

1. 减少了汉字笔画的数目

《简化字总表》的简化对象涉及2 261个繁体字，平均每个字16画，总共推出简化汉字2 235个，平均每个字10.3画。简化后的汉字平均笔画数有了大幅度的减少。简化字的推行大大降低了汉字的繁难程度，提高了汉字的书写效率和阅读的清晰度，有利于文化的普及和全民文化素质的提高。

2. 减少了通用汉字的字数

《简化字总表》采用同音代替和两个繁体字合用一个简化字的方法简化了一批汉字，如"后"代替"後"，"谷"代替"穀"，"台"代替"臺"；"鍾、鐘"合用"钟"，"彙、匯"合用"汇"等。这样就使得汉字的总量有所减少。据统计，运用这些简化方法共减少了100多个汉字，使通用汉字的总量有所下降，减轻了人们的记忆负担，有利于人们的书面交际。

3. 提高了声旁表音的准确性

由于语音的演变，有些繁体字的声旁渐渐失去了表音的功能，简化后的声旁读音更符合当前整字的读音实际，如"態—态、證—证、戰—战、護—护"等，这就在一定程度上提高了有些形声字声旁表音的准确性，特别有利于中小学语文教学。

简化字给人们带来的方便是多方面的。有的繁体字，如"竈"，运用同音代替的方法简化为"灶"以后，不仅减少了笔画数量，还精简了汉字，也使该字的构字部件更便于称说。从整体上看，简化字的构字部件简洁明了，易写好认，受到人民群众的普遍欢迎。

（二）汉字的整理

中华人民共和国成立以来，在汉字整理方面做的主要工作有整理异体字、规范印刷体铅字字形、改换生僻地名用字、统一部分计量单位用字等几个方面，从而使现行汉字的字形有了比较合理的标准，也在一定程度上减少了字量，推动了现行汉字的规范化。

1. 整理异体字

整理异体字是精简字数的重要内容。

字音、字义都相同而字形不同的汉字被称为异体字。异体字的存在，臃肿了汉字的队伍，增加了人们学习和使用汉字的负担，妨碍了汉字的规范化，是不折不扣的消极现象。为此，1955年12月，文化部和文字改革委员会联合公布了《第一批异体字整理表》，该表共列出 810 组异体字,根据"从俗从简"的原则,每组选定一个作为规范字,淘汰了其余 1 055 个汉字。之后,该表陆续经历 4 次调整,共整理异体字 795 组,实际淘汰异体字 1 025 个。被淘汰的异体字不再在古籍以外的出版物中出现。

2. 确立现行汉字的字形标准

为了统一汉字印刷体的字形,1965 年,文化部和文字改革委员会公布了《印刷通用汉字字形表》,共收通用的印刷体汉字 6 196 个,并给每个字规定了笔画数、结构和书写笔顺,精简了一些印刷体中的异体字,大大提高了汉字字形的规范化程度。

1988 年 3 月,国家语委、新闻出版署联合发布了《现代汉语通用字表》,收字 7 000 个,进一步明确了每个字的字形标准,同时也使手写楷书和印刷体在字形上更加趋于一致。

3. 更改生僻的地名用字

我国幅员辽阔,地名繁多,有些地名用字生僻难认,笔画太繁,给人们的社会交往和信息传递造成了障碍。为此,从 1955 年 3 月到 1964 年 8 月,经国务院批准,全国有 35 个县级以上地名所使用的生僻字被改为常用字,共精简生僻字 30 多个,同时也起到了减少汉字笔画的效果。如黑龙江"铁骊县"改为"铁力县";江西"雩都县"改为"于都县","新淦县"改为"新干县";广西"鬱林县"改为"玉林县";四川"越巂县"改为"越西县","酆都县"改为"丰都县";陕西"盩厔县"改为"周至县"等。

4. 统一计量单位名称

1977 年 7 月,中国文字改革委员会和国家标准计量局联合发出了《关于部分计量单位名称统一用字的通知》,对部分计量单位名称用字作出统一规定,淘汰了一些旧译名,共精简汉字 20 多个。如废除"浬""哩""瓩""嗧"改称"海里""英里""千瓦""加仑"等。

以上几项重要文献的发布,加上同音代替等简化汉字的方法也减少了通用字的数量,汉字陆续精简了将近 1 200 个,为现行汉字的合理定量作了必要的准备。

二、汉字的标准化

所谓汉字标准化,就是指通过对现行汉字科学、系统、全面的整理,做到字数有定量,书写有定形,认读有定音,排检有定序,即定量、定形、定音、定序(简称"四定")。汉字标准化是信息时代对汉字提出的必然要求,这一工作可为汉字教学、国际交流、新闻出版、汉字编码等领域提供用字的标准和规范。

(一) 定量

定量是指确定现行汉字的使用数量。

1994 年出版的《中华字海》收字 87 019 个,2010 年出版的《汉语大字典》收字 60 370 个;这些汉字中,有的是废字、死字,有的是异体字,急需在科学分析统计的基础上整理取舍。

定量工作和字频研究关系密切,以往的研究也主要集中在常用字研究和通用字研究等方面。

1. 现代常用汉字

在对"五四"以来现代汉语用字进行统计的基础上，1988 年 1 月，国家语委和国家教委联合发布了《现代汉语常用字表》。该表共收常用汉字 3 500 个，其中又分出常用字 2 500 个和次常用字 1 000 个。这些字作为词或语素，应用范围广，使用频率高，构词能力强，具有全民性、常用性、能产性、稳定性的特点。对语料的检测结果显示，总覆盖率达 99% 以上。

2. 现代通用汉字

通用字是指一般书报刊物上流通的记录现代汉语的字。20 世纪 60 年代以来，我国正式公布的通用字表有五个：①《印刷通用汉字字形表》（1965）收 6 169 字；②GB2312—80《信息交换用汉字编码字符集·基本集》（1980）收 6 763 字；③《标准电码本（修订本）》（1981）收 7 000 字；④《现代汉语通用字表》（1988）收 7 000 字，包括了《现代汉语常用字表》的 3 500 字；⑤《通用规范汉字表》收 8 105 字，其中一级字表所收常用字 3 500 个，二级字表所收次常用字 3 000 个；经严格甄别，《通用规范汉字表》收简化字 226 个，同时将《第一批异体字整理表》中的"喆、喆、淼、昇、邨"等 45 个异体字调整为规范字。《现代汉语通用字表》和《通用规范汉字表》不但确定了现代汉语的通用字量，还规定了每个字的规范字形，包括笔画数、笔顺、结构方式等信息，为汉字的教学和应用以及汉字规范化工作提供了科学的依据，社会影响很大。

3. 中文信息处理中的字量问题

国内现行的电脑字库，执行的是中华人民共和国国家标准《信息交换用汉字码字符集·基本集》（GB2312—80），其中有汉字 6 763 个，分为两级，第一级是常用汉字 3 755 个，第二级是次常用汉字 3 008 个。为了满足用字量大的用户需要，国家标准化管理委员会于 1987 年 3 月 27 日发布了两个"辅助集"：一个是《信息交换用汉字编码字符集·第二辅助集》（GB7589—87），收简化汉字 7 237 个；另一个是《信息交换用汉字编码字符集·第四辅助集》（GB7590—87），收简化汉字 7 039 个。电脑用字为限制和减少汉字的字数，进一步规范用字提供了有利的条件。

现行汉字的定量研究仍然有许多工作要做。如人名用字、地名用字、翻译用字、专业用字、科技语用字和方言用字等领域都有必要制定出科学性更强的字表加以规范，与此同时也对汉字使用的随意性进行必要的限制。另外，还需要针对各级各类汉语学习者的特点和需要，研制出更为合理的教学汉字量表，以进一步提高教学效率。

（二）定形

定形是确定现行汉字的标准字形。

字形统一、规范是进行书面交际的必要条件，也是提高交际效率的重要保障。无论印刷体还是手写体，都需要有明确的字形标准。异体字、不合规范的简体字要坚决淘汰，已被简化的繁体字要限制使用范围，严禁个人生造汉字。当前汉字信息处理技术的发展对汉字的定形研究也提出了更高的要求。

汉字整理工作为汉字的字形规范做出了很大贡献。如《第一批异体字整理表》消除了一大批汉字字形混乱的现象;《简化字总表》覆盖了 2 261 个繁体字;《印刷通用汉字字形表》确定了 6 169 个通用汉字印刷体的标准字形;《现代汉语常用字表》和《现代汉语通用字表》的发布,使手写体和印刷体的字形有了统一的规范。2001 年 12 月,教育部和国家语委还发布了《第一批异形词整理表》,初步整理了 338 组在社会上并存并用的同音同义不同形的异形词。

现行汉字的定形工作虽取得了显著的成绩,但仍有一批异体字有待整理,如"炖燉、捅㧎、吣唚"等。《第一批异体字整理表》《印刷通用汉字字形表》《现代汉语通用字表》中也有一些不够妥当的地方,仍需修订和完善。当前,中文信息处理技术飞速发展,电脑用字的标准化工作也应紧紧跟上。"继续加快中文信息处理急需的规范标准的制定"仍是当前语言文字工作的主要任务之一。

(三) 定音

定音是制定现行汉字的标准读音。

现代汉语以北京语音为标准音,汉字的读音也以此为标准。定音工作的重点是对异读字和多音字加以审定,消除异读和不必要的多音现象,做到每个现行汉字都有明确的标准读音。

异读词现象是指表示相同意义的词或语素有两种或两种以上的读音。如过去"庇"读 bì,又读 pì;"殊"读 shū,又读 chū。1985 年 12 月,国家语委和广播电影电视部审核公布的《普通话异读词审音表》,成为教育、出版、广播等行业读音、注音的依据,对读音规范有重要意义。

今后在定音方面仍需对人名、地名等领域出现的异读问题进行审定,轻声词、儿化韵的随意性现象也需要进一步规范。《普通话异读词审音表》在推行过程中也还存在一些不尽如人意的地方,需要进一步修订。对于多音多义字,应该与定量、定形研究结合起来,采取最佳方法审订其读音。

(四) 定序

定序是规定现行汉字的排列顺序。

让每个汉字在文字序列中有一定的位置,实现排字、检字的标准化,在信息时代具有重要的实用价值。字典、词典的编纂,目录、索引的编排,资料、卡片的储存,计算机字库的编制等,都需要汉字有合理、稳定的排列顺序。

为了适应不同的使用需求,汉字可以有不同的排列和检索方法,如义序法、音序法和形序法等。

1. 义序法按照字的意义排列汉字顺序

我国早期的字书《尔雅》《释名》《方言》等都是采用义序法来排列汉字的。由于义序法很难为汉字制定出简便、一致的标准,后世的辞书很少单纯使用这种方法编排汉字。

2. 音序法按照字的读音排列汉字顺序

《切韵》《广韵》等中国古代韵书采用的是音序法。1958 年《汉语拼音方案》公布以前的《汉语词典》《同音字典》等,按注音字母的顺序排列汉字。现在人们使用的《新华字典》《现代汉语词典》等,按照汉语拼音字母的顺序排列汉字,同时,综合运用形序法解决同音字的排序问题。

音序法的优点是标准统一,使用方便,易于查检,但前提是需要知道字的读音。因此,用音序法编排的字书,一般都附有部首或笔画的检字表。音序法和形序法的结合,基本可以解决汉字的定序问题。

3. 形序法按照字形排列汉字顺序

对汉字字形的分解有多种方式,形序法也因此有笔画法、部首法和号码法等类别。

笔画法根据笔画数和笔形顺序排列汉字顺序。一般按汉字笔画数从少到多排列,同笔画的字按起笔的笔形顺序排列,起笔笔形也相同的,按第二笔的笔形顺序排列,依次类推。汉字的笔形顺序有不同的主张,如"札"字法(横、竖、撇、点、折)、"丙"字法(横、竖、折、撇、点)、"江天日月红"法(点、横、竖、撇、折)等。目前比较常用的是"札"字法,但对于同笔画数、同笔形顺序的字,不同字书和字表的处理仍有分歧。国家语委1999年10月1日发布、2000年1月1日实施的《GB13000.1字符集汉字字序(笔画序)规范》规定了同笔画数、同笔形顺序字的定序规则:(1)主笔形先于附笔形,例如:子牙、夕久;折点数少的先于折点数多的,例如:刀乃、么凡;折点数相同时,按折笔、起笔的笔形顺序定序,例如:久么;折点数、起笔形都相同,按折笔后的笔形顺序定序,如:丸及。(2)按笔画组合关系定序:相离先于相接,相接先于相交,例如:八入、凡丸;先短后长,例如:未末、土士。(3)按结构方式定序:左右结构先于上下结构,上下结构先于包围结构,字形比例小的先于字形比例大的,例如:旼旻、旮旭、口囗。上述规则,在必要时依次使用,基本解决了以往的分歧。由此,上列七个通用汉字的顺序应该是"夕久么勺凡丸及"。

部首法按照部首排列汉字顺序。东汉许慎的《说文解字》首创部首法,在汉字查检史上具有重要地位。它把9353个汉字按小篆形体分为540部,每个部首代表字都提供了一类字义信息,所以实际上是按义归部,无法适应后世字形和字义演变的实际。之后的字典、词典对部首加以各种变革,但部首的数目和成员一直没有统一的标准。如明代梅膺祚的《字汇》为214部,其后《康熙字典》《中华大字典》《辞源》《辞海》均为214部。当代新《辞海》为250部,《新华字典》和《现代汉语词典》为189部。《文字改革杂志》1983年公布了汉字部首排检法工作组拟订的《统一汉字部首表》(征求意见稿),设立201部,意在尽快实现部首法的标准化,但是未能做到。后来出版的《汉语大字典》和《汉语大词典》是以《康熙字典》的214部为基础加以调整,删去了8部,合并了6部,实有200部。部首数目和内容的不统一也造成了同一汉字在不同辞书中的归部不同,给查检带来不便,也不符合汉字排检标准化的要求,需要进一步研究解决。

号码法按笔形确定号码来编排汉字,常用的有四角号码法等。四角号码法按字的四角笔形确定数码,其优点是检字快捷,不认识或不易确定部首的字也容易找到,但缺点是字形和数码之间缺乏足够的理据,容易出错,同码字多,目前看来仍不够成熟。

汉字形音关系松散的特点使得各种检字法都不够完美,当代工具书便常综合运用多种检字法,尽量做到优势互补,方便实用。目前各种检字法的整理和统一工作还在进行,汉字定序工作任重道远。

三、推行规范汉字

《国家通用语言文字法》第一章第三条规定"国家推广普通话""推行规范汉字"。"规范汉字"是中华人民共和国成立以后国家有关部门发布的汉字整理方面的文献和权威字书规定的汉字。"推行规范汉字"要求人们自觉使用规范汉字，不用已经过整理而被淘汰的繁体字、异体字和旧字形等，不生造字，切实纠正错别字。

（一）使用规范的简化字

《简化字总表》（1986）覆盖繁体字 2 261 个，这些繁体字一般只能在古籍文献、艺术作品等特殊范围内使用，正常情况下都应使用《简化字总表》规定的简化字。

使用简化字应先熟悉《简化字总表》的内容，了解第二表规定的类推简化的范围，分辨简化字的细微差别，掌握简化字的笔顺规范，注意简化字的一般用法与特殊用法，防止滥用简化字。

（二）不用异体字和异形词

《第一批异体字整理表》（1955）按照从俗、从众、书写方便的原则淘汰了一批笔画复杂和不太通行的异体字，减轻了人们的识记负担。应该自觉使用选定的规范字，不使用已经废止的异体字。

《第一批异形词整理表》（2001）对 338 组异形词进行了规范，每组都提供了推荐词形，如"按语、笔画、鬓角、机灵"等。应该使用推荐词形，不用以往并存的"案语、笔划、鬓脚、机伶"词形。

（三）掌握规范字形

《印刷通用汉字字形表》（1965）和《现代汉语通用字表》（1988）中规定的楷书新字体是现行汉字印刷体的标准字体和规范字形，也是语文教学、书面交际、印刷出版、汉字信息处理的字形标准。应该参照新版字典、词典正文前面的"新旧字形对照表"，了解新旧字形的差异，按照权威字表规定的新字形书写汉字，以便准确掌握汉字笔画，提高识检效率。

（四）纠正错别字

错别字现象包括四种情况：写错字、写别字、生造字、读错字。

写错字是指写得不成字，即规范字典中查不到的汉字。别字也叫"白字"，写别字是指把甲字写成乙字。生造字是指个别人随意应景地独自造出的新的"字"。读错字是指念错或说错了字音。写别字，实际上也是写错了字，因此通常所说的"错别字"是上述四种情况的统称。

对个人来说，错别字现象一不小心就会出现。这种情况固然有汉字本身的原因（汉字结构复杂，形音关系松散，一字一形、难认、难写、难读、难记，容易出错），但使用者主观上的草率、随意、不负责任等也极易造成客观上出错率的上升。如果个人的错别字现象长期得不到纠正，势必影响交际效果，给生活带来不便，给工作带来损失，甚至会造成极坏的影响和严重的后果。报纸杂志、教师板书、广告语言、新闻播报、文秘工作等领域与人群接触频繁，尤其应当避免出现错别字，及时纠正错别字。

避免写错、读错汉字，首先是主观上要重视，要充分认识到汉字规范的重要性和严肃性，要抱着对社会、对他人、对自己尊重负责的态度来对待汉字读写问题。其次是在读写时应一丝不苟，如遇拿不准时，应立即翻查字典或请教他人；不管多忙，都要对书写或打印的文稿反复校对，力争做到万无一失；平时对自己要从严要求，一旦发现错误现象，应及时加以纠正，养成良好的读写习惯。为保证正确读写汉字，除在态度和做法上对自己要高标准、严要求以外，还可以从字形、字音、字义的角度入手，掌握汉字的字形特征与字音、字义的对应关系，利用有规律的构字部件区别形似字。如能掌握汉字的读写规律，便能降低错别字的出现概率，提高汉字的使用质量。

写错字主要有以下六种情况：

1. 受相近偏旁、部件影响而写错汉字

例如："染"错成"染"，"轨"错成"轨"，是受"熟"字中"丸"的影响；"策"错成"策"，"棘"错成"棘"，是受"赖""辣"中的"束"的影响；"癸"错成"癸"，是受"祭"字中"癶"的影响；"侵"错成"侵"，是受"候""悠"等字中"亻"的影响；"将""奖"错成"将""奖"，是受"采"的影响；"蚕""吞"错成"蚕""吞"，是受"乔"的影响；此外还有把"临"写成"临"，把"饰"写成"饰"，把"已"写成"己"，把"贯"写成"贯"，把"戍"写成"戍"，把"留"写成"留"，把"念"写成"念"，把"望"写成"望"，把"荒"写成"荒"，把"沛"写成"沛"，把"刊"写成"刊"，把"简"写成"简"，把"等"写成"荨"，把"抢"写成"抢"，把"建"写成"迠"，把"栋"写成"栋"，把"范"写成"范"等情况。

2. 常常结合在一起的双音词中的一个字受另一个字偏旁的影响而误写。

例如：模糊—模糊　　鞠躬—鞠躬　　狭隘—狭猛

辉煌—辉煌　　跋涉—跋跕　　枢纽—枢杻

犹豫—犹豫　　糟蹋—糟糊　　锻炼—煅炼

编辑—编缉　　障碍—障碍　　积极—积极

3. 习惯性错误

经常将"尧""杰""庆""宽""步"等多写一点，将"式""武""贰""展""长"等多写一撇，将"具""真""直"等少写一横。

还有一些人经常将某些常用字随意简化，如将"原、韭、菜、蛋、煤、易、展、赛、演、影、懂、身、集、事、迎、勤、器、购、儒、填、数量、国家、同意、问题、图书馆、马克思主义"等简化为"冡、芏、芼、旦、炗、旸、尸、寋、汇、彤、忄、玍、亼、亊、迊、勎、叺、賟、仈、坩、敄旁、囗穴、冈忌、冋、囶、叐"。

4. 没能熟练掌握《简化字总表》

有两个读音的简化字，一部分两种读音都简化了；另一部分，一种读音可以简化，一种读音不可以简化。"仆"，作"僕"的简化字时读作"pú"，"前仆后继"中仍读作"pū"；"吁"在"呼吁"中读"yù"，在"长吁短叹"中仍读作"xū"。以上是第一种情况。另一种情况，如"乾"读作"gān"时简化为"干"，读作"qián"时不简化（如"乾坤"）；"徵"，读作"zhēng"时简化为"征"，读作"zhǐ"时不简化（如"宫商角徵羽"）。

5. 经常写别字

主要有以下三种情况。

（1）形近而误。例如：南辕北辙（误作"撤""撒"）、一窍（误作"窃"）不通、如火如荼（误作"茶"）、滥竽（误作"芋"）充数、戳（误作"戮"）穿、糜（误作"靡"）烂、姿（误作"咨"）态。

（2）义近而误。例如：直截（误作"接"）了当、阴谋诡（误作"鬼"）计、歪风邪（误作"斜"）气、倒行逆施（误作"驶"）、自力（误作"立"）更生、川（误作"穿"）流不息。

（3）同音而误。例如：灯泡（炮）、安（按）排、清晰（浙）、剧（巨）烈、候（后）选等。

6. 经常误读一些字

常见的误读大致有四种：一是对多音多义字的非常用音不能读正确。例如：把"传记"的"传"、"都市"的"都"、"可恶"的"恶"、"呜咽"的"咽"、"巷道"的"巷"、"里弄"的"弄"等误读。二是任意读半边字或者根据熟悉的字的半边来类推字音。如"淀粉"的"淀"、"臀部"的"臀"、"桔梗"的"桔"、"沮丧"的"沮"、"阻挠"的"挠"、"牛仔"的"仔"、"拜谒"的"谒"、"投掷"的"掷"、"酗酒"的"酗"、"佳酿"的"酿"等。三是声调误读。如"玫瑰""泥泞""拘泥""残骸"等。有时受了方言的影响，也容易误读，如"质量""教室""僻静""倾向""跃进""管弦"等。

读字、写字正确与否反映了一个人文化水平的高低，对于国家来说，则反映整个国家的文化概貌、整个民族的文化素养。我们应该充分利用工具书，提高读写的准确度，尤其要提高运用常用字的准确度。与此同时，还要学好普通话，掌握《简化字总表》《第一批异体字整理表》《印刷通用汉字字形表》《普通话异读词审音表》《现代汉语通用字表》《第一批异形词整理表》等各种规范语言文字的文件。

四、汉字的信息处理

汉字的信息处理就是利用计算机对汉字进行各种信息处理，让计算机接受和理解汉字。

目前汉字信息处理的主要内容包括汉字输入、汉字储存、汉字编辑、汉字输出、汉字传输等。

汉字信息处理的价值是：提高汉字的使用效率，丰富汉字的传输方式，扩大汉字的应用领域，拓展汉字的交际职能。汉字信息处理工作方便了计算机在涉及中文的各个领域的应用，对我国的经济发展和科技进步具有强大的推动作用。

计算机输入汉字，可以有不同的方法和途径，例如：通过光电扫描输入汉字，通过语音识别输入汉字，通过设计代码输入汉字，通过计算机接收笔输入汉字、手写输入汉字等。

随着计算机系统功能的升级换代，汉字信息处理的内容越来越丰富。网络运行和操作、办公自动化、企业管理、文献检索、编辑出版等，都离不开汉字信息处理系统。汉字信息处理是各类中文信息技术发展的基础，在我国的现代化建设中具有不可忽视的作用。然而，汉字的信息处理仅仅是中文信息处理的一部分。有关中文信息处理的其他内容还有：汉语自动分词，汉—外、外—汉机器翻译，中文文摘自动生成，汉语自然语言理解，中国少数民族语言文字信息处理等。可以说，用计算机来处理各种汉语信息，其重要性越来越被社会公众所理解，其应用领域也正在迅速扩大。计算机信息处理技术已成为人们日常生活的重要助手，已成为维系社会运转的重要工具。

 练习与思考

1. 汉字的整理包括哪些内容？
2. 汉字主要的简化方法有哪些？请举例说明。
3. 汉字标准化包括哪些内容？已取得哪些成绩？仍需解决哪些问题？
4. 错别字现象包括几种情况？结合自己学习和使用汉字的情况谈谈纠正错别字的策略。
5. 在下列成语的空白处填上适当的字。

责无旁____　　____误战机　　原形____露　　高____远瞩
变本加____　　无____不至　　功亏一____　　针____时弊
____底抽薪　　世外桃____　　义愤填____　　走____无路
一____莫展　　悲天____人　　白璧无____　　委____求全
刚____自用　　重蹈____辙　　落拓不____　　____惑人心

6. 改正下列短文中不规范的字。

（1）纠正错别字主要是解决书写者的主观问题。首先要端正态度，认清写规范字的重大忌义；其次，要下一翻苦功夫学习汉字，特别是前百列出的容乌出错的字，要勘翻工具书，多向他人请教；再次，文章写出来后要多检察，或让他人邦助校订，尽另少出差错。

相对应的规范字（重复的不计）：_____

（2）今天镇上逢集，听说热闹极了。我也想筹筹热闹，便急忙来到镇上。我先看了一會儿皮彤儿表汇，又看了一场兰球友谊寋，然后买了二斤鸡旦、一斤芫芽和二百块灳球，雇了一辆三轮车便将东西拉回来。回到穴里，先是摘芽，然后烧了一锅开水，接着开始作饭。饭快作好了，他爸临时决定，到国贸饭店用歺。我想了一会儿，才惶然大悟——尻来今天是我的生日。

相对应的规范字（重复的不计）：_____

7. 按要求完成以下各题。

（1）改正下列各词中不规范的字，并归纳出错误的类型。

怀念（　）　　祝沈（　）　　腾写（　）　　茂盛（　）
种植（　）　　明朗（　）　　点染（　）　　喉咙（　）
雨具（　）　　结祢（　）　　寋车（　）　　体諿（　）
假期（　）　　巧迁（　）　　尻告（　）　　考勘（　）

（2）改正下列各词中的错别字。

敝开（ ）　　端雪（ ）　　斟察（ ）　　坑烟（ ）　　树哨（ ）
后选（ ）　　串插（ ）　　泡制（ ）　　疮面（ ）　　瞻养（ ）
清浙（ ）　　幸苦（ ）　　灯炮（ ）　　编缉（ ）　　巨烈（ ）
粉粹（ ）　　按排（ ）　　草搞（ ）　　锻练（ ）　　修假（ ）

（3）分别指出下面每一对字的近似和区别所在。

未末　　要耍　　崇祟　　己已　　盲肓　　享亨　　秃秀　　差羞　　哀衰　　赢赢
徽微　　斑班　　隐稳　　侵浸　　缜慎　　肆肄　　贩败　　折折　　戌戍　　寇冠

第五节　输入汉字与书写汉字的同和异

输入汉字是指通过特定的程序操作，将由汉字构成的语言资料输入或录入计算机。书写汉字是指人们以手握笔将由汉字构成的语言资料按照规范要求直接书写在纸张或其他承载物上。两者之间既有联系，又有区别；既有相同点，又有不同点。我们切不可草率对待。

一、输入汉字的几种主要方法

运用计算机输入汉字，最常用的输入法不外乎四种：语音输入法、手写输入法、键盘输入法和扫描输入法。应该重点掌握的是前面三种。

1. 语音输入法

语音输入法，是利用特定的软件和配套的硬件，将声音通过话筒转换成文字并使之显示于电脑屏幕上的一种输入方法。运用这种方法输入汉字，一些不常用的专业名词以及生僻字的错误率是比较高的。

2. 手写输入法

手写输入法又称手写中文识别输入法。电脑中安装了相关软件之后，只要用笔在手写板上按平常的习惯写字，电脑就能将其识别而显示出来。手写输入法的配套硬件是手写板，如果没有配手写板，用鼠标在指定区域内也可以写出字来，只是鼠标操作要求非常熟练，不然的话错字率就比较高，而在配套的手写板上用笔（可以是任何类型的硬笔）来书写，不仅方便、快捷，而且错字率也很低。

3. 键盘输入法

所谓的键盘输入，就是将表示某个汉字的语音特点或字形特点的特定编码通过键盘的敲击，使该汉字在电脑屏幕上显示出来。这种输入汉字的方法就叫作键盘输入法。键盘输入法包括拼音输入法和字形输入法两种。

拼音输入法又包括微软拼音输入法、智能 ABC 输入法、中文全拼输入法、搜狗拼音输入法、速录机输入法等。

这里简单介绍一下速录机输入法。速录机输入法是采用专用的速录机，通过拼音输入，实现快速录入。不过速录机的键盘与传统的键盘有所不同，它具有特殊的多键并击的功能。亚伟中文速录机键位少，方便携带，多键并击，速度快，不易疲劳，可以实现同步语音记录及网络文字直播。

字形输入法包括五笔字型输入法、部件特征输入法、部首编码汉字输入法等。

这里不能不提提影响颇大的五笔字型输入法。这种输入法是王永民在 1983 年 8 月发明的，所以也称"王码五笔"。王先生将汉字最基本的构件按次序分成五种基本笔画（横一竖丨撇丿捺、折乙）及其变形笔画，将每一个汉字都按照一定原则及其构型特点（左右型，上下型，杂合型）拆分成字根，并在所有字根中优选出 130 种基本字根和若干其他字根，通过编码将其分布于键盘的五大区以及每区的五个键位上。在输入汉字时按首笔定区位、次笔定键位的规定，依次找出表示各个字根的键位并击打之，如此便能将汉字很快地输入电脑。

二、输入汉字与书写汉字的相同点和不同点

有些人将输入汉字与书写汉字完全等同起来，致使在应用汉字的过程中常常出错，甚至闹出笑话。下面就谈一谈输入汉字与书写汉字的同和异。

1. 相同点

汉字是形音义高度统一的文字，不管使用哪种方法输入汉字，都必须以熟练掌握每一个常用汉字的形音义为前提；未达到这样的要求，要想准确高效地输入汉字，那是绝对不可能的。作为高校的学子，千万不可相信那些欺骗外行的动听言语，更不可存有侥幸的心理，而应该对汉字的输入有一个正确的认识。

要想准确高效地书写汉字，也必须要对每一个常用汉字的形音义都能够熟练掌握，否则的话，在你所书写的文案材料中，就会出现很多不该出现的错别字和其他不规范的字。

使用"拼音输入法"输入汉字时，要仔细地从同音字中选取最恰当的一个，选错了就成了别字；同样在书写汉字时也不可对大量的同音字掉以轻心，也不允许使用别字。使用"字形输入法"输入汉字时，要注意从一些形体相近的部件或字根中，选取最合适的一个，否则就输不出这个字或者输成了另一个字；书写汉字时也同样要注意别把甲字写成了乙字或写成了错字。由此可见，不管是输入汉字还是书写汉字，都不能不注意对同音字和形近字的认真区分。

拼音输入法所用的汉语拼音与《汉语拼音方案》是完全一致的，这里就不再赘述了。

应该说准确高效地输入汉字和书写汉字是每一位从事文秘、新闻及教学工作的高职毕业生都必须具备的基本功。这种基本功也应是这些专业毕业生职业能力的重要体现。有些企业或单位在招聘人才时，特别强调求职信必须手写，甚至让你当场将一篇短文输入电脑或当场写一篇限定体裁的短文。试想一下，如果在这方面不具备较强的职业能力，这些专业的高职生能够顺利就业吗？

2. 不同点

输入汉字与书写汉字，二者之间也有明显的不同点。

输入汉字应根据各种软件的特定程序和特殊规则去严格操作，否则的话就会出错，就难以做到准确高效。书写汉字应根据《简化汉字总表》《现代汉语通用字表》《现代汉语通用字笔顺规范》所公布的笔画、笔顺和结构布局来规范书写，否则的话，你或者会写出

错别字及其他不规范的字，或者颠倒笔画，书写不畅，布局不当，字迹不美观，达不到应有的书写速度和书写效果。应当说明的是，这里所说的书写汉字，是不包括书法艺术的。此外还应强调指出，有关字形输入法的各种软件所规定的特殊程序和规则，与《简化汉字总表》《现代汉语通用字表》《现代汉语通用字笔顺规范》所规定的书写规范是不完全一致的，有的地方出入还很大。我们千万不可等同看待。现以五笔字型输入法为例，简要谈谈其与书写规范不同的地方。

（1）汉字字根与部件有所不同。

汉字的字根不同于部件。字根是从汉字最小的离散结构单位着眼分析汉字形体得出的结果。部件虽然也是从汉字的形体结构中分析出来的，但不一定是最小的离散结构单位。部件有单一部件和复合部件之分，复合部件则是由两个或两个以上的单一部件构成的。若说单一部件等同于字根，这在理论上是可以说得通的。但是如果看看五笔字型输入法中所分析出来的字根，那么字根与单一部件也并不是完全一致的。比如说"礻"与"衤"，两者在五笔字型输入法中被视为同一字根，但我们并不承认它们是同一个部件，"礻"与"衤"决不能混为一谈。

（2）笔画有所不同。

"象"字的中间是扁口，中间一撇从扁口中向左下方穿出，共有十一画；五笔字型输入法却把"象"的第二个字根定为横日，整个汉字成了十二画，凭空多出了一画；五笔字型输入法还将"延、诞、蜒、筵、涎"等一类字撇下面的部分定为字根"止"，其实不是"止"，五笔字型输入法不仅误识了相关的笔迹，还使其多出了一画。对于这样的情况，书写汉字时务必要注意严加区分。

（3）笔顺有所不同。

当识别"力、刀、九、匕"这些字根的末笔时，一律以其"伸"得最长的"折"笔作为末笔；"连""逐"等字的末笔按书写习惯来写应该是"辶"的最后一捺，但五笔字型输入法却选"车"或"豕"字的最后一笔为末笔；"区、巨、匹、匠、医"等一类字的末笔应为折，五笔字型输入法却用最末一个字根的最后一笔去作为识别码。再如"国"，如按书写顺序，其字根应是"冂、王、丶、一"，但五笔字型输入法认为这样编码不但有违该字的字源，也不能使字根"囗"直观易辨。为了直观，应从外到内取字根"囗、王、丶"。这是识别字根与规范笔顺相冲突的地方。

应当指出的是，完全根据字形来输入，是有利于"看打"的，即有利于看着文字材料进行专门性输入，而在"听打"和"想打"方面就不够理想了。尤其在听打方面，用五笔字型输入法很难跟得上讲话的速度。在实践中，编辑和记者等大多选用拼音输入法作现场记录而不用五笔，速录机也都选用拼音输入法，这说明五笔字型输入法是存在着明显的局限性的。

作为一名应用型本科或高职院校的文科学员，要想具备很强的职业能力，那就必须在输入汉字和书写汉字方面具备较高的水平；要想在输入汉字和书写汉字方面具备较高的水平；那就必须学好现代汉语，使自己具备扎实的语言文字的基本功。

练习与思考

1. 请谈谈输入汉字与书写汉字的同和异。

2. 你习惯于用何种汉字输入法？为什么？

3. 请选一篇2 000字左右的文字材料，用你最擅长的汉字输入法输入电脑，记准所用的时间，计算出每分钟输入的字数；再找出其中的错别字和其他不规范的字，计算出打字的准确率；最后结合自己的实际情况制定出进一步提高输入汉字的速度和准确率的具体措施。

第六节　汉语电子文案的规范与美化

一、汉字与编辑排版

由于汉字是我国记录书面语言的权威性符号系统，我们所使用的电脑软件，其程序和功能，基本上都是靠汉字提示的，我们需要运用电脑软件进行编辑排版的文案，也大都是由汉字构成的。汉字及其相关符号的排列组合，就成了文案编辑排版的中心任务。

要想对文案进行编辑和排版，必须首先输入汉字。五笔字型输入法、汉字部件输入法需要准确掌握汉字的字形；全拼输入法、微软拼音输入法、拼音加加输入法、智能ABC输入法等需要准确掌握汉字的读音；此外还有语音直接输入、手写直接输入等都离不开对于汉字字形和字音的准确掌握。只有在能够相当准确地输入汉字的基础上，才能对相关文案进行有效的编辑和排版。

文案的编辑和排版，需要掌握语言文字的规范化要求，需要掌握国家机关各类公文格式，需要掌握编辑排版的基础知识，需要掌握版面设计的基本要求和整体效果的美化要求。这些方面的知识和能力基本具备以后，方可更好地运用计算机进行文案的编辑和排版。要想让计算机在文案的编辑和排版中更好地发挥作用，那就必须熟练掌握word软件和其他编辑软件的使用程序和强大功能，必须通过反复训练和实际操作，让word软件和其他编辑软件的功能能够随心所欲地听凭调遣，能够俯首帖耳地提供服务，能够成为你编辑排版时的得力助手和知心朋友。

二、汉语电子文案的规范与美化

规范的文案，一是没有不规范的汉字，没有错用的标点符号，没有不通顺、不明了的语句；二是要完全符合权威文件的格式要求，不允许出现任何不符合文件要求的现象。美化的文案，则要求字体的选择、字号的大小、笔画的浓淡、版面的布局、表格的设计等都能给人以美的享受，使人看着不由产生得体、舒服、不忍释卷之感。

除有特殊要求的文案外，一般文案都应是黑与白构成的艺术世界。在文案的编辑与排版中，应当让黑与白相映成趣，虚与实辩证统一。在一页文案中，如果行距过窄，字距过小，笔画过重，那么整个页面就会显得拥挤、胀目、沉重、压抑；如果行距过宽，字距过大，笔画过轻，那么整个页面就会显得空虚、松散、轻飘、浮躁。两种情况都会给人以不舒服、不适宜、不美观的感觉。只有在整个版面中，页边距、行距、字距、标题、正文以及汉字形体、笔画轻重等都处理得恰到好处时，文字部分与空白部分也处理得恰到好处时，版面才能给人以舒服得体的感觉，才能使人产生美的遐想，获得美的享受。所以汉字文案的编辑排版既要注意权威文件的规范要求，也要注意一般通行的惯例习俗，还要注意人们的接受心理和审美情趣。如能做到三者统一，那么你的文案工作就一定会做得非常出色、无可挑剔。

三、纠正电脑编辑排版中的常见失误

在运用电脑编辑排版时，经常出现的失误有以下几种。

（1）在页面设置中页边距处理不当，天头过窄或天头与地脚边距相同，给人以头重脚轻不稳定的感觉。

（2）左边距与右边距完全相同，不利于装订或装订之后不美观。

（3）不管字号多大，一律按单倍规格安排行距，有时致使在每一基准行中，行与行之间的距离大于每行字的实际高度，一页版面排不了几行字，给人以过于松散之感。

（4）每个自然段的开头忘记低两格，有的只低一格。

（5）标题字号过小、笔画过轻且没能真正居中，有时字距也过于狭窄，不能给人以大方、舒适、醒目之感。

（6）有时标题与正文之间没能留出一定的空白，致使标题与正文挤在一起；有时文本的部分与部分之间也没能留出空白，致使整个文本眉目不清。

（7）字号选择不当，字号与其他方面配合也不当，经常出现一个字占据一行的现象或出现一行字占据一页的现象。

（8）字体选择不能根据文本的性质和场合而适当改变，在有些文本中显得过于拘谨，在有些文本中又显得不够庄重和严肃。

（9）需要强调的字句忘记加着重号。

（10）不能根据特殊需要机动灵活地处理一些句段（如大段引用原文等）。

（11）不按层次要求使用序号，致使一篇文案中出现序号混乱的现象；有些序号的使用也不规范，如在①或（一）的后面再用顿号或圆点。

（12）表格设计不够合理，内部分类不够科学，空白部分过多，表中的字体和字号也不够适切，表格的宽度和高度比例失调，表格的边框和内线一般粗细，一种线条，表格位置放置不当等，致使表格让人看起来很不舒服。

（13）打印前不了解打印机的性状设置，致使打印出来的文稿字迹不清或字迹过重。

（14）没能对打印文稿认真校对，致使文稿中经常出现错别字很多、标点符号使用不当、格式不够规范统一、文中多有空格等现象。

（15）电脑中所设置的页面大小与实际纸张存在一定的误差，故打印的文案效果不太理想。

以上15种失误现象虽属常见现象，但也因人而异，因事而异，因场合而异。若要纠正这些失误现象其实并不困难，只要对字形、字号、边距、行距、字距、格式等加以调整，将错误现象改正过来即可。关键是我们能不能及时发现并认真对待失误现象。我们只有具备一丝不苟的工作态度和高度负责的敬业精神，这些失误现象才可能被我们及时发现并予以纠正。在当今社会，浮躁心态普遍存在，要想杜绝这些失误现象的确不易，但是我们必须清醒地意识到，这些失误现象的出现有时很可能给组织、给事业、给社会酿成无法挽回的损失或极其严重的后果；同时我们还应清醒地看到，处于市场竞争十分激烈也十分残酷的形势下，生存危机和个人前途又要求我们必须具备一丝不苟的工作态度和高度负责的敬业精神，必须时时刻刻、倾尽全力杜绝各类失误现象的发生。作为学生，只有在平时的学习和生活中，养成认真、严谨、踏实、负责的良好习惯，将来走上工作岗位后才可能

胜任自己的工作。

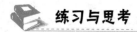 **练习与思考**

1. 你在打印文档时容易出现哪些错误或不规范的地方？请认真加以总结。

2. 按照"请示"的要求，以如何解决人才流失问题为中心内容，起草并打印一份不少于2000字的请示公文。要保证排版格式合乎规范，版面布局美观得体。

第二章 语　　音

第一节　语音概说

一、语音的性质

语音是语言的物质外壳，是人说话的声音，是人的发音器官发出来的具有一定意义的声音。语音不仅具有生理属性，还具有一切声音所共有的物理属性。语音不同于自然界的声音，也不同于没有意义的喘气、咳嗽、打喷嚏的声音。语音能表达一定的意义，能起到社会交际的作用，故具有社会属性。

（一）物理性

一切声音都是由于物体振动形成音波传入听觉器官而产生的。声音具有音高、音强、音长、音色这四种声学特征，语音也不例外，因此我们可以从这四个方面来分析、认识语音的物理属性。

1. 音高

音高就是声音的高低，它决定于发音体振动的频率，所以音高也叫音频。频率指发音体在单位时间内振动的次数。振动的次数多，频率就大，声音也就高，反之就低。一般来讲，在相同动力作用下，长、大、粗、厚、松的发音体振动慢，频率低，声音也较低；短、小、细、薄、紧的发音体则振动快，频率高，声音也高。语音的高低与人的主要发音体——声带的长短、厚薄、松紧密切相关。妇女、儿童的声带较薄较细，所以声音高一些；男子、老人的声带较厚较宽，声音就低一些。同一个人的发音也有高低之别，这是因为人能够通过喉部肌肉控制声带松紧。汉语是有声调的语言，声调的不同主要是音高的不同。不过声调中所用的音高是相对音高，不是绝对音高。

2. 音强

音强就是声音的强弱，它取决于发音体的振动幅度。振幅大，声音就强；振幅小，声音就弱。振动幅度的大小跟作用于发音体上的外力有关。语音的强弱还取决于发音时的用力程度和气流量的大小。用力大，气流强，声音就强，反之声音就弱。敲击钟、锣等乐器，用力大则发出的声音大，用力小则发出的声音小。将汉语普通话"guìzi（柜子）"与"guìzǐ（贵子）"的后一个音节相比较，不难看出，前者的音强比较弱，后者的音强比较强。

3. 音长

音长就是声音的长短，它决定于发音体振动时间的长短。振动延续的时间长，声音就长，反之就短。英语 beat（打）和 bit（一点儿）的区别，主要是中间元音 [i] 的音长不同，前一个音长长，后一个音长短。说话时速度的快慢以及声调的不同都与音长有一定的关系。

4. 音色

音色就是声音的性质、特色，也叫音质，它是某个声音区别于其他声音的基本特征。每个声音都有自己的音色。从声音的产生方面分析，语音音色的不同是由以下三种因素决定的。

第一，发音体不同。同样用敲击的方法去敲击不同的物体，所发出的声音是不同的。人的声带的质地基本相同，但声带的状况可以不同，因而发出的声音各有自己的特色。

第二，发音方法不同。比如普通话语音中 b [p] 是上下唇形成阻碍，气流冲破阻碍爆发而成的，f [f] 是上齿靠近下唇，气流通过缝隙摩擦而成的。二者发音方法不同，音色也就不一样。

第三，共鸣器的形状不同。人用于发音的共鸣器最主要的是口腔，其次是鼻腔，胸腔和颅腔一般不看。各个人口腔的形状是不完全相同的，同时口腔又会因唇、舌、软腭的活动而能灵活自如地改变形状，由此从不同形状的口腔中可以发出多种音色不同的声音来。鼻腔因软腭和小舌的调节有时会发挥作用。比如普通话语音的元音 ü [y] 发音时舌头前伸，u [u] 发音时舌头后缩，二者发音时口腔共鸣器形状不一样，因而音色也就不同。再比如 n [n] 和 l [l] 都是舌尖中音、浊音，但发 n [n] 时软腭小舌下垂，打开鼻腔通路，让气流从鼻腔冲出；发 l [l] 时软腭小舌上翘，堵塞鼻腔通路，让气流从舌头的两边冲出——前者让口腔与鼻腔共同配合形成共鸣器，后者只以口腔作为共鸣器，故二者的音色差异很大。

(二) 生理性

语音是由人的发音器官发出来的声音。发音器官的部位及其活动方法决定语音的生理特性。因此要了解语音的发音原理就必须先弄清楚发音器官的构造。人类除了用喉头和声带发音以外，还有动力器官和共鸣器官。

1. 喉头与声带

喉头由甲状软骨、环状软骨和两块杓状软骨构成，下通气管，上接咽腔，呈圆筒状。声带位于喉头中间，它是两片富有弹性的薄膜，前端联结甲状软骨，后端联结杓状软骨。两片薄膜之间的空隙叫声门。肌肉的松紧和杓状软骨的活动，可以使声带放松或拉紧，使声门打开或关闭。声门敞开时，气流畅通，声带靠边，不震动，可以发出清辅音；声门关闭，气流从声门中挤出，振动声带从而可以发出元音或浊辅音。

2. 肺与气管

人的肺部应当是发音的动力器官，呼吸的气流是振动声带的直接动力。吸气、呼气都能发音，吸气发出的声音为吸气音。汉语靠呼出的气流来发音，也就是肺部呼出的气流，通过支气管、气管到达喉头，冲击发音器官的某些部分，经过这些发音器官的调节，从而发出不同的声音。

3. 口腔与鼻腔

口腔和鼻腔是发音的共鸣器，其中以口腔最为复杂。呼出的气流由喉头经过咽腔到达口腔和鼻腔。口腔可分上下两部分，上面部分包括上唇、上齿、齿龈、硬腭、软腭、小舌等，下面部分包括下唇、下齿和舌头。舌是口腔里最重要的灵活自如的器官，它可大致分为舌尖、舌面、舌根三部分。舌尖位于舌头的最前端；舌尖后面的部分是舌面；舌的相对于软腭的部分叫舌根。鼻腔位于口腔上方，靠软腭和小舌隔开。当软腭和小舌上升抵住咽壁时，鼻腔通道堵塞，气流从口腔流出，这时发出的音叫口音；当软腭和小舌下垂时，口腔闭塞，气流完全从鼻腔流出，这时发出的音叫鼻音；如果口腔无阻塞，气流同时从口鼻腔呼出，这时发出的音叫口鼻音或鼻化音。下面是口腔和鼻腔示意图：

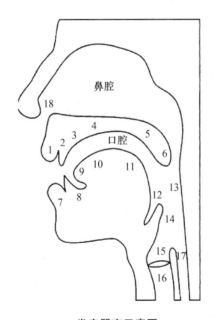

发音器官示意图

1. 上唇 2. 上齿 3. 齿龈 4. 硬腭 5. 软腭 6 小舌 7. 下唇 8. 下齿 9. 舌尖 10. 舌面
11. 舌根 12. 咽腔 13. 咽壁 14. 喉 15. 声带 16. 气管 17. 食道 18. 鼻孔

（三）社会性

语言是社会交际的工具，具有社会性。每种语言的语音系统都有自己的特点，如有哪些音，没有哪些音；哪些音能与哪些音拼合，不能与哪些音拼合；哪些音能区别意义，哪些音不能区别意义等。这些问题靠语音的物理性和生理性的分析是无法说清的，主要原因应在于人类社会。上海话、广州话有入声,北京话没有入声;北京话里声母有平翘舌之分,南方很多方言里没有;北京话 n 和 l 分得很清楚,但在长沙话、南京话等一些方言中,n 和 l 是不分的。语音的社会性是语音的本质属性。

二、语音单位

(一) 基本单位——音节

音节是汉语语音结构的基本单位,也是自然感到的最小语音片断。在一连串的语流中,听觉上最容易分辨出来的语音单位就是音节。从生理上看,每发一个音节,发音器官的肌肉就会明显地紧张一下,如"借(jiè)"和"饥饿(jī'è)",二者所用的音素都相同,但"借"发音时,肌肉只紧张一次,在听觉上我们也很容易辨认出是一个音节;"饥饿"发音时,肌肉紧张两次,听起来是两个音节。辅音声母和声调也能帮助人们从听觉上很自然地划分出音节的界限来。一般说来,汉语中一个汉字表示一个音节,只有儿化词如"个儿/鸟儿"等是两个汉字读成一个音节。根据尾音的性质,音节可以分为开音节和闭音节两类,元音收尾的为开音节,辅音收尾的为闭音节。

(二) 最小单位——音素、音位

1. 音素

音素是从音色角度划分出来的最小语音单位。

如果按音色的不同去切分音节,得出的最小单位就是音素。如"看(kàn)"可划分出 k、a、n 三个音素。一个音节可以由几个音素构成,也可以由一个音素构成。如"因(yīn)"由两个音素构成,"良(liáng)"由四个音素构成,"鱼(yú)、屋(wū)"均由一个音素构成。

音素可以分为元音和辅音两大类。元音是气流振动声带、不受阻碍而形成的一类音素,如 a、o、e、i、u、ü 等。辅音是气流受到阻碍而形成的一类音素,如 b、p、k、h 等。元音和辅音的不同特性主要表现在以下四个方面:

(1) 发元音时,气流通过口腔不受阻碍;发辅音时,气流通过口腔要受到某部位的阻碍。这是元音和辅音最主要的区别。

(2) 发元音时,发音器官的各部分均衡地保持紧张;发辅音时,只有形成阻碍的那一部分紧张,其他部分不紧张。

(3) 发元音时,气流较弱;发辅音时,气流较强。

(4) 发元音时,声带振动;发辅音时,声带大多不振动,少数情况振动。

2. 音位

音位是一个语音系统中能够区别意义的最小语音单位。

在一种语言或方言里,众多音素的地位和作用是各不相同的,有的可以区别意义,非辨别清楚不可,有的不能区别意义,可以忽略不计。如"八 bā""趴 pā",b 和 p 这一对辅音音色上的差别,在普通话中能引起词义的改变,必须严格区分,应该归纳为两个音位。汉语普通话"他 tā""贪 tān""汤 tāng"中的 a 实际上分别读成 [A] [a] [ɑ],是三个不同的元音。这三个元音不出现在相同的位置中,不会因其相互误读而引起误解,人们总把它们看作一个单位,归纳到一个音位中。音素与音位都是最小的语音单位,但划分标准不同。音素是从单一的物理标准的角度划分的,音位是以交际与心理的社会标准的角度划分的;音素可以脱离语言系统进行分析,音位一定要以某种语言或方言的音系为分析基础;音素只从音色或音质的角度加以划分,音位还可以从非音质的角度予以划分。

(三) 结构单位——声母、韵母、声调

用中国传统音韵学的分析方法分析汉语的音节结构,可把一个音节分为声母、韵母、声调三部分。但这三个部分的分布并不是均衡的,其性质也并不是平行的,总体上说,声母、韵母是由音素构成的,而声调主要是由音高构成的。

1. 声母

音节开头的辅音就叫作声母。如"上、海、教、大",这四个音节的声母分别是 sh、h、j、d。有的音节不是辅音开头,被称为零声母音节,如"鱼(yú)、衣(yī)、屋(wū)、鹅(é)、欧(ōu)"等。

2. 韵母

音节中声母后面的部分被称为韵母。如"猴(hóu)、合(hé)、环(huán)、文(wén)、阳(yáng)"这四个音节的韵母分别是 ou、e、uan、uen、iang。元音、辅音与声母、韵母是从不同的角度分析语音得出来的概念。元音、辅音是音素的分类,可适用于一切语言;声母、韵母是对汉语的音节进行分析得出的概念,只适用于汉语和与汉语一样有相同的音节结构的语言。在普通话中,声母都是由辅音充当的(零声母除外),韵母主要由元音来充当,有的韵母中也有辅音,但只限于 n 和 ng。换一个角度说,元音只用在韵母中,辅音主要用在声母中(只有 ng 不作声母)。辅音 n 既用在声母中,也用在韵母中,如音节 niān(蔫)里的前一个 n 是声母,后一个 n 是韵尾。辅音 ng 在普通话中一般不用在声母中,只用在韵母中,如 gāng(钢)里的 ng。

3. 声调

声调是贯穿整个音节的音高变化。

在汉语中声调有区别意义的作用。如"妈(mā)"是高平的,"吗(má)"是往上升的,"马(mǎ)"是先降后升的,"骂(mà)"是高降的,这四个字的声母和韵母都相同,只是因为声调不同,意义便不同。

三、《汉语拼音方案》和国际音标

为便于学习、分析和研究,必须有一套符号将语音记录下来。记录语音的符号很多,目前用于记录汉语普通话的语音形式并阐明其拼写规律的主要是《汉语拼音方案》,而在国际上通行的记录语音的符号则主要是国际音标。

(一)《汉语拼音方案》

我国最早是用"直音"的方式来给汉语注音的,后来改进为反切的方法,即用两个字

音剪切拼合成一个音节的方法。如"稿，个好切"，意思是用"个"的声母和"好"的韵母包括声调来给"稿"注音。反切法使用起来仍不方便，也不科学。20 世纪初，读音统一委员会推出了一套注音字母，用来给汉语注音。中华人民共和国成立后，中国文字改革委员会普遍征求并广泛收集各方面关于拼音方案的意见，于 1956 年 2 月拟订出《汉语拼音方案（草案）》，后在 1958 年 2 月 11 日，由第一届全国人民代表大会第五次会议批准作为正式方案在国内推行。1977 年 9 月，联合国第三届地名标准化会议通过决议，建议"采用汉语拼音作为中国地名罗马字母拼法的国际标准"。1982 年 8 月 1 日，国际标准化组织经过投票决定：汉语拼音是拼写汉语的国际标准。《汉语拼音方案》是目前国内推广普通话、语文教学、字词工具书注音、图书编目等各方面所一致采用的标准，国外译写我国的人名、地名也都要求使用这一方案。同过去的直音、反切及笔画式的注音符号比较，它有许多优点：

（1）符号数目少，基本字母只有 26 个。

（2）采用国际通用的拉丁字母，字形清晰美观，书写方便。

（3）字母音素化，用来记录或分析语音，准确、灵活。

《汉语拼音方案》内容包括五个部分：字母表，包括 26 个拉丁字母，其中"V"字母只用来拼写外来语、少数民族语言和方言；声母表，包括 21 个辅音声母，其中用双字母表示的声母有 3 个；韵母表，有 35 个韵母，其中"咨、之、眯"的韵母共用一个"i"，"诶、鹅"的韵母共用一个"e"，卷舌韵母另作说明；此外用四个能反映普通话音节音高变化的曲线作为声调符号；用"'"来补充区别音节界限，被称为隔音符号。

（二）国际音标

国际音标是欧洲各国语言学家共同商量制定的一套记音符号。自 1888 年由国际语音学会公布以来，已使用了一百多年。国际音标具有其他语音符号无可比拟的优点：

（1）音符对应，科学严密。国际音标符号和音值之间的关系是固定的，采用"一音一符，一符一音"的原则，不会发生标音含混的毛病。其数量远远超过任何一种语言的拼音字母，又有许多附加符号作补充，所以能够细致准确地记录世界上各种语言的语音。

（2）世界通行，宽严有度。国际音标的字形是在国际通行的拉丁字母基础上制定的，易于掌握，便于使用，通行范围广，各国语言学家可以据此对各种语言的语音进行讨论，相互交流，可以根据不同需要采用严式和宽式两种记音方式。在教学中，我们往往只列两张通行的辅音简表和元音简表（见本节末尾的表）。在舌面元音表中，基础元音有 8 个，也叫 8 个标准元音。

练习与思考

1. 为什么说语音的社会性是语音的本质属性？
2. "请勿高声说话"反映的是语音物理性中的哪个特征？
3. 熟人在隔壁讲话，一般能听出那是谁的声音，为什么？
4. 声母就是辅音，韵母就是元音，这样的说法对吗？为什么？
5. 音素和音位的本质区别在哪里？请举例说明。
6. 国际音标与《汉语拼音方案》相比有什么不同？

国际音标辅音简表

辅音 发音方法	发音部位		唇音		舌尖音				舌叶	舌面音			喉音
			双唇	唇齿	齿间	舌尖前	舌尖中	舌尖后		舌面前	舌面中	舌面后	
塞音	清	不送气	p				t				c	k	ʔ
		送气	p'				t'				c'	k'	
	浊		b				d					g	
塞擦音	清	不送气		pf	tθ	ts		tʂ	tʃ	tɕ			
		送气		pf'	tθ'	ts'		tʂ'	tʃ'	tɕ'			
	浊				dz	dz̩		dẓ	dʒ	dʑ			
鼻音	浊		m	ɱ			n		ɳ		ɲ		ŋ
闪音	浊						ɾ						
边音	浊						l						
擦音	清		ɸ	f	θ	s		ʂ	ʃ	ɕ	ç	x	h
	浊		β	v	ð	z		ẓ	ʒ	ʑ	j	ɣ	ɦ
半元音	浊		w, ɥ	ʋ							j (ɥ)	ɰ (w)	

国际音标元音简表

舌位	口腔	唇形	类别				舌尖元音				舌面元音					
			舌位	前		后		前		央			后			
				不圆	圆	不圆	圆	不圆	圆	不圆	自然	圆	不圆	圆			
高	最高	闭		ɿ	ɥ	ʅ	ʮ	i	y				ɯ	u			
	次高							ɪ	ʏ					ʊ			
中	高中	半闭						e	ø				ɤ	o			
	正中										ə (ɚ)						
	低中	半开				ɚ		ɛ	œ				ʌ	ɔ			
低	次低							æ			ɐ						
	最低	开						a					ɑ	ɒ			

汉语拼音字母、注音符号、国际音标对照表

拼音字母	注音符号	国际音标	拼音字母	注音符号	国际音标	拼音字母	注音符号	国际音标
b	ㄅ	[p]	z	ㄗ	[ts]	ia	ㄧㄚ	[iA]
p	ㄆ	[p']	c	ㄘ	[ts']	ie	ㄧㄝ	[iɛ]
m	ㄇ	[m]	s	ㄙ	[s]	iao	ㄧㄠ	[iɑu]
f	ㄈ	[f]	a	ㄚ	[A]	iou	ㄧㄡ	[iou]
v	万	[v]	o	ㄛ	[o]	ian	ㄧㄢ	[iɛn]
d	ㄉ	[t]	e	ㄜ	[ɤ]	in	ㄧㄣ	[in]
t	ㄊ	[t']	ê	ㄝ	[ɛ]	iang	ㄧㄤ	[iɑŋ]
n	ㄋ	[n]	i	ㄧ	[i]	ing	ㄧㄥ	[iŋ]
l	ㄌ	[l]	-i（前）		[ɿ]	ua	ㄨㄚ	[uA]
g	ㄍ	[k]	-i（后）		[ʅ]	uo	ㄨㄛ	[uo]
k	ㄎ	[k']	u	ㄨ	[u]	uai	ㄨㄞ	[uai]
ng	ㄫ	[ŋ]	ü	ㄩ	[y]	uei	ㄨㄟ	[uei]
h	ㄏ	[x]	er	ㄦ	[ɚ]	uan	ㄨㄢ	[uan]
j	ㄐ	[tɕ]	ai	ㄞ	[ai]	uen	ㄨㄣ	[uən]
q	ㄑ	[tɕ']	ei	ㄟ	[ei]	uang	ㄨㄤ	[uɑŋ]
			ao	ㄠ	[ɑu]	ueng	ㄨㄥ	[uəŋ]
x	ㄒ	[ɕ]	ou	ㄡ	[ou]	ong	ㄨㄥ	[uŋ]
zh	ㄓ	[tʂ]	an	ㄢ	[an]	üe	ㄩㄝ	[yɛ]
ch	ㄔ	[tʂ']	en	ㄣ	[ən]	üan	ㄩㄢ	[yɛn]
sh	ㄕ	[ʂ]	ang	ㄤ	[ɑŋ]	ün	ㄩㄣ	[yn]
r	ㄖ	[ʐ]	eng	ㄥ	[əŋ]	iong	ㄩㄥ	[yŋ]

第二节 汉语音节的构成要素

一、声母和辅音

声母一般指音节开头的辅音（零声母另作阐释）。普通话的基本辅音有22个，其中21个作声母。从普通话音系来看，可以说声母是由辅音充当的，但不能说所有的辅音都是声母。在普通话的语音系统中，辅音 n 不仅可以作声母，而且可以作韵尾；而辅音 ng 一般只能作韵尾，不能作声母。

（一）辅音声母

普通话语音系统中有21个辅音声母，它们是：b、p、m、f、d、t、n、l、g、k、h、

j、q、x、zh、ch、sh、r、z、c、s。辅音的发音是由发音部位（声母发音时阻碍气流的地方）和发音方法（阻碍气流的方式）决定的，由此可得出下列普通话的辅音声母表。

普通话声母表

发音部位 \ 声母 \ 发音方法		塞音		塞擦音		擦音		鼻音	边音
		清音		清音		清音	浊音	浊音	浊音
		不送气音	送气音	不送气音	送气音				
唇音	双唇音 上唇下唇	b [p]	p [p']					m [m]	
	唇齿音 上齿下唇					f [f]	v [v]		
舌尖中音	舌尖上齿龈	d [t]	t [t']					n [n]	l [l]
舌根音	舌根软腭	g [k]	k [k']			h [x]		(ng) [ŋ]	
舌面音	舌面硬腭			j [tɕ]	q [tɕ']	x [ɕ]			
舌尖后音	舌尖硬腭前			zh (tʂ)	ch [tʂ']	sh [ʂ]	r [ʐ]		
舌尖前音	舌尖上齿背			z [ts]	c [ts']	s [s]			

由表中可知，从发音部位看，辅音声母可分为七组，具体如下。

(1) 双唇音：由上唇和下唇构成阻碍而形成的音，有3个：b、p、m。
(2) 唇齿音：由上齿和下唇构成阻碍而形成的音，只有1个：f。
(3) 舌尖中音：由舌尖和上齿龈构成阻碍而形成的音，有4个：d、t、n、l。
(4) 舌根音：由舌根和软腭构成阻碍而形成的音，有3个：g、k、h。
(5) 舌面音：由舌面和硬腭构成阻碍而形成的音，有3个：j、q、x。
(6) 舌尖后音：舌尖翘起和硬腭构成阻碍而形成的音，有4个：zh、ch、sh、r。
(7) 舌尖前音：由舌尖和上齿背构成阻碍而形成的音，有3个：z、c、s。

从发音方法看，辅音声母可从三个方面来说明。

首先，根据发音时气流克服阻碍的方式的不同，辅音声母可分为五类。

(1) 塞音：发塞音时构成阻碍的两个部位完全闭塞。软腭上升，堵塞通向鼻腔的通路。气流经过口腔时冲破阻碍迸裂而出，爆发成声。塞音有6个，就是b、p、d、t、g、k。

(2) 擦音：发擦音时构成阻碍的两个部位非常接近，留下窄缝。软腭上升，堵塞通向鼻腔的通路。气流经过口腔时从窄缝挤出，摩擦成声。擦音有6个，就是f、h、x、sh、r、s。

(3) 塞擦音：发塞擦音时构成阻碍的两个部位完全闭塞。软腭上升，堵塞通向鼻腔的通路。气流经过口腔先把阻塞部位冲开一条窄缝,从窄缝中挤出,摩擦成声。在发一个塞擦音时,先破裂,后摩擦,中间不能有任何间歇,必须一气呵成。塞擦音有 6 个,就是 j、q、zh、ch、z、c。

（4）鼻音：发鼻音时口腔里构成阻碍的两个部位完全闭塞。软腭下垂,打开通向鼻腔的通路。气流颤动声带,从鼻腔通过。鼻音有两个,就是 m 和 n。

（5）边音：发边音时舌尖与上齿龈相接构成阻碍,舌头两边留有空隙。软腭上升,堵塞通向鼻腔的通路。气流经过口腔,颤动声带,从舌头的两边通过。边音只有 1 个,就是 l。

其次,根据气流的强弱,又可将塞音和塞擦音声母分为两类。

（1）不送气音：发音时,呼出的气流较弱。有 6 个,就是 b、d、g、j、zh、z。

（2）送气音：发音时,呼出的气流较强。有 6 个,就是 p、t、k、q、ch、c。

最后,根据声带是否振动,可将声母分为清浊两类。

（1）清音：发清音时伴随着气流的呼出,声门打开,声带不颤动,发出的音不响亮。清音有 17 个,就是 b、p、f、d、t、g、k、h、j、q、x、zh、ch、sh、z、c、s。

（2）浊音：发浊音时伴随着气流的呼出,声带颤动,发出的音比较响亮。浊音有 4 个,就是 m、n、l、r。

把发音部位和发音方法结合起来,普通话 21 个辅音声母的发音状况是：

（1）b [p] 双唇、不送气、清、塞音。

发 b [p] 时,双唇闭合,同时软腭上升,关闭鼻腔通路；气流到达双唇后蓄气；凭借积蓄的气流突然打开双唇爆发成声。例如：

| 宝贝 bǎobèi | 碧波 bìbō | 壁报 bìbào | 奔波 bēnbō |
| 褒贬 bāobiǎn | 辨别 biànbié | 报表 bàobiǎo | 背包 bēibāo |

（2）p [p'] 双唇、送气、清、塞音。

发 p [p'] 时,成阻和持阻阶段与 b 相同。除阻时,声门（声带开合处）大开,一股较强气流从肺部呼出成声。例如：

| 澎湃 péngpài | 爬坡 pápō | 乒乓 pīngpāng | 偏旁 piānpáng |
| 排炮 páipào | 瓢泼 piáopō | 批评 pīpíng | 匹配 pǐpèi |

（3）m [m] 双唇、浊、鼻音。

发 m [m] 时,双唇闭合,软腭下垂,打开鼻腔通路；声带振动,气流同时到达口腔和鼻腔,到口腔的双唇后受到阻碍,气流从鼻腔透出成声。例如：

| 莫名 mòmíng | 美满 měimǎn | 麦苗 màimiáo | 盲目 mángmù |
| 描摹 miáomó | 弥漫 mímàn | 面貌 miànmào | 迷茫 mímáng |

（4）f [f] 唇齿、清、擦音。

发 f [f] 时,下唇向上齿靠拢,形成间隙；软腭上升,关闭鼻腔通路；使气流从齿唇形成的间隙摩擦通过而成声。例如：

| 纷飞 fēnfēi | 反复 fǎnfù | 仿佛 fǎngfú | 发愤 fāfèn |
| 丰富 fēngfù | 防范 fángfàn | 芬芳 fēnfāng | 非凡 fēifán |

（5）d [t] 舌尖中、不送气、清、塞音。

发 d [t] 时,舌尖抵住上齿龈,形成阻塞；软腭上升关闭鼻腔通路；气流到达口腔后蓄气,突然解除阻塞爆发成声。例如：

调动 diàodòng	达到 dádào	地点 dìdiǎn	断定 duàndìng
地道 dìdào	抖动 dǒudòng	道德 dàodé	电灯 diàndēng

(6) t [t'] 舌尖中、送气、清、塞音。

发 t [t'] 时，成阻、持阻阶段与 d 相同。除阻阶段声门大开，一股较强的气流从肺部呼出成声。例如：

塔台 tǎtái	谈天 tántiān	团体 tuántǐ	贪图 tāntú
探讨 tàntǎo	厅堂 tīngtáng	跳台 tiàotái	推托 tuītuō

(7) n [n] 舌尖中、浊、鼻音。

发 n [n] 时，舌尖抵住上齿龈，形成阻塞，软腭下垂打开鼻腔通路；声带振动，气流同时到达口腔和鼻腔，在口腔受到阻碍，气流从鼻腔透出成声。例如：

能耐 néngnài	恼怒 nǎonù	农奴 nóngnú	牛奶 niúnǎi
扭捏 niǔnie	南宁 nánníng	男女 nánnǚ	泥泞 nínìng

(8) l [l] 舌尖中、浊、边音。

发 l [l] 时，舌尖抵住上齿龈的后部，阻碍气流从口腔中路通过的通道；软腭上升，关闭鼻腔通路，声带振动；气流到达口腔后从舌头与两颊内侧形成的空隙通过而成声。例如：

劳力 láolì	零落 línglùo	罗列 luóliè	理论 lǐlùn
磊落 lěiluò	靓丽 liànglì	来历 láilì	嘹亮 liáoliàng

(9) g [k] 舌根、不送气、清、塞音。

发 g [k] 时，舌根提起抵住软腭，形成阻塞；软腭小舌上升，关闭鼻腔通路；气流在形成阻塞的部位后积蓄；突然解除阻塞爆发成声。例如：

规格 guīgé	骨干 gǔgàn	故宫 gùgōng	改革 gǎigé
巩固 gǒnggù	瓜葛 guāgé	桂冠 guìguān	高阁 gāogé

(10) k [k'] 舌根、送气、清、塞音。

发 k [k'] 时，成阻、持阻方面与 g 相同。除阻阶段声门大开，一股较强气流从肺部呼出成声。例如：

刻苦 kèkǔ	坎坷 kǎnkě	宽阔 kuānkuò	可靠 kěkào
慷慨 kāngkǎi	开垦 kāikěn	苛刻 kēkè	看空 kànkōng

(11) h [x] 舌根、清、擦音。

发 h [x] 时，舌根提起接近硬腭与软腭的交界处，形成间隙；软腭上升，关闭鼻腔通路；使气流从形成的间隙摩擦通过而成声。例如：

黄河 huánghé	航海 hánghǎi	皇后 huánghòu	荷花 héhuā
海涵 hǎihán	欢呼 huānhū	辉煌 huīhuáng	绘画 huìhuà

(12) j [tɕ] 舌面前、不送气、清、塞擦音。

发 j [tɕ] 时，舌尖抵住下齿背，使前舌面贴紧前硬腭，软腭上升，关闭鼻腔通路。在阻塞的部位后面积蓄气流，突然有限度地解除阻塞时，在原形成闭塞的部位之间保持适度的间隙，使气流从间隙透出而成声。例如：

剪辑 jiǎnjí	佳节 jiājié	简洁 jiǎnjié	积极 jījí
究竟 jiūjìng	结晶 jiéjīng	交际 jiāojì	俊杰 jùnjié

(13) q [tɕʻ] 舌面前、送气、清、塞擦音。

发 q [tɕʻ] 时，成阻阶段与 j 相同。与 j 不同的是当前舌面与前硬腭分离并形成适度间隙的时候，声门开启，同时冲出一股较强的气流成声。例如：

| 秋千 qiūqiān | 亲切 qīnqiè | 亲戚 qīnqi | 确切 quèqiè |
| 妻妾 qīqiè | 崎岖 qíqū | 群情 qúnqíng | 恰巧 qiàqiǎo |

(14) x [ɕ] 舌面前、清、擦音。

发 x [ɕ] 时，舌尖抵住下齿背，使前舌面接近硬腭前部，形成适度的间隙，气流从间隙摩擦通过而成声。例如：

| 形象 xíngxiàng | 虚心 xūxīn | 下旬 xiàxún | 现象 xiànxiàng |
| 雄心 xióngxīn | 细小 xìxiǎo | 学习 xuéxí | 休息 xiūxi |

(15) zh [tʂ] 舌尖后、不送气、清、塞擦音。

发 zh [tʂ] 时，舌尖前部上举，抵住硬腭前端，同时软腭上升，关闭鼻腔通路。在形成阻塞的部位后积蓄气流，突然有限度地解除阻塞时，在原形成闭塞的部位之间保持适度的间隙，使气流从间隙透出而成声。例如：

| 证章 zhèngzhāng | 站长 zhànzhǎng | 主张 zhǔzhāng | 正直 zhèngzhí |
| 战争 zhànzhēng | 转折 zhuǎnzhé | 支柱 zhīzhù | 追逐 zhuīzhú |

(16) ch [tʂʻ] 舌尖后、送气、清、塞擦音。

发 ch [tʂʻ] 时，成阻阶段与 zh 相同。与 zh 不同的是在突然解除阻塞时，声门开启，一股较强的气流冲出而成声。例如：

| 城池 chéngchí | 车床 chēchuáng | 长城 chángchéng | 驰骋 chíchěng |
| 惆怅 chóuchàng | 船厂 chuánchǎng | 穿插 chuānchā | 踌躇 chóuchú |

(17) sh [ʂ] 舌尖后、清、擦音。

发 sh [ʂ] 时，舌头前部上举，接近硬腭前端，形成适度的间隙；同时软腭上升，关闭鼻腔通路；使气流从间隙摩擦通过而成声。例如：

| 尚书 shàngshū | 闪烁 shǎnshuò | 事实 shìshí | 生疏 shēngshū |
| 手术 shǒushù | 神圣 shénshèng | 舒适 shūshì | 审慎 shěnshèn |

(18) r [ʐ] 舌尖后、浊、擦音。

发 r [ʐ] 时，舌头前部上举，接近硬腭前部，形成适度间隙；同时软腭上升，关闭鼻腔通路；声带振动，气流从间隙中摩擦通过而成声。例如：

| 荣任 róngrèn | 扰攘 rǎorǎng | 忍让 rěnràng | 如若 rúruò |
| 柔韧 róurèn | 软弱 ruǎnruò | 仍然 réngrán | 任人 rènrén |

(19) z [ts] 舌尖前、不送气、清、塞擦音。

发 z [ts] 时，舌尖抵住上齿背形成阻塞，在阻塞的部位后积蓄气流；同时软腭上升，关闭鼻腔通路；突然有限度地解除阻塞时，在原形成阻塞的部位之间保持适度的间隙，使气流从间隙透出而成声。例如：

| 自尊 zìzūn | 在座 zàizuò | 走卒 zǒuzú | 藏族 zàngzú |
| 脏字 zāngzì | 罪责 zuìzé | 总则 zǒngzé | 曾祖 zēngzǔ |

(20) c [tsʻ] 舌尖前、送气、清、塞擦音。

发 c [tsʻ] 时，成阻阶段与 z 相同。与 z 不同的是在突然解除阻塞时，声门开启，一股较强的气流冲出而成声。例如：

仓促 cāngcù	层次 céngcì	参差 cēncī	催促 cuīcù
猜测 cāicè	粗糙 cūcāo	措辞 cuòcí	从此 cóngcǐ

(21) s [s] 舌尖前、清、擦音。

发 s [s] 时，舌尖接近上齿背，形成间隙；同时软腭上升，关闭鼻腔通路；使气流从间隙摩擦通过而成声。例如：

洒扫 sǎsǎo	诉讼 sùsòng	思索 sīsuǒ	松散 sōngsǎn
瑟缩 sèsuō	琐碎 suǒsuì	色素 sèsù	四散 sìsàn

（二）零声母

普通话音节中有一小部分是以元音开头的（在四百多个基本音节中有34个），如"耳 ěr、安 ān、歪 wāi、烟 yān"等。音节中有没有辅音声母，其表示的意义往往是不同的，如"班 bān"和"安 ān"。语言学家从语音的系统性考虑，将没有辅音声母的音节称为"零声母音节"，韵母前面的空位称为"零声母"。这样，我们就可以说普通话里所有的音节都有声母，都可以分为声母和韵母两部分了。汉语拼音的 y 和 w 只出现在零声母音节的开头，它们的作用主要是使音节界限清楚，有时还用"'"作为隔音符号。

二、韵母和元音

韵母指音节里声母后面的部分。普通话韵母有39个。其中23个由元音（单元音或复元音）构成，16个由元音加鼻辅音韵尾构成。在普通话的韵母里只有 n 和 ng 两个鼻辅音，而且只出现在韵尾的位置上。

（一）韵母的分类

根据音素构成的特点，一般把韵母分成三大类：由一个元音充当的单元音韵母（简称单韵母）、由两个或三个元音构成的复元音韵母（简称复韵母）、由元音和鼻辅音构成的带鼻音韵母（简称鼻韵母）。

根据音素在韵母结构中的地位，可以把韵母的构成成分分为韵头、韵腹、韵尾。韵母中的主要元音舌位低一些，开口度大一些，发音清晰响亮一些，是韵腹；韵腹前面的元音是韵头，也叫介音；韵腹后面的元音或鼻辅音是韵尾；由一个元音构成的韵母，只有韵腹，没有韵头和韵尾。

普通话里全部韵母根据有无韵头以及韵头的发音状况又可分为四类——"四呼"：

（1）开口呼：无韵头，而韵腹又不是 i、u、ü 的韵母，如 a、ou、en、-i [ɿ]、-i [ʅ] 等。

（2）齐齿呼：韵头或韵腹是 i 的韵母，如 i、ie、iou、iang 等。

（3）合口呼：韵头或韵腹是 u 的韵母，如 u、ua、uen、uang 等。

（4）撮口呼：韵头或韵腹是 ü 的韵母，如 ü、üe、ün 等。

四呼分类的主要根据是韵头的发音状况，如果没有韵头，当 i、u、ü 作韵腹时就分别归入齐齿呼、合口呼、撮口呼，因为它们在声韵配合关系上，同由 i、u、ü 作韵头的韵母基本一致。以上两项结合起来，可反映韵母的基本面貌。

普通话韵母表

根据音素构成特点分类	根据传统方法分类			
	开口呼	齐齿呼	合口呼	撮口呼
单韵母	-i（前）-i（后）	i	u	ü
	a			
	o			
	e			
	ê			
	er			
复韵母		ia	ua	
			uo	
		ie		üe
	ai		uai	
	ei		uei	
	ao	iao		
	ou	iou		
鼻韵母	an	ian	uan	üan
	en	in	uen	ün
	ang	iang	uang	
	eng	ing	ueng	
			ong	iong

（二）韵母的发音分析

1. 单韵母

由一个元音构成的韵母叫单韵母。总体上看，声带振动形成音波，经过口腔受到口腔形状变化的影响，形成不同的元音。口腔的形状是由舌位、开口度和唇形决定的，因此，单元音的发音，可以从舌位的前后、舌位的高低（开口度的大小）、唇形的圆展三个方面来分析。普通话有10个单韵母，可分为三类。

（1）舌面元音韵母，有7个，就是 a、o、e、ê、i、u、ü。

① a [A] 舌面、央、低、不圆唇元音。

发音时，口大开，舌尖微离下齿背，舌面中部微微隆起和硬腭后部相对，声带振动，同时软腭上升，关闭鼻腔通路。例如：

哪怕 nǎpà　　马达 mǎdá　　大厦 dàshà　　打靶 dǎbǎ
刹那 chànà　　喇叭 lǎba　　沙发 shāfā　　砝码 fǎmǎ

② o [o] 舌面、后、半高、圆唇元音。

发音时，上下唇自然拢圆，舌身后缩，舌面后部隆起和软腭相对，舌位介于半高与中之间，声带振动，同时软腭上升，关闭鼻腔通路。例如：

默默 mòmò　　伯伯 bóbo　　婆婆 pópo　　喔喔 wōwō
脉脉 mòmò　　磨破 mópò　　泼墨 pōmò　　薄膜 bómó

③ e [ɤ] 舌面、后、半高、不圆唇元音。

发音时，口半闭，唇展开，舌身后缩，舌面后部稍隆起和软腭相对，比元音 o 略高而偏前，声带振动，同时软腭上升，关闭鼻腔通路。例如：

割舍 gēshě　　　隔阂 géhé　　　色泽 sèzé　　　合格 hégé
可乐 kělè　　　合辙 hézhé　　　客车 kèchē　　　特色 tèsè

④ ê [ɛ] 舌面、前、半低、不圆唇元音。

发音时，口自然张开，展唇，舌尖抵住下齿背，使舌面前部隆起和硬腭相对，声带振动，同时软腭上升，关闭鼻腔通路。（韵母 ê 除语气词"欸"外单用的机会不多，只出现在复韵母 iê、üê 中。）

⑤ i [i] 舌面、前、高、不圆唇元音。

发音时，口微开，两唇呈扁平形，上下齿相对（齐齿），舌尖接触下齿背，使舌面前部隆起和硬腭前部相对，声带振动，同时软腭上升，关闭鼻腔通路。例如：

底细 dǐxì　　　笔记 bǐjì　　　激励 jīlì　　　基地 jīdì
机器 jīqì　　　毅力 yìlì　　　秘密 mìmì　　　霹雳 pīlì

⑥ u [u] 舌面、后、高、圆唇元音。

发音时，两唇收缩成圆形，略向前突出；舌后缩，舌面后部高度隆起和软腭相对，声带振动，同时软腭上升，关闭鼻腔通路。例如：

匍匐 púfú　　　补助 bǔzhù　　　读物 dúwù　　　辜负 gūfù
嘱咐 zhǔfù　　　呜呼 wūhū　　　瀑布 pùbù　　　束缚 shūfù

⑦ ü [y] 舌面、前、高、圆唇元音。

发音时，两唇拢圆，略向前突；舌尖抵住下齿背，使舌面前部隆起和硬腭相对，声带振动，同时软腭上升，关闭鼻腔通路。例如：

雨具 yǔjù　　　聚居 jùjū　　　区域 qūyù　　　屈居 qūjū
絮语 xùyǔ　　　须臾 xūyú　　　女婿 nǚ·xu　　　序曲 xùqǔ

下面是舌面元音发音状况示意图：

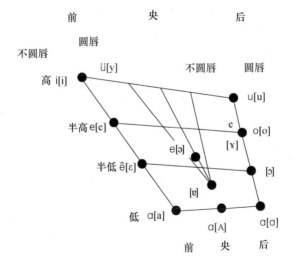

（2）卷舌元音韵母只有 1 个，即 er。

er [ɚ] 央、中、不圆唇、卷舌元音。

发音时，口自然张开，舌位不前不后不高不低，舌前中部上抬，舌尖向后卷，和硬腭前部相对，声带振动，同时软腭上升，关闭鼻腔通路。例如：

而且 ěrqiě   儿歌 érgē   遐迩 xiá'ěr
偶尔 ǒu'ěr   尔后 ěrhòu   耳朵 ěrduo

（3）舌尖元音韵母。

舌尖元音韵母有两个：-i [ɿ]、-i [ʅ]。

① -i [ɿ]（前）舌尖、前、高、不圆唇元音。

发音时，口略开，展唇，舌尖和上齿背相对，保持适当距离；声带振动，软腭上升，关闭鼻腔通路。这个韵母在普通话里只出现在 z、c、s 声母的后面。例如：

字词 zìcí   赐死 cìsǐ   孜孜 zīzī   四次 sìcì
恣肆 zìsì   次子 cìzǐ   自私 zìsī   子嗣 zǐsì

② -i [ʅ]（后）舌尖、后、高、不圆唇元音。

发音时，口略开，展唇，舌尖前端抬起和前硬腭相对并保持适当距离，发音时，声带振动，软腭上升，关闭鼻腔通路。这个韵母在普通话里只出现在 zh、ch、sh、r 声母的后面。例如：

日食 rìshí   指示 zhǐshì   咫尺 zhǐchǐ   制止 zhìzhǐ
实施 shíshī 支持 zhīchí   史诗 shǐshī   时事 shíshì

2. 复韵母

由两个或三个元音构成的韵母叫复韵母。复韵母共 13 个，其发音与单韵母不同。单韵母发音时，舌头、唇形以及口腔的开闭，在整个发音过程中始终没有变化。而复韵母发音过程中，不管是舌头、嘴唇还是开口度都是有变化的。复韵母并不是几个单韵母的简单相加，而是由一串元音音素复合而成。发音时是从一个元音滑到另一个元音的，其间舌位的高低前后、口腔的开闭、唇形的圆展，都是逐渐滑动的，不是跳动的，气流不间断，几个音素之间没有明显的界限，听起来像一个浑然的整体。

在复韵母中，各个音素的响度、强弱、长短是不同的。其中韵腹是复韵母的核心，声音比较响亮、清晰，持续时间较长。根据韵腹位置的不同，可把复韵母分成前响复韵母、中响复韵母和后响复韵母。

（1）前响复韵母。

前响复韵母有 4 个：ai、ei、ao、ou。它们发音的共同特点是舌位由低向高滑动，开口度由大到小渐变，开头的元音音素响亮清晰，收尾的元音音素轻短模糊，因此收尾的音只表示舌位移动的方向。

① ai 发音时，由 [a] 滑向 [i]，[a] 清晰响亮，[i] 轻短模糊。例如：

白菜 báicài   开采 kāicǎi   爱戴 àidài   采摘 cǎizhāi
买卖 mǎimài   外来 wàilái   海带 hǎidài 皑皑 ái'ái

② ei 发音时，由 [e] 滑向 [i]，[e] 清晰响亮，[i] 轻短模糊。例如：

陪媒 péiméi   违背 wéibèi   肥美 féiměi   卑微 bēiwēi
美眉 měiméi   蓓蕾 bèilěi   北非 běifēi   配备 pèibèi

③ ao 发音时，由 [ɑ] 滑向 o（实际比 [o] 的舌位略高，接近 [u]）。[ɑ] 清晰响亮，[o] 轻短模糊。例如：

高潮 gāocháo   冒号 màohào   祷告 dǎogào   逃跑 táopǎo
报到 bàodào   牢靠 láokào   吵闹 chǎonào   号召 hàozhào

④ ou 发音时，由 [ə]（由"央 e"开始，舌位后移，上升，唇形逐渐收拢，拢圆）滑向 [u]，ə 清晰响亮，[u] 轻短模糊。例如：

收受 shōushòu　　　守候 shǒuhòu　　　抖擞 dǒusǒu　　　口头 kǒutóu
漏斗 lòudǒu　　　丑陋 chǒulòu　　　瘦肉 shòuròu　　　兜售 dōushòu

（2）后响复韵母。

后响复韵母有 5 个：ia、ie、ua、uo、üe。它们发音的共同特点是舌位由高向低滑动，开口度由小到大渐变，收尾的元音音素响亮清晰，在韵母中处在韵腹地位，因此舌位移动的终点是确定的，而开头的元音发音不太响亮，比较短促。

① ia 发音时，由 [i] 滑向 [A]，[i] 轻短，[A] 清晰响亮。例如：

丫丫 yāyā　　　恰恰 qiàqià　　　下辖 xiàxiá　　　下嫁 xiàjià
下家 xiàjiā　　　假牙 jiǎyá　　　加价 jiājià　　　加压 jiāyā

② ie 发音时，由 [i] 滑向 [ɛ]，[i] 轻短，[ɛ] 清晰响亮。例如：

谢谢 xièxie　　　切切 qièqiè　　　姐姐 jiějie　　　爹爹 diēdie
铁屑 tiěxiè　　　斜街 xiéjiē　　　结业 jiéyè　　　蹀躞 diéxiè

③ ua 发音时，由 [u] 滑向 [A]，[u] 轻短，[A] 清晰响亮。例如：

娃娃 wáwa　　　呱呱 guāguā　　　夸夸 kuākuā　　　哗哗 huāhuā
花袜 huāwà　　　挂花 guàhuā　　　耍滑 shuǎhuá　　　唰唰 shuāshuā

④ uo 发音时，由 [u] 滑向 [o]，[u] 轻短，[o] 清晰响亮。例如：

骆驼 luòtuo　　　落锁 luòsuǒ　　　懦弱 nuòruò　　　过错 guòcuò
哆嗦 duōsuo　　　蹉跎 cuōtuó　　　罗锅 luóguō　　　硕果 shuòguǒ

⑤ üe 发音时，由 [y] 滑向 [ɛ]，[y] 轻短，[ɛ] 清晰响亮。例如：

确切 quèqiè　　　雀跃 quèyuè　　　绝学 juéxué　　　约略 yuēlüè
雪雀 xuěquè　　　决绝 juéjué　　　血液 xuèyè　　　诀别 juébié

（3）中响复韵母。

中响复韵母有四个：iao、iou、uai、uei。它们发音的共同特点是舌位滑动由高向低再向高，开口度由小到大再到小。开头的元音音素不响亮，较短促，中间的元音音素响亮清晰，收尾的元音音素轻短模糊。

① iao 由 [i] 向 [ɑ] 再向 o（接近 [u]）复合而成，i 发音轻短，[ɑ] 响亮清晰，o 轻短模糊。例如：

小桥 xiǎoqiáo　　　苗条 miáotiáo　　　袅袅 niǎoniǎo　　　潇潇 xiāoxiāo
吊桥 diàoqiáo　　　叫嚣 jiàoxiāo　　　逍遥 xiāoyáo　　　教条 jiàotiáo

② iou 由 i 和 ou 复合而成，i 发音轻短。例如：

舅舅 jiùjiu　　　求求 qiúqiu　　　幽幽 yōuyōu　　　赳赳 jiūjiū
悠久 yōujiǔ　　　牛油 niúyóu　　　优秀 yōuxiù　　　绣球 xiùqiú

③ uai 由 u 和 ai 复合而成，u 发音轻短。例如：

外踝 wàihuái　　　歪跩 wāizhuǎi　　　怀揣 huáichuāi　　　外快 wàikuài
摔坏 shuāihuài　　　徘徊 páihuái　　　表率 biǎoshuài　　　淮海 huáihǎi

④ uei 由 u 和 ei 复合而成，u 发音轻短。例如：

违规 wéiguī　　　回味 huíwèi　　　水位 shuǐwèi　　　追悔 zhuīhuǐ
追随 zhuīsuí　　　摧毁 cuīhuǐ　　　灰堆 huīduī　　　归队 guīduì

3. 鼻韵母

由元音加鼻音韵尾 n 或 ng 构成的韵母叫鼻韵母。鼻辅音 n 的发音状况前文已经说明，这里将鼻辅音 ng 的发音状况说明一下。发 ng 时，舌根与软腭形成阻碍，软腭下垂，打开鼻腔的通路，气流振动声带并从鼻腔流出，便发出了后鼻辅音 ng。ng 的主要功能是充当韵尾，只在一种特殊情况下自成音节，"嗯"的实际读音就是"ńg"。

鼻韵母共 16 个，可以分为两组：以舌尖鼻辅音 n 作韵尾的是前鼻韵母，以舌根鼻辅音 ng 作韵尾的是后鼻韵母。与复韵母一样，鼻韵母发音时舌位口型有个逐渐移动的过程。

（1）前鼻韵母。

前鼻韵母有 8 个：an、en、in、ün、ian、uan、uen、üan。

① an 舌位等从［a］开始滑动，接着软腭下垂，舌尖抵住上齿龈，收鼻音［n］。例如：

| 勘探 kāntàn | 暗含 ànhán | 难堪 nánkān | 反叛 fǎnpàn |
| 贪婪 tānlán | 单产 dānchǎn | 参赞 cānzàn | 翻版 fānbǎn |

② en 舌位等从 e［ə］开始滑动，接着软腭下垂，舌尖抵住上齿龈，收鼻音［n］。例如：

| 粉嫩 fěnnèn | 神人 shénrén | 深沉 shēnchén | 粉尘 fěnchén |
| 审慎 shěnshèn | 珍本 zhēnběn | 任人 rènrén | 愤恨 fènhèn |

③ in 舌位等从 i［i］开始滑动，接着软腭下垂，舌尖抵住上齿龈，收鼻音［n］。例如：

| 殷勤 yīnqín | 濒临 bīnlín | 亲近 qīnjìn | 勤谨 qínjǐn |
| 金银 jīnyín | 薪金 xīnjīn | 贫民 pínmín | 音频 yīnpín |

④ ün 舌位等先从 ü［y］开始滑动，接着软腭下垂，舌尖抵住上齿龈，收鼻音［n］。例如：

| 醺醺 xūnxūn | 芸芸 yúnyún | 军训 jūnxùn | 均匀 jūnyún |
| 逡巡 qūnxún | 眩晕 xuànyùn | 遵循 zūnxún | 云锦 yúnjǐn |

⑤ ian 舌位等先从［i］开始滑动，［i］发音轻短，a 实际发的是［ɛ］。例如：

| 检点 jiǎndiǎn | 边沿 biānyán | 艰险 jiānxiǎn | 垫肩 diànjiān |
| 翩跹 piānxiān | 偏见 piānjiàn | 天仙 tiānxiān | 浅显 qiǎnxiǎn |

⑥ uan 舌位等由 u 向 an 滑动，u 发音轻短。例如：

| 婉转 wǎnzhuǎn | 传唤 chuánhuàn | 转弯 zhuǎnwān | 专款 zhuānkuǎn |
| 官宦 guānhuàn | 酸软 suānruǎn | 万贯 wànguàn | 转换 zhuǎnhuàn |

⑦ uen 舌位等由 u 向 en 滑动，u 发音轻短。例如：

| 昏昏 hūnhūn | 滚滚 gǔngǔn | 谆谆 zhūnzhūn | 混沌 hùndùn |
| 困顿 kùndùn | 温存 wēncún | 馄饨 húntun | 滚轮 gǔnlún |

⑧ üan 由 ü［y］向 an 滑动，［y］发音轻短。a 实际发的是［ɛ］音。例如：

| 涓涓 juānjuān | 源源 yuányuán | 源泉 yuánquán | 全权 quánquán |
| 铨选 quánxuǎn | 玄远 xuányuǎn | 渊源 yuānyuán | 轩辕 xuānyuán |

（2）后鼻韵母。

后鼻韵母韵尾收于鼻辅音 ng，ng 是舌根、浊、鼻音。

后鼻韵母有 8 个：ang、iang、uang、eng、ing、ong、iong、ueng。

① ang 舌位等由 a [ɑ] 开始滑动,接着软腭下垂,舌根抵住软腭,收鼻音 ng。例如:
茫茫 mángmáng　　刚刚 gānggāng　　仓房 cāngfáng　　长方 chángfāng
锒铛 làngdāng　　当场 dāngchǎng　　放荡 fàngdàng　　帮忙 bāngmáng

② iang 舌位等由 i 向 ang 滑动,i 发音轻短。例如:
踉跄 liàngqiāng　　两厢 liǎngxiāng　　亮相 liàngxiàng
襄阳 xiāngyáng　　江洋 jiāngyáng　　想象 xiǎngxiàng

③ uang 舌位等由 u 向 ang 滑动,u 发音轻短。例如:
桩桩 zhuāngzhuāng　　逛逛 guàngguang　　惶惶 huánghuáng
双簧 shuānghuáng　　装潢 zhuānghuáng　　状况 zhuàngkuàng

④ eng 舌位等由 e [ə] 开始滑动,接着软腭下垂,舌根抵住软腭,收鼻音 ng。例如:
乘风 chéngfēng　　更正 gēngzhèng　　逞能 chěngnéng
奉承 fèngcheng　　萌生 méngshēng　　声称 shēngchēng

⑤ ing 舌位等由 i [i] 开始滑动,接着软腭下垂,舌根抵住软腭,收鼻音 ng。例如:
并行 bìngxíng　　明星 míngxīng　　兵营 bīngyíng　　秉性 bǐngxìng
请命 qǐngmìng　　定形 dìngxíng　　惊醒 jīngxǐng　　零星 língxīng

⑥ ong 实际起音可为 u,接着软腭下垂,舌根抵住软腭,收鼻音 ng。例如:
冲动 chōngdòng　　隆冬 lóngdōng　　溶洞 róngdòng　　动容 dòngróng
轰动 hōngdòng　　铜钟 tóngzhōng　　恐龙 kǒnglóng　　公众 gōngzhòng

⑦ iong 实际起音为 ü [y],向 ng 滑动。例如:
汹汹 xiōngxiōng　　熊熊 xióngxióng　　炯炯 jiǒngjiǒng
汹涌 xiōngyǒng　　窘境 jiǒngjìng　　穷凶 qióngxiōng

⑧ ueng 由 u 向 eng 滑动,u 发音轻短。例如:
嗡嗡 wēngwēng　　酒瓮 jiǔwèng　　富翁 fùwēng

三、声调

(一) 声调的性质和作用

声母、韵母和声调被称作汉语音节的三要素,声调具有区别意义的作用,可见声调是汉语音节不可缺少的组成部分。如"家"和"假设"的"假"、"放假"的"假"就是靠声调来区别的。声调除了有区别意义的作用外,还可用来增强语言的韵律美,尤其是格律诗,讲究平仄,也就是讲究声调的运用。由于一个音节基本上就是一个汉字,所以声调又叫字调。从语音的物理属性来看,声调的性质主要是由音高决定的。音的高低决定于一定时间内音波振动频率的大小。发音时,频率的大小靠调节声带的松紧来控制。声带紧,振动得快,听觉上就感到声音高;声带松,振动得慢,听起来声音就低。在发音过程中,声带先松后紧,声调就先低后高;声带先紧后松,声调就先高后低。总的来说,声调就是由音节的高低、升降、曲直的各种变化形成的。但是声调的音高与音阶的音高不同,前者用的是相对音高,后者用的是绝对音高。

(二) 调值和调类

声调是音节的高低升降,是音高的变化。汉语的声调可以从调值和调类两方面来分

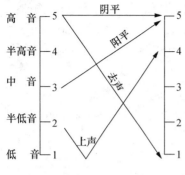

普通话调值五度标记法

析。调值就是声调的实际读法。调类就是声调的分类。一般来说，有几种调值就有几个调类。调值的高低升降形式，用五度标记法表示。也就是把言语中音高的变化幅度分为5度：最高音是5度，半高音是4度，中音3度，半低音2度，最低音1度。如左图所示，图中的竖标只是音高的尺度，声调的高低升降的变化在竖标的左边用各种线条来表示，叫调型。比如，某个字的声调起音很高，收音也很高，中间无波折，很平，那么就从竖标的左边最高到右边最高画一条线，表示这是一个高平的调子。

调类的名称是参照古汉语声调平、上、去、入的名称命名的。古代汉语的声调有四个调类，古人叫作平声、上声、去声、入声，合起来叫作四声。每一个调类，又分为阴阳两小类。具体小类为：阴平、阳平、阴上、阳上、阴去、阳去、阴入、阳入。声调发展到现代，在普通话的音系中，入声消失了，原入声字，后都读成了其他声调，这就叫"入派三声"；同时，上声、去声的阴阳两小类也合并为一。于是，现代汉语普通话的四声便诞生了。各个方言的调类也都是从古代的四声演变而来的。

声调的标记法有多种形式，比如调值标记法是用数字说明该声调的调值，调号标记法是用描写调值的调型符号来说明声调的高低走向，调类标记法则沿用古代的"平、上、去、入"等名称作为某一类声调的代表或者用抽象符号放在方块汉字的上下左右以表示调类。

（三）普通话声调系统

普通话的基本调值有四种，可以归并为四个调类，称为阴平、阳平、上声和去声。具体描写如下。

（1）阴平。高而平，叫高平调。发音时由5度到5度，标作55。如"安、先、高、妈、冰、加"等字的声调的调值都是55。

（2）阳平。由中音升到高音，叫中升调。由3度到5度，标作35。如"羊、明、平、贤、铜"等字的声调的调值都是35。

（3）上声。由半低音降到低音再升到半高音，叫降升调。由2度降到1度，再升到4度，标作214。如"打、马、甲、赌、母"等字的声调的调值都是214。

（4）去声。由高音降到低音，叫全降调。由5度降到1度，标作51。如"爱、坏、价、县、袜、痛"等字的声调的调值都是51。

普通话声调系统简表

调类	调值	调型	说明	调号	例字
阴平	55	高平	起音高高一路平	—	高、花、音、张
阳平	35	中升	从中到高往上升	／	常、河、忙、阳
上声	214	降升	先降后升曲折起	∨	塔、小、马、好
去声	51	全降	高起猛降到低音	＼	调、动、去、降

练习与思考

1. 根据所提供的发音条件，在括号内填上相应的辅音或元音（有的需要注上国际音标）。
   (1) 舌尖、后、浊、擦音。（　）
   (2) 舌尖、中、不送气、清、塞音。（　）
   (3) 舌面、送气、清、塞擦音（　）
   (4) 舌面、前、半低、不圆唇元音。（　）
   (5) 舌尖、中、浊、边音。（　）
   (6) 舌尖、后、高、不圆唇元音。（　）
   (7) 舌根、送气、清、塞音。（　）
   (8) 舌根、浊、鼻音。（　）
   (9) 双唇、浊、鼻音。（　）
   (10) 舌面、后、半高、不圆唇元音。（　）
   (11) 舌尖、前、不送气、清、塞擦音。（　）
   (12) 舌面、央、低、不圆唇元音。（　）
   (13) 舌尖、后、清、擦音。（　）
   (14) 舌面、前、高、圆唇元音。（　）

2. 根据所提供的声母或韵母，给出它们的发音条件。
   (1) sh：
   (2) d：
   (3) p：
   (4) i：
   (5) f：
   (6) z：
   (7) zh：
   (8) -i [ʅ]：
   (9) ɑ [A]：
   (10) o：
   (11) ê：
   (12) n：
   (13) u：
   (14) er：

3. 指出下列各组声母或韵母的异同并练习之。
   j—q　　b—t　　g—d　　h—x　　zh—c　　s—sh　　n—l　　n—ng
   e[e]—e [ɣ]　　e [ɣ]—o　　i—ü　　u—ü　　ê—ɑ [a]　　ê—e [ə]

4. 写出下面《太平歌》每个字的声母。
   子夜久难明，喜报东方亮。
   此日笙歌颂太平，众口齐欢唱。

5. 分析题。

(1) 把下列各组字中声母相同的字排在一起，并说明各声母发音的异同。
　　① 灵　诺　奴　抡　老　铝　纽　宁　篮　年
　　② 杂　知　闸　鬃　阵　增　诸　重　载　族
　　③ 豹　忖　绰　撤　窜　持　禅　趁　粗　凑
　　④ 始　税　朔　搔　滩　桑　损　绍　谁　涩
　　⑤ 疾　签　全　涓　皆　砌　掐　架　呛　锦

(2) 把下列各组字中韵母相同的字排在一起，并说明各韵母发音的异同。
　　① 人　盟　更　深　芬　声　成　冈　冯　圳
　　② 山　岚　商　港　漫　澜　当　坦　帮　张
　　③ 经　亲　瘾　鸣　衅　尽　莹　濒　凭　晴

6. 可根据个人的情况，从下面各组词中有针对性地选择一些反复练习，认真辨别其声母的发音。

(1) zh—z。
主力—阻力　　绵纸—棉籽　　中教—宗教　　制造—自造
自治—增长—准则—转载—自传—种族—杂志—职责—正在

(2) ch—c。
木柴—木材　　推迟—推辞　　初步—粗布　　盛饭—蹭饭
纯粹—储藏—差错—尺寸—操场—财产—操持—车次—春蚕

(3) sh—s。
商业—桑叶　　树立—肃立　　收集—搜集　　世纪—四季
松树—宿舍—损失—算术—搜索—收缩—私事—誓死—四世

(4) zh—j。
震惊—镇静—正经—专家—主讲—庄家—拯救—知己—折旧
重金—征集—治家—中间—逐渐—浙江—直接—证据—追究

(5) ch—q。
抽取—长期—出去—重庆—初期—城区—出钱—超前—产期
传奇—春秋—拆迁—抽签—传球—城墙—常青—成群—插曲

(6) sh—x。
实习—实现—首先—手续—山西—首相—闪现—熟悉—水性
率先—剩下—生效—顺序—书写—涉嫌—设想—失学—身心

(7) z—j。
自己—增加—早间—资金—增进—总结—最近—自觉—在家
最佳—造就—组建—租金—尊敬—足迹—总计—总监—再见

(8) c—q。
采取—从前—存取—辞去—瓷器—残缺—从轻—词曲—草签
才气—苍穹—彩球—凑巧—粗浅—彩券—操琴—猜拳—篡权

(9) s—x。
三星—松下—三峡—酸性—送行—松懈—私下—搜寻—塑像
索性—苏醒—缩写—思绪—速写—扫兴—腮腺—丝线—琐屑

(10) f—h。
方圆——荒原　房后—皇后　辅助—唬住　防风—防洪
发挥—返回—飞蝗—分红—丰厚—复合—负荷—缝合—发货
(11) sh—f。
书法—伏法　时分—福分　示范—防范　束缚—吩咐
双方—是否—身份—释放—束缚—商贩—抒发—升幅—首府
(12) 尖音和团音。

z、c、s 与 i、ü 及 i、ü 开头的韵母相拼而成的音，被称作尖音；j、q、x 与 i、ü 及 i、ü 开头的韵母相拼而成的音，被称作团音。普通话只有团音，没有尖音；一些方言中却有尖音。个人所用的方言中或个人的习惯读音中如有尖音，都应认真加以纠正。请注意以下一些字的读音：

尖、江、街、京、铅、亲、青、洽、秀、杏、先、想

7. 可根据个人的情况，从下面各组词中有针对性地选择一些反复练习，认真辨别其韵母的发音。

(1) en—eng。
陈旧—成就　诊治—整治　沉闷—城门　臣子—城址
根深—更深　狠心—恒心　瓜分—刮风　人参—人生
(2) in—ing。
阴雨—英语　禁止—静止　弹琴—谈情　金质—精致
信服—幸福　金鱼—鲸鱼　亲近—清静　心明—姓名
(3) uen—ong。
乡村—香葱　鲲鹏—空棚　蹲下—冬夏　混合—洪河
滚动—拱洞　滚翻—拱翻　昆明—空名　浑然—轰然
(4) ai—a。
牌子—耙子　筛子—沙子　柴油—茶油　摇摆—摇把
叫卖—叫骂　迈步—马步　呆鸡—打击　脉搏—马脖
(5) 有些方言存在丢失韵头的情况，请注意下列各字的读音：
脆、村、对、蹲、轮、颓、腿、臀、虽、水、睡、罪、尊
(6) ei—i。
妹妹—秘密　梅雨—谜语　霉烂—糜烂　劳累—劳力
手背—手臂　流泪—流离　雷电—离店　美丽—米粒
(7) ou—u。
高楼—高炉　漏水—露水　豆子—肚子　地头—地图
凑近—促进　投机—突击　口水—苦水　猴子—胡子
(8) ai—e。
出差—出车　边塞—塞音　台独—特毒　采光—侧光
采摘—色泽　拆除—撤出　脉搏—墨水　宅子—折子
(9) uo—u。
缩写—速写　混浊—混住　啜泣—粗气　辍学—初学

8. 朗读下列词语，体会声调的高低升降。
(1) 两字同调。
高音—音箱—香风—风烟—烟丝—思乡—乡亲—亲生—生花
和平—平常—常年—年华—华南—南洋—洋钱—乾隆—龙王
选举—举手—手指—指导—导演—演讲—讲稿—稿本—本领
大会—会议—议事—事变—变动—动态—态度—度假—下嫁
(2) 四字同调。

珍惜青春	熏风飘香	江山多娇	春天花开	心心相通
回国华侨	豪情昂扬	亡羊得牛	维持平衡	人民团结
果敢勇猛	处理稳妥	请你指导	党委领导	理想美好
见利忘义	上蹿下跳	创造纪录	变幻莫测	大处落墨

(3) 四声顺序。

| 雕虫小技 | 灯红酒绿 | 幡然改进 | 疮痍满目 | 三皇五帝 |
| 争前恐后 | 飞檐走壁 | 山河锦绣 | 风调雨顺 | 孤云野鹤 |

(4) 四声逆序。

| 翠柏红松 | 地广人稀 | 凤舞龙飞 | 奋起直追 | 覆水难收 |
| 调虎离山 | 妙手回春 | 忘我无私 | 倒影回声 | 过眼云烟 |

(5) 四声交错。

| 同床异梦 | 先礼后兵 | 言简意赅 | 教学相长 | 忠言逆耳 |
| 无可非议 | 光彩夺目 | 争长论短 | 语重心长 | 轻重缓急 |

9. 请认真分析你长期生活过的某一地区的方言，通过具体实例，找出该方言与普通话在声母、韵母、声调三方面错位的规律，然后列出简表，帮助自己自觉而高效地纠正方音，以使自己的普通话水平尽快提高，争取在毕业之前达到二级甲等或其以上水平，为顺利就业做好"会话"方面的准备。

10. 选一篇你最喜爱的格调较高的现代诗歌或散文（诗歌字数不得少于200，散文字数不得少于500），反复揣摩，刻苦练习，争取做到发音准确、流畅自然、理解到位、声情并茂，准备参加两周后举办的诗文朗诵比赛。

11. 认真纠正各种不规范的读音，为建立个人语音档案做好准备。

第三节　汉语音节的拼写

一、音节的结构及其特点

对现代汉语的音节进行分析，可以将其粗分为声母、韵母、声调三部分，这三部分又被称为汉语音节的三要素；由于韵母是最复杂的部分，又可以将其分为韵头、韵腹、韵尾三部分。把音节的结构形态归纳出来，有利于说明音节的结构特点。

普通话音节结构分布表

构成要素 要素分布 音节示例		声母	韵母				声调
			韵头	韵腹	韵尾		
		辅音或零	元音	元音	元音	辅音	
零声母音节	鱼 yú			ü			阳平
	物 wù			u			去声
	月 yuè		ü	ê			去声
	安 ān			a		n	阴平
	耳 ěr			er			上声
	有 yǒu		i	o	u		上声
	王 wáng		u	a		ng	阳平
辅音声母音节	米 mǐ	m		i			上声
	黑 hēi	h		e	i		阴平
	知 zhī	zh		-i（后）			阴平
	狗 gǒu	g		o	u		上声
	水 shuǐ	sh	u	e	i		上声
	全 quán	q	ü	a		n	阳平
	酿 niàng	n	i	a		ng	去声

由上表不难看出：

（1）普通话音节结构最简单的有两个成分，最复杂的有五个成分；音节中韵腹和声调是必不可少的，其他成分不一定具备。

（2）元音在音节中占优势。各元音都能充当韵腹，在韵头的位置上只能出现元音 i、u、ü，在韵尾的位置上只能出现元音 i 和 u。n 既可作声母也可作韵尾，ng 只能作韵尾。

二、声韵拼合规律

掌握声韵拼合规律，有助于深入了解普通话语音系统，更好地学习普通话。普通话声韵拼合规律主要表现在声母的发音部位和韵母的四呼上。

普通话声母和韵母的拼合，有以下几条重要的规律。

（1）b、p、m 基本上只能和开口呼、齐齿呼韵母拼合，与合口呼韵母拼合只限于单韵母 u，不和撮口呼韵母拼合。

（2）f 基本上只能和开口呼韵母拼合，与合口呼韵母拼合也只限于单韵母 u。在全部声母中，f 能拼合的韵母范围最窄。

（3）d、t 和 n、l 虽然发音部位相同，但拼合关系略有差别。d、t 不能和撮口呼韵母拼合，n、l 则可以。

（4）g、k、h；zh、ch、sh、r；z、c、s 这三类声母与韵母的拼合关系是相同的，只能与开口呼、合口呼韵母拼合，不能与齐齿呼、撮口呼韵母拼合。

（5）j、q、x 和上面三类声母正好相反，只能与齐齿呼、撮口呼韵母拼合，不能与开口呼、合口呼韵母拼合。

（6）能与开口呼韵母拼合的声母最多；能与撮口呼韵母拼合的声母最少；能与全部四呼韵母拼合的只限于 n、l 以及零声母 ø。

（7）哪一类声母能与哪一类韵母相拼，并不意味着全部能拼，其中可能存在例外；哪一类声母不能与哪一类韵母相拼,那就意味着任何一对都不能相拼。

(8) 有的韵母只能自成音节,或只能与零声母相拼,如 er、ueng;有的韵母只能与辅音声母相拼,不能与零声母相拼,如-i [ɿ]、-i [ʅ]、ong;有的韵母很少能自成音节,也不能直接与辅音声母相拼,如 ê(诶)。

普通话声韵配合规律简表

声母	四呼			
	开口呼	齐齿呼	合口呼	撮口呼
b、p、m	+	+	u	
f	+		u	
d、t	+	+	+	
n、l、¢	+	+	+	+
g、k、h	+		+	
zh、ch、sh、r	+		+	
z、c、s	+		+	
j、q、x		+		+

三、音节的拼写

1. y、w 的使用

在零声母音节的正式书写形式中总会看到 y、w,它们的作用是用来分清音节界限的,一般叫隔音字母或头母。

y 是用在齐齿呼和撮口呼的零声母音节前面的隔音字母,撮口呼零声母音节前一律要加 y,加 y 后,ü 上两点要省略。齐齿呼零声母音节如果只有一个元音,就在 i 前加 y,如有两个或三个元音,则用 y 取代 i。

w 是用在合口呼零声母音节前面的隔音字母。在合口呼零声母音节中若只有一个元音,应在 u 前加 w;若有两个或三个元音,则用 w 取代 u。分析音节结构时,要用韵母的原来形式。

2. 隔音符号的使用

除了齐齿呼、撮口呼、合口呼零声母音节外,开口呼零声母音节若出现在别的音节的后面且音节界限又不清楚时,则必须使用隔音符号"'",如"piao(瓢)—pi'ao(皮袄)"。不过现在凡是出现在别的音节后面的开口呼零声母音节前,均可使用隔音符号"'"。

3. 省写规则

iou、uei、uen 这三个韵母和声母相拼时,要去掉中间的元音字母,写为 iu、ui、un。如 jiu(揪)、dui(兑)、tun(吞)。如果前面是零声母,就要按照 y 和 w 的使用规则,分别写为 you、wei、wen。可见 iou、uei、uen 是理论的写法，在实际拼写时并不出现。在分析韵母的结构时，仍旧使用 iou、uei、uen，不用省写式。

韵母 ü 能和 j、q、x、n、l 五个声母相拼。当 j、q、x 和 ü 相拼时，ü 上的两点要省去，写成 u，如"拘、区、需"要写为 ju、qu、xu，不能写为 jü、qü、xü，因为 j、q、x 不能与 u 相拼，这样写既不会混淆，也减少了 ü 的出现频率。n、l 既可以和 u 相拼，又可以和 ü 相拼，所以当 n、l 和 ü 相拼时，ü 上的两点不能省去，如"女、旅"要写为 nü、lü，不能写为 nu、lu。

4. 标调规则

声调符号简称调号。调号要标在韵母上，而且要标在韵腹（舌位最低、开口度最大、声音最清晰响亮的元音）上。iou、uei 省写时调号标在后面的元音上，uen 省写的时候，调号标在元音 u 上。如 liú（留）、huī（灰）、hùn（混）。为了便于操作，可以将标调规则归纳为：辅音上面不标调，ɑ 母出现 ɑ 上标，没有 ɑ 母看 o、e，i、u 同现后面标。

有的声调实际读音时有变化，但书面上一律标原调，不标变调，只在教学时，可根据需要标变调。

5. 音节连写、大写与移行

1996 年 1 月 22 日，国家技术监督局批准、发布中华人民共和国国家标准《汉语拼音正词法基本规则》（GB/T16159—1966）。"本标准规定了用《汉语拼音方案》拼写现代汉语的规则。内容包括分词连写法、成语拼写法、外来词拼写法、人名地名拼写法、标调法、移行规则等。为了适应特殊的需要，同时提出一些可供技术处理的变通方式。本标准适用于文教、出版、信息处理及其他部门，作为用《汉语拼音方案》拼写现代汉语的统一规范。"

（1）连写。

拼写普通话基本以词为书写单位，即用汉语拼音拼写词和句子的时候，不要按音节分写，也不要都写成一串，表示一个整体概念的双音节和三音节结构要连写。如 xuéxí（学习）、zhījǐ（知己）、kànbuqǐ（看不起）、chīdexiāo（吃得消）。

四音节以上表示一个整体概念的名称，按词（或语节）分开写，不能按词（或语节）划分的，全都连写。例如：wúfèng gāngguǎn（无缝钢管）、Zhōnghuá Rénmín Gònghéguó 或 ZHONGHUA RENMIN GONGHEGUO（中华人民共和国）、Hóngshízìhuì（红十字会）。

四字成语的连写有两种方式，一种是可以分两个双音节来念的，中间加短横，如 hǔtóu—shéwěi（虎头蛇尾）、yímù—liǎorán（一目了然）。一种是不能按两段来念的全部连写，如 yīyīdàishuǐ（一衣带水）。

（2）大写。

句子开头的字母和诗歌每行开头的字母要大写。专有名词的第一个字母大写。由几个词组成的专有名词，每个词的第一个字母大写。专有名词和普通名词连写在一起的，第一个字母要大写，如 Shànghǎihuà（上海话）。地名中专名和通名要分开写，并且每词开头的字母都要大写，如 HuángShān（黄山），Huáng Shān Shì（黄山市）。姓与名要分开，姓与名开头的第一个字母要大写；笔名应仿照一般的姓名去写，如 Zhōu Enlái（周恩来），

Lǎo Shě（老舍）等。广告、招牌、封面、徽标等所用的汉语拼音形式可以更加灵活地予以处理。

(3) 移行。

移行要按音节分开，如果是多音节词，行末用短横，将没写完的音节下移。

练习与思考

1. 列出音节结构表，然后运用该表分析下列音节的要素构成。
     坤　夜　语　是　迎　卧　颇　用　交　敲　久

2. 说明下列韵母各属于四呼里的哪一呼。
     ian　iong　ou　ong　uai　eng　er　üan

3. 改正错误并说明下列各音节拼写错误的原因。
     fōng（风）　buō（波）　tō（拖）　sīn（心）　qiè（却）
     ōng（翁）　chiōng（冲）　duēn（蹲）　jā（家）　siàn（县）

4. 拼写下列各词。
     英雄　阴雨　淮河　老舍　澎湃　推论　优秀　周树人
     徐迟　鱿鱼　翁婿　增长　宣传　延安　小雪　老寿星

5. 用汉语拼音拼写下面的句子和诗歌。

(1) 国家推广全国通用的普通话。国务院语言文字工作部门颁布普通话水平测试等级标准。

(2)   漫成一首
       杜甫
    江月去人只数尺，
    风灯照夜欲三更。
    沙头宿鹭联拳静，
    船尾跳鱼拨剌鸣。

第四节　语音要素的应用与变异

一、音变

(一) 音变的性质

现代汉语中最小的能够独立运用的语言单位是词。现代汉语的词大多数是双音节的，还有多音节的；现代汉语的交际单位应该是句子。在运用现代汉语进行交际时，人们不是一个音节一停顿、一个音节一停顿地说出来或读出来的，而是一句一句说出来或读出来的；中间即使有稍为明显一些的停顿，那也应该出现在词语之间，是不影响意义的表达的。这样一来，在连续的动态的语流中，音节和音节之间互相影响，便会导致发音的一些变化，这种变化就叫作语流音变，简称音变。普通话音变主要包括轻声、儿化、变调和语气词"啊"的变化。

(二) 常见的音变现象

1. 轻声

(1) 什么叫轻声。

每个音节都有它的声调，可是在句子或词里，有的音节失去了它原来的调，变成较轻较短的调，如"买卖"中的后一个音节——"卖"调值不变仍为51时，应指"买"与"卖"两种动作，而读得既轻又短时，应指生意。

(2) 轻声的作用。

普通话中的轻声是一种重要的音变现象，它不但能区别声音，还常常有区别词义或词性的作用。

有些轻声音节具有区别意义的作用。例如："我家就在前面的庄子里。""庄子的《逍遥游》你读过吗？"这两句中的"庄子"都是名词，但词义不同。前句的"庄子"指村庄，"子"是名词的后缀，没有实在意义，读轻声；后句的"庄子"则指人，即指庄周，这里的"子"是古代表示对人的敬称，不是虚语素，读上声。下面的词轻读与非轻读意思也不相同。

东西（dōngxi）——东西（dōngxī）
瞎子（xiāzi）——虾子（xiāzǐ）
是非（shìfei）——是非（shìfēi）
兄弟（xiōngdi）——兄弟（xiōngdì）

有时区别了意义，也连带区别了词性。例如：

地下（dìxia；名词）——地下（dìxià；非谓形容词）
大意（dàyi；形容词）——大意（dàyì；名词）
利害（lìhai；形容词）——利害（lìhài；名词）
对头（duìtou；名词）——对头（duìtóu；形容词）

有时一部分轻声没有区别词义和词性的作用，习惯上读轻声。例如：

妯娌　忘记　窗户　质量　反正　葡萄　朋友　冤家　明白　柴火
扁担　棉花　巴结　粮食　骆驼　石榴　窗户　阔气　包袱　萝卜

(3) 轻声词。

有的词总是读轻声，下面一些语法词就是如此，一般称为轻声词。轻声词分有规律和无规律的两种。

助词：的、地、得、着、了、过……

语气词：吗、吧、嘛、呢、啊、了……

名词的后缀：桌子、房子、花儿、那儿、石头、砖头……

需要注意的是"游子、原子、光子、才子、窝窝头、棍头、烟头"等词中的"子、头"是实语素，不读轻声。

一些名词的后一个音节读轻声：裁缝、闺女、和尚、伙计、会计、老爷、特务、黄瓜、庄稼、刺猬、芥末、屁股、嘴巴、指甲、舌头、苍蝇、核桃、脊梁、头发、眉毛、指头、耳朵、下巴……

部分单纯词中的叠音词和重叠式合成词中的后一个音节读轻声：妈妈、弟弟、娃娃、星星、坐坐、劝劝、催催、看看、写写、猩猩、姥姥、说说……

用在动词和临时借用的量词之间的"一"读轻声：说一说、听一听、看一看、跳一跳、走一走、笑一笑……

双音节形容词重叠时的第二个音节读轻声：高高兴兴、热热闹闹、清清楚楚、漂漂亮亮、马马虎虎……

个别量词读轻声：一个、有些、一下……

方位词或表方位的语素读轻声：家里、城里、墙上、地下、乡下、外边……

趋向动词常读轻声：回来、干起来、走出去、收下、说下去、滚过去……

联绵词的后一个音节常读轻声：妯娌、玻璃、篱笆、巴结、琵琶、唠叨、窟窿、鸳鸯、马虎、哆嗦……

习惯上将第二个音节读为轻声的一些词，只能一个个地掌握，不能类推。如"大方、比方、别扭、研究、称呼、招呼、主意、习惯、吉他"等。

2. 儿化

（1）什么叫儿化。

在口语中，某些音节的韵母的后面带上一个卷舌动作，发生卷舌的元音的发音也发生一些相应的变化，于是便形成了儿化现象，这个被儿化的韵母就叫作儿化韵。如 huār（花儿）、piàor（票儿）等。尽管在儿化时，具体的音变情况比较复杂，但在音节的拼写上却很简单，只要在一般的音节后面加上表示卷舌动作的"r"就可以了。

普通话中"健儿"的"儿"是一个单独的卷舌元音带上阳平的声调形成的，与此类似的还有"二、耳、而、尔"等；这种现象不可与儿化韵混为一谈。

（2）儿化韵的发音。

儿化韵都是在韵母后加卷舌动作，但不同类型的儿化韵卷舌时可能引起其他的音变，使儿化韵有不同的读法。具体情况表现为：

第一，韵母最后的音素是 a、o、e、ê、u 的，儿化后只在原韵母后加上卷舌动作即可。例如：

豆芽儿 ya—yar　　　　山坡儿 po—por　　　　山歌儿 ge—ger
小街儿 jie—jier　　　　水珠儿 zhu—zhur　　　火炉儿 lu—lur

第二，韵尾是 i 或 n 的，儿化时去掉韵尾，加卷舌动作。例如：

锅盖儿 gai—gar　　　　小孩儿 hai—har　　　　宝贝儿 bei—ber
窍门儿 men—mer　　　　手绢儿 juan—juar　　　一点儿 dian—diar

第三，韵尾是 ng 的，儿化时，丢掉 ng，主要元音变成鼻化元音，同时加卷舌动作。例如：

帮忙儿 mang—mar　　　吊嗓儿 sang—sar　　　　板凳儿 deng—der
胡同儿 tong—tor　　　　天窗儿 chuang—chuar　　小王儿 wangwar

第四，韵母是 i、ü 的，要在原韵母后加 er。例如：

小鸡儿 ji—jier　　　　　马驹儿 ju—juer　　　　　打旗儿 qi—qier
小曲儿 qu—quer　　　　三姨儿 yi—yier　　　　　金鱼儿 yu—yuer

第五，主要元音是 -i（前）、-i（后）的，去掉主要元音，在声母后直接加上 er。例如：

墨汁儿 zhi—zher　　　水池儿 chi—cher　　　小事儿 shi—sher
啥字儿 zi—zer　　　　带刺儿 ci—cer　　　　拔丝儿 si—ser

第六，韵母是 in、ün 的，丢掉 n，加上 er。例如：
干劲儿 jin—jier　　　羊群儿 qun—quer
带信儿—xier　　　　白云儿 yun—yuer

（3）儿化的作用。

区别词义、词性。例如：

头（脑袋）　　　　—头儿（领头的）　　　——区别意义
眼（眼睛）　　　　—眼儿（小孔）　　　　——区别意义
火星（行星）　　　—火星儿（极小的火）　——区别意义
尖（形容词）　　　—尖儿（名词）　　　　——既区别意义，又区别词性
个（量词）　　　　—个儿（名词）　　　　——既区别意义，又区别词性
画（动词）　　　　—画儿（名词）　　　　——既区别意义，又区别词性

表示喜爱、亲切、细小等感情色彩。例如：小孩儿、花儿、狗儿、猫儿、鸟儿、粉末儿、头发丝儿、苹果脸儿、小王儿、小河儿、瓜子儿、勺儿等。

儿化还可使一些原本无韵的句子读起来朗朗上口，富有韵律。例如：
咱是人民的勤务员儿，
时刻把人民的利益记心间儿。
警卫战士要熟记自己的值勤点儿，
脑子里得装个活地盘儿。
咱点儿上大小马路分七段儿，
九条胡同十道弯儿，
工厂、机关占一半儿，
还有中学、小学、幼儿园儿，
二十个商业服务点儿，
三个大医院来两剧团儿，
一共是三百一十所楼房和大院儿……

3. 变调

说话或阅读时，由于邻近音节声调的影响，有些音节的声调调值往往要发生变化，通常把不变的声调叫本调或原调，连读时变化的声调叫变调。普通话中的四个声调，当受到邻近音节声调影响的时候，或多或少都有些变化。只是有的变化不太明显，没有改变调型，不易觉察；有的改变了调型，变化明显，应加以注意。变调比较明显的，有上声的变调、"一、七、八、不"等的变调、形容词重叠式的变调。尤其是上声，在实际说话中经常以变调形式出现，本调反而出现得比较少。下面就重点说说这几类变调。

（1）上声的变调。

上声变调的基本规则有两条。

上声＋上声→阳平＋上声：两上相连，前一个音节变得近乎阳平，三上或多上相连，前几个音节都变得近乎阳平，只有最后一个音节保持不变；多上相连时，如可分为几个音

节组，那么每一个音节组的前几个音节均变得近乎阳平，后一个音节保持不变。发生音变的上声音节，其调值由214变为24。例如：友好、首长、领土、婉转、领导、理想、表演、美好、厂党委、党小组、五把铁锁、产品展览、我找小组长武伟李。

上声+非上声——半上+非上声。上声在非上声（阴平、阳平、去声）前面变为半上，即由214变为21。例如：组织、老师、普通、研究、马蹄、语言、祖国、领航、考试、感谢、走调、体育。

（2）"一、七、八、不"的变调。

"一"的变调：在单念或在词句末尾时念原调（阴平），例如：不管三七二十一、全国第一、万一。在非去声前变为去声，例如：一般、一根、一生、一张、一齐、一行、一时、一同、一览、一直、一准、一本。在去声前面变为阳平，例如：一概、一半、一再、一旦、一共、一律、一向。用在动词和临时借用的量词中间念轻声，例如：想一想、看一看、试一试、说一说。

"不"的变调：单念或在句末念原调（去声），例如："不，我不。"在非去声前念去声，例如：不吃、不说、不公、不安、不行、不成、不得、不忙、不美、不许、不睬、不管。在去声前面变为阳平，例如：不屑、不干、不论、不断、不但、不动、不适、不幸、不用。夹在词语中间读轻声，例如：来不来、行不行、好不好、差不多、用不着、跟不上、走不动、了不起……

现将"一""不"的变调规律，列表如下：

	一	不
单念或末尾	原调（阴平）	原调（去声）
在非去声前	去声	去声
在去声前	阳平	阳平
夹在中间	轻声	轻声

"七、八"的变调："一、不"是不自由变调现象，在语言表达中一定要按规律处理，"七、八"是自由变调现象，在去声前可变为阳平，例如：七万、八万、七个、八个，也可不变，现在变调的读法用得越来越少，在广播、电视中一般不变。

（3）重叠式形容词的变调。

重叠式形容词可分为单音节重叠式和双音节重叠式。单音节重叠式的具体形式有两个："AA的""AA儿的"。前者第二个音节在口语中可变为阴平，也可不变，后者第二个音节要变读为阴平。例如：

AA的： 小小的　　xiǎoxiǎode—xiǎoxiāode
　　　　嫩嫩的　　nènnènde—nènnēnde
AA儿的：满满儿的　mǎnmǎnrde—mǎnmānrde
　　　　胖胖儿的　pàngpàngrde—pàngpāngrde

双音节重叠式的具体形式也有两个："ABB""AABB"。前者一般不用变，如果变则重叠的两个音节都念阴平或轻声，后者可变可不变，如果变，则第二个音节轻读，后两个音节都读阴平。例如：

ABB： 明晃晃 mínghuǎnghuǎng—mínghuānghuāng
热腾腾 rèténgténg—rètēngtēng
AABB： 老老实实 lǎolǎoshíshí—lǎolaoshīshī
热热闹闹 rèrènàonào—rèrenāonāo

4. 语气词"啊"的音变

"啊"主要用来表达感情，单独使用时是叹词。语气词"啊"用在句末，当受到前一个音节尾音影响时，就可能发生音变，这种音变现象有时也相应产生"啊"的变体写法。变化的情况主要有下面几种。

（1）"啊"前面音节的尾音是 a、o、e、ê、i、ü 时，一般发 ya 音，可写作"呀"。如"真大呀""你快说呀""学校真破呀""你说什么呀""多圆的月呀""好细呀""快去呀"。

（2）"啊"前面音节的尾音是"n"时，一般发"na"音，可写作"哪"。如"你看他们俩多亲哪""你这个人哪"。

（3）"啊"前面音节的尾音是"ng"时，一般发"nga"音。如"你们起什么哄啊""大家一起唱啊"。

（4）"啊"前面音节的尾音是 u、ao 时，一般发"ua"音，可写作"哇"。如"快跑哇""咱们可是走上了幸福路哇""你真有福哇"。

（5）"啊"前面音节的韵母是-i（后）时，一般发"ra"音。如"这是什么事啊""你怎么不吃啊"。

（6）"啊"前面音节的韵母是-i（前）时，一般发 [zA] 音。如"黄山你登过几次啊""这是什么字啊"。

二、音位及其变体

（一）音位的性质

音位是语音系统中能够区别意义的最小语音单位。[a] 和 [ɛ] 两个音素虽然差别大但不用来区别意义，所以可归并为一个音位，[t] d 和 [t'] t 可以区别意义，所以尽管差别不大也区别为两个音位。音位是按照语音的社会属性划分出来的。在一种语音里，音素一般都大大地多于音位。如在普通话里，音位 /a/ 代表着四个不同的音素 [a]、[ɑ]、[ʌ]、[ɛ]。一个音素能否区别意义是在实际语境中通过对比和替换归纳出来的。

（二）对立与互补

有的音素可以在相同的语境中出现，经过替换，就代表不同的意义，这样的几个音素它们之间的关系是矛盾对立的，是不同的音位。如我们想知道普通话辅音 [n] 和 [l] 是不是两个音位，可把它们分别放入 [-an35] 这样一个环境里去进行对比：[nan35] 和 [lan35]。这两个辅音的语音环境是相同的，但是 [n] [l] 的不同导致产生了不同的意义："南"和"蓝"。这说明 [n] 和 [l] 是对立的，有区别意义的作用。凡是彼此对立的语音就必然存在有两个不同的音位。

有的音素永远不在相同的语音环境里出现，它们有各自的出现环境，形成互相补充的局面，它们的关系是互补的，即使互换也不区别意义，这些音素就可以合并起来归成一类，成为一个音位的几个不同变体，用一个音位符号去标写。如 lán（蓝）里的 a 代表元音 [a]，diān（颠）里的 a 代表元音 [ɛ]，hǎo（好）里的 a 代表元音 [ɑ]，yá（牙）里的 a 代表元音 [A]。[a]、[ɛ]、[ɑ]、[A] 四个元音出现在不同的语音环境中，它们是互补的关系，是同一个音位里的几个变体。

（三）音位变体

一个音位往往包含一些不同的音，这些音即称为某音位的音位变体。音位变体是音位的具体表现形式，音位是从中概括归纳出来的，因而音位具有一定的抽象性。音位与音位变体的关系是抽象与具体的关系、类别与成员的关系。如普通话的 /a/ 音位在语境中表现为以下形式 [a]（安、爱）、（严、远）、[A]（啊、哇）和 [ɑ]（昂、王）。

音位变体可分成条件变体和自由变体两类。在一定条件下出现的变体即为条件变体，音位 /a/ 的各种变体是条件变体，[a] 出现在 [i]、[n] 之前，[a] 出现在 [i]、[y] 和 [n] 的中间；[ɑ] 出现在 [u]、[ŋ] 之前；[A] 出现在零韵尾之前。没有条件限制，可以自由替换而不影响意义的音位变体则为自由变体，如不少方言中的 [n] 和 [l] 是没有限制的，可任意读。

归纳音位应在同一语音系统中进行。归纳音位的标准主要是语音的辨义功能、互补分布和音感差异。在一个语音系统中，如果某种语音差异能够导致意义的不同，那么这种差异就是根本性的，并最终成为不同音位之间的界限。构成上述差异的语音特征被称作"区别性特征"，如送气与不送气即是。对音位的条件变体而言，不同的变体各有特定的分布位置，这种状况就是所谓的"互补分布"。处于互补状态的语音差异一般不造成音位的对立。因此，互补分布也是归纳音位的一个重要条件。但必须注意，当处于互补位置的几个音在音感上差别过大时，则不宜归纳为同一音位，如 [m]、[ŋ]。音感是划分音位的一个参照标准。

（四）音质音位与非音质音位

元音和辅音是从音色（音质）的角度划分出来的，所以能区别意义的元音音位和辅音音位也叫音质音位。此外音高、音强、音长等因素也可能有区别意义的功能，也可形成不同的音位，这种音位统称为非音质音位，也叫"超音质音位"、"超音段音位"。具体说，由音高构成的音位往往是靠声调的不同来区别意义，也叫调位，如普通话的四个声调都能区别意义，是四个不同的调位；由音强构成的音位也叫重位或势位，如普通话的 liánzǐ（莲子）和 liánzi（帘子）中的后一音节，主要是由音强的不同而导致意义不同的，是两个重位；由音长构成的音位叫时位，如英语中的 [biːt]（beat）和 [bit]（bit）。

（五）普通话的音位系统

汉语拼音方案基本上是根据音位原则对普通话的音素加以分析和归纳的。但是，方案拟订的毕竟是一种拼写语音的字母，要考虑易认，易学，还要照顾拉丁字母与语音配合的传统习惯，因此有些地方也并不完全迁就音位归纳的要求。下面简要说明普通话的音位及音位变体。

1. 元音音位及其变体

普通话共有/ɑ/、/o/、/ə/、/e/、/ɚ/、/i/、/u/、/y/、/ɿ/、/ʅ/10个元音音位。每个元音音位都有一定的音位变体，而且都是有条件的。音位变体及其出现的条件，我们可从上文中的/ɑ/得到启发，这里就不一一详述了。

2. 辅音音位及其变体

普通话的辅音音位有22个：/p/、/p'/、/m/、/f/、/t/、/t'/、/n/、/l/、/k/、/k'/、/ŋ/、/x/、/tɕ/、/tɕ'/、/ɕ/、/tʂ/、/tʂ'/、/ʂ/、/ʐ/、/ts/、/ts'/、/s/。

辅音音位的变体，差别比较细微。这里仅举几例请同学们体会一下。

除了/f/和/ŋ/以外，所有的辅音音位在与后面的圆唇元音相拼时，由于同化作用的影响，都会产生一个圆唇的音位变体。如"度［tu］、努［nu］、素［su］"等。

普通话里的不送气清塞音和不送气清塞擦音，本来是发音较轻、较弱的辅音。因此，在轻声音节里，由于前后浊音的影响，清辅音声母往往会产生相应的浊辅音变体。如"哑巴［bʌ］、我的［də］、五个［gə］等。

3. 声调音位及其变体

声调音位是非音质音位。普通话的四个声调可以分别写成/1/、/2/、/3/、/4/四个调位。阴平、阳平都只有一个音位变体，分别为［55］、［35］。上声有三个音位变体：

/3/：［214］出现在后面有停顿时，如"沿海"。

　　　［21］出现在调位/1/、/2/、/4/之前，如"伟大"。

　　　［24］或［35］出现在调位/3/之前，如"美好"。

去声有两个音位变体：

/4/：［51］出现在非去声或停顿之前，如"最好"。

　　　［53］出现在去声前，如"汉字"。

轻音失去原有的声调，是无调音节，用符号/0/来表示，如"棉花"的"花"。

练习与思考

1. 朗读下面的词语，体会上声变调的规律。
   允许　许久　许多　发起　起草　起初　米仓　米囤　米酒　米粒
   深浅　浅显　浅薄　大海　海水　海燕　组织　组合　组稿　组建
2. 举例说明"一""不"的变调规律。
3. 朗读下列轻声词，体会轻声词在区别词义方面的作用。
   桌子　台子　尺子　珠子　竹子　盖子　主子　柱子　个子
   说头　石头　里头　木头　甜头　由头　来头　口头　赚头
   东西　是非　动静　热闹　利害　买卖　反正　早晚　女儿
4. 注意下列各词儿化的音变规则，并读准每一个儿化词。
   冰棍儿　墨水儿　打嗝儿　串门儿　拔尖儿　有点儿　送信儿
   好玩儿　跑腿儿　金鱼儿　抓阄儿　没事儿　纽扣儿　有空儿

5. 朗读下列句子，注意"啊"的变化。

看啊！　　　　　　　　那好啊！
有什么事儿啊？　　　　谁啊？这写的什么字啊！
你可得注点意啊！　　　他可是个好人啊！
是不是一样啊？　　　　行啊！
好不好玩啊？　　　　　是啊。

6. 音位和音素的关系如何？
7. 关于音位，请举例说明什么是对立，什么是互补。
8. 归纳音位的原则有哪些？
9. 举例说明音位的类型。
10. 举例说明什么是条件变体与自由变体。
11. 汉语拼音字母 i 代表了哪些音素？为什么可以代表这些音素？
12. 注意下面短文的音变现象并准确朗读之。

这是入冬以来，胶东半岛上第一场雪。

雪纷纷扬扬，下得很大。开始还伴着一阵儿小雨，不久就只见大片大片的雪花，从彤云密布的天空中飘落下来。地面上一会儿就白了。冬天的山村，到了夜里就万籁俱寂，只听得雪花簌簌地不断往下落，树木的枯枝被雪压断了，偶尔咯吱一声响。

大雪整整下了一夜。今天早晨，天放晴了，太阳出来了。推开门一看，嗬！好大的雪啊！山川、河流、树木、房屋，全都罩上了一层厚厚的雪，万里江山，变成了粉妆玉砌的世界。落光了叶子的柳树上挂满了毛茸茸亮晶晶的银条儿；而那些冬夏常青的松树和柏树上，则挂满了蓬松松沉甸甸的雪球儿。一阵风吹来，树枝轻轻地摇晃，美丽的银条儿和雪球儿簌簌地落下来，玉屑似的雪末儿随风飘扬，映着清晨的阳光，显出一道道五光十色的彩虹。

大街上的积雪足有一尺多深，人踩上去，脚底下发出咯吱咯吱的响声。一群群孩子在雪地里堆雪人，掷雪球，那欢乐的叫喊声，把树枝上的雪都震落下来了。

俗话说，"瑞雪兆丰年"。这个话有充分的科学根据，并不是一句迷信的成语。寒冬大雪，可以冻死一部分越冬的害虫；融化了的水渗进土层深处，又能供应庄稼生长的需要。我相信这一场十分及时的大雪，一定会促进明年春季作物，尤其是小麦的丰收。有经验的老农把雪比做是"麦子的棉被"。冬天"棉被"盖得越厚，明春麦子就长得越好，所以又有这样一句谚语："冬天麦盖三层被，来年枕着馒头睡。"

我想，这就是人们为什么把及时的大雪称为"瑞雪"的道理吧。

(峻青《第一场雪》)

第五节　说话与阅读

一、重音

重音是相对于轻音来说的，轻重问题在多音词里就有讲究。就句子而言，重音不同，表意的重点就不同，传达的信息也便不一样。例如：

他能写好论文。(谁能写好论文？)

他能写好论文。(他能否写好论文?)
他能写好论文。(我能抄好论文。)
他能写好论文。(我能写好小说。)
我想吃饭。(谁想吃饭?)
我想吃饭。(你想不想吃饭?)
我想吃饭。(你想干什么?)
我想吃饭。(你想吃什么?)

重音有利于显示语法结构，有利于突出语义重点，有利于抒发内心情感。因此重音也可以分为句法重音、语义重音和感情重音三种。

1. 句法重音

句法重音也叫语法重读，即根据语法规律对某个句子成分加以重读。句法重音的位置比较固定，一般规律是：

（1）主谓句中的谓语部分。(小张很能干!)
（2）疑问代词充当的主语。(谁在哭?)
（3）主述宾句中的宾语（人称代词宾语）。(他最喜欢我。)
（4）名词前的定语。(请那位个子高的同学过来。)
（5）动词、形容词前的状语。(今天太热了!)
（6）程度补语、情态补语：(我今天高兴得很。她激动得热泪盈眶。)
（7）表确指数、表结果、表程度的补语。(我足足等了你三个小时。)

2. 语义重音

语义重音也叫逻辑重读，语义重读。是一种表示某特殊意义的重读，无固定位置，受说话环境与说话人的意图、感情及特定要求等因素支配，处理得好，有助于突出重点和表情达意。同样的语言结构，说话重点不同，重音位置也就不同。"我今天上课"这句话中三个词都可能是重音位置。句法重音和语义重音可以合称为强调重音，即为了突出而重读，其作用是多方面的：

（1）表突出：这位同学最用功。
（2）表强调：学生就应该努力学习。
（3）表夸张：狼非常想吃小羊。
（4）表惊喜：真的是你?
（5）表对比：他怎么能与你比呢?
（6）表对比照应：前年，我在这里摔倒了，今年，我又在这里站起来了。

3. 感情重音

有的人在说话时，往往被某种深刻的体验和发自内心的立场、观点、情感、态度所驱使，对某句话或某段话格外地加重音量，以便于收到更好的表达效果，产生出更加强烈的感染力量。寓言故事《狼和小羊》中狼的凶残吼叫、大声嚷嚷，都是感情重音的作用。

感情重音与强调重音的区别是：强调重音往往只是一两个音节重读，而感情重音的重读则是整句、整段的。有时候这几种重音可能重合，这时只要掌握侧重点在哪方面就行。

总之，重音位置的确定取决于思想内容和人物感情。

二、停顿

停顿指口语表达中的间歇，也叫顿挫。停顿不单是生理上换气的需要，也是表达语意、掌握节奏、抒发情感的需要。所谓"一口气说完""一气呵成"，并非指生理上真的"一口气"，而是对说话情绪与气势连贯的一种形容。根据停顿的作用，可以把停顿分为下面四种类型。竖线的多少表示停顿时间的长短。

1. 生理停顿

人们往往很难一口气把一个长句说完，中间需要有停顿。如王蒙的《失态的季节》（107 页）中的这句话便可以根据标识做出适当的停顿："他们的青年时代｜他们的恋爱行程，｜｜是和北京的名胜古迹｜特别是和北京郊区的风景点｜分不开的。"这样念着就会觉得轻松得多。

2. 结构停顿

结构停顿也叫语法停顿，大体包括三种情况。
（1）通篇讲话的大结构中，在题目与正文之间，在段落与段落之间，在总题与分题之间，都需要停顿，而且停顿大都较长，以空白（无文字）为标记。
（2）在一句话的小结构中，词与词、短语与短语之间的关联，有的比较紧密，有的比较疏远，凡疏远处大都需要停顿，短语中即使关联较紧密的地方也可以作适当停顿，但却极短。
（3）标点符号处大都停顿，不同的标点表示的停顿时间是不一样的。

3. 逻辑停顿（语义停顿）

逻辑停顿的位置是根据文章的内容和表情达意的需要来决定的。一般说来，它是与逻辑重音相伴出现的，它也是在结构停顿的基础上形成的。它与结构停顿有时一致，有时不一致。如果二者有矛盾，语法停顿要随逻辑停顿而改变。二者的区别在于：
（1）逻辑停顿可在标点符号所表示的停顿的基础上，适当调整停顿的时间。如：
那江心有几只小船在浮动，｜｜一忽儿小船被推在浪尖上，｜一忽儿小船又埋在浪头下，｜｜｜好大的风浪啊！
该句中的逻辑停顿主要是为了揭示语句内在的逻辑关系而加以调整的结果，这对准确表意有重大作用。
（2）为了强调某一词语的特殊含意，可在没有句法停顿的地方作适当停顿。例如：
开会也罢，学习文件也罢，反正革命干部｜不需要太早地｜回乡下来，革命干部｜需要的是｜多在城里待几天。　　　　　　　　　　（王蒙《失态的季节》）
（3）为使表意明确和语气连贯，在某些标点符号处不作停顿，或缩短停顿的时间。例如：
逛动物园的人大都想看看狮、虎、豹、狼这几种猛兽。
母亲和我都叹息他的景况：多子、饥荒、苛税、兵、匪、官、绅，都苦得他像一个木偶人了。　　　　　　　　　　　　　　　　　　　　（鲁迅《故乡》）

例中的"狮、虎、豹、狼""兵、匪、官、绅"可不作停顿或作很小的停顿。

4. 心理停顿

说话中，由于说话的意图、感情和心理活动的变化使语言的节奏和语调有所改变，这往往表现为心理停顿（也叫感情停顿）。试比较：

（1）我恨你！（无停顿，是直抒胸臆。）
我｜恨你！（心情复杂：或是反语，或是爱极生恨。）
（2）我喝。（不停顿，表示爽快。）
我｜喝。（犹豫了片刻才下决心喝的。）
又如：
（3）王后听说白雪公主还活着，｜气得直咬牙：｜"哼，｜哼，｜谁比我美丽，｜我｜｜就得害死谁！"

句中在"我"后作较长停顿，并插入急呼吸，吐粗气，表明此刻王后一反常态，气得连呼吸也控制不住了。这样能较好地表现王后毒辣、凶残及嫉妒的本性。正确的停顿与呼吸有很大的关系，但停顿不等于换气，并非每次停顿都要换气，换气一般安排在停顿较长处。

5. 习惯停顿

停顿有时仅仅是节奏的需要。有规律地间歇会给人一种较强的节奏感，一般文章语言节奏的伸缩性很大，韵文中的节奏则较有规律。就诗歌来讲，格律诗字数固定，结构整齐匀称，五言诗是两至三个节拍（二、三／二、二、一），七言是三至四个节拍（二、二、三／二、二、二、一），新诗每句一般也是三四个节拍。汉语中大量的四字成语习惯上都念成二、二节拍，有时与语义单位并不吻合。例如：闻所未闻（一、三）、一衣带水（二、·）、口若悬河（一、三）、无所适从（一、三）等。

三、句调

句调指的是句子的高低升降变化。普通话每一个音节都有一定的声调，声调是字调，这是固定的。当词进入句子，不一定都能保持原有的字调，字调要服从句调的需要。比如，打电话常说"啊"，它可以有四种不同的句调：

啊—：平调，表示在听对方说话。
啊↗：由低到高，表听不清或有疑问。
啊↘：调由高到低，稍拖长，表终于听明白或答应对方要求。
啊↗↘：升降调，表示原来如此，也可表示自大傲慢的态度。

人们说话，声带拉紧，声音则上扬。声带放松，声音就抑降低沉。高昂的声音，显得响亮、明快，能表达兴奋和激越的情绪。低沉的声音，显得庄重而沉闷，给人以严肃或压抑之感。

句调总是随着感情而变化的，不便机械地划分各种具体种类，也不能简单套用。但为了进一步认识其基本规律，大体上有所依循，我们可以对句调进行大致的类别归纳：

1. 平直调

平直舒缓，整句无显著变化，句末音节拖长拉平。其作用有：

（1）表庄重、严肃。
我对松树怀有敬意的更更重要的原因却是它那种自我牺牲的精神。
对于他的死，我是很悲痛的。
（2）表思索、踌躇。
我想我没有记错，或者可以说，没有估计错，否则我不会一直任其发展而保持缄默。

（余光中《书斋·书灾》）

我买，还是不买呢？
（3）表冷淡、厌恶。
这种人其实不是共产党员，至少不能算一个纯粹的共产党员。
这个人人品太差。

2. 上扬调

前低后高，整句后半部明显升高，句末音节上扬。其作用有以下几种。
（1）表反问、设问、疑问。
你找到工作了吗？
谁能不想学好？
什么是路？什么是成才之路？
（2）表惊讶、出乎意料。
怎么，他不来了？
原来是你呀！我都不敢认了，真是女大十八变，越变越好看！
（3）表号召、鼓动。
冲啊，为战友报仇的时候到了！
奋斗吧，成才的路就在你的脚下！

3. 曲折调

这种句调高低起伏，整个句子变化较多，通常形成"低—高—低"的状况，也有曲折只体现在一两个音节上，将音节拖长读音的。其作用有以下几种。
（1）表怀疑、讽刺、反语。
是啊，你们这些财主真是太仁慈了！
人家是劳模嘛！
（2）表暗示、双关。
他这是给我们上课哪！
孩子，好好地听妈妈的话啊！

4. 降抑调

先高后低，但声音不能明显下滑，只能逐渐降低，句末音节念得短而低。其作用有以下几种。
（1）表肯定、坚决、自信。
谁都不会听他的。
我保证完成任务！

自己的路自己能走好。

（2）表赞扬。

他是一位不可多得的人才。

（3）表话语结束。

好了，就这样吧。

由以上各例可见，句调虽是就整句而言，但最显著的变化还是体现在句子的最后。

四、朗读与朗诵的关系

朗读与朗诵有联系，也有区别。一般来说，朗读是基础，朗诵则是在朗读基础上的一种艺术升华。

第一，对于文章的准确而深入的理解，是朗读与朗诵的共同基础。对于文章的创作背景和作者意图的了解，对于整篇文章感情基调的把握，对于文章各部分之间关系的廓清，对于文章中每一段落、每一句群、每一个句子的正确理解，都是使朗读或朗诵取得良好效果的必要前提或基础条件；离开了这些基础条件，不管是朗读还是朗诵，都不可能取得应有的效果。当然，一个人的声音表现力和普通话水平也会对朗读和朗诵的效果起到非常重要的作用。

第二，朗读和朗诵的要求又是有所不同的。朗读注重尊重于原文，不能明显加入舞台表演或过分夸张的因素。朗诵则要灵活得多，可根据对象场合的不同，可根据朗诵者的主观理解和朗诵意图的不同，在停顿、重音、句调、语气等方面比较自如地加以处理。朗诵者可在文章原文和朗诵需求这两者之间，找到一个新的平衡点，对原文进行适当的艺术处理，只要能收到预期的朗诵效果，处理得大胆一点也未尝不可；但不可将朗诵处理成表演。

 练习与思考

1. 分别用"．""｜""→""↑""↘"等符号分析并注明下列短文的重音、停顿和句调，并反复朗读之；通过若干遍的朗读和深入的体会，看哪些地方的重音、停顿和句调还可以调整，为什么？

（1）狼来到小溪边，看见小羊正在那儿喝水。

狼非常想吃小羊，就故意找碴儿，说："你把我喝的水弄脏了，你安的什么心？"

小羊吃了一惊，温和地说："我怎么会把您喝的水弄脏呢？您站在上游，水是从您那儿流到我这儿来的，不是从我这儿流到您那儿去的。"

狼气冲冲地说："就算这样吧，你总是个坏家伙！我听说去年你在背地里说我的坏话！"

可怜的小羊喊道："啊，亲爱的狼先生，那是不会有的事，去年我还没有生下来哪！"

狼不想再争辩了，龇着牙，逼近小羊，大声嚷道："你这个小坏蛋！说我坏话的不是你就是你爸爸，反正都一样。"说着就往小羊身上扑去。　　（《伊索寓言·狼和小羊》）

（2）夕阳落山不久，西方的天空，还燃烧着一片橘红色的晚霞。大海，也被这霞光染成了红色，而且比天空的景色更要壮观。因为它是活动的，每当一排排波浪涌起的时候，那映照在浪峰上的霞光，又红又亮，简直就像一片片霍霍燃烧着的火焰，闪烁着，消失了。而后面的一排，又闪烁着，滚动着，涌了过来。

天空的霞光渐渐地淡下去了，深红的颜色变成了绯红，绯红又变成浅红。最后，当这一切红光都消失了的时候，那突然显得高而远了的天空，则呈现出一片肃穆的神色。最早出现的启明星，在这蓝色的天幕上闪烁起来了。它是那么大，那么亮，整个广漠的天幕上只有它在那里放射着令人注目的光辉，活像一盏悬挂在高空的明灯。

夜色加浓，苍穹中的"明灯"越来越多了。而城市各处的真的灯火也次第亮了起来，尤其是围绕在海港周围山坡上的那一片灯光，从半空倒映在乌蓝的海面上，随着波浪，晃动着，闪烁着，像一串流动着的珍珠，和那一片片密布在苍穹里的星斗互相辉映，煞是好看。

在这幽美的夜色中，我踏着软绵绵的沙滩，沿着海边，慢慢地向前走去。海水，轻轻地抚摸着细软的沙滩，发出温柔的唰唰声。晚来的海风，清新而又凉爽。我的心里，有着说不出的兴奋和愉快。

夜风轻飘飘地吹拂着，空气中飘荡着一种大海和田禾相混合的香味。柔软的沙滩上还残留着白天太阳炙晒的余温。那些在各个工作岗位上劳动了一天的人们，三三两两地来到这软绵绵的沙滩上，他们浴着凉爽的海风，望着那缀满了星星的夜空，尽情地说笑，尽情地休憩。

（峻青《海滨仲夏夜》）

（3）纯朴的家乡村边有一条河，曲曲弯弯，河中架一弯石桥，弓样的小桥跨越两岸。

每天，不管是鸡鸣晓月，日丽中天，还是月华泻地，小桥都印下串串足迹，洒落串串汗珠。那是乡亲为了追求多棱的希望，兑现美好的遐想。弯弯小桥，不时荡过轻吟低唱，不时露出舒心的笑容。

因而，我稚小的心灵，曾将心声献给小桥：你是一弯银色的新月，给人间普照光辉；你是一把闪亮的镰刀，割刈着欢笑的花果；你是一根晃悠悠的扁担，挑起了彩色的明天！哦，小桥走进我的梦中。

我在漂泊他乡的时候，心中总涌动着故乡的河水，梦中总看到弓样的小桥。当我访南疆探北国，眼帘闯进座座雄伟的长桥时，我的梦变得丰满了，增添了赤橙黄绿青蓝紫。

三十多年过去，我带着满头霜花回到故乡，第一紧要的便是去看望小桥。

啊！小桥呢？小桥躲起来了？河中一道长虹，浴着朝霞熠熠闪光。哦，雄浑的大桥敞开胸怀，汽车的呼啸、摩托的笛音、自行车的叮铃，合奏着进行交响乐；南来的钢筋、花布，北往的柑橙、家禽，绘出交流欢跃图……

啊！蜕变的桥，传递了家乡进步的消息，透露了家乡富裕的声音。时代的春风，美好的追求，我蓦地记起儿时唱给小桥的歌，哦，明艳艳的太阳照耀了，芳香甜蜜的花果捧来了，五彩斑斓的岁月拉开了！

我心中涌动的河水，激荡起甜美的浪花。我仰望一碧蓝天，心底轻声呼喊：家乡的桥啊，我梦中的桥！

（郑莹《家乡的桥》）

第六节　语音规范化

一、标准音的确立

（一）语音的规范

普通话虽然以北京语音为标准音，但是，由于各方面的原因，北京语音内部还存在分歧现象。例如："琴弦"可读成 qínxián，也可读成 qínxuán；"理发"的"发"有去声和上声两种声调；"西瓜"的"瓜"轻读与否，也是两可的，这种分歧现象对学习和推广普通话是不利的，需要加以规范。

（二）异读词的规范

习惯上有几种不同读音的词被称作异读词。一个汉字有不同读音并不少见，有的是"异义异读"，即同一个汉字的不同读音只出现在不同的词里，或者不同读音所表示的意义并不相同，这是正常现象，如"长短"与"长辈"；有的是"同义异读"，即不同的读音并不表示不同的意义，这就是异读词，如"跃 yuè—yào（进）"。北京话的异读字有 300 多个，构成的异读词，常用的大约有 1 200 多个。从语音的角度来分析，可分为四类（例词中前一个读音是普通话审音委员会审订的规范读音）。

(1) 声母不同　　波浪 bō—pō　　接触 chù—zhú
(2) 韵母不同　　确凿 záo—zuò　　怯懦 qiè—què
(3) 声调不同　　危险 wēi—wéi　　不妨 fáng—fāng
(4) 其他　　　　沸腾 fèi—fú　　　摄影 shè—niè

异读词产生的原因很复杂，主要有以下几方面。

1. 文白异读

有些是由于读书音（文读）和口语（白音）的分歧造成的，例如：

	读书音	口语音
柏	bó	bǎi
液	yì	yè
暴（暴露）	pù	bào
熟	shú	shóu
血	xuè	xiě
剥	bō	bāo

2. 方音影响

有的异读是各方言读音影响造成的，如北京话吸收吴方言的词"揩油"，使"揩"产生了 kāi 和 kǎ（方音）两种读音，还有"咖啡"的"咖"、"卡片"的"卡"，都有 kā、gā 和 kǎ、qiǎ 两种读音。

3. 讹读影响

有些异读是误读造成的，例如"校（对）"读 xiào，"（酝）酿"读 rǎng，"械"读 jiè，"畸"读 qí，"酵"读 xiào，其中不少是因为只读半边而造成的，但长期通行，正误并存，便形成异读。

4. 背离规律

还有一些异读按语音发展规律应读某音，但又出现了不合规律的特殊读法，如"帆"字是古浊平声字，按规律应读阳平，但又出现阴平的读法，"含"读成 hén、"（泥）泞"

读成 néng，都是北京话语音发展的特殊现象。

国家于 1955 年召开了现代汉语规范问题学术会议，1956 年中国科学院成立了普通话审音委员会，拟定了异读词读音的审订原则，1957 年公布了《普通话异读词审音表初稿》；后几经修改，终于于 1982 年形成了《普通话异读词审音表》，于 1985 年正式公布使用。在新的审音表没有问世之前，我们必须按照《普通话异读词审音表》规定的读音读准每一个字词。

二、方音辨正

（一）声母辨正

方言区的人学习普通话声母时要注意以下几个问题。

1. zh、ch、sh，z、c、s 和 j、q、x

普通话里 zh、ch、sh，z、c、s 和 j、q、x 能区别意义，而有的方言区没有翘舌音，有的地区虽然有这三组声母，但是分合情况也和普通话不完全相同。比如把"初步"读成"粗布"，"师长"读成"司长"，"针线"读成"金线"，"长度"读成"强度"，"发书"读成"发虚"等等。因此，这些方言区的人学习普通话时既要学会这几组声母的发音，还要知道普通话里哪些字必须读成什么音。这是方言区的人学好普通话声母的关键。这里介绍几种辨别平翘舌音的方法。

（1）利用代表字类推。

汉语形声字数量很大，记住表声的偏旁可以类推出不少字。如用"争"可以类推出"睁、挣、峥、狰、铮、筝、净"等。在利用代表字类推时，必须注意例外字。以下是平翘舌字，每组字中左边的字是标音字，右边的字是例外字。

z　则—铡　责—债　泽—释　宗—崇　足—捉　疑—助、锄

c　才—豺　参—渗、碜、掺　仓—疮、创　此—柴　囱—窗
　　寸—衬、肘、纣

s　赛—寨　叟—瘦　嗽—漱

zh　乍—咋（～办）、怎、作、昨、柞　斩—暂、惭　栈—残
　　占—钻

ch　差—搓、磋、蹉、嵯　刍—邹、驺　斥—诉　呈—程（～亮）
　　巢—缫　察—擦、嚓

sh　沙—挲　晒—洒　山—灿　删—册　诗—寺　师—狮
　　束—速、悚　数—撒、薮　衰—蓑　朔—塑、溯

（2）利用声旁。

声旁的声母为 d、t 的字，是翘舌声母字。比如"终"的声旁"冬"单独念的时候声母是 d，由它作为声旁再组字，不会是平舌声母字。例：查、喳、蝉、阐、澄、橙、税、说、绽、治、答、始、招、诏、召、照、沼、滞、昼、坠、纯、撞、蛇、瞠。

（3）利用声韵拼合规律。

ua、uai、uang 三个韵母在普通话中只跟 ch、sh 相拼，不跟 z、c、s 相拼。所以"爪、抓、刷、拽、揣、踹、帅、庄、状、双、床"等字的声母是翘舌音。ong 韵母可以

跟 s 相拼，而不能同 sh 相拼，所以"松、耸、送、诵、颂"等字的声母是平舌音 s。韵母 ei 不与 zh 相拼，那么"贼"的声母一定是 z。

(4) 记少不记多。

普通话中 zh、ch、sh 声母字大大多于 z、c、s 声母字，我们可以记住了 z、c、s 声母字，zh、ch、sh 声母字也就记住了。如 z、c、s 跟 en 相拼的字很少（怎、参、岑、森），而 zh、ch、sh 跟 en 相拼的字有 50 多个："珍、振、陈、衬、身、审……"记住少数，多数不用记。这样做可以起到事半功倍的效果。

(5) 纠正黄淮地区方音中类似的错误情况。

黄淮地区方音音节中的声母与普通话音节中的声母往往在发音方法上基本一致，而在发音部位上容易出错。这一地区的人们在校正声母错误时，应从发音部位入手，只要发音部位把握得准，其声母的错误也就可以纠正过来了。例如：

① j 与 z。

黄淮地区的西部尤其是安徽省临泉县及其与河南省交界地区的人常将口语中经常用到的含舌面音 j 的音节读成了含舌尖前音 z 的音节，或将口语中经常用到的含舌尖前音 z 的音节读成了含舌面音 j 的音节，比如将"俊"读成了"zùn"，将"绝"读成了"zuó"；或将"这"读成了"jiè"，将"足"读成了"jǔ"，将"做"读成了"juò"等。这类误读的现象不可类推，只应当个别校正。

② q 与 c。

黄淮地区的西部尤其是安徽省临泉县及其与河南省交界地区的人常将口语中经常用到的含舌面音 q 的音节读成了含舌尖前音 c 的音节，或将口语中经常用到的含舌尖前音 c 的音节读成了含舌面音 q 的音节，如将"全"读成了"cuán"，将"雀"读成"cuò"；或将"篡"读成"quàn"，将"错"读成"què"等。这类误读的现象也不可类推，也只应个别校正。

③ x 与 s。

黄淮地区的中西部还有不少人将口语中经常用到的含舌面音 x 的音节读成了含舌尖前音 s 的音节，或将口语中经常用到的含舌尖前音 s 的音节读成了含舌面音 x 的音节，如将"雪"读成了"suǒ"，将"选"读成"suǎn"；或将"送"读成"xiòng"，将"肃"读成"xū"，将"酸"读成了"xuǎn"等。这类误读的现象也不可类推，也只应个别校正。

2. n 和 l

在普通话中 n 和 l 区别很明显，但在许多方言里 n、l 却不分。或是全部念成 n，或是全部念成 l。有的地方 n、l 在 i、ü 前有区别，但在别的韵母前则不能区别。n、l 相混的地区学习这两个声母主要有两难：第一，读不准音；第二，分不清字。要读准 n 和 l，关键在于控制软腭的升降。因为 n 和 l 都是舌尖抵住上齿龈发的音，不同之处主要在于有无鼻音，是从鼻腔出气，还是从舌头两边出气，所以练习发音时，必须着重练习控制软腭的升降和舌头的收窄放宽。另外，也可采用捏鼻孔的办法检验。捏住鼻孔，发音困难的是 n，发音轻柔的是 l。还可利用前一个字是 n 韵尾的词语，促使发准后面一个音节开头的鼻音声母 n。练 l 声母时则要注意避免用前一个音节是 n 韵尾的词训练，而要在 l 声母的前面加上一个 ge、ke 音节，借 g、k 发音时舌根高抬，相对限制软腭下降，使它不便发鼻音而发边音。例如：

n　安宁　电脑　全能　难言　万难　晚年　酸奶　新娘
l　鸽笼　割裂　阁楼　隔离　颗粒　客流　可怜　克隆

要分清哪些字的声母是 n，哪些字的声母是 l，除了下功夫记忆之外，也可以利用下面的方法。

(1) 利用代表字类推。

(2) 利用声旁。声旁的声母为 g、j 的字是 l 声母。如"烙、洛、路、络、酪、露、裸、蓝、滥、凉、晾、谅"。

声旁的声母为 zh、ch 的字音是 n 声母。如"扭、钮、拈、粘、碾"。

声旁的声母为 r 的字声母是 n。如"诺、匿、溺"。

(3) 利用普通话声韵拼合规律。

ou、ia、un 只拼 l 不拼 n，那么"楼、俩、抡"等字的声母是 l。

en 只拼 n 不拼 l，那么"嫩"的声母一定是 n。

3. f 和 h

有些方言没有 f 这个声母，普通话的 f 在闽方言中多数读成 b、p 或 h，有些方言虽然有 f、h 两个声母，但分合的情况与普通话不同，湘方言有些地区 f 声母字比普通话多，粤方言也一样，把普通话里一些声母读 h 的字（大都是和 u 结合的字，如虎 hu、花 hua）读成声母为 f 的字。比较下列各组词语：

发生 fāshēng　　　花生 huāshēng
废话 fèihuà　　　　会话 huìhuà
公费 gōngfèi　　　　工会 gōnghuì
芬芳 fēnfāng　　　　昏黄 hūnhuáng
洪峰 hóngfēng　　　翻红 fānhóng

读以上各组的音，应注意唇形的不同：读 h 开头的音节，嘴唇开始是拢圆并向前突出的；读 f 的音节，嘴唇始终是展开的。区分好发音之后还应记住哪些字音该读 h 声母，哪些字音该读 f 声母。

(1) 利用代表字类推。

(2) 从声旁声母的联系上来推断。声母 g 与 h 都是舌根音，声旁是 g 声母的字一般念 h，不念 f。例如：

瓜（guā）　　　　狐、弧（hú）
古（gǔ）　　　　　葫（hú）怙（hù）
骨（gǔ）　　　　　滑、猾（huá）
鬼（guǐ）　　　　　槐（huái）魂（hún）
工（gōng）　　　红、虹、鸿（hóng）讧（hòng）
共（gòng）　　　烘、哄（hòng）洪（hóng）

(3) 利用声韵拼合规律。f 不拼 ai，方言中念 fai 的字，普通话都念 huai，例如：怀、槐、淮、徊、坏。

4. 送气音和不送气音

普通话中，p、t、k、q、ch、c 六个是送气音，b、d、g、j、zh、z 是相对应的六个不送气音。但在一些方言中就存在着把部分不送气声母字音念成同部位的送气声母的字音。如"近 jìn"的声母念成 q，把"淡 dàn"的声母念成 t。还有些方言将部分送气声母念成同部位的不送气声母。如"盘 pán"的声母念成 b，"唐 táng"的声母念成 d，"葵 kuí"的声母念成 g。纠正这种方言，在发音上并不困难，因为方言中送气音和不送气音都有。只要注意哪些字是送气音，哪些是不送气音就行了。如何识别呢？首先要了解普通话塞音、塞擦音声母送气和不送气的规律。古全浊声母今读塞音、塞擦音时，平声读送气清音，仄声读不送气清音。如"盘 pán、糖 táng、陈 chén、材 cái、就 jiù、坐 zuò、助 zhù、败 bài"。然后了解古全浊声母在某方言中的变读情况。如果某方言中还保留浊塞音、浊塞擦音声母，那么就应该按照平声送气，仄声不送气的规律，把它们读成清音声母。

辨别声母清浊的方法很简单，在发音时，按住喉结就可以测出：发清音时，喉结不颤动；发浊音时，喉结颤动。

5. 清声母和浊声母

清声母发音时声带不颤动，浊声母发音时声带要颤动。普通话里只有 m、n、l、r 四个浊声母，而吴方言和湘方言的部分地区除了 m、n、l、r 外还有浊塞音、浊擦音和浊塞擦音声母。如上海话"病、动、共、词"的声母就是浊声母。这些方言区的人学习普通话的时候，要把这些浊声母改成发音部位相同的清声母。声调是平声的字，要改成送气清声母 p、t、k、q、ch、c 等；声调是仄声的，要改成不送气的清声母 b、d、g、k、zh、z 等。

6. 浊擦音

凡没有舌尖后音声母的方言，都没有声母 r。要想读准 r，只要在 sh 的基础上，加入声带颤动的发音动作就可以了。但要注意发音时摩擦不宜过重。普通话 r 声母在方言里有多种读法，有的读 l 声母，有的读零声母，有的读 x 声母，还有的读成舌根浊鼻音 ng。普通话 r 声母的字不多（约 60 个），可用代表字类推去记。

7. 读准零声母

普通话的零声母音节在不少方言中不是零声母，前面加有不同的辅音声母，这些方言区的人在读普通话零声母音节时常常把自己的方言习惯带进来，比如把"岸、我"的零声母读成 [ŋ]。要读准零声母，首先要弄清普通话的零声母发音情况，普通话零声母音节分开口呼、齐齿呼、合口呼和撮口呼四种，实际说话当中常常伴随着相关部位的半元音、喉塞音或舌面后浊擦音，比如齐齿呼零声母音节前伴随着半元音 [j]，合口呼零声母音节前伴随着半元音 [w] 等。知道了这样的规律，在说普通话时就要将自己方言的辅音声母换成普通话的声母。

8. 改尖音为团音

声母 z、c、s 跟 i、ü 及 i、ü 开头的韵母相拼叫尖音，声母 j、q、x 跟 i、ü 及 i、ü 开头的韵母相拼叫团音。普通话没有尖音，但有的人尤其是年轻人，将"精神""大家""桥头""心灵"等音节中的 j、q、x 发音靠前，甚至读成了"zing""zia""ciao""sin"，这是应该引起注意的。

（二）韵母辨正

方言区的人学习普通话韵母时要注意以下几个问题。

1. 鼻韵尾 n 和 ng

在普通话里，前鼻韵母和后鼻韵母 an- ang、en- eng、in- ing、ian- iang、ün- iong、uen- ueng 分得很清楚。但在方言中却存在着混读的现象。有些方言只有前鼻韵母，没有后鼻韵母，把 ing 韵念成 in，eng 韵念成 en，造成了"情""琴"不分，"丰""分"不分。还有些方言把鼻韵母念成了鼻化音。如 an 念成 ã。要学好普通话，必须注意分辨 n 和 ng。分辨前后鼻韵母，首先一定要发准 n 和 ng 两个鼻音。发 n 时，舌尖抵上齿龈，口形稍闭，鼻中气息较轻，声音沉闷，像表示同意别人意见时发出的"嗯"声。发 ng 时，舌根顶住软腭。口形微开，鼻中气息较重，声音较洪亮，像小孩抽泣的声音。

训练带韵尾 n 的音节时，后面尽量不选声母是 g、k、h 的音节，而要选 n 声母音节。例如：安宁、信念、困难、忍耐、仙女、温暖、烂泥、沉溺、悬念。训练带韵尾 ng 的音节时，尽量不选用后面紧跟声母 d、t、n、l 的音节，而要选声母是 g、k、h 的音节。例如：风格、苹果、宁可、情况、浪花、香菇、轻快、公告、停靠、生活。掌握了正确发音后，还要利用一些方法记住哪些字念-n 尾，哪些字念-ng 尾。

（1）用代表字类推。

（2）利用声韵拼合规律。

d、t、n、l、z、c、s、r 拼 uan 不拼 uang，"短、断、团、暖、卵、乱、钻、窜、酸、算、软"等字的韵母是 uan。

d、t 拼 ing，不拼 in，"丁、盯、钉、订、定、厅、听、亭、蜓、挺"等字的韵母一定是 ing。

b、p、m、d、t 拼 ian，不拼 iang，"边、变、片、骗、棉、绵、免、面、典、点、电、殿、站、惦、天、田、填、舔"等字的韵母肯定是 ian。

（3）利用方言与普通话的对应规律。

方言中文白异读为 ian、iang 两韵的字，普通话念 ing。例如：丙、柄、病、平、坪、名、明、命、钉、顶、定、厅、听、挺、零、铃、岭、领、井、颈、净、青、清、轻、晴、星、腥、萤、赢、影。

方言中"朋"字的韵母与 b、p、m、f 相拼时，普通话音节的韵母为 eng。例如：崩、蹦、烹、捧、碰、蒙、猛、梦、风、逢、讽、凤。方言中"朋"字的韵母和其他的声母相拼时，普通话音节的韵母为 ong。例如：冬、懂、冻、通、同、桶、贡、空、恐、控、轰、红、鸿、哄、肿、众、冲、重（重复）、宗、总、匆、从、松、送。方言中念 len、din、tin 的字，应分别改念成普通话音 leng、ding、ting。例如：冷、棱、楞、丁、钉、鼎、订、厅、停、挺。

（4）根据规律，记少不记多。例如：

gen：根 跟 亘   geng：更 梗 埂 绠 庚 耕 羹 耿

zen：怎   zeng：曾 增 赠 憎 锃 甑

cen：岑   ceng：曾 噌 蹭 嶒 层

den：扽   deng：灯 登 瞪 凳 澄 蹬 等 邓

ten：/	teng：滕 腾 藤 疼 誊
nen：嫩	neng：能
len：/	leng：冷 愣 棱 楞

2. 单韵母和复韵母

普通话的复韵母比较丰富，有13个，而有些方言缺乏复韵母。吴方言、湘方言的不少地方把 ai、ei、ao、ou 读成单韵母，粤方言的有些地方又缺乏韵头，也把带有韵头的复韵母读成没有韵头的韵母，有的地方将单韵母念成复韵母。这些方言区的人学习普通话时要注意学习复韵母，把自己方言中相对应的这类韵母改过来。

可利用声韵拼合规律辨音记字。在普通话中，o 只能拼 b、p、m、f，不拼 g、k、h 等其他声母。掌握了这条规律就不会把"可贺"读成"kǒhò"了。

3. 防止丢失韵头 i 和 u

普通话的复韵母和鼻韵母有许多是有韵头 i 和 u 的。如"对 duì"读成"dèi"、"轮 lún"读成"lén"。这一点，可利用声韵拼合规律记字。

4. i 和 ü

i 和 ü 都是舌面前高元音，差别只是发音时 i 不圆唇，ü 要圆唇。先发 i 的音，舌位保持不变，慢慢把嘴唇收圆就是 ü。闽方言、客家方言和西南一些地区的方言没有单元音 ü，这些地方的人常常把普通话里的 ü 读成 i。如把"犬 quán"读成"浅 qián"。

5. 纠正黄淮地区方音中韵母误读的现象

黄淮地区方音中，韵母误读的现象主要有丢失韵头的情况，读错 e、u、i、er 的情况，受声母误读影响、韵母随之误读的情况，后鼻韵母读成前鼻韵母的情况以及其他不规则的误读情况等。这其中读错 e、u、i、er 的情况，受声母误读影响、韵母随之误读的情况以及其他不规则的误读情况，必须一个个单独校正。

(1) 误读 e 的情况。

这类情况稍微复杂一些，可以分为以下几个小的类型：

① 将 e 读成 ei。

有些人将"克服"中的"克"读成"kěi"，将"道德"中的"德"读成"děi"。

② 将 e 读成 ai。

有些人将"道德"中的"德"读成"dǎi"，将"特别"中的"特"读成"tái"，将"社会"中的"社"读成"shài"，将"守则"中的"则"读成"zái"，将"热"读成"rǎi"，将"色"读成"sǎi"等。

反向读错的情况也有，如将"窄"读成"zhě"，将"拆"读成"chě"等。

③ 将 e 读成 uo。

将 e 误读成 uo 的情况，主要分布于 g、k、h、l 等声母的后面，如将"哥"读成"guǒ"，将"科"读成"kuǒ"，将"和（hé）"读成"huó"，将"乐"读成"luǒ"等。

(2) 误读 o 的情况。

将"墨"读成"mǎi"，将"国"读成"guǎi"，将"或"读成"huái"等。

(3) 误读 üe 的情况。

不少人将"略"读成"luǒ",将"虐"读成"nuó",将"雪"读成"suǒ"等。

(4) 误读 u 的情况。

误读 u 的情况有两个小类。

① 将 u 读成 uo。

许多人都将"初"读成"chuǒ",将"数"读成"shuò";也有反向读错的情况,如将"缩"读成"sū",将"做"读成"zù",将"浊"读成"zhū"等;更严重的是,有的人竟将"缩"读成"chǔ",将"做"读成"zòu"。

② 将 u 读成 ong。

很多人都将"奴(怒、努、弩)"读成"nōng"。

(5) 误读 i 的情况。

有些人将单韵母 i 误读成复韵母 ei,如将"离"读成"lèi","理"读成"lěi",将"你"读成"néi","披"读成"pěi"等,也有极个别反向读错的情况,如将"胚"读成了"pí"。

(6) 其他误读的情况。

当"er"应读去声时,有的人读成了"à",如"二";当"er"应读阳平时,有的人读成了"é",还有的人读成了"āi",如"儿"。

有的人将"矮"读成"yě",将"硬"读成"èng",将"郝"读成"hě",将"黑"读成"xiě",将"客"读成"qiě",将"列"读成"lǎi",将"绿"读成"lǔ",将"呢"读成"ni",将"牛"读成"óu",将"勺"读成"shuō",将"药"读成"yuě",将"学"读成"xué",将"刷"读成"fā",将"用"读成"ròng",将"轴"读成"zhū"。这类误读现象没有规律可循,只能个别校正。

(三) 声调辨正

声调辨正的总原则是:分析调值,读准声调,筛选例字,记住规律。方言声调和普通话声调有许多差别。这些差别一方面表现在调值上,另一方面表现在调类上。调类的不同与古汉语四声的分合关系密切,但掌握方音调值与普通话调值之间的对应规律尤为重要。普通话声调的辨正,可以从调值和调类两方面入手。

1. 调类相同,改读调值

各方言调类中几乎都有阴平,但调值就很不相同。普通话的调值是 55,而长沙话的调值是 33,上海话的调值是 54,南昌话的调值是 42,淮北话的调值是 212。同是阳平声,普通话调值是 35,而南京话的调值是 13,梅州话的调值是 11,福州话的调值是 52。方言区的人要学好普通话声调,首先必须读准普通话四声的调值,然后注意纠正自己方言中的有关调值。

2. 调类不同,分合调类

普通话的调类有阴平、阳平、上声、去声四个。而长沙话有六个调类,绍兴话有八个调类。这两个地区的人应尽量找到对应规律,然后加以归并。

（四）方音辨正的根本途径

（1）要准确掌握发音要领，切切实实地将发音要领应用于说和读的语音实践中去，不管是声母、韵母还是声调，都应力求读准。

（2）把用耳辨音放在与口头训练同等重要的位置上，切实做到口、耳、脑同时并用。

（3）功效在于平时，在于自我；在坚持长期刻苦训练的同时，要多在校正方面下功夫——既要按照方音与普通话的对应规律科学校正，又要根据自己的特殊情况抓住重点、突破难点；既要随时随地虚心地接收别人的帮助，更要学会运用科学手段有效地进行自我校正（可借鉴微格教学的方法）。

（4）各相关单位尤其是学校一定要做好宣传、教育、引导和辅导工作，要创造大家都乐说普通话的良好氛围，要建立一定的激励机制，在学生或工作人员中形成一种说普通话有用、说普通话荣光、说普通话高雅的心理共识，要让学生或工作人员养成在各种公开场合一律说普通话的良好习惯。

三、关于普通话水平测试的问题

（一）水平测试的背景和依据

中华人民共和国成立以来，经过几十年的努力，推广普通话工作取得了显著的成效。根据部分地区调查的数据推算，现在全国大中城市和部分县镇的大多数青少年和中年人基本上都能听懂，并且能说标准程度不一的普通话；普通话对方言的影响越来越大，各地方言不同程度地呈现出向普通话靠拢的现象。这说明普通话在全国的推广和普及已经有了较好的基础。另一方面，由于我国幅员辽阔，经济、文化教育发展差异较大，方言分歧严重，要改变社会群体的言语习惯并非易事，因此普通话在全国远未普及，显著的方言差异仍然妨碍不同方言区人们的交际，妨碍社会信息的交流和信息处理技术的应用，这个矛盾到了现代化建设的新时期日益尖锐起来。20世纪70年代末以来，各项改革逐步深化，全国统一的大市场基本发育成熟，各地区、各民族之间的交往空前广泛、频繁。高新技术日新月异，信息处理技术和信息产业突飞猛进，广播电视等新闻传媒日益普及。这种新的形势，不仅对推广普通话和语言的规范化提出了新的更高、更紧迫的要求，而且也为加速推广普通话创造了良好的环境和条件，激发了人们学习普通话的积极性。因此，如何总结历史经验，采取有效措施，以适应现代化建设的要求，就成为新时期语言文字工作的第一要务。宪法指出："国家推广全国通用的普通话。"由此表明推广普通话是一项国家任务。1986年初全国语言文字工作会议召开，党和国家领导人分别在开幕式、闭幕式上讲话，强调指出："希望各有关部门通力合作，齐心协力，密切配合，特别是在推广普通话的工作上要狠下功夫，做出成绩。"90年代初国家语委进一步正式确定了新时期推广普通话工作的方针是"大力推广，积极普及，逐步提高"，明确提出要加快在全国推广普通话的步伐。推广和普及普通话要注意科学性和可操作性，要对人们学习普通话给予适当的激励，建立普通话水平测试和普通话等级证书制度是各种措施和办法中较为有效的一种。

（二）水平测试的兴起与发展

为适应新时期推广普通话工作的需要，1986年全国语言文字工作会议提出制定"普通话水平测试等级标准"的设想。根据会议精神，国家语委于1988年成立由国家社会科学基金会资助的"普通话水平测试等级标准"课题组，经过三年的调查研究和测试检验，拟定出《普通话水平测试等级标准》（以下简称《标准》），于1991年通过专家论证，1992年由国家语委原普通话推广司印发给各省（自治区、直辖市）试行。该《标准》把普通话水平划分为三个级别（一级可称为标准的普通话，二级可称为比较标准的普通话，三级可称为一般水平的普通话），每个级别又划分为甲、乙两个等次。1994年，国家语委普通话水平测试课题组对该《标准》作了文字修订。国家语委、国家教委、广播电影电视部联合发出的《关于开展普通话水平测试工作的决定》将修订后的《标准》作为附件印发给各省市继续试行，并制定了《普通话水平测试大纲》试行本。《标准》试行六年后，经国家语委再次审订，作为部级标准正式颁布，各地均按照执行。经过广泛的调查研究和论证，2003年又对《大纲》作了修订，新的《普通话水平测试大纲》于2004年10月启用。普通话水平测试在教育系统和广播影视系统率先开展，现已建立起比较完整的测试工作网络，已向一千多万名教师、播音员、节目主持人、国家公务员和公共服务行业员工颁发了普通话等级证书。普通话测试工作极大地推动了普通话的推广和普及。

（三）普通话水平测试等级标准

《普通话水平测试等级标准》，共分三级六等，具体内容如下。

一级

甲等　朗读和自由交谈时，语音标准，语汇、语法正确无误，语调自然，表达流畅。测试总失分率在3%以内。

乙等　朗读和自由交谈时，语音标准，语汇、语法正确无误，语调自然，表达流畅。偶有字音、字调失误。测试总失分率在8%以内。

二级

甲等　朗读和自由交谈时，声韵调发音基本标准，语调自然，表达流畅。少数难点音（平翘舌音、前后鼻尾音、边鼻音等）有时出现失误。语汇、语法极少有误。测试总失分率在13%以内。

乙等　朗读和自由交谈时，个别调值不准，声韵母发音有不到位现象。难点音（平翘舌音、前后鼻尾音、边鼻音、fu-hu、z-zh-j、送气不送气、i-ü不分、保留浊塞音和浊塞擦音、丢介音、复韵母单音化等）失误较多。方言语调不明显。有使用方言词、方言语法的情况。测试总失分率在20%以内。

三级

甲等　朗读和自由交谈时，声韵母发音失误较多，难点音超出常见范围，声调调值多不准。方言语调明显。语汇、语法有失误。测试总失分率在30%以内。

乙等　朗读和自由交谈时，声韵母发音失误较多，方言特征突出。方言语调明显。语汇、语法失误较多。外地人听其谈话有听不懂情况。测试总失分率在40%以内。

在实际工作中，有关部门根据不同职业、需要，提出了不同的要求：播音员、主持人应达到一级标准；教师应达到二级标准；国家公务员应达到三级标准。从实践来看，是较为适当的。达标要求规定，语文教师必须达到二级甲等以上，语音教师一级以上，其他学科教师二级以上，否则视为不达标。

对上述专业人员和公务人员在年龄上也作了区别，规定：对1955年1月1日以前出生的上述人员不作硬性要求，只提倡使用普通话。

（四）普通话水平测试的内容和要求

普通话水平测试试卷包括五个部分。

1. 读单音节字词100个（排除轻声、儿化音节）

目的：考察应试人声母、韵母、声调的发音。

要求：100个音节中，70%选自《普通话水平测试用普通话词语表》"表一"，30%选自"表二"。每个声母出现一般不少于3次，方言里缺少的或容易混淆的酌量增加1～2次；每个韵母的出现一般不少于2次，方言里缺少的或容易混淆的韵母酌量增加1～2次。音节的排列要避免同一测试要素连续出现。

评分：

（1）语音错误，每个音节扣0.1分。

（2）语音缺陷，每个音节扣0.05分。

（3）限时3分钟，超时1分钟以内，扣0.5分；超时1分钟以上（含1分钟），扣1分。

2. 读双音节词语50个

目的：除考察应试人声母、韵母和声调的发音外，还要考察上声变调、儿化韵和轻声的读音。

要求：词语的70%选自《普通话水平测试用普通话词语表》"表一"，30%选自"表二"。50个双音节可视为100个单音节，声母、韵母的出现次数大体与单音节字词相同。此外，上声和上声相连的词语不少于2次，上声和其他声调相连的词语不少于4次；轻声不少于3次；儿化韵不少于4次（ar、ur、ier、üer），词语的排列要避免同一测试要素连续出现。

评分：

（1）语音错误，每个音节扣0.2分。

（2）语音缺陷，每个音节扣0.1分。

（3）限时3分钟。超时1分钟以内，扣0.5分；超时1分钟以上（含1分钟），扣1分。

3. 朗读

目的：考察应试人用普通话朗读书面材料的水平，重点考察语音、连读音变（上声、"一、不"），语调（语气）等项目。

要求：

（1）短文从《普通话水平测试用朗读作品》中选取。

（2）评分以朗读作品的前400个音节（不含标点符号和括注的音节）为限。

评分：

（1）每错1个音节，扣0.1分；漏读或增读1个音节，扣0.1分。

（2）声母或韵母的系统性语音缺陷，视程度扣0.5分、1分。

(3) 语调偏误，视程度扣 0.5 分、1 分、2 分。

(4) 停连不当，视程度扣 0.5 分、1 分、2 分。

(5) 朗读不流畅（包括回读），视程度扣 0.5 分、1 分、2 分。

(6) 限时 4 分钟，超时扣 1 分。

4. 判断测试

目的：测查应试人掌握普通话词语的规范程度，掌握普通话量词和名词搭配的规范程度，掌握普通话语法的规范程度。

要求：根据《普通话水平测试用普通话与方言词语对照表》，列举 10 组普通话与方言意义相对应但说法不同的词语，由应试人判断并读出普通话的词语；列举 10 个名词和若干量词，由应试人搭配并读出符合普通话规范的 10 组名量短语；列举 5 组普通话和方言意义相对应，但语序或表达习惯不同的短语或短句，由应试人判断并读出符合普通话语法规范的表达形式。

评分：词语判断错误，每组扣 0.25 分。量词、名词搭配错误，每组扣 0.5 分；语句或表达形式判断错误，每组扣 0.5 分。此项成绩占总分的 10%，即 10 分。限时：3 分钟。

5. 说话

目的：考察应试人在没有文字凭借的情况下，说普通话的能力和所能达到的规范程度。以单向说话为主，必要时辅以主试人和应试人的双向对话。

要求：

(1) 说话话题从《普通话水平测试用话题》中选取，由应试人从给定的两个话题中选定 1 个话题，连续说一段话。

(2) 应试人单向说话。如发现应试人有明显背稿、离题、说话难以继续等表现时，主试人应及时提示或引导。

(3) 说 4 分钟（不得少于 3 分钟，说满 4 分钟主试人应请应试人停止）。

评分：(1) 语音标准程度，共 20 分；(2) 词汇语法规范程度，共 5 分；(3) 自然流畅程度，共 5 分。

练习与思考

1. 本章第二节《汉语音节的构成要素》"练习与思考"的习题中已经包含了方音辨正的内容，现请问，大家已经列出了各自的方音辨正对照表了吗？各位在方音辨正方面有了哪些进步？还需要注意哪些问题？

2. 重新录制学员语音档案资料，进一步敦促学员认真校正不准确的发音。

3. 普通话测试的要求、内容主要有哪些？你给自己定出的目标是几级几等？你打算如何做好参加学校统一安排的普通话测试的相关准备？

附一　声母辨正辅助字表

1. z、c、s 与 zh、ch、sh 类推字表

z：

匝—咂 砸　　　　　　　　　栽—哉 载 裁
宰—梓 滓 辞　　　　　　　　赞—攒
臧—藏　　　　　　　　　　　早—草
蚤—骚 搔　　　　　　　　　　澡—藻 燥 噪 躁 操 臊
曾—增 僧 赠 憎 噌　　　　　兹—滋 孳 磁 慈
辎—淄 缁　　　　　　　　　　子—仔 籽 字 孜
自—咱　　　　　　　　　　　总—聪
奏—揍 凑 腠　　　　　　　　族—镞 簇 蔟 嗾
卒—醉 猝 淬 碎 翠 萃 瘁 悴
最—嘬 撮　　　　　　　　　　尊—遵 樽
左—佐　　　　　　　　　　　坐—座 唑 矬 挫 锉

c：

采—彩 踩 睬 菜　　　　　　　蔡—礤
粲—餐 璨　　　　　　　　　　曹—槽 嘈 遭 糟
次—茨 瓷 资 姿 咨 赵 恣　　　岑—涔
刺—策 枣　　　　　　　　　　匆—葱
从—丛 苁 丛 纵　　　　　　　窜—蹿 撺
崔—催 摧 璀

s：

三—叁 仨　　　　　　　　　　散—撒
桑—嗓 搡　　　　　　　　　　啬—穑
思—鳃 腮 崽　　　　　　　　斯—撕 嘶 厮
司—饲 伺 嗣 词 祠　　　　　丝—咝 鸶
四—泗 驷　　　　　　　　　　巳—祀 汜
松—淞 讼 颂 凇 忪　　　　　索—愫 嗦
粟—僳　　　　　　　　　　　酸—唆 梭 皱
算—篡 纂 攥　　　　　　　　隋—随 髓
绥—荽　　　　　　　　　　　遂—隧 燧 邃
孙—狲　　　　　　　　　　　锁—唢 琐

zh：

摘—谪　　　　　　　　　　　翟—擢 濯 戳
宅—咤 诧 姹　　　　　　　　詹—瞻 蟾 赡
章—璋 樟 障 漳 彰 獐 瘴
　　嶂 嶂 蟑
展—搌 辗　　　　　　　　　　丈—杖 仗

朝—嘲 潮　　　　　　　　　爪—抓 笊
召—诏 招 沼 昭 照 超 绍
　　 韶 邵
折—蜇 哲 浙 逝 誓　　　　 贞—帧—侦
者—锗 赭 猪 诸 煮 渚 著
　　 褚 储 躇 奢 署 暑 薯
真—缜 镇 嗔 慎　　　　　 珍—疹 诊 趁
郑—掷 踯　　　　　　　　 正—征 怔 整 政 症 惩
支—枝 肢 吱 翅　　　　　 只—织 职 咫 帜 炽 识
直—植 值 殖 置　　　　　 执—挚 鸷 蛰 势
旨—指 脂　　　　　　　　 止—址 趾 芷 祉 齿 耻
制—掣　　　　　　　　　　 志—痣
治—笞 始　　　　　　　　 至—致 蛭 侄 窒 桎 室
中—钟 种 仲 忠 肿 盅 衷
冲—忡
重—踵　　　　　　　　　　 周—稠 绸 惆
州—洲 酬　　　　　　　　 轴—妯 宙 胄 抽
朱—株 珠 诛 侏 铢 蛛 茱
　　 殊
竹—竺 筑　　　　　　　　 主—柱 住 注 蛀 驻 拄 炷
贮—伫 苎　　　　　　　　 专—砖 转 啭 传
撰—馔　　　　　　　　　　 撞—幢
追—缒 槌　　　　　　　　 缀—啜 辍
卓—桌 罩 绰　　　　　　　 琢—涿 冢

ch：
叉—权 杈 钗　　　　　　　 查—渣 喳 碴
茶—搽　　　　　　　　　　 搀—谗 馋
产—铲　　　　　　　　　　 颤—擅 膻
昌—娼 唱 倡 猖 菖　　　　 尝—偿
长—伥 帐 胀 涨 账 怅
撤—澈 辙 蠤　　　　　　　 辰—晨 震 振 唇 娠 赈
成—城 诚 盛
橙—澄　　　　　　　　　　 丞—蒸 拯
池—驰 弛 施　　　　　　　 尺—迟
赤—哧 螫 赦　　　　　　　 充—铳
虫—浊 烛 触　　　　　　　 车—阵
出—础 绌 黜 拙 茁　　　　 除—滁 蜍
厨—橱 蹰　　　　　　　　 畜—搐
川—氚 钏 圳 顺　　　　　 吹—炊

垂—锤 捶 棰 陲 睡　　　　　春—椿 蠢
　　淳—醇 鹑 谆　　　　　　　喘—踹 惴 揣

sh：
　　杀—刹　　　　　　　　　　衫—杉 钐
　　善—膳 缮 鳝 蟮　　　　　　扇—煽
　　单—禅 婵 阐 蝉　　　　　　商—墒
　　尚—赏 裳 绱 掌 常 嫦 撑
　　稍—梢 捎 哨 筲 艄　　　　　勺—芍 灼 酌
　　佘—赊　　　　　　　　　　少—纱 砂 抄 钞 炒 吵
　　舌—啥 适 舍　　　　　　　射—麝
　　申—伸 神 砷 绅 呻 审
　　　　婶 押
　　生—牲 笙 甥 胜　　　　　　圣—蛏
　　失—秩 帙　　　　　　　　　十—什 针 汁
　　时—鲥 莳　　　　　　　　　石—硕 柘 跖 斫
　　食—蚀 饰 饣　　　　　　　矢—知 蜘 雉 智 豨 痴
　　史—驶
　　是—匙　　　　　　　　　　式—试 轼 拭
　　示—视　　　　　　　　　　士—仕
　　市—柿 铈　　　　　　　　　氏—舐 纸
　　守—授 绶　　　　　　　　　寿—铸 筹 畴 踌 俦
　　疏—蔬 梳　　　　　　　　　庶—蔗 遮 鹧
　　叔—淑 菽　　　　　　　　　刷—唰 涮
　　舒—抒 杼　　　　　　　　　率—摔 蟀
　　孰—熟 塾　　　　　　　　　栓—拴
　　属—嘱 瞩　　　　　　　　　霜—孀
　　蜀—镯　　　　　　　　　　术—秫

2. n、l 声母类推字表

n：
　　乃—奶 氖　　　　　　　　　奈—捺
　　倪—霓 睨　　　　　　　　　农—浓 脓
　　南—喃 楠　　　　　　　　　捏—涅
　　聂—蹑 镊　　　　　　　　　脑—恼 瑙
　　内—讷 呐 纳 衲 钠
　　宁—拧 咛 狞 柠 拧 泞
　　尼—泥 呢 怩　　　　　　　奴—孥 驽 努 弩 怒
　　那—哪 挪 娜　　　　　　　纽—妞 扭 纽

l：
　　力—荔 劣 肋 勒　　　　　　历—沥 雳

立—粒 苙 笠 拉 垃 啦　　　里—厘 狸 俚 理 鲤 量
利—梨 犁 蜊 莉 俐 痢　　　离—漓 篱
仑—抡 论 伦 沦 纶 轮　　　兰—拦 栏 烂
览—揽 缆 榄　　　　　　　蓝—褴 篮 槛
龙—咙 胧 聋 笼 陇 笼 拢　　隆—窿 癃
卢—泸 庐 芦 炉 轳 颅 驴
鹿—麓 辘　　　　　　　　路—鹭 露
老—佬 姥　　　　　　　　吕—铝
菱—凌 陵 绫 菱 棱
令—玲 铃 伶 羚 聆 蛉 翎
　　零 龄 岭 领 冷 邻 怜
劳—捞 崂 痨 涝　　　　　列—咧 列 洌 烈 例
良—粮 狼 郎 廊 琅 榔 螂
　　朗 浪
两—俩 辆　　　　　　　　凉—谅 晾 掠
连—链 莲 涟 鲢　　　　　恋—孪 鸾 滦
脸—敛 硷　　　　　　　　廉—濂 镰
林—琳 淋 霖 婪　　　　　鳞—麟 鳞 嶙 遴 辚
罗—逻 萝 锣 箩　　　　　洛—落 络 骆 烙 酪
娄—喽 楼 搂 篓 缕 屡
剌（剌开）—喇 剌（乖剌）辣
　　　　　瘌 赖 癞 籁
腊（腊月）—腊（干肉）蜡 猎
流—琉 硫　　　　　　　　留—溜 馏 榴 瘤
累—骡 螺 摞　　　　　　雷—擂 镭 蕾 播

3. f、h声母类推字表

f：

凡—帆 矾 钒　　　　　　反—返 饭 贩
番（轮番）—番（番禺）藩 翻
方—芳 坊(牌坊) 防 妨 坊(油坊)
　　房 肪 访 仿 纺 舫 放
父—斧 釜 父　　　　　　夫—肤 麸 芙 扶 呋
付—符 府 腑 俯 腐 付 附 咐
弗—拂 彿 氟 佛 沸 狒 费
伏—茯 袱　　　　　　　　甫—敷 辅 傅 缚
孚—孵 俘 浮　　　　　　福—幅 辐 蝠 富 副
复—腹 蝮 馥 覆　　　　　分—芬 吩 纷 粉 份 忿
乏—泛　　　　　　　　　发—废
阀—伐 筏　　　　　　　风—枫 疯 讽
非—菲 啡 绯 扉 霏 蜚 诽

匪　斐　翡　痱
　　丰—峰　烽　锋　蜂
h：
　　火—伙　　　　　　　　　户—沪　护　戽
　　乎—呼　滹　　　　　　　虎—唬　琥
　　忽—惚　唿　　　　　　　胡—湖　葫　猢　瑚　糊　蝴
　　化—花　哗（拟声词）　华　哗（喧哗）
　　　　　铧　化　桦　货
　　话—活　　　　　　　　　灰—恢　诙
　　回—茴　蛔　徊　　　　　会—绘　烩　桧（秦桧）
　　挥—辉　荤　　　　　　　悔—海　晦
　　红—虹　鸿
　　洪—哄（哄动）　烘　洪　哄（哄骗）　哄（起哄）、
　　怀—坏　还　环　　　　　奂—涣　换　唤　焕　痪
　　昏—阍　婚　　　　　　　混（混水）—馄　混（混杂）
　　荒—慌　谎　　　　　　　皇—凰　湟　惶　徨　煌　蝗
　　晃—恍　幌　晃（摇晃）　黄—璜　潢　磺　蟥　簧

4. 送气与不送气字音比较表

平声（阳平）字→送气清声母：
p：扒　爬　婆　排　牌　脾　皮　疲　瓢　频　蒲　袍　盘　旁　庞　盆　朋　棚　彭　膨　蓬　篷　平　评　坪　苹　瓶
t：台　抬　淘　桃　逃　涛　谭　潭　谈　堂　膛　糖　唐　头　投　同　童　屠　图　途　徒　驮　驼　条　调　甜　田　填　廷　腾　疼
k：扛　狂　葵　逵
q：齐　祁　奇　骑　其　旗　桥　乔　瞧　球　求　秦　勤　琴　泉　权　拳　全　墙　强　前　钱　情　晴
ch：柴　巢　朝　潮　场　长　稠　愁　陈　沉　澄　程　锄　除　厨　锤　槌　船　重　虫　崇　迟　池　持
c：才　财　材　裁　曹　槽　蚕　残　惭　藏　从　丛　曾　层　存

仄声→不送气清声母：
b：步　部　捕　败　白　抱　雹　拌　辨　瓣　勃　薄　背　备　倍　被　鼻　蔽　别　便　病
d：大　代　待　稻　导　道　淡　蛋　荡　豆　动　洞　邓　笛　弟　地　电　迭　叠　定　调　毒　度　肚　夺　惰　断　段
g：概　溉　共　柜　跪　刽
j：及　寂　极　集　辑　疾　级　件　俭　践　渐　健　匠　捷　杰　截　尽　仅　近　净　静　就　旧　具　倔　绝
zh：住　助　召　丈　柱　逐　治　状　赚　赵　郑　重　阵
z：杂　在　造　暂　贼　泽　择　族　坐　座　昨　罪　自

5. r 声母字类推表

然—燃
刃—忍 轫 韧 仞 纫　　　　　　冉—髯 苒
柔—糅 揉 蹂 鞣　　　　　　　壬—任 妊 衽 饪
荣—嵘 蝾　　　　　　　　　　容—溶 榕 熔 蓉
若—偌　　　　　　　　　　　嚷—壤 攘 瓤
戎—绒　　　　　　　　　　　闰—润

附二　韵母辨正辅助字表

前后鼻音类推字表

an:
半—拌 伴 绊　　　　　　　　占—粘 沾 毡 战 站
反—返 饭 贩 扳 板 版 叛　　山—舢 汕 疝 训 灿
安—氨 鞍 按 案　　　　　　　曼—馒 慢 漫 蔓 幔 谩
旦—担 胆 但 坦 袒　　　　　　干—杆 肝 赶 罕 汗 旱
兰—栏 拦 烂　　　　　　　　　　　　捍 悍
　　　　　　　　　　　　　　　番—翻 幡 藩 蕃

ang:
方—芳 坊 房 防 妨 肪　　　　丈—杖 仗
　　　仿 纺 访 舫 放　　　　　　　亢 抗 炕 航 杭 吭 肮
当—裆 铛 挡 档　　　　　　　章—彰 樟 障
昌—猖 倡 唱　　　　　　　　亡—盲 氓 芒 茫 妄 忘
冈—刚 钢 纲 岗　　　　　　　尚—倘 淌 躺 趟 党 棠 常
旁—榜 膀 傍 谤 磅 滂 螃　　　　　　尝 偿 敞 掌 赏 裳

en:
门—闷 们 扪 焖　　　　　　　刃—忍 纫 韧 轫 仞
分—盆 芬 吩 纷 氛 汾 棻　　　　　　　　　
　　　粉 份 忿　　　　　　　　壬—任 荏 饪 妊 衽
本—苯 笨　　　　　　　　　　申—伸 呻 绅 砷 神 审
贞—侦 桢 祯　　　　　　　　　　　　婶
艮—根 跟 茛 垦 恳 痕 很
　　　狠 恨
辰—宸 晨 振 震　　　　　　　枕—忱 沈
肯—啃　　　　　　　　　　　参—渗
贲—喷 愤　　　　　　　　　　真—慎 缜 镇 嗔

eng：

风—枫　疯　讽
正—怔　征　症　整　证　政　惩
生—牲　甥　笙　胜
争—挣　铮　峥　狰　睁　筝　净
丞—蒸　拯
呈—程　酲　逞
庚—赓
朋—崩　绷　蹦　棚　硼　鹏
乘—剩　嵊
峰—蓬　篷　烽　蜂　锋　逢　缝
曾—憎　增　缯　赠　层　蹭　僧
彭—膨　澎
登—灯　蹬　凳　澄　磴　镫　瞪
誊—腾　藤　滕

成—诚　城　盛
亨—烹　哼
更—绠　埂　哽　梗　鲠
奉—捧　俸
孟—猛　锰　蜢　勐　艋
塄—楞　愣
蒙—檬　朦　艨　蠓

in：

心—沁　芯
斤—近　靳　芹　忻　新　昕　薪
民—岷　抿
阴—荫
辛—亲　莘　锌
侵—浸　寝
宾—傧　滨　缤　槟　镔　殡　摈　鬓　嫔
禽—擒　噙
禁—襟　噤

今—衿　矜　妗　衾　琴　芩　吟
因—洇　茵　姻　氤　铟
尽—烬
林—彬　淋　琳　霖
堇—谨　馑　瑾　槿　勤　鄞
嶙—邻　粼　遴　辚　磷　鳞　麟

ing：

丁—仃　疗　叮　钉　汀　顶　订　厅　汀
并—饼　屏　瓶
丙—炳　柄　病
令—伶　泠　苓　玲　翎　聆　岭　零　龄　岭　领
名—茗　铭　酩
形—荆　刑　邢　型
定—锭　腚　碇
茎—泾　经　颈　刭　劲　径　胫　痉　轻　氢

宁—拧　咛　狞　柠　泞
平—评　苹　坪　枰　萍
廷—庭　蜓　霆　挺　梃　艇　铤
京—惊　鲸　黥
英—瑛

青—菁　晴　精　靖　静　清
　　　蜻　鲭　情　腈　氰
冥—螟　溟　暝　瞑　　　　　　亭—停　婷　葶
凌—陵　菱　绫　　　　　　　　营—莺　荧　晶　莹　萤　萦　滢
婴—樱　嘤　樱　鹦　罂
敬—儆　警　擎　　　　　　　　景—憬　影

第三章 语 汇

第一节 语汇概说

一、语汇的性质

(一) 什么是语汇

语汇是一种语言中或某种特定范围内的语言中所有语词（包括语素、词、熟语等）的总汇。语汇可以指一种民族语言、一种方言或某种民族语言、某种方言的某一断代时期所有语词的总汇，也可以是指一个人、一本书、一篇文章中所有语词的总汇。如俄语语汇、北方话语汇、近代汉语语汇、茅盾的语汇、《红楼梦》的语汇等。根据某种标准划分的语素、词、固定短语的集合体也可以称为语汇，如基本语汇、非基本语汇、外来语汇等。总之，语汇只应是许多语素、词、熟语的总和，是一个集合概念，不能用表示个体的数量短语修饰。

(二) 语汇的系统性

1. 语汇的成分要素相互联系

各语汇成分之间存在着内在的联系，这样的联系可表现在内容、形式、结构、功能等各个方面。各个语汇成分相互依存、相互制约，共同构成一个完整的系统。语汇成分之间的联系多种多样，常见的有以下几种。

(1) 意义方面的联系。

例如："傻—呆/立刻—马上/评论—评价"是同义联系，"穷—富/内—外/赞成—反对"是反义联系，"水果—苹果/家具—餐桌/学生—男生"是上下义联系，"钢笔—纸张/眼睛—眉毛/金—木—水—火—土"是类义联系，"喝"与"稀饭"、"酒"、"茶"等是动作与动作对象之间的联系。"时髦""漂亮""鲜艳"与"裙子"之间是性状修饰与修饰对象之间的联系。由于宇宙间的任何事物、概念、动作、性状等都是相互联系的，所以表示它们的词语之间也都有着直接、间接、显性、隐性、对立、统一的意义联系。

(2) 功能方面的联系。

例如："学校—教室/跑—跳/绿油油—傻乎乎/干净—优秀/呢—吗"等具有功能相

同或相近的联系。

（3）结构方面的联系。

例如："花朵—花束—花篮—花边／作家—画家—文学家—歌唱家／论辩—辩论／演讲—讲演"等具有一个或几个相同语素的同素联系，"窗户—国家／年轻—眼红／提高—打倒／灯盏—药剂—书本"等具有内部结构规则相同的同构联系。

（4）语音方面的联系。

例如："攻势—公式／裁减—裁剪／地狱—地域／高—糕"等是同音联系。其他如叠音词、双声或叠韵式的联绵词等都具有语音方面的联系。

（5）同源方面的联系。

例如："旷—广／空—孔／改—更"等具有同源联系。

（6）语音、语义、语法方面的联系。

例如："尖（jiān）"为形容词，"尖儿（jiānr）"为名词，同时意义也发生了显著的变化。"咽"读"yān"时，是名词性语素，指"呼吸道和消化道的共同通路"；读"yàn"时，是动词性语素或动词，意为"使～通过咽头到食道里去"；读"yè"时，意为"声音受阻而低沉"，不能单用，必须与"呜"或"哽"连用；"呜咽""哽咽"，均为动词。

语汇成分的联系既错综复杂，又有一定的规律性。语汇系统的每一个成分要素发生变化，都可能导致其他成分要素发生变化。如"臭"本指感知于嗅觉器官（鼻子）的气味，"味"本指感知于味觉器官（舌头）的味道，后来"臭"的语义范围缩小，专指不好的气味，与之关系密切的"味"的语义范围则相应扩大，泛指可嗅可尝的一切气味和味道。

2. 语汇成分受共同规律的支配和制约

各语汇成分都要受到语汇总体规则的制约。汉语的语汇在语音形式、构成成分、结构方式上都有自己的特点，外来词进入汉语语汇都必须经过民族化的改造，以适应这些特点。如英语的 jacket 进入汉语成了"夹克"，语音形式上带了声调，去掉了辅音尾 t，意义上也有了变化——jacket 在英语中指一般的"短上衣、坎肩"之类，但在汉语中只指"夹克衫"，因为汉语中已有了"短袖衫、坎肩"之类的词语。意译过来的词语因所用是汉语语素，则更要接受汉语构词规律的制约。对外来词的民族化改造，典型地反映了汉语语汇的系统性。

在语言的发展中，语汇成分是最活跃的。在新的语汇成分中，"电脑"或"微机"都是运用已有的语素按照偏正式的规则构成的，且是双音节的新词；跳舞热、打牌热、经商热、炒股热、汉语热等都是按照附加式的规则构成的，"热"在这些词中，具有概括的语汇意义，已经演化成了后缀。从新的语汇成分中不难看出，语汇成分总是受共同规律支配和制约的。

3. 语汇系统的层级性

根据语汇的使用频率、所处地位等，可把语汇分为基本语汇和一般语汇两大部分，基本语汇是语汇的核心，一般语汇环绕基本语汇而存在。

根据语汇成员的功能，可把语汇成员大致分为语素、词、熟语三个层级。语素是语汇的最低层级，是构词材料。词是高于语素的一个层级，是由语素构成的，是语汇的重要层级，数量最大，使用价值最高，结构规律具有典型性。熟语是更高一级的语汇成分，是以词和语素为材料构成的，整体功能相当于词。语素构成词，语素、词构成熟语，其间的构成规律是基本一致的。这三个层级既相互联系，又各有特点，共同组成一个完整而严谨的语汇系统。

二、基本语汇和一般语汇

（一）基本语汇

1. 基本语汇的含义

所有基本词的总汇被称作基本语汇。基本词反映人类对自然界、人类本身和社会生活的最基本的认识，形成了最基本的概念，它们使用频率最高，生命力最强，意义最明确，为全民所共同理解。基本语汇与语音、语法一起构成语言的基础，反映语言的基本面貌。无论是孩童习得母语，还是学习一种外语，基本语汇都是他们首先接触到和必须掌握的语言成分。基本词在数量上比一般词少得多，但却非常重要，与人们的生活有着密不可分的联系。例如：

表示自然界事物的：山 地 云 天 风 雨 水 河 花 草
表示生产劳动、生活资料的：铲 锹 网 船 牛 羊 车 房 碗
表示亲属关系的：父 母 兄 弟 姐 妹 子 孙 丈夫 妻子
表示基本动作行为的：跑 跳 坐 拿 举 扔 看 飞 吃 睡
表示事物基本性质的：新 旧 好 坏 方 圆 厚 薄 轻 重
表示人体器官、部位的：头 脸 手 脚 腿 背 胃 心 肝
表示方位的：前 后 左 右 上 下 东 西
表示数量的：一 三 九 十 百 千 个 斤 两 尺
表示人称或指代关系的：你 我 他 这 那 谁
表示语气或关联的：吗 啊 了 和 因为 所以 虽然 但是

2. 基本语汇的特点

（1）全民性。

基本语汇流行地域非常广，使用频率非常高，是最常用的，故具有全民性。基本语汇不受文化层次、行业、地域、阶层等限制。一个人可能因为文化程度较低而不懂或不用"令尊""仰慕""屈尊""高就"等文言词，可能因为"隔行如隔山"的缘故而不懂或不用"花刀""白案""红案"等烹饪行业词，可能因为地域差异而不懂或不用"埋汰""邋遢""夜个"等方言词，可能因为信息闭塞或文化层次、从业领域的问题而不懂"伽马射线""克隆""比基尼""纳米"等新词和外来词，但他不可能不用基本语汇中的基本词。由此可见，基本词是全民族所有成员普遍使用而且经常使用的语汇成分。

（2）稳固性。

基本语汇具有很强的稳固性。社会在变，人也在变，但世界上的某些事物、社会中的某些关系虽古已有之，长期存在，然时至今日，几乎未变；表达他们的词语古时已有，沿用至今，人们也并不感到陈旧或古老，且与当今人们的社会生活仍保留着极其密切的联系。如"一、二、家、田、风、雪、山、水、花、草、树、鸟、鱼、人、手、脚、上、

下、左、右、大、小"等，这些基本词还会被继续使用下去。

基本语汇具有稳固性，但也不是一成不变，有的基本词到现在已经变成复合词中的一个语素了，如"历、貌、口、耳"；有些过去的基本词现在已经退居于一般语汇的行列中了。

（3）能产性。

基本词往往是人们生活中经常使用的词，意义明确，易于接受。因此，在创造新词时，人们就会习惯于用这些常见的、易于理解的、不易变化的基本材料造出新的双音词和多音词，基本语汇就成了构造新词新语的强大基地。如"人"这个基本词就构成了"人民、人家、人口、人气、人们、人工、人性、人缘、人文、客人、犯人、盲人、迷人、恋人、贵人、能人、红人"等一系列双音节合成词。这其中"人民"又可以进一步构成"人民币、人民性、人民武装、人民战争、人民代表大会"等多音节词语。据不完全统计，由基本词"大""水""心"构成的词均有400左右。

能产性是就整个基本语汇而言的，能产性强的一般是基本语汇中的核心部分，并不是全部，代词、名词中的亲属关系词、表程度范围的副词、关联词、语气词、结构助词等，或能产性很弱，或没有能产性，能构成合成词的极少。

（二）一般语汇

1. 什么是一般语汇

一般语汇是对基本语汇以外的词和熟语的总称。与基本语汇相比较，一般语汇的逊色之处表现为：使用范围较窄，使用频率较低，分布范围太广，内部成分复杂，稳定性与构词能力较差。一般语汇的长处表现为：它在反映人类社会的变化和发展方面非常敏感，可及时反映语言运用的创新成果，而且来源很广——可以是新造的，可以是古代的，可以是本民族某地方的，可以是外来的，可以是行业的；一般语汇还呈现出较强的交互性和流动性特点，呈现出一种机动灵活、丰富多彩的独特风貌。要想更好地掌握和运用语言，说明复杂事物，表达细腻情感，反映新的社会风貌和新的思维成果，仅仅掌握基本语汇是远远不够的，还必须认真学习和掌握好语言中的一般语汇。只有这样，才能更好地进行交际，才能够使语言的魅力得到淋漓尽致的发挥。

由于人们所处的行业不同、文化素养不同、兴趣爱好不同等，每个人所掌握的一般语汇都是不一样的，如商业界人士会经常使用"投资、成本、营销、利润"等词语，而天文工作者则总是将"星系、天体、陨石、黑洞、太阳黑子、射电望远镜"等经常用在自己的语言中，这种情况正是每一个个人，其语言使用上的风格与特点往往不同，同时也存在一定局限性的一个重要原因。

2. 一般语汇的构成

从来源的角度看，一般语汇由新造词、古语词、方言词、外来词、行业词等构成。

（1）新造词。

社会形态、生产方式、科学文化的发展和进步，人们生活方式和思维方式的不断改变，都促成了新造词的产生。新造词是非基本语汇中的一个重要成员，与其他一般语汇不同之处在于：新造词总是为反映新概念、新现象、新关系和新的思维成果而出现的，它们需要语言实践的检验。当新概念、新现象、新关系和新的思维成果随着时间的推移不再新的时候，代表它们的词也就不再是新造词了。新造词总能给一定的时代或时期留下明显的印记。

改革开放以来，社会发展速度极快，新事物、新现象、新关系和新的思维成果不胜枚举，新造词也不断涌现，例如：

变频	微波炉	光波炉	打造	构建	减负	援手
招商	互联网	冲浪	漫游	博客	微信	电算化
倒爷	灰领	空嫂	的哥	打的	钟点工	农民工
手机	鼠标	随身听	主页	氧吧	网吧	网虫
网恋	黑客	格式化	千年虫	克隆	下岗	待岗
顶岗	纯净水	传销	防盗门	入世	超市	纯平
平板	休闲	安乐死	黄金周	炒作	大腕	蹦极
蹦迪	盗版	猎头	搞笑	搞定	非典	禽流感
三农	平台	大片	转型	课改	专卖店	机器人
电动车	豪宅	美眉	走俏	面膜	托儿	扫描仪
传真机	一体机	智能穿戴				

新造词主要是利用原有的语素，遵循约定俗成的规则，根据社会交际的需要而创制的，如"保送、认购、手机、健身操、电子信箱"等，也有一部分是由港台地区转借或从外语翻译而来的，如"激光、买单、发烧友、比基尼"等。

有的词新增加了词义，如"网络、软件、水分、包装、阳光、平台"，这些属于词义的扩大，不是新造词。

新造词不等于生造词，如果个人想不起合适的词语，便将两个语素生硬地拼凑在一起，临时造出一个词来，是不会得到社会承认的，如"垮裂、频忙、精绝"等；如果随意改变原有的语序而形成新的词也不会得到认可，如"会理、抖颤"。生造词难以准确表情达意，易于形成交际障碍，对语言也是一种污染。

（2）古语词。

文言词和历史词统称为古语词。文言词是指在古汉语中产生、有时出现在现代汉语的书面语中、平时极少使用的词。有些古语词，所表示的事物、现象或关系，在今天的现实生活中依然存在，只不过在现代汉语中已经被通俗易懂的词语所代替，原有的词只是有时在现代汉语的书面语中使用。例如：

之（的）	何（怎么样/什么样）	哉（啊/呢/吗）	乎（吗）
俟（等候）	苟（假若/随便）	故旧（老相识）	狼藉（乱七八糟）
羸弱（瘦弱）	谋面（见面）	囹圄（监狱）	桑梓（故乡）
故我（以前的我）	式微（衰落）	凌夷（衰败，走下坡路）	

有些单音节的文言词被现代汉语的双音节或多音节的词取代之后，不能再作为词单独使用，或成了不成词的语素。如"恃"被现代汉语"依靠""依仗"取代，"恃"不再作为词使用，只能和其他语素构成"仗恃""自恃"等双音节词或保留在"恃才傲物""有恃无恐"等少数成语中了。再比如"发"已被"头发"所代替，经常和别的语素构成"理发""白发""染发""美发""发型"等合成词，这样的文言词，还有"榻（床）""髯（胡子）""冠（帽子）""履（鞋）""晓（天刚亮或知道）"等。

适当吸收文言词，可以使现代汉语的表达言简意赅、凝练匀称、庄重文雅，如公共场所的"莅临指导""严禁携带易燃物品""请勿打扰""施工重地，闲人免进"等，如果换成现代口语的说法，效果就会大为逊色。还有许多词语和句式，多多少少保留一些文言色彩，但在现代化的社会中，却已成为许多人总爱在特定场合使用的语言材料，如"拾级而上""临别赠言""男女有别""不辞而别""相对无言""请多赐教""仰慕已久""多有得罪""稍有不慎""抱憾终生""不胜酒力""感喟良久""赞叹不已""不可或缺""敝人""寒舍""斗室""诤友"等。有时在对别人的称谓前加上"贵""令""贤""尊"，在自我称谓前加上"愚""拙""鄙""家"，确有文雅谦逊之效果。

表示历史上存在过的或神话传说中出现过的一些事物和现象的词被称作历史词。历史词所反映的事物和现象已经不复存在，现代交际中已不会用到这些词，只有在特定的语境中涉及这些历史事物和现象或者为了达到一定的修辞效果时，才会使用。在历史题材的文艺作品和学术论著中，历史词的使用比较集中。例如：

朝廷　陛下　御史　皇后　皇妃　公主　驸马　宫女　太监　诸侯
烽火台　驿站　科举　状元　进士　翰林　宰相　教头　黄包车　私塾
员外　书童　妾　丫鬟　侍女　裹脚　军阀　巡捕　租界

有些历史词现在可以用于修辞，起到比喻的作用，如"皇帝的女儿——不愁嫁"，"钦差大臣——满天飞"，"丫鬟拿钥匙——有权不能用"，"独生子女简直就是家里的小皇帝、小公主"。

（3）方言词。

方言词有两种含义：一是指读音为方音、表意较特殊、只在某个方言区使用的词；二是指普通话中有方言色彩的词，即从某个方言中吸收到普通话里读为标准音并为社会所通用的词。普通话语汇以北方方言为基础，在发展的过程中也从其他方言中吸收了不少有用的成分，这些成分是现代汉语语汇的重要组成部分。有一小部分方言词，由于小说、电影、电视、喜剧小品、流行歌曲、广告等的传播，慢慢地进入普通话之中，为越来越多的人所使用。例如：

摆龙门阵　摆谱儿　整　倍儿　够呛　唠嗑　埋汰
瘪三　老玉米　磕巴　名堂　磨蹭　磨叽　炒鱿鱼
估摸　窗棂　酷　肉头　爽　没心没肺　煲
开涮儿　走俏　缺心眼儿（脑子）　不转圈儿　二秆子　白活（huo）　忽悠

方言中有特殊的意义、有特殊的表现力而普通话中又没有相应的词来替代的方言词，最容易进入普通话。如"瘪三、舍脸、露台、尴尬、垃圾"就是从方言中吸收的，而"搞"相对于"做"，"窝囊"相对于"没本事"，更具有形象色彩，更富有表现力，现也吸收到普通话的语汇中了。

总之，适当吸收方言词可以丰富共同语的语汇，增强共同语的表现力；恰如其分地使用方言词，也可以使表达更生动、更具有个性色彩或生活气息。从各方言中吸收到普通话中的方言词，在汉语词典中常标明"〈方〉"的字样。

（4）外来词。

外来词是指从外族语言中借用的词。如"扑克、香波、模特儿、幽默、浪漫、景气、取缔"等。一般情况下，一种语言在吸收外族语言的语汇时，都要在原来外语语汇的基础上，经过一些改造，方可在本民族中使用，如此引进的一些词语，已不再等同于原来的外语词。

汉语吸收外来词的历史已很悠久，汉朝和魏晋时期就曾引入过外来词，如"佛"借自梵文的 buddha，"站"借自蒙古语的 jam。更多的外来词是近代和现代吸收进来的，从西方语言中吸收的较多，也有从东方语言如日语中吸收的。到 20 世纪 80 年代，中国实行改革开放以后，外来词大量涌现，其数量之多，涉及范围之广，形成方式之多样，都是空前的。汉语外来词按其吸收方式的不同可分为以下几类：

① 音译。

音译的外来词是用汉语的语音形式模仿外语词的发音而形成的。例如：

法兰西（France）　　休克（shock）　　卡路里（calorie）
麦克风（microphone）　苏打（soda）　　沙发（sofa）
卡通（cartoon）　　可卡因（cocaine）　苏维埃（совет）

② 半音半意。

如有可能，就将一个完整的外语词分成两半，一半用音译，一半用意译，通过这样的方式形成的外来词就叫作半音半意的外来词。例如：

Romanticism：浪漫主义　　NEW DELHI：新德里　　ice-cream：冰淇淋
chauvinism：沙文主义　　eon-lamp：霓虹灯　　Cambridge：剑桥

③ 音译加注。

对于整个外语词音译之后，在其前后再添加一个注明类名的汉语语素，通过这样的方式形成的外来词就叫作音译加注的外来词。例如"卡车"的"卡"是 car 的音译，"车"是后加上去的。下列词中加线的语素都是汉语类名语素：

道林（Dowling）<u>纸</u>　　芭蕾（ballet）<u>舞</u>　　卡（card）<u>片</u>
高尔夫（golf）<u>球</u>　　摩托（motor）<u>车</u>　　酒吧（bar）
加农（cannon）<u>炮</u>　　卡宾（bcarbine）<u>枪</u>　　啤（beer）<u>酒</u>

④ 音兼意译。

在按照外语词的声音译成汉语时，特意选用与原词意义相关的汉字，通过这样的方式形成的外来词就叫作音兼意译的外来词。例如：

基因（gene）　　幽默（humour）　　黑客（hacker）　　俱乐部（club）
引擎（engine）　　香波（shampoo）　　模特儿（modele）　　逻辑（logic）

⑤ 借形。

通过借助外语词的某种形式而形成的外来词就叫作借形外来词。汉语外来词的借形方式有两种：字母式借形，汉字式借形。字母式借形词指直接借用西文字母或将其与汉语语素相组合形成的词，这种词也叫字母词。直接借用的字母词有的是借来一个词，如 E-mail（电子邮件）在 mail 前加一个定性字母 E；更多的是借外文缩略语词，例如：

PK（玩家与玩家的较量）　　WC（盥洗室）
GDP（国民生产总值）　　WTO（世界贸易组织）
UFO（不明飞行物）　　SOS（紧急呼救信号）
ABS（汽车防抱死制动系统）　　APEC（亚太经济合作组织）
CEO（首席执行官）　　MBA（工商管理硕士）
DNA（脱氧核糖核酸）　　CBD（中央商务区）
MTV（音乐电视）　　BBS（电子公告牌系统）

OA（办公自动化）　　　　　OK（对，好，正确，可行）
IT（信息技术）　　　　　　CPU（中央处理器）
CD（激光唱盘）　　　　　　VCD（视频压缩盘片）
DVD（数字激光视盘）　　　　MP3（一种常见的数字音频压缩格式）
MP4（压缩率和保真度更高，内部嵌入播放器，具有原始版权保护功能，集视频播放、音频播放、视频录制、录音笔、视频输出、移动硬盘、数码相机伴侣等多种功能为一体的数码产品）

西文字母与汉语语素结合成词的，例如：
SNA 体系　X 光　B 超　e 化　PC 机　pH 值　三 K 党　ATM 机　DTD 声明
三 C 革命　三 C 认证　A 股　IP 卡　IP 电话　C^3I 系统　三 S 研究

受外来字母词的影响，把汉语词用汉语拼音缩写的方式简化，也会形成字母词，例如：HSK（汉语水平考试）；通过比喻的方式也可能形成字母词，如：T 型台。

汉字式借形词是一种特殊的外来词，指的是从日语中转借来的汉字词语。这两种情况，一种是古代汉语就有的词在日语中赋予了新义，例如：
革命　文明　具体　宪法　主义　古典　演绎　想象　乐观

另一种是日语直接利用汉语材料创造的，这类词数量相当可观，直到现在还有少量日语词被汉语吸收，例如：
积极　消极　手段　手续　道具　景气　金融　引渡　体操　客观
主观　内在　能动　取缔　物质　政党　共产　组合　元素　直接
间接　资本　放送　细胞　人气　原理　写真　系统　料理　集团
经验　场合　信号　战线　有机　服务　克服　目的

使用外来词要注意：

第一，一个外来词可能有多个并存的音译形式，应根据约定俗成的原则，选用通行较广的一个。下面的外来词，前面一个更具有普遍性：
巧克力—朱古力　　　瑜伽—逾迦　　　迪斯科—的士高　　　色拉—沙拉
歇斯底里—歇私德里　悉尼—雪梨　　　新西兰—纽西兰　　　司汤达—司丹达尔
里根—列根

第二，一个外来词可能两种方式（如音译与意译）并存，甚至三种方式（如借形、音译、意译）并存，应视情况选用，有时宜意译优先，使语言通俗易懂；有时可从俗，用普遍流行的那一个，因为在不同的场合、不同的地点做不同的选择才得体。下面的外来词在目前是多个方式并存的：
克隆—无性繁殖　　E-mail—伊妹儿—电子邮件　　APEC—艾佩克—亚太经合组织
镭射—激光　　　　（作）秀—表演

(5) 行业词。

一般只在某种行业或学科中使用的词被称作行业词，行业词是由于社会分工的不同而造成的。例如：
辩证　感性　实践　唯物主义　形而上学　先验论　宇宙观　——哲学
处方药　中成药　手术刀　会诊　透析　针灸　注射　化疗　——医药
物流　甩卖　货源　库存　抢手　淡季　盘点　脱销　传销　——商业
数控机床　刨床　铣刀　切削　模具　冷焊　车刀　能耗　——工业

歼击机　装甲车　航空母舰　反潜　续航　防化　导弹　制导——军事
偶数　奇数　负数　函数　系数　分数　约数　微分　通分　——数学
分子式　化合物　分解　氧化　电解　硫酸　溶解　无机　——化学
力学　光学　重力　牛顿　加速度　电阻　磁场　变压器　——物理学
专业　高考　德育　智育　学制　课程表　课件　素质教育　——教育
信贷　利息　加息　准备金　结账　呆账　坏账　核算　货币——金融
有序竞争　经济制裁　反垄断　反倾销　价格杠杆　供求关系——市场
意识流　蒙太奇　概念化　典型形象　浪漫主义　象征主义　——文学艺术

行业词刚刚产生时一般只在某个专业或行业中使用，不具有广泛的群众性，但随着科学知识的普及、各行各业的开放以及整个社会生活的活跃与交融，某些行业用语逐渐具有了全民性，引申出了新的意义，从而成为全民熟悉的词语。如"气候"一词有三个义项：①一定地区里经过多年观察所得到的概括性的气象情况，②比喻动向或情势，③比喻结果或成就。其中义项②③都是由义项①发展出来的新义。又如"反馈、信息、麻痹、感染、折扣、折射、副作用、专利、扬弃"等都是在专业概念之后产生了新义。

另有一种现象类似于行业词，那就是某个社会群体或某些社会秘密集团内部成员间所创造和使用的、故意不让局外人了解的一些特殊用语，一般称之为隐语，也称秘密语或黑话。例如：

平台——扒窃隐语，即上衣下兜　　　名捕——善抓作弊学生的老师
查户口——扒窃隐语，即入室盗窃　　住医院——犯罪团伙隐语，即被捕
4242——是啊是啊　　　　　　　　　一条——地下交易隐语，即一百元
黄货——地下社会隐语，即黄金　　　黄狗——盗窃团伙隐语，指警察

隐语的表现形式一般是广为人知的普通词语，只不过在某集团内部被重新约定为特殊的意义。如果隐语失去了隐秘性，就会等同于或转化为普通语汇。隐语和某些暗语只应属于语言应用方面的问题，不是语汇构成问题。不少隐语都是低俗的或怪僻的，应适当限制隐语的使用。

(三) 基本语汇和一般语汇的关系

基本语汇在语汇中处于核心地位，能够和语音、语法一起决定一种语言的基本面貌。一般语汇环绕基本语汇而存在，不能对一种语言的基本面貌起决定性作用。不过对使用某种语言的人们来说，应该在掌握基本语汇的同时，尽力掌握大量的富有鲜活力和表现力的一般语汇；否则，便不能很好地进行交际。

基本语汇和一般语汇的界线不是一成不变的，它们可以相互转化。一般语汇中的词，有的经过长时间的使用，逐渐具有了普遍性和稳固性，就可以转化为基本词，进入基本语汇之中，如"电话"在中华人民共和国成立前还应是非基本词，现在已经被普遍使用并具有了稳固性，以此为语素还创造出了许多新词语，如"电话机、电话线、电话亭、电话会议、移动电话、可视电话"等，因此"电话"已经成为基本词，进入基本语汇的行列。基本语汇中的个别老成员，也可能因为丧失了普遍性和稳固性而进入一般语汇，如"皇帝""弓""箭"在封建社会一直是汉语的基本词，现在则因为社会的发展演变而退出基本语汇的行列，进入一般语汇之中。我们可以说，基本语汇是一般语汇的生命源泉，一般语汇是基本语汇的强大基地。

基本语汇与一般语汇既相对独立、相互区别，又相互依存，相互转化，二者之间是辩证统一的关系。

练习与思考

1. 语汇具有系统性吗？为什么？
2. 基本语汇的主要特点有哪些？
3. 一般语汇由哪些词构成？掌握一般语汇重要吗？为什么？
4. 新造词与生造词有何区别？你个人可以任意创造新词吗？
5. 应当如何使用古语词和方言词？
6. 区分基本语汇和一般语汇有什么意义？
7. 汉语吸收外来词主要有哪几种方式？
8. 英汉交错使用的现象应该提倡吗？为什么？

第二节　语　素

一、什么是语素

语素是语言中最小的语音语义结合体，是构词单位。例如：话、本、丽、戏、初、玩、阿、吗、了。很多语素可以与别的语素一起构成合成词，例如：普通话、书本、秀丽、戏剧、初一、玩具、阿爸；有些语素还可以独立构成单纯词，例如：话、戏、玩；也有的语素只能独立构成单纯词，例如：吗、了。

语素是语言中最低一级的语法单位，其功能是用来构词的。由一个语素构成的词是单纯词，由两个或两个以上的语素构成的词是合成词。词的构成单位应当是语素，短语的构成单位应当是词，句子的构成单位应当是词或短语；一般不应说某个句子是由某某语素直接构成的。

语素的识别通常采用"替换法"，例如：

梦想：梦幻　梦游　梦寐　梦境　……
　　　联想　幻想　空想　遐想　……

这里的"梦"和"想"都能在原来的意义上被别的语素替换，所以"梦想"这个词包含"梦"和"想"两个语素。

采用替换法要注意：能双向替代的是两个语素，如上面的"梦想"；只能单向替代的不是两个语素，如"蝴蝶"中的"蝴"，虽然可以用其他语素替换成为"粉蝶""彩蝶"等，但"蝶"却不能为别的已知语素替换，能和"蝴"组合的只能是"蝶"，因此，"蝴蝶"只是一个语素。另外"杧果""苹果"等也是一个语素。

替代前与替代后共同语素的意义要保持基本一致，如"沙发"，如果按下面的方法替代便是错误的：

沙：沙土　沙粒　沙滩　沙尘
发：收发　首发　分发　印发

"沙发"是音译词，这里的"沙"和"发"在"沙发"中不单独表意，所以上面的替换是无效的,"沙发"只能是一个语素。

在从语言片断中切分语素时,赵元任先生给语素所下的定义也许更实用一些。赵元任先生指出:语素是"语言中最小的意义单位"。遵循赵元任先生的定义,在切分语素时,只要看是不是最小的意义单位就可以了。如在分析"葡萄干儿"这一语言片断时,只要明白"葡萄"是一个最小的意义单位,"儿"具有改变"干"的性质和意义的作用,也是最小的意义单位,就可以从"葡萄干儿"这一语言片断中切分出"葡萄""干""儿"三个语素来。可见语素是语言中能够直接切分的最小的意义单位。

二、语素的分类

根据不同的标准,可以将语素分成不同的类别。

按音节多少分,语素可以分为单音节语素和多音节语素。"吃、路、阿、吗"等语素都是由一个音节表示的,是单音节语素;"玻璃、妯娌、马达、皑皑、扑通、巧克力、罗马尼亚"等由两个或两个以上音节表示的语素则是多音节语素。汉语中单音节语素占绝大多数。

按意义多少分,语素可以分为单义语素和多义语素。只有一个意义的语素是单义语素,如"屋、气、它、吉他、伊甸园"。有两个或两个以上紧密联系的意义的语素是多义语素,如"水"有"氢氧化合物","河"以及"江、河、湖、海、洋的统称","稀的汁"等意义。汉语中多义语素是较为活跃的语素。

按意义虚实分,语素可以分为实语素和虚语素两类。有具体实在的概念意义的语素是实语素,如"桌""打""低"等;没有具体实在的概念意义的语素是虚语素(或具有语法意义,或表示某种感情色彩,或表示某种概括的概念意义,或几种情况兼而有之),如"和""吗""儿""性"等。实语素都是词根;虚语素大部分是词缀,也有一部分以虚词的身份出现在语言中。

按构词能力分,语素可以分为成词语素和不成词语素。无须与别的语素结合就可以独立成词的语素是成词语素,如"山、书、鸟、他、和、吧"等。成词语素中的绝大多数都可再与别的语素组合而构成新词,如"山"可以同其他语素构成"山脉、山峰、山峦、山花"等。不成词语素是如果不与别的语素组合就不能独立成词的语素,如"素、典、第、者"等。

按在合成词中的位置分,语素可以分为定位语素和不定位语素。定位语素指语素在合成词中的位置只有一种,有的只能出现在别的语素前面,如"老""第""初"等,有的只能出现在别的语素后面,如"子""者""油油"等。定位语素一般都是词缀、虚语素、不成词语素。不定位语素指语素在合成词中的位置不固定,可以出现在别的语素后面,也可以出现在别的语素前面,如"素"在"音素""要素"等合成词中出现在后面,在"素质""素养"等合成词中出现在前面。不定位语素都是词根、实语素,其中有一部分是成词语素。

语素的分类有相对性,应当区分一般和特殊两种情况。如"员"在"党员""会员""成员""委员"中应是不成词语素、虚语素;在"我也是社团中的一员"中应是成词语素、实语素。再如"目"在一般情况下是不成词语素,在"目光""目前""目标""耳目""眉目""心目"中就是如此;而在"目不斜视""双目失明"中则是成词语素。

语素分类对应表

构词能力			意义虚实	
			实语素	虚语素
成词语素	没有构词能力的语素			和、的、吗
	有构词能力的语素	不定位语素	春、打、错	
不成词语素			素、诞、茂	
		定位语素		阿、者、滋滋

三、语素和汉字、音节的关系

语素是构词单位，汉字是书写单位，音节是汉语语音形式中最小的自然单位，三者具有本质的不同。但由于语素是最小的语音语义结合体，汉字是表意体系的文字，而且是形、音、义的统一体，而音节则是经常与汉语的意义内容紧密联结在一起的一种特殊的形式单位，所以语素与汉字、音节之间还存在着种种纠葛关系。现代汉语中语素与汉字、音节之间有以下几种关系。

（1）一个语素与一个音节对应，用一个汉字记录。现代汉语中的语素大多是单音节的，汉字与单音节语素一般构成对应关系，如"高、坏、桌、椅、房、低、说、喝、先、铅、嗬"。

（2）一个语素与几个音节对应，用几个汉字记录。如"窈窕、参差、蜈蚣、猩猩、勃勃、轰隆、哗啦、的士、麦克风、布宜诺斯艾利斯"等。中国的复姓也是用两个音节表示、用两个汉字记录的，如"东方、独孤、诸葛、令狐、司徒、司寇、欧阳、端木、皇甫、西门、公孙、澹（Tán）台、淳于、慕容、呼延、南宫、万俟（Mòqí）、夏侯、长（Zhǎng）孙、上官、尉（Yù）迟"等。

（3）一个语素与几个音节对应，用一个汉字记录。如"血（xuè，xiě）"，"杉（shā，shān）"，"剥（bō，bāo）"等。这种异读语素的存在，与"语素是最小的语音语义结合体"的定义不相一致，是进一步研究和规范的对象。

（4）几个语素与一个音节对应，用一个汉字记录。如"管"记录的可以是"水管"的"管"，也可以是"管制"的"管"；"甭"记录了"不"和"用"两个语素，"俩"记录了"两"和"个"两个语素，"仨"记录了"三"和"个"两个语素；其他还有"足（足球、足够）"，"划（划船、划算、划玻璃）"，"北（北方、败北）"；"刻（时刻、雕刻）、点（圆点、点灯、钟点、点心）"等。

（5）几个语素与一个音节对应，用几个汉字记录。这种情况又可分为两种类型：一种类型是带儿化韵的词，如"花儿（huār）、个儿、盖儿"等；另一种类型是汉语中大量存在的同音语素，如"造、皂、燥、躁、噪、灶"等。

（6）几个语素与几个音节对应，用一个汉字记录。如"和——hé，连词；huó，和面；huò，和稀泥；hè，唱和；hú，和了；huo，搅和"。其他还有"行""差""宿"等。

另有一种情况也应是进一步规范的对象，那就是一个语素与一个音节对应，用不同的汉字记录。这种情况是由于许多异体字的存在而造成的。

练习与思考

1. 判断一个语言片段是不是一个语素或是由几个语素构成的，一般有哪些办法？
2. 语素的分类标准可以有哪些？根据不同的分类标准可以把语素分为哪些类别？
3. 用竖线将下面短文中的每一个语素划开。

(1) 为能早日加入 WTO，他常常一个人坐在沙发上苦苦思索，香烟和咖啡便成了他最好的朋友。

(2) 猴子也喜欢吃巧克力豆吗？

(3) 关于这一点，从呼和浩特和包头这两个蒙古语的地名可以得到说明。呼和浩特，蒙古语意思是青色的城；包头的意思是有鹿的地方。

第三节　词

一、什么是词

词是语言中最小的能够独立运用的语言单位，是造句单位。任何词都是音义结合体，其意义有的是概念意义，有的是语法意义，如"想家吗"中的"想""家"所表示的意义是概念意义，"吗"表示的是是非问的语气，是语法意义。任何词都能独立运用，要么可单说，独立成句，要么可单独充当句子成分，要么用在别的词语中间或附着于别的词语，起连接、引介等作用。词不能再分割，分割之后不能独立运用，或不能保持原义。下面四种情况都属最小的独立运用的单位："大""小""与"无法再分；"蟋蟀""迪斯科"分割之后或没有意义，或失去了原来的意义，且不能作为独立运用的单位；"文档""眼睛"分割之后，其中一部分不可独立运用；"铁路""火车""可是""不仅"分割之后虽都可以独立运用，但表达的不再是原来的意义。

随着汉语的发展，有些语言单位原来是可以独立运用的，后来变得不能独立运用了，如古汉语的"学""习"是可以单用的，《论语》中"学而时习之，不亦说乎"中的"习"即"复习"之意，"习"在古汉语中是词，在现代汉语中不算一个词，只是一个构词要素。

二、词与短语的区分

词是最小的能独立运用的造句单位，短语是大于词的造句单位，是词的组合体。一般来说，词和短语的分辨是清楚的，但有的语言片段究竟是短语还是词，较难分辨，例如：

兄弟　xiōngdì（兄和弟，短语）/xiōngdi（弟弟，词）

打手　dǎshǒu（手为打的对象，短语）/dǎshou（受主人豢养、替主人作恶的人，词）

红花　红色的花（短语）/药材（词）

煎饼　吃了两个煎饼（"煎"重读；词）/他在煎饼（"饼"重读；短语）

区分词和短语常用"扩展法"，如"大学生"不能扩展成"大的学生"，"白菜"不能扩展成"白色的菜"，可知"大学生"和"白菜"是词，不是短语；"开车"可以扩展为"开着车""开火车","牛羊"可以扩展为"牛和羊",可知"开车""牛羊"都是短语。

具体地说,运用扩展法识别一个语言片段(如AB)是词还是短语,可以依据下边三个原则:

第一,如果AB可以扩展,则A和B都是词,AB是自由组合而成的短语。如"白布"。

第二,如果AB不可以扩展,则A和B是构词成分,AB是词。如"白菜"。

第三,如果AB经常不扩展,但有时也可以扩展,则AB具有双重性,是介于词和短语之间的过渡性语法单位,没有扩展时是词,扩展后是短语,如"睡觉"是词,"睡了一个痛快觉"是短语。"睡觉"之类又被称作"离合词"。

运用扩展法要注意:

(1)扩展前后结构要同型。如"吃水果"扩展为"吃新鲜水果"都是属于述宾结构,如果扩展为"吃的水果",则变为偏正结构了。

(2)扩展后基本意义不变。如"新家"扩展为"新的家"意义没有改变,但如果将"新娘"扩展为"新的娘",扩展后意义发生了改变,应视为扩展无效。

(3)应放在动态的语境中运用扩展法。如"鸡蛋、羊肉、布鞋、凉菜"等若放在非语用的条件下去看,都可以扩展成"鸡生的蛋、羊身上长的肉、布做的鞋、凉拌的菜"扩展前后结构同型,意义也基本不变;但若将它们放在动态的语境之中,在具体使用时,谁又会将它们扩展呢?由此可见,研究语言现象千万不可运用孤立的、静止的观点,而只可运用联系的、动态的和发展的观点。

(4)带有词缀成分的是词,不是短语。如"马克思主义""劳动者"分别带有词缀"主义""者",所以都是词,不是短语。

用替换法也可以区分词和短语。"他的"可以将"他"换成别的词,可以说成"你的""张三的";"张三和李四"可以替换成"同学和老师""团团和圆圆"。应当注意的是,替换前后的语法关系不能改变,不能替换的部分意义不变。这其中不能替换的部分由于不可能被包含到哪一个词中去,而且其本身所具有的不能替换的特征,正好表明了它的独立性,所以不能替换的部分也应当是词,不过往往是虚词。

除以上办法外,我们还可以从语音、语义、结构三个方面对语素、词和短语进行更为系统的区分。

三、从语汇学角度看词的类型

从语汇学角度看,词有语音形式、内部结构和意义关系等方面的类型。根据语音形式,词可以分为单音词和复音词;根据内部结构,词可以分为单纯词和合成词;根据词义及其关系,词可以分为单义词和多义词、同义词和反义词等。这里主要探讨一下词的语音形式和内部结构两方面的类型。

(一)单音词和复音词

由一个音节表示的词叫单音词,也称单音节词,在书面上通常用一个汉字记录;不过也有用两个汉字记录的情况,如"鸟儿、个儿、画儿、盖儿"等。

古代汉语以单音节词为主,有相当一部分的单音节词直接进入了现代汉语;许多单音节动词就是如此。现代汉语里新造的词很少采用单音节形式。

由两个或两个以上的音节表示的词是复音词，在书面上通常由两个或两个以上的汉字记录。许多现代汉语中的双音节词代替了古汉语的单音节词或单音节词的某些义项，例如：目→眼睛，驾→开车，书→写字、信件。双音节词在复音词中占优势，这体现了现代汉语语汇发展的趋势。

(二) 单纯词和合成词

根据构词语素的多少，可以把词分为单纯词和合成词两类。单纯词由一个语素构成，合成词由两个或两个以上的语素构成。

1. 单纯词

多数单纯词是用一个音节表示的。还有一部分单纯词是多音节形式。常见的主要有以下几种。

(1) 联绵词。

联绵词是由两个音节连缀在一起形成的，只有这两个音节连缀在一起才能表示一种意义，分开以后或意义改变，或没有意义。联绵词按其声韵的特点，可以分为三种。

① 双声。

双声联绵词的两个音节声母相同。例如：

惆怅　仿佛　蜘蛛　吩咐　坎坷　忐忑　崎岖　玲珑　参差
踌躇　忸怩　荏苒　仓促　琵琶　弥漫　秋千　琉璃　澎湃

② 叠韵。

叠韵联绵词的两个音节的韵母或韵母中的韵腹、韵尾相同。例如：

翩跹　蹉跎　窈窕　傀儡　妖娆　馄饨　从容　螳螂　叮咛
玲珑　逍遥　蜻蜓　怂恿　苗条　依稀　彷徨　朦胧　腼腆

③ 非双声叠韵。

这种联绵词的两个音节的声母和韵母都不相同。例如：

囫囵　芙蓉　垃圾　狼狈　骷髅　蝼蛄　妯娌　蜈蚣　鸳鸯
犹豫　牺牲　蝴蝶　马虎　疙瘩　苹果　蝙蝠　蛤蚧　逶迤

(2) 叠音词。

由两个相同音节重叠而成的词被称作叠音词，其中任何一个音节都只表示读音而不单独表意，只有两个音节重叠在一起才能独立地表达意义。例如：

巍巍　匆匆　蛐蛐　奶奶　太太　姥姥　猩猩　纷纷　蝈蝈
蒙蒙　津津　喃喃　喋喋　翩翩　皑皑　孜孜　悄悄　潺潺

(3) 音译词。

音译词是用发音相同或相近的音节记录其他民族语言中的词，其中任何一个音节都仅仅表音，不直接表义，例如：

哈达　摩登　休克　扑克　咖啡　坦克　伦敦　沙龙　柠檬
拷贝　安乃近　苏打　巧克力　托拉斯　莎士比亚　西双版纳

(4) 拟声词。

拟声词是指用来模拟声音的词。例如：

咔嚓　呼呼　叮当　哗啦　扑通　咕咚　嘎吱　刺溜　嗡嗡　吧嗒
嘀咕　轰隆　叽里咕噜　毕毕剥剥　稀里哗啦　噼里啪啦　叽叽喳喳

2. 合成词

由两个或两个以上的语素构成的词被称作合成词。合成词在现代汉语语汇中占大多数，而且结构复杂，应当重点关注。

（1）词根和词缀。

构成合成词的语素分为两大类，一是词根，一是词缀。二者性质不同：词根有具体实在的概念意义，能自由出现在合成词中不同的位置。例如：

语：话语　哑语　汉语　语言　语汇　语素
言：言谈　言语　言辞　誓言　传言　序言
构：构造　构成　构建　结构　机构　虚构

"语""言""构"是构成上述所举合成词的词根，它们都有具体实在的概念意义，且能自由出现在合成词前面或后面的位置上。词缀一般没有具体实在的概念意义，在合成词中的位置也相对固定。例如：

初：初一　初三　初五　　　阿：阿爸　阿姐　阿妹
头：甜头　苦头　想头　　　子：凳子　房子　勺子
油油：绿油油　黑油油　乌油油　碧油油
乎乎：傻乎乎　热乎乎　黑乎乎　油乎乎

"初、阿、头、子、油油、乎乎"是构成上述合成词的词缀，都没有实在意义，且在合成词中的位置是不自由的，"初、阿"只能出现在合成词前面的位置上，故称之为前缀，"头、子、油油、乎乎"只能出现在合成词后面的位置上，故称之为后缀。

在现代汉语中，词根和词缀有时形式相同，容易混淆，我们应当仔细体会，准确把握其意义和构词特征，认真加以区分才是。例如：

语　素	词　根	词　缀
老	老人　老朋友	老张　老鹰
初	初期　初衷	初二　初七
性	男性　性别	党性　人民性
手	握手　扶手	能手　水手
儿	健儿　孤儿	花儿　活儿
头	船头　烟头	石头　甜头

（2）合成词的构成方式。

根据合成词中词根与词缀组合的不同情况，可将合成词的构成方式分为以下三类。

① 复合法。

由两个或两个以上不同的词根复合成词的方法叫作复合法，由此而构成的合成词可称之为复合词。根据词根与词根之间不同的结构关系，复合法主要有以下几种。

联合式　由几个地位平等的词根复合成词的方法称之为联合式，由此方法构成的合成词被称为联合式合成词。在联合式合成词中，词根的意义关系大致有三种：同义（近义）、类义和反义，例如：
A. 救助　支援　珍宝　朋友　教授　评论　编辑　离别　制造
　　靓丽　美丽　孤独　刚才　稍微　停止　道路　阅读　迷惑
B. 考量　厚重　领袖　骨肉　眉目　江山　皮毛　笔墨　分寸
　　穿戴　超越　权衡　洒扫　印刷　江湖　线索　排练　境况
C. 开关　反正　旦夕　早晚　高低　得失　收发　收支　优劣
　　买卖　出纳　纵横　横竖　甘苦　是非　来往　呼吸　多少
D. 忘记　恩怨　国家　窗户　睡觉　人物　女儿　质量　好歹
　　动静　利害　干净　兄弟　始终　帮衬　人马　反对　金钱

A组复合词中两个词根的意义相同或相近；B组复合词中两个词根的意义相关联，有的指同一类事物，组成合成词后二者的意义融合为一个新的抽象一些的意义了；C组复合词中两个词根的意义相反或相对；D组复合词中，只有一个词根的意义在起作用，另一个词根的意义已经淡化，或已不起作用，整个词的意义偏到了一个词根上，这类词可称为"偏义词"。如"忘记"中只有"忘"在起作用，"干净"中只有"净"在起作用，"睡觉"中只有"睡"在起作用了。

偏正式　由词根按照修饰与被修饰、限制与被限制的方式复合成词的方法叫作偏正式，由此方法构成的合成词被称为偏正式合成词。在这种合成词中，被修饰、被限制的词根处于"正"的位置上，是中心性词根。例如：
A. 夏至　钢琴　电脑　冰箱　绿豆　雄鸡　农业　现状　内科
　　微利　国旗　新潮　京剧　谎言　钢笔　跑车　围棋　教室
B. 豪赌　倾销　对决　公审　前进　暂停　牢记　飞跑　函授
　　狂热　顶尖　漆黑　火热　冰凉　血红　笔直　雪亮　飞快

A组的中心性词根是名词性语素，这种复合法也称定中式；B组的中心性词根是动词性或形容词性语素，这类复合法也称状中式。
要注意区分"雪亮""天亮""明亮"的结构方式，"雪亮"意为雪一样的亮，是偏正式；"天亮"意为天空发亮，是主谓式；"明亮"意为既明又亮，是联合式。

主谓式　由陈述与被陈述关系的词根复合成词的方法叫作主谓式，由此方法构成的合成词被称为主谓式合成词。在这类合成词中，前一词根是陈述的对象或话题性语素，后一词根表说明或陈述，一般可回答"干什么、怎么样"之类的问题。例如：
A. 脉搏　月亮　便秘　蝉蜕　春分　日食　霜降　（名词）
B. 足疗　心疼　体验　口译　肩负　意料　地震　（动词）
C. 神圣　食用　年轻　天成　面熟　胆怯　性急　（形容词）

述宾式　由支配与被支配、关涉与被关涉关系的词根复合成词的方法叫作述宾式，由此种方法复合而成的词被称为述宾式合成词。例如：
A. 靠背　司机　知己　立秋　运气　掌柜　扶手　管家　（名词）
B. 理财　圆梦　问鼎　破产　投资　站岗　关心　择偶　（动词）
C. 给力　到位　在行　识趣　出众　夺目　称心　动人　（形容词）

补充式　由补充与被补充关系的词根复合成词的方法叫作补充式，由此种方法复合而成的词被称为补充式合成词。例如：
搞定　点破　逗乐　提高　阐明　改正　证实　夸大　立定

记住　治安　冲淡　扭转　揭穿　促进　减少　修复　割裂
解脱　摧毁　磨灭　说服　打倒　推广　推翻　压缩　延长

还有一类词，也属补充式合成词。例如：

药剂　花束　人口　枪支　书本　船只　事件　纸张　车辆
布匹　房间　稿件　银两　羊群　马匹　冰块　钟点　灯盏

这类补充式合成词比较特殊，前一词根表事物，后面是表计量单位的词根，也起一定的补充说明作用。

复合式合成词的构成方式还有连动式（撤换、扮演、退休、报销……）、兼语隐含式（请教、召见、遣返、逗笑……）等。

复合式合成词的内部构成方式比较复杂，我们要注意辨别词根与词根之间的结构关系。如"围巾"和"围脖"，二者都是动词性语素与名词性语素的组合，但其构成方式不一样，"围巾"中的"围"与"巾"之间是修饰与被修饰关系，属偏正式合成词；"围脖"中的"围"与"脖"之间是动作行为与关涉对象之间的关系，属述宾式合成词。再如"麦收"和"午收"也不一样，"麦收"可理解成"麦子被收割"，属主谓式，"午收"只可理解为"午季收割"，应属偏正式。

② 派生法。

派生法是由词根和词缀组合成词的一种方法，这类合成词我们称之为派生词。根据词根和词缀组合位置的不同，派生词可分为两大类：

一类是在词根前附加词缀即"词缀＋词根"的方式。例如：

老：老师　老虎　老鹰　老大　老鼠
阿：阿Q　阿妈　阿爸　阿姨　阿飞
可：可见　可能　可爱　可贵　可惜
初：初一　初三　初六　初八　初十

前缀"老"附加于表称谓、动物及排行次序的词根前，构成指称事物的名词；"阿"主要是附加在某些表亲属名称、姓名或排行的词根前，构成指称人的名词；"可"主要附加于动性或形容性的语素之前，表示能够或值得，分别构成动词或形容词；"初"与十及十之内的数词组合表示日期的顺序，整体的词仍是名词。

另一类是在词根后附加词缀即"词根＋词缀"的方式。现代汉语中后缀较多，而且呈增长趋势。例如：

子：胡子　饺子　袖子　裙子　瘦子　疯子　凳子
儿：尖儿　亮儿　盖儿　个儿　花儿　猫儿　鸟儿
头：来头　风头　甜头　盼头　石头　念头　干头
者：编者　患者　老者　读者　记者　学者　弱者
员：委员　教员　船员　会员　团员　演员　公务员
师：律师　医师　厨师　拳师　巫师　画师　琴师
手：旗手　舵手　水手　扒手　猎手　枪手　吹鼓手
家：方家　作家　画家　行家　专家　冤家　兵家
　　活动家　军事家　科学家　艺术家　小说家　理论家
性：党性　弹性　酸性　记性　黏性　天性　惯性
　　理性　碱性　严肃性　原则性　艺术性　积极性

化：淡化　异化　绿化　丑化　钙化　老化　感化　深化
　　风化　机械化　自动化　现代化　多样化
然：泰然　巍然　断然　公然　安然　坦然　突然　茫然

现代汉语中，后缀"子""儿""头"等附加在动性、形容性词根后面，便成了名词的一种形态标志。有些带后缀"儿"的是指事物的名词，往往会有"小"或表示喜爱等意味。以"者、员、家、手、师"为后缀的词通常是指人的名词，可添加某些概括的词汇意义，如"者、员"表示"……的人"，"手"表示"擅长……的人"，"家、师"表示"……方面有专门学识和技艺的人"。"化"主要依附于名词性、形容词性词根后构成动词，其概括的词汇意义为"向……转化"。"然"是构成形容词和副词的标志，作为词缀，"然"可概括地表示某种状态。

现代汉语中还有一些带叠音后缀的词，例如：

溜溜：酸溜溜　光溜溜　滑溜溜　灰溜溜
生生：活生生　脆生生　怯生生　白生生
滋滋：美滋滋　乐滋滋　甜滋滋　喜滋滋
烘烘：热烘烘　臭烘烘　臊烘烘　暖烘烘

这些叠音后缀是形容词的标志，它们本身没有实在的意义，主要是加强词根的意义和感情色彩，使形容词更加生动形象。

词缀应具备三个主要条件：一是定位，即在合成词中的位置是固定的；二是意义必须虚化，有明确实义的不是词缀；三是要有一定的构词能力，具有标志词性的作用。具备这三个条件的词缀可以说是"典型词缀"。

③ 重叠法。

由两个相同的词根重叠构成合成词的方法叫作重叠法，这类合成词可称之为重叠词。例如：

爷爷　爸爸　姑姑　舅舅　叔叔　婶婶　哥哥　姐姐　嫂嫂　妹妹
星星　偏偏　仅仅　刚刚　恰恰　嚷嚷　默默　痒痒　白白（徒然）

重叠词与叠音词内涵不同：重叠词中的语素一般是成词语素，可以单用，且整个重叠词的意义就是构成该词的单个语素的意义，如"默默"与"默"意义相同，都是"不说话，不出声"的意思，不过"默"在现代汉语中很少单用，而在"默不作声""默而不答"中可以看作特殊条件下的词；宽泛一些看，"默默"应为重叠式的合成词。叠音词中，每一个音节都没有独立的意义，且整个叠音词的意义不能由单个音节来表示，如"猩猩"中的"猩"、"皑皑"中的"皑"没有任何意义，不能单用，"奶奶"中的"奶"尽管能单用且有意义，但"奶奶"这个词的意义与"奶"的意义并无关联（方言义不算），"姥姥"也是如此。

（3）合成词的结构层次。

由两个语素构成的合成词，结构简单，只有一层结构关系。现代汉语中还有很多合成词是由三个或三个以上语素构成的，它们有两个或两个以上的层次。第一层的结构关系决定它们的构成类型。如"清君侧"第一层"清"支配"君侧"，是述宾式；第二层"君"修饰"侧"，是偏正式——"清君侧"应是述宾式复合词。不妨再举几例图示如下。

（三）词语的缩略形式

一个经常连着使用的较长的短语在形式上通过缩减省略而形成的结构简单一些的较短的语言单位，被称作词语的缩略形式。这种较短的语言单位，语法功能相当于词，又称"简称"或"紧缩词"。如"世界博览会"缩略为"世博会"，"奥林匹克运动会"缩略为"奥运会"，"中国人民政治协商会议全国委员会"缩略为"全国政协"。缩略形式是适应社会发展和满足人们经济有效地使用语言的需要而产生的。

现代汉语词语的缩略形式，根据成分组合的情况，可分为以下两大类。

1. 提取式

从原固定短语中提取有代表性的语素组合成缩略形式。常见的有：

（1）提取原固定短语中每个词或部分词的一个语素组合成缩略形式。例如：

政治委员——政委　　电化教学——电教　　等待就业——待业
当面考试——面试　　劳动模范——劳模　　援助之手——援手
师范大学——师大　　扫除文盲——扫盲　　人民警察——民警
整顿作风——整风　　调查研究——调研　　节约能源——节能
降低消耗——降耗　　人寿保险——寿险　　减少排放——减排
世界妇女大会——世妇会　　　　少年先锋队——少先队
文艺工作团——文工团　　　　　中国左翼作家联盟——左联
文学艺术界联合会——文联　　　亚洲足球联合会——亚足联
全国运动会——全运会　　　　　教学研究室——教研室

（2）提取原固定短语中的各个词的一个语素和各个词的共同语素组合成缩略形式。例如：

中学、小学——中小学　　　　党员、团员——党团员
中年青年——中青年　　　　　离休退休——离退休
工业农业——工农业　　　　　出境入境——出入境
陆军、海军、空军——陆海空军
高档、中档、低档——高中低档

（3）提取原固定短语中的一个词形成缩略形式。例如：

中国人民解放军——解放军　　　清华大学——清华
人民公社——公社　　　　　　　龙井茶——龙井

2. 标数式

用数字概括和标明原固定短语中各词所指称的性质相同或相关的事物。

(1) 取原固定短语中各词的共同语素，然后标数。例如：
身体好、学习好、工作好——三好
农业、农村、农民——三农
高血压、高血脂、高血糖——三高
开口呼、合口呼、齐齿呼、撮口呼——四呼
东岳泰山、西岳华山、南岳衡山、北岳恒山、中岳嵩山——五岳
工业现代化、农业现代化、国防现代化、科学技术现代化——四化

(2) 概括出原固定短语中各词所指称事物的共同属性，然后标数。例如：
《大学》《中庸》《论语》《孟子》——四书
稻、黍子、高粱、麦、豆——五谷
金、木、水、火、土——五行
金、银、铜、铁、锡——五金
东、西、南、北、上、下——六合
象形、指事、会意、形声、转注、假借——六书
立春、春分、立夏、夏至、立秋、秋分、立冬、冬至——八节

词语的缩略应符合人们的文化习俗，应做到意义明确，运用时更要注意语境，以不引起误解为好。有人把"职业技术学院"缩略为"技院"，这就不好，因为"技"与"妓"谐音，还是缩略为"职院"为好。现代汉语中缩略方式很多，以上列举的都是人们经常使用的一些方式。有些缩略形式经过长期使用，已经定型为词的形式，如"五官、旅游、科技、政委、文娱、劳模"等。

四、词的理据

词的理据指的是用什么声音表达什么意义所依据的理由，也即造词的依据。绝大多数合成词都是有理据的，一些单纯词也是有理据的。如"喜鹊"，据说喜鹊飞临，那是喜庆、吉祥、好运的象征；围绕喜鹊的文化传说，丰富多彩，不胜枚举。又如人们把妇女穿的一种长袍称之为"旗袍"，因为清代满族的军队组织和户口编制以旗的颜色区分，旗分八色，人们于是称满族人为旗人，如"八旗子弟"；旗人妇女穿着的长袍，被称为旗袍。

现代汉语词的理据多种多样：有的以模拟声音作为造词的理据，如"咩（羊叫声）、潺潺（水流声）、吧嗒（嘴发出的声音）、嘀咕（小声说话的声音）""布谷、鸡、乒乓球、拨浪鼓""啊、呀、哇、哎吆"等；有的以描绘客观事物的性状作为造词理据，如"红豆、绿茶""金钱豹、含羞草、水纹、牛市、互联网、手机、鼠标、冲浪""香瓜、酸菜、甜点、苦胆""铣床、铆钉、电冰箱、随身听""南京、波斯猫、东北虎、北极熊""腊菜、春耕、秋收、夏眠、先辈、后生""速递、传销、喷头、自来水""甜丝丝、臭烘烘、冷冰冰、飞快、火热"；有的以事物之间的关系或联系作为造词理据，如"等同、相似、参与、脱离、融入、排除、沿袭、丢失、顶替、之上、左右、关于、对于、为了、因为、所以"等；有的将构成物品的材料与物品的形状、性能或物品所属的类结合在一起作为造词理据，如"皮鞋、羽毛球、煤球、豆腐、塑钢、米酒、木雕、面点、泥石流、水墨画"等；有的以事物的功能或作用作为造词的理据，如"健身器、洗发水、沐浴露、坐垫、空调、计算机、打印机、复印机、扫描仪、护卫舰、驱逐舰、歼击机、预警机"等；

有的以外民族语言中的词的声音作为造词的理据，如"巧克力（英 chocolate）、莫斯科（俄 Москва）、吉普（英 jeep）、坦克（英 tank）、摩托（英 motor）、的士（英 taxi）"等；有的以英文缩写作为造词的理据，如"WTO（世界贸易组织）、MBA（工商管理硕士）、GDP（国民生产总值）、PK（玩家与玩家的较量）、CEO（首席执行官）、DVD（数字激光视盘）"；有的以事物或现象之间的相似性作为造词的理据，如"断档、热血、冷门、闲云野鹤、调虎离山、风口浪尖"；有的以典故的辗转袭用作为造词的理据，如"袒护、赋闲、推敲、负荆、杜撰"等。

此外，"托福（考试）"虽可认为音译是其进入汉语的主要理据，但还应从其来历方面解释一下，所以有些词的理据可能不止一种。"托福（考试）"指美国对非英语国家留学生的英语考试，原文为"Test of English as a Foreign Language"，英文缩写为"TOEFL"，后音译为"托福"；而该词为什么单译为这两个字，而不译为其他的同音字，这里面恐怕还渗透着汉文化的色彩。

了解造词的理据，可以避免生造词语，提高规范运用词语的自觉意识。

练习与思考

1. 判断正误。
(1) 词缀是没有意义的虚语素。   （ ）
(2) "芙蓉花儿"记录了三个音节，表示了三个语素。 （ ）
(3) 所有的单音节语素都是单语素。   （ ）
(4) "姥姥、皑皑、星星、猩猩"都不是重叠式的合成词。（ ）
(5) "水手、歌手、能手、扶手"中的"手"都是后加虚语素。（ ）
(6) "花儿、朦胧、吧嗒、沙发"都不是合成词。   （ ）

2. 选择题。
(1) 下列合成词中，全部含有后加虚语素的两组是（   ）。
① 简化 老化 绿化 软化   ② 团员 党员 裁员 演员
③ 歌手 能手 选手 扶手   ④ 桌子 勺子 孟子 梳子
⑤ 花儿 鸟儿 猫儿 男儿   ⑥ 硬性 悟性 男性 灵性
⑦ 突然 忽然 虽然 不然   ⑧ 作家 画家 专家 歌唱家

(2) 下列合成词中，全部是偏正式合成词的两组是（   ）。
① 火车 飞船 宾语 主席   ② 冰冷 飞奔 天蓝 年轻
③ 默读 笔直 后退 司令   ④ 笔谈 汉字 部首 夏至
⑤ 风扇 日语 电灯 相貌   ⑥ 雪白 冰箱 火热 歌颂
⑦ 血红 主见 前进 月饼   ⑧ 豫剧 面试 电脑 要害

3. 应怎样区分语素、词和短语？

4. 用扩展法区别下列单位哪些是词？哪些是短语？
鸡蛋 睡觉 白纸 黑布 白菜 黑板 黑道 注意 吃饭 大面积
取笑 理发 凉菜 鱼子 唱歌 鲢子头 灰色收入 马克思列宁主义

5. 什么是单音词？什么是单纯词？二者的对应关系如何？

6. 什么是合成词？其构成方式主要有几种？

7. 请指出下列合成词的构成方式。

雪白（　　　）　　麦收（　　　）　　司令（　　　）　　睡觉（　　　）
肢解（　　　）　　绑腿（　　　）　　纸张（　　　）　　华丽（　　　）
伤心（　　　）　　游泳（　　　）　　改正（　　　）　　夏至（　　　）

8. 指出下列词的结构类型。

笑星　畅销　恍惚　铮铮　琉璃　睡觉　孜孜　城墙　春分
规范　嫂嫂　淙淙　蜻蜓　效力　自觉　首肯　星星　马匹
疾驶　戳穿　笔直　碰壁　联想　司令　更正　信封　电脑

9. 下列带点的语素哪些是词根？哪些是词缀？

复员—党员　　老乡—老旦　　深化—变化　　虾子—瞎子
山头—劲头　　个儿—乳儿　　成家—画家　　强手—插手
阿爸—阿谀　　果然—不然　　小心—小张　　雌性—纪律性

10. 分析下列合成词的结构层次。

肺结核　无产阶级化　化铁炉　平衡木　解放军报　计算机病毒

11. 怎样理解词的理据？现代汉语词的理据主要有哪些类型？

第四节　熟　　语

自由短语是根据表达需要临时组合的短语，其成分可以变更，其结构在保持关系不变的前提下也可以扩展或压缩。熟语是词与词或词与语素的组合体，其结构相对稳定，成分不能随意更动，总是以整体作为使用单位，功能一般相当于词。因此，熟语也应是语汇成员之一。

熟语主要包括成语、惯用语、歇后语等，也包括专名短语。成语、惯用语、歇后语是长期沿用、结构定型、意义完整的固定短语。专名短语即用于专门名称的短语，主要是一些国家、机关、单位等的名称和科技用语。如"中华人民共和国、中国科学技术大学、五星红旗、清华大学、激光照排系统、导弹防御体系"等。较长的专名短语往往有缩略形式，如"中国、中科大、清华"等。

一、熟语的特征

熟语是指语言中定型且约定俗成的固定短语或短句。它是语言中语汇的特殊构成成分。熟语在结构形式上大于词，但其内部构成成分结合得比较紧密，具有一定的稳固性，其语法功能基本上相当于词，常常整体充当一个结构成分。

熟语有两大特征。

（一）结构的定型性

熟语是社会约定俗成的，为人们长期习用，其结构形式不能随意改变，构成成分也不能随意更换，具有较强的定型性。如"刻舟求剑"不能说成"刻船求剑"，"露马脚"不能说成"露牛脚"。定型性是从总体上就一般情况来说的，并不是绝对的。有少数熟语在其发展过程和人们的实际运用中，其结构和成分也发生了些许变化。如"光明正大——正大光明,揠苗助长——拔苗助长,露马脚——敌人的马脚终于露了出来,挖墙脚——挖社会主义的墙脚"等。此外,还有临时活用的现象。由此可见,不同类型的熟语在定型的程度上也会存在一定的差异。

(二) 意义的整体性

熟语的意义一般不是语素或词语意义的简单相加,而是语素或词语意义的高层次的综合,应当从整体上加以理解,加以运用。如"胸有成竹"的字面意义似乎是胸中长成了竹子,实际意义则是比喻做事之前已有通盘的考虑或事先已有主意;"抬轿子"的字面意义是指往上托着轿子,实际意义是比喻为有权势的人捧场;"说一不二"的字面意义似乎是只说一不说二,其实是指说话算数、说到做到。

二、几种常见的熟语

(一) 成语

1. 成语的特点

有一种简洁精辟的固定短语被称作成语。成语有如下特点。
(1) 意义完整。

成语的意义一般都是字面意义的高度融合,而不是组成成分意义的简单相加,绝大部分成语的意义都是如此。不了解这一点,就无法正确理解成语的意义。如"七窍生烟",表面上是指两眼、两耳、两鼻孔和嘴都生出了烟来,实际指人气愤已极的样子;"猫鼠同眠",字面上是指猫和老鼠睡在一起,实则比喻上官糊涂,任凭下属干坏事,后又比喻上下互相包庇,一起干坏事。

成语的字面意义和实际意义之所以出现不太一致或联系不上的情况,一则是因为很多成语来源于寓言、历史故事或摘自古代诗文,其中的构成成分及其组合有其特定的形成背景和含义,如对"守株待兔""游刃有余""瓜田李下""刮目相看"等成语所蕴含的寓言、故事、诗文等一无所知,就不会了解其实际意义;二则是因为人们在构成或运用成语时曾运用了比喻、夸张等修辞手段,使其字面意义得到了抽象概括或扩展引申,如前面所举"胸有成竹、说一不二、七窍生烟、猫鼠同眠"等。

(2) 音节和谐。

成语以四字格为主要形式,简洁明了,整齐匀称,加上四言之间声调的抑扬交替、声韵的适当配合等,可以产生音节上的和谐美、旋律美,读起来朗朗上口,悦耳动听,顿挫有致,铿锵有力。

四字格成语,不管其内部结构如何,一律都读成二二式。比如尽管在"一衣带水"中,"一衣带"是以整体充当"水"的定语的,尽管在"闻所未闻"中,"所未闻"是以整体充当前面的"闻"的宾语的,但是读起来,都只能读成两字一顿的节奏,而不能读成三一式或一三式。这种阅读的方式,更能显示出成语语音形式整齐化的特点。

成语习惯用四字格,这主要由三方面因素在起作用。一是由成语本身的性质决定的。成语要求有一种既能表达丰富内容,又简明易记的语言形式,二字、三字不足以承载丰富的意义内容,五字、六字又嫌不够简洁,而四字格的形式既易于涵盖多种结构关系,又可以表达复杂的意义内容，使用方便，易记易诵。二是由汉民族的文化心理决定的。汉民族崇尚对称和谐，习俗追求好事成双，四字格形式符合汉民族追求对偶平衡、整齐匀称的文化心理，比如桌椅板凳都做成四条腿的，典型的表情分为喜怒哀乐四种，典型的方向也分为东南西北四面……可见四字格是汉族人民喜闻乐见、具有悠久历史传统的民族格式。三是由语音的形式美所决定的。汉语的声调古时分为平、上、去、入四种，每种声调又分为阴、阳两个小类；同时根据语音的特点和审美的需要，所有的音节又分为平、仄两个大类，没有四字的格式就很难显示汉语语音平仄起伏、抑扬有致的特点和优势。由于以上原因，不但来源于古代的成语多是四字格式，就是现代新创造的成语，也以四字格的居多。

2. 成语的主要来源

（1）神话寓言。

精卫填海　夸父逐日　南辕北辙　叶公好龙　滥竽充数　愚公移山
鹬蚌相争　按图索骥　杞人忧天　画蛇添足　亡羊补牢　掩耳盗铃

（2）历史故事。

负荆请罪　毛遂自荐　闻鸡起舞　图穷匕见　望梅止渴　草木皆兵
风声鹤唳　卧薪尝胆　吴下阿蒙　假途灭虢　甚嚣尘上　夜郎自大

（3）古代诗文。

吐故纳新　进退维谷　一鼓作气　瓜田李下　门庭若市　舍生取义
兴高采烈　披肝沥胆　锲而不舍　因势利导　飞黄腾达　赴汤蹈火

（4）外族语言。

火中取栗　昙花一现　五体投地　不可思议　梦幻泡影　恒河沙数
味同嚼蜡　天方夜谭　心心相印　梦幻泡影　象牙之塔　杀鸡取卵

（5）民众口语。

南腔北调　指手画脚　狼子野心　水到渠成　百花齐放　利令智昏
一清二白　七手八脚　十拿九稳　借题发挥　自力更生　彻头彻尾

3. 成语的结构类型

成语的结构类型多种多样，主要有以下几种。

（1）主谓式。

泾渭分明　手足无措　司空见惯　日薄西山　气贯长虹　鹤立鸡群
道貌岸然　目不窥园　硕果仅存　泰山压顶　天从人愿　顽石点头

（2）述宾式。

平分秋色　虚张声势　初露锋芒　包罗万象　首屈一指　独出心裁
初出茅庐　畅所欲言　枉费心机　忘乎所以　无所畏惧　虚有其表

（3）偏正式。

侃侃而谈　豁然开朗　步步为营　不速之客　莫逆之交　康庄大道
锦囊妙计　轩然大波　纨绔子弟　万古长青　漠不关心　铁石心肠

（4）联合式。

矫揉造作　交头接耳　流言蜚语　平易近人　融会贯通　日新月异
身败名裂　改弦更张　忘恩负义　条分缕析　同心协力　偷梁换柱

（5）补充式。
操之过急　嫁祸于人　惨绝人寰　问道于盲　逍遥法外　轻于鸿毛
同归于尽　无济于事　无动于衷　退避三舍　微不足道　迫不及待

（6）连动式。
改邪归正　刻舟求剑　画蛇添足　画饼充饥　哗众取宠　买椟还珠
牵萝补屋　投笔从戎　剜肉补疮　功成身退　敲骨吸髓　掩耳盗铃

（7）兼语式。
放虎归山　望子成龙　引人入胜　引蛇出洞　点石成金　请君入瓮
令人神往　有案可稽　无人问津　推己及人　看朱成碧　指鹿为马

（8）其他。
泥多佛大　神乎其神　牛衣对泣　乱七八糟　涅而不缁　平地楼台

4. 成语的作用

（1）有助于丰富语言知识。

不少成语保留了古语词的意义或古汉语的语法格式，蕴含着不少的寓言、故事和诗文典故，通过掌握成语，可以了解到古今词义的演变和古代汉语的语法知识，可以丰富文学知识，开阔知识视野。如"买椟还珠、完璧归赵、刮目相看、磨（铁）杵成针、君子之交"等都蕴含着寓言、故事或诗文典故；"麻木不仁"的"不仁"是"没有感觉"的意思，不是"不仁义"的意思；"汗流浃背"的"浃"是湿透的意思；"硕大无朋"的"朋"是比较之义，不是指朋友；"揭竿而起"的"揭"是高举之义，不是指掀开。再如，"瓮牖绳枢、鳞次栉比"中的"瓮""绳""鳞""栉"都是名词作状语的用法；"盘马弯弓"中的"盘"是"使马盘旋"的意思，"弯"是"将弓拉弯"的意思，这是动词或形容词的使动用法；"鱼肉百姓、草菅人命"中的"鱼肉""草菅"是动词的意动用法，"唯命是从、夜以继日"中的"命""夜"是宾语前置，是古汉语中特有的语法格式。

（2）有助于增强表现力，优化表达效果。

成语有的言简意赅，蕴含着深刻的道理，用之耐人寻味，使人易于理解；有的描摹了具体的性状，有助于形象生动地描绘事物，增强感染力；成语音节和谐，可以协调句式，增强语言的抑扬美和节奏感；连用成语，可以强化语义，增强语势，优化表达效果。例如：

① 与其扬汤止沸，不如釜底抽薪。

② 他出现在练兵场栅栏门里，一米高的土台上，值星连长一声"立正"，如潮似浪、热火朝天的操场，顿时鸦雀无声。　　　　　　　　　　（曲波《林海雪原》）

③ 他深知手下的将校，一听说要去同清兵作战就心惊胆颤，谈虎色变。
　　　　　　　　　　　　　　　　　　　　　　　　　　　（姚雪垠《李自成》）

④ 认为一切都是外国的好，崇洋媚外，仰人鼻息，妄自菲薄，不可能有社会主义现代化。拒绝借鉴世界各国包括资本主义国家的文明成果，闭关自守，妄自尊大，盲目排外，也建不成社会主义现代化。

（《建设有中国特色社会主义若干理论问题学习纲要》）

5. 运用成语应注意的问题

运用成语要注意以下几点。

(1) 正确理解成语的意义。

成语在意义上具有整体性的特点,我们不能只从字面上去理解它的意义,如果草率从事,望文生义,那就很容易出错。例如:"这些稿件都是不刊之论,无法采用。""不刊之论"是指至理名言,不可删改,"刊"是"刊正、修改"之义,这个句子之所以错用这个成语,是因为对"不刊之论"意义的理解错位了。

(2) 准确把握成语的感情色彩。

成语中,褒义的居多,但也有不少贬义的,应当区分每一个成语的感情色彩及其变化。例如:"出类拔萃、高瞻远瞩、宽宏大量、披肝沥胆、闻过则喜、卧薪尝胆"等成语明显含有浓厚鲜明的赞许、褒扬的色彩;"鸡鸣狗盗、卖国求荣、口是心非、刚愎自用、贼眉鼠眼、道貌岸然"等成语则明显含有鄙视、贬抑的色彩。使用成语时,对于那些意义相近、感情色彩不同的成语,更应小心在意。例如:"无所不至"和"无微不至"意义相近,都有"无处不到"之义,但前者含有贬义色彩,后者含有褒义色彩;"随机应变"和"见风使舵"意义相近,都有"看情况办事"之义,但前者是指依情况采取相应措施,灵活应付,是中性的,后者是指投机逢迎,随风摇摆,含有明显的贬义色彩。"挖空心思"与"绞尽脑汁"都有费尽心思、想尽办法之意,但"挖空心思"所想的是坏主意,而"绞尽脑汁"所想的则是解决问题的思路或办法,可见"挖空心思"是贬义的,"绞尽脑汁"是中性的。此外,有些成语古今色彩已有变化,使用时也应加以注意。如"空空如也"原指诚恳的样子,具有褒义色彩,现指中空而一无所有,具有中性色彩;"牛鬼蛇神"原比喻李贺的诗写得奇特而有浪漫气息,具有褒义色彩,现比喻形形色色的坏人,具有贬义色彩。

(3) 注意成语字音字形的规范性。

我们在运用成语时,不能随意改动成语的字音字形,更不能错读错写。如"欢欣鼓舞"不能写成"欢心鼓舞","病入膏肓"不能写成"病入膏盲","不负众望"不能写成"不孚众望","草菅人命"不能写成"草管人命","岌岌可危"不能写成"急急可危";"暴殄天物"的"殄"不能读成"zhēn","自怨自艾"的"艾"不能读成"ài","一蹴而就"的"蹴"不能读成"jiù","畏葸(xǐ)不前"的"葸"不能读成"sī","乳臭未干"的"臭"不能读成"chòu","暴虎冯河"的"冯"不能读成"féng"。

(二) 惯用语

1. 惯用语的特点

有一种来自人民群众口头的结构比较定型、意义有所引申的固定短语被称作惯用语。例如:

枕头风　出风头　吹牛皮　开绿灯　打折扣　翘尾巴　剃光头
嚼舌头　跑龙套　开后门　开倒车　和稀泥　半瓶醋　墙头草
定心丸　清一色　钻空子　光杆司令　吃大锅饭　不管三七二十一

惯用语有以下主要特点。

（1）意义有所引申。

惯用语的实际含义与其字面意义并不一致。从惯用语的字面意义来看，它实在、具体，从实际含义来看，它是引申的、抽象的。例如："丢乌纱帽"，乌纱帽本指古代官员戴的官帽，后来乌纱帽成了官员的代名词，把乌纱帽弄丢了，自然会让人联想到官位不保，所以"丢乌纱帽"的意义是指丢官；"敲竹杠"其真正的意义与"竹"和"杠"都没有关系，只是在"敲"上有一点含蓄的体现，"敲竹杠"是指假借某种理由而乘机抬高要价或索取财物的行为。

（2）口语风格鲜明。

惯用语形象色彩鲜明，风格通俗浅近，口语词占绝大多数。如"不管三七二十一""八竿子打不着""卖狗皮膏药"等很少在书面语体中使用。"翘尾巴""炒鱿鱼""穿小鞋""挤牙膏""拍马屁"等都是来自日常生活的常见现象，在口语中使用，显得亲切活泼、生动形象、通俗易懂、情趣横生。

（3）结构形式灵活。

人们在运用惯用语时，结构形式可以换字、加字、重叠、易序等。如"脚踩/踏两只船""碰（了一个不大不小的）钉子""尾巴翘到天上去了""打打小算盘而已""炒了老板的鱿鱼""给我小鞋穿""好拍领导的马屁""这个哑巴亏吃得窝囊"等。

2. 惯用语的来源

惯用语取材于日常社会生活的方方面面。

（1）来源于日常生活或民族文化。如"生米煮成熟饭""捅马蜂窝""捡到篮子里的都是菜"等显然来自人们的日常生活；"戴高帽子"，戴高帽是古人服饰文化的一种表现，象征身份高贵，引申指对人说恭维的话；"跑龙套""唱双簧"来源于汉民族传统的戏曲、曲艺形式；"马后炮""马前卒"来源于象棋文化。

（2）来源于古代神话、典籍、历史故事等。如"下马威"出自《汉书·叙传》中的"畏其下车作威，吏民竦息"。原指官吏初到任时对下属显示威风，后泛指一开始就向对方显示自己的威力。再如"半路杀出个程咬金"源自《隋唐演义》，"空城计""借东风""三把火"等来源于《三国演义》。

（3）来源于宗教迷信。如"财神爷、鬼画符、紧箍咒"等反映了民俗的宗教迷信文化。佛教自东汉传入我国后，其影响波及汉语言文字，有一些惯用语就来源于佛教。如"上西天、见阎王、鬼门关、抱佛脚"等。

（4）来源于方言。如"炒鱿鱼"来自港粤方言，鱿鱼炒熟的时候就卷了起来，与卷铺盖有些相似，于是就用"炒鱿鱼"比喻被老板辞退卷铺盖走路的现象，现在用法更活，打工的也可以炒老板的鱿鱼了；"摆龙门阵"属四川方言，指聊天或讲故事；"吹牛皮"原是黄河上游地区流传下来的一句方言，指说大话；"打牙祭"属湘方言，指偶尔吃一顿丰富的饭菜。

3. 运用惯用语应该注意的问题

（1）正确理解惯用语的意义。

应透过惯用语的字面意义，认真体会其内在含义。如"挤牙膏"就不能理解成将牙膏一点一点地挤出来,而只能通过"挤牙膏"的特点而理解其真正的含义——说话不爽快,经别人一步一步追问,才一点一点地说出来;"踢皮球"也不能理解成真的将皮球踢来踢去,而只能通过足球比赛中将球不断传递转移的特点,将"踢皮球"理解成把应该解决的问题推来推去、不予解决的推诿做法。

(2) 准确把握惯用语的感情色彩。

惯用语与人们的思想感情、日常生活密切相关,它具体地表达出人们的是非观念和爱憎情感。很多惯用语具有讥讽特色,如"装门面""摆阔气""出风头"等讥讽了追求虚荣的心理。"抬轿子""拍马屁"等讥讽了某些人趋炎附势的行为,"穿小鞋""扣帽子"等讥讽了暗中刁难、整治他人的卑鄙行径,这些惯用语都具有明显的贬义色彩。惯用语大都具有贬义色彩。

(3) 注意惯用语使用的场合。

惯用语具有鲜明的口语色彩,生动形象,活泼风趣,多用于小说、剧本之中,一般不用在政府公文、法律规章、学术论文、科技说明文等文体中,如在引例中使用,也应格外谨慎。

(三) 歇后语

1. 歇后语的特点

歇后语是由前后两部分组成的一种生动俏皮的固定短语,有以下几个主要特点。

(1) 结构双合。

歇后语的前一部分表示具体的事物或现象,像谜面,后一部分对前一部分加以解释说明,像谜底,两部分之间须有一定的间歇;前后是引子和注解的关系。这样的语言组合,使人感到生动形象,别致有趣。如"猫哭老鼠——假慈悲""卖棺材的咬牙——恨人不死""孔夫子搬家——尽是书(输)",其中"猫哭老鼠""卖棺材的咬牙""孔夫子搬家"分别具体形象地陈述了几种不同的事情,"假慈悲""恨人不死""尽是书(输)"分别是对各自前部分所陈述的事情的原因、特征、结果等的说明解释。歇后语的后一部分是重点,点出了其真实的含义。

歇后语的双合结构之间是引子和注解的关系,两部分之间需要稍作间歇,有别于成语和谚语中的并列关系、假设关系、条件关系等。

(2) 风格活泼。

歇后语是人民群众在丰富的生活实践中创造出来的,它来自于口语,活跃于口语,是群众喜闻乐见的语言形式。它在构成上多使用风趣机巧的比喻,体现出通俗形象、幽默机智、别有情趣的特点。因此,歇后语又称为"俏皮话"。

2. 歇后语的主要来源

(1) 来源于宗教,如"庵堂里的木鱼——任人敲打""泥菩萨过江——自身难保""八仙过海——各显神通""老佛爷的桌子——碰不得""小和尚念经——有口无心"。

(2) 来源于社会现象,如"大姑娘上轿——头一回""光棍梦见娶媳妇——净想好事"反映了人们的嫁娶生活;"丫环带钥匙——当家不做主"反映了旧社会的等级制度;"长工的血汗钱——来之不易"反映了旧社会的剥削制度等。

（3）来源于生活现象，如"吃咸鱼蘸酱油——多此一举"反映了人们的饮食习惯；"见了骆驼说马肿——少见多怪""骑自行车下坡——踩都不踩（睬）""擀面杖吹火——一窍不通"等反映了一些生活常识。

（4）来源于生产现象，如"船老大带徒弟——从何（河）说起""戴钢盔登脚手架——硬着头皮上""不出芽的谷子——坏种""谷子地里长高粱——冒尖""芝麻开花——节节高""蚕豆开花——黑了心"等。

（5）来源于自然现象，如"大自然的风——来去匆匆""六月的天——说变就变""毒太阳底下的露水——就要干了""春天的毛毛雨——贵如油"。

（6）来源于神话或历史故事，如"百里奚认妻——位高不忘旧情""霸王别姬——无可奈何""曹操杀蔡瑁——上当受骗""白骨精演说——妖言惑众""姜太公钓鱼——愿者上钩""猪八戒照镜子——里外不是人""海龙王打哈欠——好大的口气"。

3. 歇后语的类型

歇后语主要有两大类：喻义歇后语和谐音歇后语。喻义歇后语的前部分是比喻，后部分进行解释说明，点明内在含义。例如：

叫花子作驸马——受宠若惊　　　将军返乡——解甲归田
脚底抹油——溜得快　　　　　　嫁给染匠的婆娘——贪色
百年老松，十年芭蕉——粗枝大叶　骑毛驴看唱本——走着瞧

谐音歇后语的后部分借用音同或音近来点明内在含义。例如：

公鸡头上的肉——大小是个冠（官）
猪八戒的脊梁——悟（无）能之背（辈）
鼻梁骨上推小车——走头（投）无路
酱油铺里的伙计——爱管咸（闲）事
冰糖拌黄瓜——甘（干）脆
腊月里的萝卜——冻（动）了心

4. 运用歇后语应该注意的问题

（1）注意内容健康。

大部分歇后语的内容健康文明，如"门背后的扫帚——专拣脏事做""今年竹子来年笋——无穷无尽"等。但也有一些趣味庸俗、格调低下和容易引起误会的歇后语要慎用或不用。

（2）注意通俗易懂。

我国地域辽阔，方言复杂，在每一个方言区里都会有一些独具地方色彩的歇后语，如"黄龙背的砂茶壶——一张好嘴"（山西方言）、"红脚盆里翻个身——重投胎"（红脚盆：江南旧俗，刚出生的婴儿用红脚盆洗澡，表喜庆）。像这些歇后语一般应限于在当地使用。有些歇后语取材于典故，年代久远，内容生僻，如"晋国借路攻北虢——唇亡齿寒"等，在通俗场合使用，很难收到表达生动形象的预期效果。

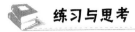

练习与思考

1. 什么是熟语，它有哪些特点？
2. 成语的特点有哪些？请举例说明。
3. 成语的实际意义与字面意义的关系一般是怎样的？
4. 运用成语应注意哪些问题？请举例说明。
5. 惯用语的特点有哪些？它与成语有何不同之处？
6. 什么是歇后语？收集十条歇后语，并归纳它们的类型。
7. 运用惯用语和歇后语应注意哪些问题？
8. 请将下列句中使用不当的词语改正过来，并说明理由。

① 这个问题还不是秃子头上的虱子——明摆着的吗？
② 记得那一年，洪水把千万亩良田变成了一毛不拔的沙滩。
③ 爷爷动脉硬化，两只手经常会情不自禁地抖动起来。
④ 对于贪污盗窃分子，我们不能采取自由主义态度，当然更不能随波逐流。
⑤ 张伟明一向善于团结同志，不管对谁都一团和气。
⑥ 这位战士打起仗来非常勇敢，一向都是赤膊上阵，冲锋在前。
⑦ 尊敬的张老师，今天我不耻下问，向您请教一个问题，希望您能不吝赐教，给予解答——thank you！
⑧ 一种肃穆而深挚的感情油然而生，于是写道：喔噻，祖国的山河多么壮丽啊！
⑨ 党和政府对于灾区人民的关怀一直都是热情周到、无所不至的。
⑩ 在灾难空前的大地震面前，包括灾区人民在内的全国人民，在党中央、国务院的正确领导下，团结一致，顽强奋战，同仇敌忾，勇往直前，决心夺取抗震救灾的全面胜利。

第五节 词　　义

一、词义的性质

词也是声音形式与意义内容的统一体，词的意义内容是客观事物或现象在人们头脑中的概括反映。

（一）词义具有客观性

词义是客观事物或现象在人们头脑中的反映，词义的存在一般以客观对象的存在为前提，因而词义具有客观性。如果没有身体不大，头上一般长有两只角、四肢、有蹄、皮毛较珍贵、肉可食用的反刍类哺乳动物的存在，就没有"羊"的词义的出现；如果没有一般底小口大，用陶瓷、搪瓷、玻璃等烧制而成的盛东西的器物存在，就没有"缸"的词义的出现。在我们的史籍中没有"氢弹、宇宙飞船、机器人"等词以及相应的词义，就是因为当时客观上并不存在相应的事物。即使只表示虚构概念的词义，如"土地爷、魔鬼、妖精、夜叉"等，也都有一定的客观依据，这些词的意义的形成，是人们对外界事物的原始、愚昧或虚幻、歪曲的认识的结果。

不过词义的形成也离不开人的主观认识。由于人们的年龄、经历、文化素养、认识能力等各方面因素的不同，对词义的理解的程度也会有些差异。如对"天旱、洪涝、地震、月食"等事物现象的认识，科学家和一般人的认识就有所不同。不同时代的人们对于同一种客观事物的认识也会有所不同，这与人们主观的认识能力不无关系。比如"人"，《说文解字》解释为"天地之性最贵者也"，《现代汉语词典》则解释为"能制造工具并使用工具进行劳动的高等动物"，词义解释的变化正是由人的主观认识的变化而引起的。由此可见，词义的主观性还表现在整个人类对客观事物的认识水平上。

词义的客观性是第一位的，并且为不同的人们使用同一种语言以达到相互理解提供了客观依据，而人们对于词义的主观认识总依附于词义的客观性，甚至最终为词义的客观性所决定，由此不难看出，词义的客观性是主要方面，词义的主观性是次要方面。

（二）词义具有概括性

词义是人脑对客观事物或现象的反映，这种反映不是具体事物的直观描摹，而是高度概括的描述，即词义所反映的往往是整类、整个事物或现象的共同属性，而舍弃了该类事物中每一事物的个别属性，舍弃了该事物中的非本质属性。如"家具"的意义是"家庭用具，主要指床、柜、桌、椅等"，只要是床、柜、桌、椅之类的家庭用具都可以叫"家具"，它舍弃了床、柜子、桌子、椅子的个别属性。"床"的意义是"供人躺在上面睡觉的家具"，只要是"供人躺在上面睡觉的家具"都可以叫"床"，他舍弃了木床、铁床、沙发床、弹簧床等各种类型的床的个别属性。再如，"赞成"是指所有人的对"别人的主张或行为""同意"的态度，而非单指某一个具体的人对某一具体事物的态度；"坚忍"是指所有"在艰苦困难的情况下坚持而不动摇"的意志，而不是指哪一个人的意志。即使是专有名词的词义，也具有概括性。如"上海"一词的词义就概括了各个时期上海的一些共同的特征及其区别于其他城市的本质特征。

词义是人们对某一事物或现象的本质属性的高度概括，而不包括其所有的属性；只有反映了本质属性，才可以将该事物、该现象与其他事物、其他现象有效地区别开来。如上文所说的"家具"是指床、柜、桌、椅之类的家庭用具，这样的词义便与经常在办公场所使用的用具区别了开来，也与家庭中使用的锅、碗、瓢、勺等其他用具区别了开来，这一定义就是对床、柜、桌、椅之类的本质属性的高度概括。

词义的概括性特征可以使人们用有限的词去反映千差万别的、无限的具体事物和现象，从而使社会集体成员之间的相互交际成为可能。但在具体的话语、文章中，词有具体的实指功能，也就是说概括性的词义能够指称具体的事物或现象。如"前面走来一个人"中的"人"，不是泛指一切人，而是具体地指说话人所看见的正在从前面走来的那一个人。

（三）词义具有发展性

词义会随着社会的发展而发展，随着社会的演变而演变。词义的发展性主要表现为以下几个方面

1. 词义的根本性变化

人们对事物或现象的认识总会受到当时条件的制约，由于受认识水平和客观条件的限

制，人们对于一些复杂的事物和现象不可能一下子就能准确把握其实质，而往往需要一个过程——甚至需要一个漫长的过程，所以人们对于词义的揭示也总是在不断进步，不断深化，不断接近真理，直至最后到达真理。比如对于"心"的解释——《孟子·告子上》解释为"心之官则思"；后来中医认为"心"的功能是主血脉并藏神，《现代汉语词典》则解释为"人和高等动物身体内推动血液循环的器官"。《现代汉语词典》的解释与《孟子·告子上》的解释就有本质的区别。再如人们对"鸡""虹""天""地"等词的古今解释，无不呈现出这样的特点。

词义的根本性变化的另一原因则是所指事物已完全不同或事物发生了本质性的变化。如"卑鄙"，旧时指出身卑微而知识浅陋；诸葛亮《出师表》中"先帝不以臣卑鄙，猥自枉屈，三顾臣于草庐之中。"此句中的"卑鄙"就是这个意思。现在的"卑鄙"则是"品质、行为恶劣"之意。还有"金"，当初指铜，后来指金属，现在指黄金。"国"最早指都城，后来指诸侯王的封地，现在指国家。"铜"与"黄金"、"都城"与"国家"，其内涵都有根本性的不同。再如作为计时单位的"刻"，古时一刻是一昼夜的百分之一，相当于现在的14.4分钟，现在一刻则是15分钟；"14.4分钟"与"15分钟"不只是时间长短的不同，而更是计时原理的不同（明末因受欧洲天文学知识的影响而改变）。

2. 词义的扩大、缩小和转移

词义的扩大，主要是指词的义项的增多。如"活动"一词，其原来的"运动""动摇""某种行动""不固定"等意义仍然使用，后又增加了"钻营、说情、行贿等行为"的义项——这说明"活动"的意义已经扩大。"阳光"，其指"日光"的意义仍然使用，但在"阳光工程"这一短语中，则含有"公开操作并接受人民监督"的意思，在"阳光男孩"这一短语中，则含有"大方、爽朗、率真、爱运动、健康活泼、使人容易接近"等意思——这说明"阳光"的意义正在扩大。

词义的扩大，还包括所指对象范围扩大的情况。如"肉"原来只是指"鸟兽之肉"，后来指一切动物的肉。"江"原来专指长江，现可指所有的"大河"，其所指对象都是水流，可见范围明显扩大了。

词义的缩小，主要指词的义项的减少，也包括所指对象范围的缩小。如"第三者"，原来既指"当事双方以外的人或团体"，也指"插足于他人家庭，跟夫妇中的一方有不正当的男女关系的人"；而现在人们在使用"第三者"时，都只使用后一个义项了；需用第一个义项时，人们则都使用其他的词语予以代替了。"臭"原义指气味，后来内涵缩小，特指与"香"相对的恶腐之气。"瓦"，原指所有用泥土烧制而成的器皿，如"瓦盆""瓦罐""瓦缸"等，现专指"用泥土烧制而成或用水泥加工而成的铺屋顶用的建筑材料"了。

词义的转移，是指由甲义变成了乙义。如"脚"原指小腿，现在则指人或动物腿的最下端接触地面的部分。"检讨"原是"总结分析或研究"之义，现在是"找出缺点和错误，并作自我批评"之义。"书记"原指"办理文书及缮写工作的人员"，现指"党、团等各级组织中的主要负责人"。

3. 词义色彩的变化

词义感情色彩的变化较为复杂。一是由褒义转变为贬义。如"爪牙"古代指勇猛、得力的帮手,现在"爪牙"的意义跟"走狗"差不多,完全是贬义。二是由贬义转化为褒义。如"客气",古义为虚骄之气,也指文章虚夸浮泛,具有贬义色彩;现指"对人谦让、有礼貌"或指"说谦让而有礼貌的话,做谦让而有礼貌的事",一般都含有褒义。三是由中性转化为褒义或贬义。如"牺牲"在古代是祭祀用的供品的通称,是中性词,现在的"牺牲"指为了正义的目的而舍弃自己的生命,带有鲜明的褒义色彩;"逢迎"古代指迎接,是中性词,现在指无原则地迎合、拍马、阿谀等,是贬义词。四是由褒义或贬义转化为中性义。如"余幼好此奇服兮"(《涉江》)中的"奇"是美好、漂亮的意思,是褒义词,现在是中性词。

二、词义的构成

词义一般由两个部分构成,一是概念意义,二是色彩意义。概念意义也称理性意义,是词义的核心部分;色彩意义是附加在概念意义之上的,有感情色彩、语体色彩、形象色彩和文化色彩之分。

(一) 概念意义

概念意义,是客观事物和现象的本质属性在人脑中的概括反映。例如:

世面　社会上各方面的情况。
缺席　开会或上课时没有到。
警车　警察执行公务用的车辆。
黑钱　指以贪污受贿或敲诈勒索等非法手段得来的钱。

概念意义的作用在于反映词与所指对象的对应关系。如"反衬"指的是"从反面来衬托",那么"正衬、旁衬"等都不属于"反衬"的概念意义范围。有时,一个词指称了几种不同的对象,这个词就有了几种不同的概念意义。如"学生"一词,既可指"在学校读书的人",又可泛指"向老师或前辈学习的人",可见"学生"一词具有两个概念意义。另外,如果一个词的指称范围发生变化,词的概念意义也会发生变化。如"硬件"一词,原只指计算机系统中的某一组成部分,后来人们借用"硬件"指称一些设施,因此"硬件"一词出现了一个新的概念意义,即指"生产、经营、科研、教育等过程中的物质材料、基础设施、机器或仪器设备等"。

概念意义一般有两种,一种是通用意义,另一种是专门意义。通用意义是指全体社会成员共同使用的概念意义;专门意义是指具备某种专门知识的人所使用的概念意义。有的词只有通用意义,有的词只有专门意义;而多义词中,往往既有通用意义,也有专门意义。词的通用意义比词的专门意义存在的要普遍得多,专门意义有时可以转化为通用意义。

(二) 色彩意义

色彩意义一般不能脱离词的概念意义而独立存在。色彩意义主要有以下几种。

1. 感情色彩

词的感情色彩意义是人们在表达对事物的概括认识的同时所反映出的对该事物的一种主观评价、情感态度。最常见的感情色彩意义有两类,即褒义色彩和贬义色彩。有些词表明了人们对所反映的事物的肯定、赞美、歌颂、喜爱、敬重等情感态度,这就是词的褒义色彩，这些词可以叫作褒义词。例如：

真诚　勤奋　英勇　豪迈　雄伟　崇高　聪明　伶俐　廉洁　→形容词
拼搏　激励　鼓舞　鞭策　褒扬　赞美　歌颂　敬仰　孝敬　→动词
榜样　楷模　真理　英雄　先烈　美誉　英名　贤良　佳作　→名词

有些词表明了人们对所反映的事物的否定、抨击、憎恶、蔑视、鄙弃等情感态度，这就是词的贬义色彩，这些词可以叫作贬义词。例如：

狡猾　奸诈　残忍　猖狂　鄙俗　粗劣　虚伪　吝啬　愚蠢　→形容词
贿赂　巴结　叫嚣　勾结　谄媚　诬蔑　诬陷　侮辱　玩弄　→动词
走狗　贪官　流氓　罪恶　行径　嘴脸　赃款　叛徒　败类　→名词

语言中的词并不都具有感情色彩，大多数词既没有褒义色彩，也没有贬义色彩，我们称之为中性词。例如：

飞快　缓慢　遥远　简单　暖和　热闹　偏僻　清静　久远　→形容词
跑步　追赶　睡觉　懂得　将养　开始　离休　观察　锻炼　→动词
学生　学校　外甥　肝肠　房屋　汽车　金属　桌子　体育　→名词

感情方面的色彩意义总是附着在特定的概念意义之上的，如"团结"是指为做有价值或正义的事而联合或结合在一起，这一词的褒义色彩就是附加在"联合或结合"这一概念意义之上的；"呸"是"表示唾弃或斥责"的叹词，其贬义的色彩也是附着在"通过声音和气流的调控而表示某种情感态度的一种独特的感叹形式"这一概念意义之上的。

另外，词的感情色彩意义在特定的语言环境中有时会发生变化，例如：

有几个慈祥的老板到菜场去收集一些菜叶，用盐一浸，这就是他们难得的佳肴。（夏衍《包身工》）

"慈祥""佳肴"本带有褒义色彩，但在上述例句中，两词都带有明显的贬义色彩，这种临时的贬义色彩只是一种语用意义，不是词本身固有的语汇意义。不过对于"慈祥""佳肴"的理解不应仅仅停留在表面的贬义或反语的理解上，还应深入分析其比较的对象，在不同的比较对象面前，其意义又应有所不同。相对于连用盐浸过的菜叶也不给吃的老板来说，这几个老板也确实"慈祥"一些；但如果有时给包身工吃一点用盐浸过的菜叶就可称作"慈祥"，那么"慈祥"的价值标准也就未免太低了！由此推理，这些可以任意驱使奴役包身工的老板能有一个是真正慈祥的吗？——应该说都是极其狠毒和残忍的！

2. 语体色彩

语体色彩是指词由于经常用于特定场合或特定文体中而形成的某种语言风格。最常见的语体色彩是口语色彩和书面语色彩，词典里一般分别标作〈口〉、〈书〉。具有口语色彩的词称为口语词，常用于日常谈话，具有朴素自然、浅近平易的风格。例如：

忽悠　糊弄　庄稼　摆设　打听　小气　丫头　财迷　折腾　溜达
拉扯　摆平　瞧瞧　日子　吹牛　寻思　干脆　吃香　差劲　上路
头儿　凑合　蒙（骗）　脑壳儿　抽筋儿　压根儿　毛手毛脚

具有书面语色彩的词称为书面语词，常用于书面写作，如政论文、应用文、科技文、文学作品等；书面语词具有庄重、文雅的风格。例如：

就餐　休息　批阅　阅读　妖娆　标致　神往　新月　大驾　鉴赏
光临　邂逅　浩瀚　政体　公民　专政　审计　谋划　依稀　墨宝

丹青　头颅　临床　伏特　光年　圆周　运算　予以　特此　兹该

　　词的语体色彩是固定地依附在词的概念意义之上的，而不是在具体的语言环境中临时产生的。口语词不会因为写在书面上而失去其口语色彩，书面语词也不会因为说在口头上而失去其书面语色彩。具有语体色彩的词的运用，要注意和各自的语体相协调，做到贴切得体。我们日常说话具有轻松、自然、随意的特点，如果使用书面语词，就会使人感到生疏、别扭、不自然；反之，书面语言，特别是政府文告、法律条文、外交文件等，一般要求庄重严肃，如果随意使用口语词，同样是不得体的，甚至给人以轻浮之感。当然在特定的语境中，故意使用与语体不相吻合、让色彩形成明显反差的词语，也可收到特殊的表达效果。

3. 形象色彩

　　语言中的一些词能使人联想起该词所指称的事物的形态、颜色、声音、状貌等生动具体的形象，这些词的概念意义上就会附着有形象色彩。例如：

反映形态：螺旋桨　含羞草　猫头鹰　灯笼花　马尾松　笑面虎　蘑菇云
反映动态：滑翔　架空　摊牌　上钩　驴打滚　翻跟头　跑龙套　倒行逆施
反映颜色：天蓝　墨绿　碧空　朱栏　绿茶　青山绿水　黑芝麻　玫瑰红
反映声音：咣当　嘀嗒　叽咕　轰隆　哗啦　叮当　乒乓球　噼里啪啦

4. 文化色彩

　　语言中的一些词蕴含着丰富的历史文化内涵，能使人们联想到与词义相关的典故、诗文或民俗，这就是词义的文化色彩。如"七夕"是中国的传统节日之一，又称"乞巧"节。据传，这天夜晚，牛郎织女天河相会，人间的喜鹊为给牛郎织女搭桥，几乎都不见了；这天晚上，我国各地也会举行各具特色的活动为牛郎织女乞福；又传这天晚上若举行各种活动，可为妇女乞得灵巧，于是全国各地的妇女根据本地的习俗或举行穿针引线的活动，或手工制作小物品以比赛谁巧，或摆上物品让织女欣赏品尝，以求她保佑来年瓜果丰收；女人们不仅乞巧，还有乞子、乞寿、乞美和乞爱情的。由此可以看出，"七夕"作为传统的节日，具有丰富的民族文化的内涵。又如"龙"是我国古代传说中的神异动物，封建时代用龙作为帝王的象征，所以"龙"成为尊贵、吉祥的象征，中华民族也称自己是"龙"的传人。这些词都能使人联想到丰富的文化背景。

　　不同民族有不同的文化色彩。在美国，主人招待客人时，如果说"粗茶淡饭，薄酒一杯，不成敬意"，这时你所在饭店的老板会找你算账；在中国，称人为动物那是骂人，但在有些西方国家就不会这样理解。

三、单义词和多义词

（一）单义词

　　一个词如果只有一个意义，这个词就是单义词。例如：

蜜蜂　螳螂　梧桐　茶杯　内科　经脉　嫂子　韩愈　中国　济南

　　一般来说，科技术语、专有名词和表示草木、鸟兽、器物及其他常见事物的名称的都是单义词。单义词的意义明确、固定，不会产生歧义。

(二) 多义词

一个词如果有几个相互关联的意义，这个词就是多义词。例如：

敬　① 尊敬：敬重／敬仰……
　　② 恭敬：敬请执教。
　　③ 有礼貌地送上（饮食或物品）：敬烟／敬酒……

多义词都是由单义词演变发展而来的。一个词最初总是单义的，由于社会的发展和人们交际的需要，人们对词义的区分越来越细，语音形式又是有限的，因此人们习惯用原有的语音形式来指称与原有的事物或概念有一定相似或相关之处的新事物或新概念，不再另造新词，这样原来的单义词就变成多义词了。现代汉语中多义词占大多数。

根据意义产生的先后，多义词的几个意义可以分为本义和派生义两类；根据意义的重要程度和使用频率，多义词的几个意义又可以分为基本义和非基本义两类。

本义是词的最初、最原始的意义；由本义或其他义项派生出来的意义叫作派生义。基本义是使用频率高、应用范围广的词义；相比较而言，其他词义都是非基本义。本义是固定不变的，但由于考古资料和研究成果的局限，一个词也可能有两个本义，不过这种现象是极少的。基本义是相对而言的，是可以根据具体情况而加以调整的。例如：

说　① 用话来表达意思：说给我听听。
　　② 解释：一说就明白。
　　③ 言论；主张：著书立说。
　　④ 责备；批评：爸爸说了她几句。
　　⑤ 说合；介绍：说事／说婆家。
　　⑥ 意思上指：他是说谁呢？
兵　① 兵器：短兵相接。
　　② 军人；军队：当兵／兵种。
　　③ 军队中的最基层成员：士兵／上等兵。
　　④ 关于军事或战争的：兵法／兵书。

在上述示例中，"用话来表达意思""兵器"分别是"说"和"兵"的本义；"用话来表达意思"还是"说"的基本义，而"军队中的最基层成员"则是"兵"的基本义。可见本义不等于基本义。再如"包袱"，本义指包衣物用的布；中华人民共和国成立以后直至改革开放之前，"用布包起来的包儿"一直是基本义，而在目前，"比喻某种负担"则成了"包袱"的基本义。

派生义产生的方式主要有以下四种。

1. 相关派生

相关派生就是利用词的本义或其他义项与别的事物或现象之间的种种相关的关系以形成新义。上例中的"②军人；军队；③军队中的最基层成员；④关于军事或战争的"都是利用相关的关系在"兵器"的基础上派生出来的。

2. 相似派生

相似派生就是利用词的本义或其他义项与别的事物或现象之间的种种相似的关系以形

成新义。上例中的"比喻某种负担"就是利用其与"用布包起来的包儿"之间有一种沉重而又需要人背负的相似性而形成的。

通过相似派生的方式派生出的词义，与修辞上通过临时打比方而形成的比喻义是不同的。前者已经固定在词义之中，后者只能依靠语境而存在。

3. 通感派生

通感派生是利用事物或现象与表示某种感觉的意义之间的相似性而形成新的词义的一种方式。如"苦"，原指味觉上的像胆汁或黄连的味道，跟"甘"相对，后指心理感觉上的痛苦、难受；"尖"原指末端细小、尖锐，属视觉感觉，后指声音高而细，也指耳、鼻灵敏，这些属听觉、嗅觉上的感觉。

4. 象征派生

某种事物或现象与原词义之间既没有明显的相似关系，也没有明显的相关关系，但人们往往利用某种文化背景或心理习惯，用原词义来象征某种事物或现象以形成新义，这种派生的方式可称之为象征派生。如用"白"的本义"象征反动"；用"红"的本义"象征顺利、成功或受人重视"，"象征革命或政治觉悟高"。

四、语境与词义

（一）语境

语境是指语言使用的特定环境。语境由多种因素构成，有书面语中的上下文和口语中的前言后语，有使用语言的时间、地点、场合以及交际双方的身份、年龄、心情、宗旨、文化修养、个性特征等。这些因素都能影响语言的使用。俗话所说的说话时要察言观色、随机应变，就是说话要与语境保持一致的意思。《三国演义》中有这样一个故事：曹操行刺董卓未成，逃亡到他父亲的好友吕伯奢家。晚上，曹操听到后堂有人说话"缚而杀之，何如？"曹操以为吕家人要杀他，思忖："是矣，今若不先下手，必遭擒获。"于是杀尽吕伯奢一家。直至到后面看到一口被绑着待宰的猪，他才明白杀错了。曹操在亡命途中，思想处于高度警惕和防备之中，正是在这种特殊的环境下，曹操错误地理解了"缚而杀之"这一句话，从而铸成大错。曹操错杀吕伯奢一家，是因为自己的特殊情况和特定心境所致；吕伯奢一家之被错杀，是因为吕氏没能注意到曹操的特殊情况和特定心境，没能够在说话时注意措辞避讳而导致的。由此可见，语境对词义的表达和接受都具有很强的制约作用。

（二）语境对词义的作用

语境对词义的作用，主要表现在以下几个方面。

1. 语境使词义单义化

在我们的语言中，多义词的数量远远多于单义词，可这并没有影响语言正常地发挥自己的交际功能，其主要的原因就是语言的使用是在语境中进行的，语境对多义词起到了制约作用，只让多义词几个义项中的某一个义项发挥作用。如"我们这几个亲兄弟之间千万不要闹出什么矛盾来"中的"兄弟"是指"哥哥和弟弟";"你是我的好兄弟"中的"兄弟"只指"弟弟"了。在上述两个语境里,"兄弟"一词的意义被单义化了,只能作一种理解。

2. 语境使指称具体化

词义具有概括性,但是在语境里,所指对象具体化了。如"牛"是指一种身体大,趾端有蹄,头上长角,尾巴尖端有长毛的反刍类哺乳动物,这个意义是抽象概括的。但当一个人问"你看见了什么?"另一个人回答"我看见一头牛正在草地上吃草。"在这种情景中,"牛"具体化了,是指特定时间、特定地点被特定的人所看见的牛。再如韩愈说过的一段话,"世有伯乐,然后有千里马。千里马常有,而伯乐不常有",前后两个"千里马"虽然都代指人才,但由于所处的上下文不同,在具体意义上还是有差别的:前一个"千里马"是指被发现、被赏识、出了名的人才,后一个"千里马"是指没被发现、没被赏识、还被埋没着的人才。

3. 语境使词义发生变化

常见的有以下两种情况。

(1) 该词若与某个词具有反义关系,在特定的语境中该词的色彩意义有时会临时发生反转式的变化。例如:

① 我们全党全民要把这个雄心壮志牢固地树立起来,扭着不放,"顽固"一点,毫不动摇。　　　　　　　　　　　　　　　　　　　　　(邓小平《目前的形势和任务》)

② 既异想天开,又实事求是,这是科学工作者特有的风格,让我们在无穷的宇宙长河中去探索无穷的真理吧!　　　　　　　　　　　　　　(郭沫若《科学的春天》)

例①中的"顽固"在句中是用来指实现新时期总任务时所应具有的坚忍不拔的精神。例②中的"异想天开"本是"想法奇特,难以实现"的意思,且含有贬义;但在这里却是指"敢于突破窠臼,大胆想象"的意思了,是对科学工作者的希望和鼓励,含有褒义了。这两个词在各自的语境中所表达的褒贬色彩与其在词汇意义中所固有的褒贬色彩恰恰相反。

(2) 产生新义。

词的理性意义在语境中有时会临时发生变化,转化成新的意义。例如:

我的这个发言,与其说是一个老科学工作者的心声,毋宁说是对一部巨著的期望。
　　　　　　　　　　　　　　　　　　　　　　　　　　　(郭沫若《科学的春天》)

"巨著"一词在句中并非指"篇幅长或内容精深的著作",而是指具有重大突破而意义非凡的巨大的科学成就。这一意义就是在特定的语境中临时转化生成的。这种现象往往还发生在一些专有名词上,如"活雷锋""新时代的焦裕禄""中国的比尔·盖茨"等,"雷锋"是指具有毫不利己、专门利人的共产主义思想的人,"焦裕禄"是指为人民、为工作而不惜献出生命的好干部,"比尔·盖茨"是指因有独到眼光和独特胆识而使事业急速发展起来的优异人才,这些词的实指意义都是在特定语境中产生的新义。

俗话说"听话听音,锣鼓听声",这说明说话者可能有弦外之音、言外之意,听话者一定要注意体会,方能真正听懂对方的意思。监考老师若发现有位同学考试时正在作弊,于是说:"这位同学真是太谦虚了,就连考试时也不忘向他人学习借鉴。"如果老师讲课时发现有位同学在睡觉，于是说："这位同学昨天晚上又为学习熬夜了吧？用功是必要的，但也不能过于刻苦，也不能不注意休息啊！"你听过这些话后，会如何加以理解呢？

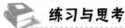

练习与思考

1. 应怎样理解词义的性质？
2. 词义有没有主观性？为什么？
3. 什么是词的概念意义？概念意义一般有几种？它们之间是什么关系？
4. 请举例说明词义的发展演变。
5. 举例说明词义的构成。
6. 词的本义就是词的基本义吗？为什么？
7. 派生义产生的方式主要有哪几种？请举例说明。
8. 请分析下列多义词的意义类型及其几个意义之间的引申方式。
   包袱　铁窗　背景　飞跃　集中　牢　酸溜溜
9. 什么是语境？语境对词义有哪些作用？请举例说明。
10. 网络语言都可以在平时的写作中使用吗？为什么？请举例说明。

第六节　词语的关系

语汇是个系统，系统内的词语存在种种联系，词语之间的联系可能是意义上的，也可能是形式上的。意义上的联系构成各种语义场，语义场里面的词从不同角度观察，又有上下义、类义、同义、反义等方面的关系；形式上的联系表现为听觉上的声同、韵同、调同或声音形式完全相同，视觉上的形旁同、声旁同或书写形式相近甚至相同。将词语之间的种种联系加以归纳，分出类别，就能显示出词语之间相对稳定的关系状态。下面就探讨这个问题。

一、语义场

（一）语义场的性质

根据词义的共同特点或关系划分出来的语义的类就叫作语义场。如"枪、子弹、导弹、火箭弹、原子弹、氢弹、中子弹、大炮、坦克"等，关系性质相同，有一个共同的"武器"语义特征，可以概括为武器类的词，属语义场中的"武器场"；又如"牛、马、猪、羊"等都是表示豢养动物的词，它们都有一个共同的语义特征——"家畜"，便又形成了语义场中的"家畜场"。

（二）语义场与上下义词

1. 语义场的不同层次

由于根据词义的共同特点或关系划分出来的语义的类有大有小，故语义场有层次之分。语义场的纵向联系就体现在语义场的层次结构上。大的语义类可称为"母场"，在

"母场"下面还可能分成若干个小的语义类——"子场",由母场到子场,便形成一个有序的集合。如亲属场下的子场:男性亲属场和女性亲属场,直系亲属场和旁系亲属场。有的词可以兼属不同层次的语义场,表面看来它还是一个词,但它的意义已经发生了变化。例如:

$$
\text{物质场} \begin{cases} 金 \\ 木 \\ 水 \\ 火 \\ 土 \end{cases} \qquad \text{金属场} \begin{cases} 金 \\ 银 \\ 铜 \\ 铁 \\ 锡 \end{cases}
$$

左位的"金"是物质场(母场)中的词,指金属;右位的"金"是金属场(子场)中的词,指黄金,这种义项的区别,是由所属的语义场体现出来的。

2. 上下义词

母场与子场是一种上位与下位的关系,母场中的词与子场中的词便可称为上下义词,也叫上下位词,如"动物"与"家畜、野兽"就是上下义词,"家畜"与"牛、马、猪、羊","野兽"与"虎、狼、熊、狮"也是上下义词,"动物"属一个大的语义类,是上位词,"家畜""野兽"相对于"动物"来说是下位词,相对于"牛、马、猪、羊"和"虎、狼、熊、狮"来说,却是上位词。

词的上下位关系的层次性与语义场的层次性是一致的。根据词的上下位关系的层次性,可以把上下义词分为两种类型:直接上下义词和间接上下义词。直接上下义词指相邻层次上的词,间接上下义词指相隔层次上的词。例如:

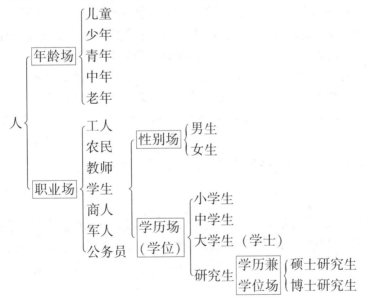

由图示可知,词义的上下义关系是相对的,"学生"相对于"人"来说,是下义词,相对于"中学生"来说,又是上义词。"学生"与"中学生"之间是直接上下义词,"学生"与"博士"之间又是间接上下义词。

上下义词的关系反映了词在意义上的相互隶属的关系,可以叫作词的纵向关系。词的同义、反义关系可以叫作词的横向关系。了解词的纵向关系和横向关系,能更全面地理解词的意义联系，有利于准确地使用语言。在语言运用中，往往利用上下义词的纵向关系，构成这样的表达方式：

　　　　下位词　　　是××××的　　　上位词
　　　　鱼　　　　　是营养丰富的　　　食物

其中，"鱼"对"食物"来说是下位词，"食物"对"鱼"来说是上位词，"营养丰富"是说明"鱼"的性质特征的。这种表达方式广泛用来说明解释各种事物和现象，帮助人们认识下位词所表示的东西属于何种类别的事物现象（上位词表示），有什么样的性质特征（上位词的修饰语表示）。

词典也常用这种表达方式来解释词义。例如：
　　热力　由热能产生的做功的力。
　　飞语　没有根据的话。
　　晚报　下午出版的报纸。

用这种方式解释词义，要挑选恰当的上位词，最好是直接相邻的上下位关系，如果解释"小学生"时，说"小学生"是"……的人"，这就不妥了。有些群体故意跳过直接的上下位关系，用间接的或更间接的上下位关系予以指代，让一般的人不知其真正的意思，只有圈内的人才能理解，这便形成了隐语。我们不提倡滥用隐语。此外释义时也要注意抓住要点，准确说明事物现象的本质特征。

（三）语义场与类义词

1. 语义场的相同层次

通过同一语义场的不同词之间的意义比较而概括出的各个语义特征，可称之为义素，义素是在词义的比较中进行立体化分析的结果，是词义的最小构成成分。对词进行义素分析，可以发现它们属于同一个语义场的具体理由（拥有共同的义素），可以找出它们之间的意义差异（拥有不同的义素），以便于准确地选择词语，严谨地表情达意。

语义场的横向联系体现为同一层级的词语在语义上相互制约、相互依存。如同一层级的"水"与"火"既有相同的语义特征又有不同的语义特征，因为共同特征而聚合为一类，因为不同特征而区别为两个个体。所以，语义场中词的共同义素表明各词义之间的联系，不同义素表示各词义之间的对立关系。

2. 类义词

类义词是具有共同语义特征——共同义素或者属于一个较大意义类别的一组词。如"黑板、粉笔、黑板擦、课桌"同属教具类，"电脑、打印机、扫描仪、传真机"同属现代办公用具类，"红、黄、蓝、白、黑"同属颜色类，"汽车、轮船、火车、飞机"同属现代交通工具类。

由于多义词的存在，类义词的构成往往有着相对的关系。一个词的不同义项可以与不同的词构成类义关系。如"分"在一种意义上可以与"合"构成一组类义词，而在另一种意义上又可以与"总"构成一组类义词。"分"与"合"构成类义词时，用的是"分开"之义；"分"与"总"构成类义词时，用的是"分支"之义。

词和词的类义联系，有的比较密切，有的比较疏远，如"父亲、母亲"是关系最密切的类义词，它们只有一个义素不同，其他义素都相同，"父亲"和"叔叔"也有类义关系，它们都表示血亲关系，而且都有辈分高的共同特征，但相比之下，这种类义关系就比较疏远了。

如果说上下义词是语义场成员纵的联系，那么类义词就是语义场成员横的联系。

以类相聚的类义词，具有共同的义素，知道某组类义词的共同义素，对准确解释词语的意义很有帮助。词典的释义往往要说明某个词使用的场合和范围，例如：

婀娜：姿态柔软而美好。

妩媚：女子、花木等姿态美好可爱。

洒脱：形容姿态自然、无拘无束。

"姿态"是这三个词共有的语义成分，表明这三个词是属于同一义类的类义词；同时我们也会明白，这三个词都必须在"姿态"的范围内运用。

类义词连续使用，往往可以增强语言的感染力。例如：

我们这儿也是好地方，牛羊遍野，骆驼成群，夏天的草原是一片琉璃瓦，冬天的草原是一片银世界。

"牛羊"与"骆驼"，虽对仗并不工整，但它们应是类义词。

尤其是白族同胞，几乎家家院内是繁花，户户门外有清流。

此句中"家家"与"户户"应是同义词；"院"与"门"，"内"与"外"，"有"与"是"，"繁花"与"清流"则可分别看作类义词。类义词在诗歌和对联中常常使用。

祖国兴旺发达

民族昌盛繁荣

"祖国"和"民族"，"兴旺"和"昌盛"，"发达"和"繁荣"，都分别互为类义词。

二、同义词和反义词

（一）同义词

1. 同义词的类型

意义相同或相近的一组词被称作同义词。同义词可分为两类。

（1）等义词，也叫绝对同义词，指的是概念义完全相同、附加义略有不同的几个词。这类词可互相代替，语言中数量不多。例如：

力气—气力　嫉妒—妒忌　米—公尺　　水泥—洋灰、水门汀
代替—替代　离别—别离　演讲—讲演　青霉素—盘尼西林

（2）近义词，也叫相对同义词，指的是概念义有所差异、附加义也有不同的几个词。这类同义词数量很多，使用中有着积极的意义和作用，是词汇学和修辞学研究的重要对象。例如：

褒扬—表扬　　坚定—坚决　　打算—企图　　反映—反应
清除—根除—铲除　　　愤怒—愤慨—愤懑—愤恨

2. 同义词的产生

（1）古语词的沿用，与现代普通话用词形成了同义词。例如：

视—看　故—老　逝世—死　诞辰—生日　措施—办法

（2）方言词的吸收，与通用词形成同义词。例如：

搞—做—干　　玉米—苞米—苞谷—棒子　　太阳—日头

（3）专业词的使用，与普通口头用词形成同义词。例如：

荧光灯—电棒　　牙床—齿龈　　痨病—肺结核　　稀释—冲淡

（4）外来词的吸收，与本族用词形成同义词。例如：

冰淇淋—雪糕　　麦克风—话筒　　维他命—维生素

水门汀—水泥　　马达—发动机　　梵阿铃—小提琴

（5）客观事物或现象比较接近，为了满足表情达意的准确性、适切性、形象性、生动性的需要，便创造出一些意义相近但又有一定区别的近义词。例如：

天蓝—宝蓝—翠蓝—藏蓝　　告退—引退—隐退—退隐

通明—透明　　繁荣—繁华　　坚固—牢固　　勇敢—英勇

跳跃—雀跃　　飞腾—飞跃　　美妙—曼妙　　优美—幽美

3. 同义词辨析

辨析和运用好同义词，对语言运用具有重要意义。

辨析同义词，必须结合语言实际，明确其意义和用法之"大同"，分辨其意义和用法之"小异"，即找出同义词的"共性"和"个性"。"小异"或"个性"才是辨析同义词的重点所在。辨析同义词大致可从以下几方面入手。

（1）概念意义的辨析。

① 语义侧重点有所不同。有些同义词的差别在于语义侧重点不同。如"告退—引退—隐退"，都有"退出"的意思，但"告退"侧重于公开告知，"引退"侧重于因故离开，"隐退"侧重于不声不响。又如"精细—精致—精巧—精美"中的"精细"着重指细密、细致，"精致"着重指别致、新奇，"精巧"着重指巧妙、玲珑，"精美"着重指美好、漂亮。

② 语义程度有轻有重。有些同义词的差别在于词义的程度轻重不同。如"看见—看穿—看透"都有"使视线接触人或事物"的意思，但"看见"的程度轻一些，"看穿"的程度重一些，"看透"的程度就更重一些。其他例如：

功劳—功勋　　真诚—真挚　　相当—非常—万分—极其

轻视—蔑视　　秘密—机密—绝密　　优良—优秀—优异

③ 范围大小有所不同。有些同义词所指对象的范围有大小之别。如"国界—边境—边疆"都可以指远离内地跟别国接壤的地方，但"国界"范围最小，只指国与国之间的界线，"边境"指靠近国界的地方，范围较小，"边疆"指靠近国界的领土，范围较大。其他例如：

年月—年代　　时候—时期—时代　　战斗—战役—战争

保护—保卫　　情形—情况—情势　　家属—亲属—家族

④ 个体与集体所指不同。"灯"和"灯盏"指的是相同性质的事物，但"灯"往往是指具体的个别的照明或作其他用途的发光的器具，而"灯盏"是指很多灯的集合体。其他例如：

人—人类　　山—山脉　　树—树木　　书—书本—书籍

湖—湖泊　　马—马匹　　车—车辆　　花儿—花朵—花卉

(2) 色彩意义的辨析。

① 感情色彩不同。有些同义词的基本意义相同，但感情色彩不同。有的含有褒义的色彩，有的含有贬义的色彩，有的是中性色彩，但一组同义词，其色彩的分布状况是不平衡的。请看下面一些同义词的分布状况：

褒义	中性	贬义
果断		武断
	手段	伎俩
瞻仰	观看	
	聚集	纠集
顽强		顽固
团结	联合	勾结
鼓励	鼓动	煽动

② 语体色彩不同。现代汉语的语体从不同的角度可以有不同的类，同义词在语体色彩上的差别也是各式各样的。口语和书面语的不同往往是最显著的语体色彩方面的区别。例如：

吓唬—恐吓　　怎么—如何　　剃头—理发　　在—于
溜达—散步　　生日—诞辰　　胆小—胆怯　　信—函
害怕—畏惧　　哆嗦—颤抖　　今儿个—今天　拿—取

普通用语和特殊用语的不同。例如：

半夜—子夜　　好意—美意　　静—寂静　　想—遐想
光亮—晶莹　　胳膊—臂膀　　心—心灵　　飞—飞翔

（以上是普通用语和文艺作品用语的对比）

给—给予　　该—这位　　提拔—擢升　　现在—兹

（以上是普通用语和公文用语的对比）

盐—氯化钠　　水—氢二氧一　脑袋—头颅　　脸—面部

（以上是普通用语和科技用语的对比）

爬行—匍匐　　趴下—俯伏　　早上—拂晓　　扔—投掷

（以上是普通用语和军事用语的对比）

(3) 功能意义的辨析。

① 搭配对象有所不同。"改进"和"改善"都有改变原来某一不好的状态并使之有所进步的意思，但"改进"一般与"工作、方法、技术"等词搭配，"改善"则常与"生活、关系、条件"等词搭配。类似的例子例如：

{ 交换——意见　礼物　资料
{ 交流——思想　经验　物资

{ 履行——合同　诺言　公约
{ 执行——任务　命令　政策

{ 维持——生活　现状　治安
{ 保持——水平　纪录　联系

{ 侵占——土地　财产　领土
{ 侵犯——主权　利益　权益

词的搭配对象不同，不等于搭配关系不同；一般情况下，虽搭配对象确有不同，但语法关系并无改变。词的搭配对象不同，有事理原因造成的，有习惯原因造成的，应该广泛收集事例，借助有关工具书，深入细致地思考、比较和分析。这种搭配对象的区别并不都是固定不变的。随着事物的发展，原来不能搭配的词语，后来却变成了可以搭配的。

② 适用对象明显不同。有些词在适用对象上,有长幼、男女、内外等各方面的区别,千万不可随意用之。如"赡养—抚养",前者适用于晚辈对长辈,后者适用于长辈对晚辈;"佳丽"指人时,意为美貌的女子,"佳人"指美人,却可以是男性的;"欺骗",可用于自己对别人、别人对自己,也可用于自己对自己,"欺诈"只用于自己对别人、别人对自己,不可用于自己对自己。

③ 词性和造句功能有所不同。如"突然"和"忽然",都有变化快、出人意料的意思,两者都可以充当状语,但"突然"还可以充当定语、谓语和宾语,如"突然事件""事情太突然了""感到突然",而"忽然"却没有这样的功能;可见"突然"是形容词,"忽然"是副词。"必须"和"必需"都含有"一定"的意思,但"必须"表示事理上和情理上的必要,是"一定要"的意思,只能修饰动词或形容词,作状语,是副词;"必需"表示"一定要有的"或"不可少的",虽含有一定的动词意义,但不能单独充当谓语,更不能带宾语,只能充当定语或构成"的"字短语,应是非谓形容词。

有的词词性相同,句法功能却不一致。如"重要"和"主要",都是形容词,意义相近,前者既可作谓语或谓语中心,也可作定语,而后者只能作定语。"摇动"和"动摇"都是动词,但前者可插入"得/不",后者则不可插入。

4. 同义词的作用

(1) 区分细微,表达严密。例如:

我是主张先把本民族的东西搞通,吸收外国的东西要加溶化,要使它们不知不觉地和我们本民族的文化溶合在一起。这种溶合是化学的化合,不是物理的混合,不是把中国的东西和外国的东西"焊接"在一起。

(周恩来《在文艺工作座谈会和故事片创作会议上的讲话》)

在这段话中,作者选用"溶化、溶合、化合、混合、焊接"(依靠上下文而形成的临时性同义词,或叫条件同义词)五个意义上有联系但又有区别的同义词,精确而严密地阐明"溶化"是这样的,不是那样的。

(2) 语体得当,风格鲜明。例如:

严禁任何单位和个人利用船舶(车辆)和成品油储、运、销设施,进行走私成品油的运输、储存、收购、供应或销售活动。违者,除由海关、工商行政管理部门依法予以罚没处理外,交通、水产、工商行政管理部门应按国家有关规定暂扣其营业(生产)证照,责令其停业整顿,或吊销有关营业(生产)证照、取消其经营资格。

这里的"严禁、违者、予以、暂扣、其、责令"分别是"严格禁止、违反规定的人、给予、暂时扣留、它的、责成命令(某人或某机构必须……)"的意思,选用于布告这种特殊文体里,以表示郑重、严肃的语体色彩。

(3) 避免重复,富于变化。例如:

社员们,伫立在原野上,
瞩望你;
工人们,肃立在机器旁,
呼唤你;
千万名战士持枪站在哨位上,
悼念你。

(李瑛《一月的哀思》)

上例中加点的同义词,既避免了重复,也使语言显得更加贴切而富于变化。

(4) 同义连用,加强语势。

我们以我们祖国有这样的英雄而骄傲,我们以生在这个英雄的国度而自豪。

(魏巍《谁是最可爱的人》)

有些成语是两个同义词并列连用或交叉搭配构成的。这样的成语都有加重语气,突出强调的作用。例如:

心领神会　情真意切　文过饰非　侠肝义胆　左顾右盼　奇谈怪论
不伦不类　不偏不倚　四通八达　沽名钓誉　纷至沓来　奇装异服

(5) 避忌避讳,显得委婉。例如:不说"死",而针对具体情况说"去世""逝世""老了"等。"落后"和"后进","受伤"和"挂彩","停尸房"和"太平间","厕所""卫生间"和"洗手间"等都属于这一类。

(二) 反义词

意义相反或相对的一组词被称作反义词。

1. 反义词的性质

反义词在意义上的矛盾、对立,是客观事物矛盾、对立在语言中的反映。是不是反义词要考虑下面几个因素。

(1) 属于同一意义范畴。

如"长—短"都属于长度这个范畴,"拥护—反对"都属于对人或事物的态度范畴,"春—秋"都属于季节范畴。不同意义范畴的词,如"浅—大(深度—体积)""贫穷—富农(经济状况—阶级成分)"等就不能构成反义词。

(2) 属于同一词汇范畴。

"缺点—完美"意义相反,但前一个为名词,后一个为形容词,不能构成反义词;"富豪—贫穷""晴朗—阴天""傻子—聪明"也都因词性不同,不能构成反义词。

此外,"好—不好""正—不正",前者是词,后者是短语,也不属于同一词汇范畴,故也不能构成反义词。

(3) 语体色彩应当一致。

反义词要俗皆俗,要雅皆雅,如"对"与"错"同为具有口语色彩的反义词,"是"与"非"同为具有书面语色彩的反义词。

(4) 应符合约定俗成的原则。反义词都是习惯被对比或对举使用的词,如"浪费—吝啬"语义对立,但"浪费"的反义词习惯上一般是"节约",而不是"吝啬";"晴天"的反义词一般是"阴天"而不是"雨天"。再如"头"和"脚",从根本意义上说,都是人的身体的组成部分,构不成对立关系,但在"你怎么头上一句,脚上一句的"这句话中,即构成了反义关系;这是因为人在站立之时,头总在上,脚总在下,形成了方位上的对立关系,这种方位上对立的关系,被用来比喻说话中语无伦次、逻辑混乱的现象,"头"和"脚"便形成了特殊的反义关系,这其中自然也有语言习惯的因素。

语汇里的很多词都有反义词,但并不是说每个词都有相对应的反义词。

2. 反义词的类型

（1）绝对反义词。

绝对反义词一般是二元的，肯定甲，就必然否定乙；否定甲，就必然肯定乙，对乙也是这样，中间没有第三种意义。例如：

对—错　死—活　绝对—相对　完整—残缺　主观—客观

（2）相对反义词。

相对反义词指的是肯定甲，就否定乙，但否定甲却不一定就肯定乙，中间还有丙、丁等其他意义存在。例如：

买—卖　哭—笑　增—减　方—圆　迟到—早退　快乐—忧愁

正因为是相对的，所以哪个词跟哪个词构成反义关系，并不是固定不变的。就通常情况说，"白—黑"是反义关系，在特殊情况下，"白—红""红—黑"也可构成反义词。

3. 反义词的对应关系

反义词不是简单地一一对应的关系，它们的配对关系是复杂的。了解这种情况对如何运用反义词很有帮助。

（1）单义词之间构成反义关系，例如：

热爱—憎恨　恩人—仇人　内行—外行　出席—缺席
生人—熟人　亏本—盈利　非法—合法　昂贵—低廉

（2）单义词与多义词的某一个义项构成反义关系。如"表扬"是单义词，"批评"是多义词，"表扬"的"对好人好事公开赞美"和"批评"的"对缺点和错误提出意见"的义项便构成反义关系；但与"批评"的"指出优点和缺点"、"评论好坏"的义项就不能构成反义关系。

（3）多义词与多义词在某个义项上构成反义关系。如"褒"和"贬"都是多义词，它们只在"赞扬；夸奖"与"指出缺点，给出不好的评价"的意义上构成反义关系，在其他意义上不构成反义关系。

（4）多义词与多义词在某几个义位上构成反义关系。如"高潮"和"低潮"。"高潮"有三个义项，"低潮"有两个义项。"高潮"的基本义是指"潮在一个涨落周期内，上升的最高潮位"，"低潮"的基本义则是指"下降的最低潮位"。"高潮"的比喻义是指"事物高度发展的阶段"，"低潮"的比喻义则是指"事物发展过程中低落、停滞的阶段"。在这两个义项上，它们构成反义词。此外，"高潮"还指"小说、戏剧、电影情节中矛盾发展的顶点"，在这个义项上，"高潮"和"低潮"不构成反义关系。

（5）一个多义词在它的几个义位上有不同的反义词。如"老"的本义是"年岁大"，在这个意义上，它的反义词是"少"和"幼"。"老"的引申义有"很久以前就存在的"，如"老朋友"，在这个意义上，它的反义词是"新"。"老"还有一个引申义是"（蔬菜）长过了适口的时期"，如"菠菜老了"，在这个意义上，它的反义词是"嫩"。

（6）一个词在它的某一个义位上也可以有多个反义词。例如：

紧张：精神处于高度准备状态，兴奋不安 ⟶ 镇定
　　　　　　　　　　　　　　　　　　　　　　镇静
　　　　　　　　　　　　　　　　　　　　　　松懈
　　　　　　　　　　　　　　　　　　　　　　松弛

4. 反义词的作用

(1) 正反对照,突出矛盾。例如:
旧社会把人逼成鬼,新社会将鬼变成人。 (《白毛女》)
悲剧将人生的有价值的东西毁灭给人看,喜剧将那无价值的撕破给人看。

(鲁迅《再论雷峰塔的倒掉》)

(2) 构成对偶,精警含蓄。例如:
宽以待人,海阔天空;严于律己,心清气爽。
投机常以苦果为友,实干方与美酒作伴。

(3) 正反连用,引人深思。例如:
一个人坚强还是懦弱?诚实还是虚伪?文明还是粗野?文雅还是粗俗?慷慨还是自私?温柔还是粗暴?好学还是懒惰?审美观点对不对?生活趣味高不高?道德观念强不强?……这一切……是别的职能部门不大好管、不便多管的,是任何政策、法律难以规定的。

反义词还可构成成语,例如:
轻重缓急　褒贬不一　进退自如　左右为难　深入浅出　悲喜交加
三长两短　否极泰来　冷嘲热讽　毁誉参半　推陈出新　阳奉阴违

三、同音词和同形词

(一) 同音词

语音形式相同而意义没有联系的词被称作同音词。如"白",作为颜色的"白"和作为"错误(字音或字形)"的"白"在意义上是毫无联系的。

1. 同音词的类型

(1) 同形同音词(书写形式相同),例如:
花(花草树木/花钱)　　点(八点半/点亮油灯)　冷(天气冷/姓冷)
生(生地方/生孩子)　　和(笔和纸/和他比)　　上装(上衣/化装)
当心(正中间/小心)　　吃水(食用水/船身入水深度)

(2) 异形同音词,例如:
shīzi:虱子/狮子　　　　liánzi:帘子/鲢子
shāo:梢/捎/稍/烧　　　àn:暗/岸/黯/按
gōngshì:公式/攻势/公事/工事/官室

2. 同音词的形成

(1) 语音的偶合。

汉语只有四百多基本音节,加上4个声调,也只有1 300来个音节,远不够称说丰富的单音词,几个概念乃至几十个概念同音的现象也就不可避免。例如:
碗—晚—挽—皖—剜—绾—畹—脘
此外,不同的人们在不同时代、不同地点造词也可能导致语音相同。

(2) 词义的分化。

有的多义词随着语言的演变，新的引申义和原有意义的联系或弱化或中断，便形成同音词。例如："管"的各个义项之间现在看来没有联系，形成同音词：①原义为竹制管状的六孔乐器（《说文》），后扩展引申为管乐、管子。②《左传·蹇叔哭师》："杞子自郑使告于秦曰：'郑人使我掌其北门之管，若潜师以来，国可得也'"，义为钥匙（管状），引申义为管理。③北方人口语中的"管"是"把"的意思："我们管这个叫粉笔。"

"刻"表雕刻和表计时单位之间看不出有什么联系，于是就形成现代汉语的同音词："刻"在《说文》中指镂，即雕刻，这个意思沿用至今，后因古代计时方式是用铜壶刻漏，一昼夜为一百刻，图标上刻有时辰，"刻"也就引申为计时单位。"刻"本与镂有关，故"雕刻"与计时单位有联系，但现在计时方式发生变化，这两个意思就变得没有联系了。

(3) 外来词的借用。

外来词同汉语原有的词在语音上巧合，从而形成同音词。例如：

听　A. 用耳朵接收声音，如"听音乐"。
　　B. 英译［tin］，量词，如"三听罐头"。
瓦　A. 盖屋顶用的建筑材料。
　　B. 瓦特（watt）的简称，电的功率单位，为纪念英国发明家瓦特（James Watt）而命名。

3. 同音词与多义词的区别

同形同音词和多义词之所以难以区分，就是因为它们的语音形式和文字形式均是相同的。二者的区别在于：第一，同音词的意义在现代汉语中毫无联系，只是语音形式相同，而多义词各义项之间是具有一定联系的；第二，同音词属多词多义现象，多义词属一词多义现象。有的词典，如《现代汉语词典》，往往把同音词作为不同的词条列出，并且有的还加上阿拉伯数字1、2等表明，以表示与多义词的区别。

4. 同音词的作用

(1) 构成谐音双关，言在此，意在彼，使语言显得生动新颖，含蓄风趣，耐人寻味。例如：

他不能在导弹部门工作，他只能在捣蛋部门"捣蛋"。

（周恩来《在文艺工作座谈会和故事片创作会议上的讲话》）

刘三姐：哦，你们三人一个姓陶，一个姓李，一个姓罗，对不对？姓陶不见桃结果，姓李不见李花开，姓罗不见锣鼓响。三个蠢材哪里来？

(2) 构成歇后语。例如：

四两棉花——不用弹（谈）　　　骑自行车下坡——踩都不踩（睬）
蜘蛛的肚子——尽是丝（私）　　山顶上吹喇叭——响（想）得高
孔夫子搬家——尽是书（输）　　电灯点火——其实不燃（然）

同音词也有消极的一面。因为读音相同，比较容易引起误解，影响信息的传递和交流。为了避免误解，我们可以通过"双音化""替代""儿化"等方法增强区别性，如"那是一艘yóuchuán（邮船/油船/游船）。"在口语会话时这句话中"yóuchuán"让人难以捉摸,其中"油船"可以用"油轮"代替,"游船"可以用"游艇"代替。当然,同音词在具体的语境中大多是比较容易确定的。

(二) 同形词

1. 同形词的性质

书写形式相同、语音有别、意义不同的词被称为同形词。如"地道"(dìdào)(在地面下掘成的交通坑道)和"地道"(dìdao)(纯粹的,真正的),意义毫无联系,声音形式也不完全相同,属于同形词。另有一些同形词,如"瓦"(wǎ)和"瓦"(wà),前者是指铺屋顶用的建筑材料,是名词,后者指盖瓦,是动词,意义上有一定的联系。但是这种联系属于词源方面的共源关系,不同于多义词之间的派生关系,所以仍然是同形词的一部分。

2. 同形词的类型

同形词根据语音形式的不同,有如下分布情况。
(1) 声韵相同,声调不同。例如:
难做——遭了难　　谩骂——谩不住　　墙倒了——倒垃圾
只想活——一只鸟　猫腰——黑猫　　　炸油条——瓶子炸了
(2) 韵母相同,声母声调不同。例如:
比你强——脾气有些强　　乱弹琴——饮弹而亡
重来一遍——包太重了　　调配工具——调配颜料
(3) 声母相同,韵母声调不同。例如:
称两斤——称了心　　　　没说你——没齿不忘
得了奖——你得去　　　　兄弟不和——和稀泥
(4) 声调相同,声母韵母不同。例如:
写两行——行一程　　姓覃(Tán)——姓覃(Qín)
(5) 读音轻重不同。下列同形词左项为重读词,右项为轻读词。例如:
对头(合适,正确)——对头(对手,仇家)
合计(合在一起计算)——合计(商量,盘算)
拉手(牵手)——拉手(门把手)
孙子(古代的军事家)——孙子(儿子的儿子)
大意(主要的意思)——大意(疏忽,不注意)

 练习与思考

1. 什么是语义场?
2. 请按不同的依据对下列类义词进行分类,并指出哪些是上下义词,哪些是同义词。
风　北风　晨风　春风　东风　寒风　季风　金风　南风　秋风　热风
香风　小风　西风　晚风　海风　和风　冷风　逆风　暖风　清风　顺风
台风　疾风　飓风　狂风　烈风　威风

3. 在下列括号中的同义词中挑选出最恰当的一个，并说明理由。
(1) 酒吧的灯光是暗的，别有一种（趣味、味道、情趣）。
(2) 听了他的解释，疑团打消了，心里（酣畅、欢畅、畅快）多了。
(3) 老人很（慈善、善良、和善），对孩子从不发脾气。
(4) 他（关切、关照、关怀）地问："身体不舒服吗？要不要请医生？"

4. 辨析下列各组同义词的异同。
(1) 广阔　宽阔　辽阔　　　　(2) 厌恶　讨厌　厌烦
(3) 铲除　拔除　根除　　　　(4) 侵略　侵犯　侵占
(5) 尖锐　尖刻　尖酸　　　　(6) 摧毁　摧残
(7) 夸大　夸张　　　　　　　(8) 交流　交换
(9) 流露　透露　　　　　　　(10) 纠集　调集

5. 在下列每个词的后面各填上一个表示"叫"的意义的同义词，不得重复。
龙＿＿　虎＿＿　狮＿＿　狼＿＿　马＿＿　猿＿＿　犬＿＿　鸟＿＿　牛＿＿　羊＿＿

6. 给下列多义词在不同的义项上各找出一个的反义词（每词不得少于三个反义词）。
淡　开　好　外　正　新

7. 给下列各词分别找出一个恰当的反义词。
脆弱　集中　冷落　丑恶　标致　赞同　和善　保守　拘泥
平坦　刻薄　大方　繁荣　通俗　柔软　粗野　粗俗　一般

8. 改正句中使用不当的词语并说明理由。
(1) 夜间风狂雨暴，天还没有大亮，乡亲们都已起床，纷纷忙着查看各家房屋的损失情况。
(2) 番茄生吃时味道很好，是适合夏季食用的大众化的水果。
(3) 我不禁遐想，在旧社会，一个长工的儿子能上大学，简直是做梦！
(4) 小王想，我是在课后捧读小说，何必惧怕别人批评呢？
(5) 乌鲁木齐离上海路途迢递，坐火车恐怕要得三天才能到达。
(6) 这位女同学长得非常美丽，被大家称作"校花"。
(7) 旧社会穷苦的劳动人民上不起学，常常因为胸无点墨而受到文化欺压。
(8) 说起自己的光荣历史他了如指掌，满脸洋溢着一种自豪的神情。

第七节　语汇的发展与规范化

一、语汇的发展

（一）语汇发展演变的原因

1. 社会的发展

社会的变革，旧事物的消亡，新事物的产生，都会在语汇中得到反映。如"奴隶、奴隶主、地主、财主、皇帝、嫔妃、佃户、姨太太、资本家、工会、党委、特区、市场经济、独联体、世界贸易组织、上海合作组织"等，这些词语的兴衰消长，都是社会的变革和历史的进步在语汇中的反映。"火药、汽船、钱庄、车间、生产线、电动车、高速列车、信用卡、电焊、按揭、DVD、MP4、克隆、互联网、互动电视"等，这些词语都是当时的生产力和科学技术发展水平下的产物，没有这些新事物的出现，也就没有这些词的产生。

2. 认识的深化

人类社会发展的一个突出表现就是人们认识能力的不断提高、人对客观世界认识的不断深化。客观现象及其规律的不断被发现、被认识，便自然而然导致了新词的产生，如"病毒、抗体、原子、质子、纳米、染色体"；意义比较抽象的词语的产生也与思维能力的提高有关，如"世界观、方法论、系统、辩证、意识、灵感"。观念的变化也可以带来语汇的变化，旧时用以称呼妻子的"拙荆、贱内"等词反映出男尊女卑的封建观念，随着男女平等观念的深入人心，已经不再使用了。

3. 语言内部的自我调整

当某个语汇成员随着社会发展而发生变化时，可能会影响到它的整体平衡关系，使其他相关成员发生相应的连锁变化，从而在各部分之间建立起一种新的平衡关系。如"河"原来特指黄河，后来，词义扩大为河流的统称，在经过一段时间的义项并存后，产生了后来的"黄河"一词，而且"河"的词义扩大后又与相应的语素构成了更多的下位词"淮河、大渡河、恒河、湄公河、多瑙河"等。语汇系统的这种自我调适能力，保证了词与词、词义与词义之间的协同关系，使得语汇系统不会因一个要素的改变而从根本上改变局面，从而保持了语汇系统的有序变化和相对稳定。

(二) 语汇成员的发展演变

1. 新词的产生

新词数量的持续增加是语汇发展的普遍现象。《尔雅》收词3 600条，《辞海》（修订本）收词91 706条，《汉语大词典》的收词则多达375 000条，它们的收词数量可能都没有反映当时社会的语汇的全貌，但是从这几个悬殊很大的数字上可以明显看出，从古代汉语到现代汉语，词的数量已经成百倍地增多了，汉语语汇极大地丰富、发展了。

新词产生的途径是多方面的。

（1）新事物产生新词语。

社会制度的变更会导致新词的出现。例如：

洋务　学堂　鸦片　殖民地

土改　阶级斗争　人民公社　计划经济

在中国特色社会主义的条件下，也产生了富有特色的新词语。例如：

待业　顶岗　再就业　扶贫　退休　送温暖　关工委　希望工程

超生　扫黄　打黑　一国两制　文化下乡　和谐社会　中国梦

社会某些较大变化会导致一批新词的产生。例如：

红卫兵　最高指示　白专　四旧　四大（大鸣、大放、大字报、大辩论）

开放　个体户　大款　富婆　特区　外企　融资　股指　期货　入世

社会生产力的提高和科技水平的进步带来大批的新词。例如：

网　弓　矢　鱼　兔　鹿　射　渔（渔猎文明）
黍　稻　麦　糜　麻　耕　犁　井　畴　丝（农耕文明）
机器　轮船　石油　电动机　天然气　高速列车（工业文明）
互联网　视频　博客　QQ　优盘　多媒体　云计算（信息时代）
环保　新能源　核能　风能　太阳能　低碳经济（能源变革时代）

人们思维方式、生活方式、思想意识的变化，也会反映到语汇上来。例如：
忠　仁　孝　悌　宗教　易经　八卦　宏观　微观
民主　法制　人文　人本　人权　公平　公开　正义
理财　炒股　跳槽　竞聘　热捧　促销　追星　暴富
休闲　旅游　城镇化　超前消费　风险投资　节能减排

(2) 已有事物产生新词语。

反映某种事物的概念已经存在，但反映这一概念的词改变了形式，即概念换了名称。有些词是内部调节过程中逐渐替换的，如"走"最初的意思是现在的"跑"，"跑"这个词产生以后，逐渐代替了"走"的原来的意义。再如"户—门 / 胫—小腿 / 狯—狡猾 / 囊—口袋"等。

有的是出于避讳，如在唐代以前，"世"表示辈分的层次，"代"表示朝代的更替，但由于要避讳唐王李世民的名字，"世"的概念被"代"取代，以后逐渐稳固下来，现在我们说"几代人"而不说"几世人"。再如"筷子"在古代叫"箸"，因为渔民们很忌讳它的谐音"住"（意味着抛锚），所以改"箸"为"筷"，与"快"谐音，"筷子"就替代了"箸"。

有些新词的产生则是由于观念和情感的变化，如"残疾"代替了"残废"、"农民工"代替了"打工仔/打工妹"、"炊事员"代替了"厨子"、"邮递员"代替了"邮差"等。目前，还有许多词正在向这一方向转化，如"傻子—弱智—智障""剃头—理发—美发"等。

(3) 词义演变产生新词。

词义在演变过程中带来义项的增多，人们往往会用一个新词来表示其中的一个义项。如"音"本指"音乐的声音"，《礼记·乐记》："声相应，故生变；变成方，谓之音。"后来凡是声波通过听觉所产生的印象一律谓之"音"，如"音波、噪音、杂音、音频"等；专指"音乐的声音"或称因有规律的振动而形成的声音时，便称"乐音"。后来"音"又用来指"消息""音节"等，于是又有了"佳音""音讯""同音字""复音词"等词。"匀"由"均匀"而演变到"使均匀"，后又演变出"抽出一部分给别人或做别用"的意思，为了便于区别，便出现了"匀称、匀整、匀速运动、匀兑、搅匀、调匀"等新词。

词义演变产生新词，有时是受外来事物的影响而导致的。我国古代有一种乐器叫"钟"，通常用于朝廷礼仪、祭祀或寺庙活动，它的定时性和器乐性使之产生类比联想而赋予新义，用来转指从国外引进的大型音响计时器。我国古代还有一种计时器叫"表"，是测量日影以计时的标杆；当国外传来戴在手腕上的计时器时，同样经过类比联想而使"表"获得了新义。

(4) 短语简缩成词。

几个经常搭配的词构成的短语逐渐凝固为一个新词。如在古代，国是国，家是家，但由于"国"与"家"经常连在一起使用，便产生了新词"国家"。"窗户、久远、宝贵、变革、始终、日夜"等都是。偏正结构、动宾结构、主谓结构的短语也可以简缩为词，如"夜市、本钱、得罪、如意、日食"等。

(5) 吸收一定的方言词和外来词。

普通话的词汇系统有时不能满足人们的交际需要，于是便从方言和外族语言中吸收一定的词语以作为补充。如"瘪三、老公、忽悠、炒鱿鱼"等都是从方言中吸收而来的；"额娘、阿妈妮、阿弥陀佛、瑜伽、摩登、香波、咖啡"等都是从外族语言中吸收而来的。随着地区之间、国度之间开放程度的提高、交流往来的频繁，普通话还会从方言和外族语言中吸收更多的词语，以进一步丰富和完善自己的语汇系统。

2. 旧词语的隐匿

旧词语隐匿的原因主要有以下几种。

（1）事物消失。某事物一旦消失，在无文字的语言中表示该事物的词语便随之消失；在有文字的语言中表示该事物的词语一般便只保留于古文献之中，如"茹毛饮血""巡抚""衙门""滴漏""丫鬟""陛下""微服私访""走资派"等词语。

（2）事物名称的改变。在语言的演变中，"戏子"已为"演员"所代替，"豆"已为"盘子（高足盘）"所代替，"枰"已为"棋盘"所代替，"痈疽"已为"毒疮"所代替……这些旧词语的隐匿都是因事物名称的改变而引起的。

（3）社会生活的改变。随着"钻燧取火"生活方式的诞生，人们学会了食用熟食；随着现代取火方式的诞生，"钻燧取火"的方式已不使用，"钻燧取火"这一短语也只能保留在古代文献之中了。

（4）人们认识水平的提高。"汗牛充栋"这一成语之所以诞生，这与记录汉民族文化成果的方式过于落后是分不开的。我们的祖先能够在落后中思变，在落后中创新，于是率先发明了纸和印刷术。于是，"竹简""木简"便为各种各样的"纸"所代替，"牍"也只存在于少数文言词中。

（5）语汇系统的调整与规范。等义词过多存在不利于交际，于是在一组等义词中只保留一个或少数而取消其他就是顺理成章的事情了。如在"玉米、苞谷、苞米、棒子、珍珠米"中，只保留一个通俗易懂的"玉米"就可以了，其他可以逐步取消。此外，有些当初的外来词逐渐被新的形式所代替，这也是约定俗成的结果。

二、语汇的规范化

（一）语汇规范化及其原则

语汇规范化通常指让词语能够按照一定的规范去使用，不合规范的一般不用。语汇规范化有利于语言的健康和纯洁，有利于提高交际的质量和效率。

不规范的并不一定都是错误的，对错问题与规范问题有联系但不相等。有些词语只在方言中才可以使用，只在小范围内可以使用（如行业词），如果把它随意用到了更大的范围，那就是不合规范，但不等于用错了。不过，在正规的场合，方言词和行业词等还是应当慎用或不用。

规范化包括使规范明确和推广普及规范两个方面。规范不明确的，须在实践中逐步总结，使之明确；有了明确的规范，更要注意努力推广和普及规范。

语汇的规范化应遵循以下原则。

第一是必要性，一个词在普通话语汇中确有存在的必要，在表达上是必不可少的，这样的词就是有生命力的,就应该让它取得规范的地位。

第二是普遍性,即要考虑尽可能选用社会普遍使用的词语。在目前阶段,对于广大青少年热衷使用的时尚词语要不断收集整理,进行深入而辩证的分析,对于应该取得规范地位的,不仅不要排斥,相反应当及时予以吸收;对于应该视作语言垃圾的,应当通过正面教育和引导,通过舆论的监督、法规的健全和网络技术的处理,使这些语言的垃圾尽快从广大青少年中消失;对于有待于进一步接受实践检验的,那就耐心等待、细心观察,注意其发展动向,待时机成熟时方做出弃留的抉择。

第三是明确性,就是要注意选用意义明确的、容易为人们理解和接受的、有利于提高交际效率的词语。

第四是发展性,语汇规范的问题也同样处于不断的发展变化之中,这是由语言发展的特点决定的。因此,语汇规范的标准也应随着社会历史的进步、语言实践的发展和科研成果的不断问世而不断有所调整。

(二)语汇规范化的内容

1. 古语词的规范

古语词的吸收,是丰富现代汉语语汇的一条重要途径。我们应该吸收那些有表现力或适应特殊场合需要的古语词,如"家父、同庚、呼吁、小憩、遗孀"之类,尽量不用那些已经完全丧失了生命力的词语。

2. 外来词的规范

外来词的规范要注意:一是不要滥用。滥用外来词有损语言的纯洁。能用汉语固有的语素组成词并把意思表达得准确清楚的,就不用外来词,如用"连衣裙",不用"布拉吉";用"小提琴",不用"凡亚铃、梵阿铃"。二是统一外来词的汉语书写形式,采用通用式。如用"迪斯科",不用"的士高"。三是吸收外来词尽量用意译方式。除了人名、地名、国名要用音译方式,以及使用意译方式不能准确表达原义的以外,其他应尽量采用更接近民族习惯的意译,便于理解记忆。如用"维生素",不用"维他命";用"话筒"不用"麦克风"等。四是要尽量避免外语书写形式与汉字书写形式的随意混用(少数特殊的字母缩写形式例外)。

3. 方言词的规范

对方言词的吸收和规范应坚持必要性原则,现代汉语语汇中已有相应的词语,就没有必要再从方言中吸收同样意思的词语。如"昨天"在方言里有"昨个、夜个"等说法,现代汉语语汇没有必要把这些方言词都吸收进来。那些只在方言区存在的事物及表示这些事物的词,如广东、广西的"剑麻、荔枝、杧果",西部地区的"青稞、牦牛"等,不是规范对象。文学作品中为了刻画人物、描绘环境,适当地在人物对话中使用少量的方言词是允许的,但要防止毫无必要地滥用方言词语,特别是那些流行地区狭窄、容易产生误解或歧义的词语。

4. 新造词的规范

有些所谓的"新词",意义含混,不为广大群众所接受,实际上是"生造词",它们是语汇规范化的对象。例如：

小李的发言精绝极了。
当工人的宿望，算砸锅了。
坐 5 路汽车的人特别多，每次坐这趟车，都让人挤站得难受。
我今天特别频忙，没有特殊的事情就不要打扰我。
"精绝""宿望""挤站""频忙"都是生造词。

5. 词语缩略形式的规范

在缩略语中也有很多生造现象，如将"遵守纪律"缩略为"遵律"，将"遵守法规"缩略为"遵规"都是不行的，但将其分别缩略为"遵纪""守法"则是完全可以的。"人寿保险"缩略为"人险"，"中学教师暑期培训班"缩略为"中暑班"等也是不当的，因为如此缩略要么容易引起误解，要么不符合语言习惯或心理习惯。在行文中第一次使用缩略语时，最好能在括号中加以说明。

6. 异形词的规范

异形词指汉语书面语中并存并用的同音、同义而书写形式不同的词语。例如：笔画—笔划、成分—成份、订婚—定婚、服罪—伏罪、糊涂—胡涂、人才—人材、书简—书柬、折中—折衷等。国家教育部和国家语委于 2001 年 12 月发布了经语言文字规范（标准）审定委员会审定的《第一批异形词整理表》，该表根据"积极稳妥、循序渐进、区别对待、分批整理"的方针，选取了书面语中经常使用、公众的取舍倾向比较明显的 338 组异形词（包括词和固定短语），给出了每组异形词的推荐使用词形（每组异形词破折号前为选取的推荐词形）。

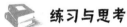

练习与思考

1. 语汇发展演变的原因主要有哪些？
2. 新词产生的途径主要有哪些？
3. 你最喜欢的新词有哪些？应当如何看待新词？
4. 什么是语汇规范化？语汇规范化的原则有哪些？
5. 语汇规范化的内容包括哪些？
6. 改正句中使用不当的词语：
（1）小孩子，别管闲事啦，赶快学你的习去吧！
（2）你等会儿，我去报个销就回来。
（3）孩子们被这几位战英的感人事迹所深深打动。
（4）他是同学们所深深尊爱的老师。
（5）他总认为这几个毛头小伙子没多大本事，成不了什么气息。
（6）他的发言很"OK"。
7. 请联系实际，谈谈同学中用词不规范的现象，然后再说说使之规范的具体办法。据此，每位同学都要写出不少于 1000 字的小型的调查报告。

第四章 语 法

第一节 语法概说

一、语法和语法学

(一) 语法和语法学的含义

语言的结构规则被称为"语法",包括语素组合成词的规则,词组合成短语的规则以及词、短语构成句子的规则。

"语法"有两种含义:一是指语言中客观存在的结构规律本身。每种语言都有各自的构词规律和造句规律,这些规律不以任何人的主观意志为转移。从这个含义上说,一种语言的结构规则只有一套。"语法"的另一种含义是指"语法学"。语法学是研究语言结构规律的科学,是人们对客观存在的语法规律的认识和总结。记录学者们的研究成果的语法书,也属于语法学的范畴。专家学者们由于各自所占有的语言材料的不同、研究方法的不同、研究背景的不同、探讨角度的不同,他们对于同一种语言所概括出的结构规则就会有所不同,因此在同一种客观存在的语言的结构规则的基础之上,就会产生多种不尽相同的语法学体系。这些不尽相同的语法学体系由于其产生的基础是一致的,所以各家语法学体系之间具有很强的趋同性。学习者千万不要被名词术语有所不同的假象蒙住了眼睛,一定要透过表面看清实质,弄清它们之所以不同的道理,力争尽快地将语言的结构规则理解得透彻一些,把握得准确一些。

(二) 语法学的种类

根据理论背景、研究方法、研究目的以及研究对象的不同,语法学可以分为不同的类型。

1. **传统语法、结构主义语法、转换生成语法**

传统语法指18世纪以来主要在学校中使用的语法学理论和分析方法。其特点是:把语法分为词法和句法两部分,词法主要讲词的构造、词形变化和词的分类;句法主要讲组词成句的方法。注重语法关系和句子成分的分析,强调词类与句子成分之间的对应关系,如名词与主语、宾语,动词与述语,形容词与定语,副词与状语之间的对应关系;注重书面语的研究而忽视口语、忽视语用的研究。

结构主义语法认为语言成分因与其他成分发生关系而存在，重视语法体系的系统性和严密性，强调语言单位组合的层次性。主张从形式出发，以形式标志和功能分布为依据进行语法分析，并形成了一整套语言分析的方法，如替换分析法、分布分析法、直接成分分析法、变换分析法等。结构主义语法于20世纪60年代传入我国，对我国语法学的发展产生了重大影响。

转换生成语法重在区分语言能力和语言运用，认为语言研究应该说明隐藏在语言运用行为背后的人类普遍的语言能力，探索普遍语法和个别语法之间的关系。强调语法的生成性，试图以有限的规则生成一种语言中所有的合格句子。这种理论提出后，对语言学及相关领域产生了重大影响，在几十年的发展过程中，该理论不断修正，方法也更加简明完善。

2. 理论语法、教学语法

理论语法也称专家语法，主要指语法学家的专门论述，通常是针对某些问题进行深入的探索与研究，揭示语言中尚未被认识或认识不够充分的语法问题，探讨语法的研究方法和研究理论，具有鲜明的学术性，往往在争论中有所创新，如吕叔湘的《汉语语法分析问题》。

教学语法是指在教学中使用的语法。通常采用比较成熟、大家公认的观点，讲授基本的语法知识，着重进行语言的规范教育，意在使学生能正确地使用语言。

(三) 语法的性质

1. 抽象性

语法是从无数具体的语言现象中总结归纳出来的规则，具有抽象性。如"看、听、吃、喝、学习、休息、缺少"等词的概念意义各不相同，但它们大都能带"着、了、过"，都可以充当谓语，大部分可直接带宾语，据此可以将它们归为一类，叫作动词；再如，"劳动光荣、工作认真、今天星期二、他做作业"等句法组合的意义不同，但其直接成分之间都是陈述与被陈述的关系，因而可以归为一类，称为主谓短语。语法规律是对一种语言中各类语法单位在组合关系和聚合关系上的特点进行归纳和抽象而得出的，这一点有些像数理化中的定理和定律。

2. 民族性

每一个民族的语言的结构规律都不尽相同，甚至存在着很大的差异。如性、数、格、时态变化的标志等，在印欧语言中是普遍存在的，而在汉语中这样的标志基本上是不存在的。如汉语说："这是孩子们上课的时候。"而英语则说："This is the time for the boys to go to class."汉语里作定语的"孩子们上课（的）"用在中心词前边，英语里作定语的"for the boys to go to class"用在中心词后边。汉语说："我跳水。"藏语则说："我水跳。"汉语说："楼房的高度。"傣语则说："高度楼房的。"这些无不说明语法具有民族性。

3. 生成性

语言中具体的语言事实数量众多，纷繁复杂，但一种语言的语法规则却是有限的，每一条语法规则都对应着大量的语言现象。依据有限的语法规则可以造出人们在各种场合所需要的句子,这就是语法的生成性。如按照"述语+宾语"的规则可以造出"听广播、看小说、来到北京、学习汉语、参加考试、喜欢游泳"等具体的句法组合来。

4. 递归性

在语法单位组合的过程中,数量有限的语法规则可以反复运用(套用或连用),造出适合表达的句子来,这种性质被称为语法的递归性。一个句法组合从理论上说可以不断扩展,其长度是无限的,其层次也是可以越来越复杂的。如反复运用"定语+中心语"构成偏正结构这一规则,可以使"一本书"这一组合的形式不断延伸,结构不断复杂化:"一本新书""一本畅销的新书""一本刚刚托人带回来的畅销的新书"等。递归性保证了句法结构的可变化性,保证了人们思想表达的多重需要。

二、汉语语法的特点

(一) 缺乏严格意义的形态变化

见绪论中关于现代汉语特点的论述。

(二) 词类与句法成分之间不存在一一对应的关系

句法成分指的是构成句法结构的直接成分,包括主语和谓语,述语和宾语,定语、状语、补语和中心语。有些语言中词类与句法成分之间有大致的对应关系,即某类词只能充当某一种或某几种句法成分,反过来,某一种句法成分只能由某一类词充当。由于汉语缺少严格意义的形态变化,词类与句法成分之间不存在简单的一一对应的关系,同一个词可以充当不同的句法成分;反之,同一种句法成分可以由不同性质的词来充当。如"我买、我打算买、买的东西"中动词"买"分别充当谓语、宾语、定语。汉语中只有少数词类与句法成分之间有大致的对应关系,如副词主要作状语。大多数词类可以充当多种句法成分,它们之间的关系大致可以表示为:

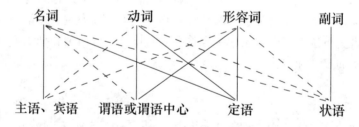

(三) 词、短语、句子的结构规则基本一致

现代汉语中语素构成词、词构成短语以及词、短语构成句子的规则基本一致。主谓、述宾、偏正、述补、联合既是词根复合构词的五种基本方式,又是词构成短语的五种最基本的方式。例如:

	词		短语	
主谓:	目眩	手辣	眼睛花了	手段毒辣
述宾:	无疑	压境	没有疑问	逼近边境
偏正:	汉语	狂欢	汉民族的语言	尽情地欢呼

述补： 说明　提高　　　　述说明白　提得很高
联合： 境遇　损益　　　　境况和遭遇　减少与增加

现代汉语的句子是在词或短语的基础上构成的，绝大多数短语带上语调语气（有的还要加上语气词）可以转化为句子，因此句子的结构规则与词、短语的结构规则也是基本一致的。

(四) 语序和虚词是表达语法意义的主要手段

汉语缺少严格意义的形态变化，语法意义主要靠语序和虚词来表达。

1. 语序

语序是指线性序列中构成成分出现的先后顺序，语序的作用主要表现在句法和语义两个方面。

句法上语序的改变会带来句法结构关系的变化。如"吃鸡"是述宾结构，而"鸡吃"是主谓结构；"来拿"是连动结构，"拿来"是述补结构。

语义上语序的变化会带来句法组合中动词与名词之间意义关系的改变。如"他找我"和"我找他"都是主谓结构，但前者"他"是动作行为的发出者，即施事，"我"是动作行为支配的对象，即受事，而后者则正好相反。

2. 虚词

虚词专门表达语法意义，用不用虚词、用什么虚词均可体现语法意义的差别。如"我说"是主谓结构，"对我说"是状中关系的偏正结构；"学生和老师"是联合结构，"学生的老师"是定中关系的偏正结构。

三、语法单位

语法单位是指对于语言进行语法分析时所使用的大大小小、层级不同的单位，包括语素、词、短语、句子和句群。语素是最小的语法单位，是最小的语音语义结合体。词是由语素构成的能独立运用的最小的造句单位。短语是由词按照一定的规则组成的尚未发挥出现实性交际功能的语法单位。句子是最小的能够体现出现实性交际功能的相对完整的言语单位。

与短语相比较，句子具有语气语调，是动态的交际单位，可以有全句的修饰语、独立语等；句子的结构可以有语用的变化，如"出来吧，你们！"句子中还可以有成分的省略。这些现象在短语中是不存在的。句子的结构规则中所包括的复句的结构规则在短语中是很少出现的。

根据表意的要求、按照一定的规律组合起来的句子就是句群，也叫句组。

四、语法分析

语法分析的目的一是为了更好地总结语言的结构规律，二是为了提高正确使用语言和理解语言的能力，即区别异同、辨别正误、规范用语。

语法分析有两种基本的路径：一种是划分，即把大类分成小类，如把语言中的词分为实词和虚词，实词分为名词、动词、形容词等，虚词分为介词、连词、助词等。另一种是切分，即把整体分成部分，如把主谓短语分成主语和谓语，把述宾短语分为述语和宾语等，在此基础上寻找分析出来的语法单位之间以及其他相关的各种关系，包括：语法单位与语法单位之间的关系,如主谓关系、述宾关系、述补关系、偏正关系等;语法单位和客观对象的关系,如施事、受事、工具、处所等;语法单位与说话者之间的关系,如陈述、疑问、感叹、祈使等。

　　语法分析包括词法分析、句法分析、句子分析和语义分析、语用分析等。词法分析主要以词为分析对象,包括词的内部结构分析、词类的划分等。句法分析以短语为分析对象,方法是层层切分,从大到小,不断找出直接成分以及其间的句法关系。句子分析的主要目的是要分析归纳出特定的句型来,方法是从上位到下位,依次认定句子的结构类型。句子分析与句法分析有内在联系。语义分析着重分析语言单位与客观事物之间的对应关系,在分析句子时,指明主语或宾语是施事、受事、时间、处所等,指出动词的语义指向等,使句子的分析更为细致。语用分析是分析语言单位与说话人的主观愿望以及客观效果之间的关系,句子表现出的陈述、疑问、祈使、感叹等语气类型的分析就是语用分析,还有新信息与旧信息、指称和陈述、定指和不定指、焦点和疑问点、或此或彼的理解等方面的分析也都是语用分析。

练习与思考

　　1. 填空题。

　　(1) 结构主义语法主张从形式出发,以形式标志和功能分布为依据进行语法分析,并形成了一整套语言分析的方法,如_____法、_____法、_____法、变换分析法等。

　　(2) 语法具有_____性、_____性、_____性和_____性。

　　(3) _____和_____是表达语法意义的主要手段。

　　(4) 汉语的语法单位包括五级,它们是_____、_____、_____、_____和_____。

　　2. 判断正误。

　　(1) 在一种客观存在的语言的结构规则的基础之上,可以形成多种语法学体系。
　　　　　　　　　　　　　　　　　　　　　　　　　　　　　　　( )
　　(2) 汉语的合成词、短语和句子的结构规则完全一致。( )
　　(3) 汉语与英语在词类和句法成分之间都存在较为严格的对应关系。( )
　　(4) 汉语的动态助词与英语词的时态标志具有完全相同的作用。( )

　　3. "语法"这一术语有几种含义?它们之间有什么联系和区别?

　　4. 举例说明什么是语法的生成性和递归性。

　　5. 跟英语相比,现代汉语语法具有什么特点?

　　6. 有人认为现代汉语的语序是固定的,也有人认为现代汉语的语序具有灵活性。对此,你怎么看?

　　7. 语法单位可分为哪几级?它们之间的关系大致如何?

第二节　词　　类

一、词类与词性

　　词类是指词的语法分类,一般情况下是指按照词的语法功能对语言中的词所作的分类。词类的划分是由词在语言结构体系中自身所具有的特点和功能所决定的。不管哪种语言中的词,一方面,这个词与其他的词之间存在着一种组合的可能性;另一方面,这个词在这一组合中又往往可以被其他的词所替代,而这些能相互替换的词具有某种共同的作用,便自然地形成一个聚合体——一种语法功能的类。如现代汉语中有一些词能出现在"数+物量+____"这一组合的框架中,表示这些词形成一个聚合的类——名词。如"一杯水、一张床、一位同学、两把椅子、几家公司、多种看法"等;相应地能出现在"数+____+名"结构中的词也形成一个聚合的类——物量词。尽管许许多多的数词、量词、名词,它们的概念意义各不相同,但它们能够分别聚合在各自的特殊位置上,这说明它们就应该分属三个不同的类。与此同时,在"数+量+名"这一框架中,也显示了数词、量词、名词的组合关系。这样的组合关系,正可揭示各类词之间能够相互区别的不同的语法特征——数词可以与量词组合,构成数量短语;名词常可受以物量词为中心的数量短语修饰,也即以物量词为中心的数量短语常可用在名词的前面充当定语。然而在现代汉语中,有很多词往往具有多重语法功能,而一种语法功能又很难为某一类词所独有。能够修饰名词充当定语的不一定就是以物量词为中心的数量短语,以物量词为中心的数量短语也不是只能充当定语。这样一来,运用词的组合关系来揭示汉语各类词的语法功能,运用词的聚合关系来给汉语的词进行分类,就会遇到很多难以解决的问题。由此可见,在给汉语的词划分类别并阐明其各自的语法特征时,是不能简单套用这样的标准的。

词类的划分是以某种语言中所有的词为对象的,按照一定的标准将某种语言中的词分为若干个类别,从而可得到该语言的词类系统。词类系统是语法系统的基础,只有首先建立了词类系统,然后才可能在更高层次上概括出语法单位组合的规律,概括出更加抽象也更加简洁的句型。跟分类相关的是归类,归类以个别词为对象,根据这个词的语法属性将它归属到相应的词类中,得到的是该词的词性。词性即词的语法属性,是给词归类的结果,说某个词是名词就是指将该词归入了名词这一类,说某个词是动词就是指将该词归入了动词这一类。词类与词性的区别就在于:词类划分以所有的词为对象,是从分类的角度研究词类问题的;词性则以个别的词为对象,是从归类的角度研究词类问题的;但两者之间具有不可分割的内在联系,分类的直接目的就是要将一个一个的词有效地加以归类;如果不能将一个一个的词比较有效地加以归类,那么划分词类的目的也就没有达到,这样的词类划分也就失去了其应有的意义。

二、词类划分的标准及具体词类

(一) 词类划分的基础和标准

词类划分的标准科学与否,要看运用这样的标准所划分出来的词的类别,是否有利于揭示词与词之间的组合规律,还要看能否将该语言中绝大部分的词进行有效地或比较有效地归类。词类划分的标准具有民族性,这和语法具有民族性是一致的。下列标准中的第二个标准应当是汉语词类划分的标准。

1. 形态标准

严格意义的形态指的是具体的词在表示不同的语法意义时所显示出的形式变化的标志

及其所构成的规律。有些语言中，词类不同，其相应的形式变化的标志就不同，如不同的词尾或特定的形态标志可以表达不同的语法意义。英语中能在其后加-s 或-es 表示复数意义的词是名词，能在其后加-mg、-ed 表示不同时态意义的是动词，能在其后加-er、-est 表示比较级、最高级的是形容词。如 book—books、work—working—worked、great—greater—greatest。

形态是词类划分比较简明、比较可靠的标准，但汉语缺少严格意义的形态变化，汉语的词中有些标志虽可看作形态因素，但却缺乏普遍适用性和强制性。所以，给汉语的词分类，不能以词的形态为标准。

2. 以句法功能为主、以概念意义为辅的分类标准

"学生、先生、小姐、朋友、桌子、汽车"等词因表达不同的概念而各有自己的语义特征，但它们都是表示"人或事物"的；"做、说、走、学习、开始、结束"等词的概念意义不同，但都是表示动作行为或发展变化的；"好、坏、高尚、飞快、阴暗、灿烂"等词的概念意义也不一样，但都是表示性质或状态的。这种类别义实质上是人们对某类词在意义上予以高度抽象的结果。由于不少词所属的意义类别与它们的语法表现大体上一致，因而有人认为可以根据词的类别义对词进行语法分类。传统语法所说的表示人或事物的词是名词，表示动作行为、发展变化的词是动词，表示性质或状态的词是形容词等，便是根据词的概念意义所属的类别对词进行语法分类的。但词类的划分与概念类并不完全一致，同属于一个概念类的词其语法表现有时是有明显差异的。例如：

很强大　　　　　＊很壮大（带＊的是不规范的组合）
很希望　　　　　＊很愿望
把两者等同起来　＊把两者同等起来
同等重要　　　　＊等同重要
一场战争　　　　＊一场打仗

"强大"和"壮大"、"希望"和"愿望"、"等同"和"同等"、"战争"和"打仗"等可分别归为同一概念类，但"强大、希望"可以受"很"修饰，"壮大、愿望"则不能；"等同"可以充当谓语，"同等"则不能；"战争"可以受物量短语修饰，"打仗"则不能。这说明在词的概念意义对于词的归类问题无能为力的时候，最终起决定作用的还应是词的句法功能。

不过由于汉语缺少严格意义的形态变化，所以，词的概念意义的类别在词类划分时也就具有非同寻常的意义。在"走谁不会？""谁不会走？""美谁不爱？""谁不爱美？"这样的句子中，"走"和"美"分别充当了主语和宾语，但我们仍然认为这些句子中的"走"是动词、"美"是形容词，原因之一就是其概念意义并未发生根本的变化——它们仍然表示动作行为和性质状态。我们之所以认为"繁荣经济、丰富业余文化生活、花了眼、弯着腰、亮着灯"中的"繁荣""丰富""花""弯""亮"是动词，不仅因为它们后面带了宾语，而且因为它们的概念意义也发生了变化——"繁荣""丰富"分别含有使动的意义，"花"在"了"的帮助下已经表示性质的变化，"弯"在"着"的帮助下已经表示状态的持续，"亮"在"着"的帮助下已经表示状态的存在。由上可知，词的概念意义在给词归类的过程中，始终起着不可忽视的重要作用。不过还应注意的是，在归纳词的概念意义的类别的时候，不可在静态的条件下轻率为之，只应在动态的语境中深入

体会、仔细辨别。只要体会得深、辨别得准，词的概念意义的归类也就应该较为准确了。由此可以看出，词的概念意义的类别完全可以作为给词进行语法归类的重要基础或重要参照。

我们知道，一方面，语言中同义词或近义词是大量存在的，在形态变化的标志不发达的汉语中，一旦遇到词义相同或相近的情况，自然就应当根据它们的句法功能而加以归类。另一方面，在词的概念意义并未发生根本变化的情况下，允许某一类词具有多重句法功能。这一点与汉语的词具有多功能性的特点，与汉语的词类与句法成分之间不存在一一对应的关系的特点，是完全吻合的。不过还应注意的是，我们给词分类的重要依据则是它们能够与其他类的词相互区别的主要功能，而不是全部功能；我们只要根据词的最主要的句法功能就可以比较有效地将其归类了；至于词的兼类现象，那只属于少数特殊现象，后面将会单独论及。

综上所述，划分汉语词类的标准应当是以词的句法功能为主，以词的概念意义为辅的标准。划分词类的直接目标就是能将所有的词进行比较有效也比较科学的归类；能进行比较有效的归类并有利于揭示词与词之间组合规律的分类标准才应是最符合语言实际的分类标准，才应是最科学的分类标准。

3. 句法功能的内涵

词的句法功能体现在以下三个方面。

（1）词充当句法成分的能力。

词充当句法成分的能力主要指一个词能否单独充当句法成分以及能充当什么成分。按照词能否单独充当句法成分，通常把词分为实词和虚词两大类，实词可以单独充当句法成分，虚词不能。不过也有些语法专著是根据词能否充当句子的主要成分（主、谓、宾）来作为划分实词和虚词的标准的。

（2）词与词的组合能力。

词与词的组合能力是指一个词经常与哪些词组合，组合后表示什么样的结构关系，不能与哪些词组合。如汉语名词经常受形容词及数量词语的修饰，构成定中式的偏正关系，能前附介词构成介词短语，能受动词支配构成述宾短语等。如端正的态度、奇特的想法、/一篇小说、三位朋友/对学校、从上海/吃馒头、喝咖啡。名词一般不能与副词组合，如不能说"很电影、不黑板、也文章"等。

判断词与词之间能否组合，绝不能忽视词的意义指向，虽然词的意义指向不能替代词与词之间的句法关系，但词的意义指向一般应是词的句法关系赖以产生的基础和前提，迈过词的意义指向而空洞地去讲这类词和那类词可以组合或这类词和那类词不能组合，还不能准确反映现代汉语词的组合规律和词的组合关系。比如能作为"喝"的对象的就应当是液体的物质，而不能是固体的物质（方言例外）；能作为"拿"的对象的就应当是能够用手把握的较小的物品，比如钢笔可以拿，书本可以拿，扫帚也可以拿，但桌子、汽车、房屋等则不能拿。这种能否组合的关系，仅靠动词、名词之间支配与被支配、关涉与被关涉的理论是不能完全解决问题的。

（3）词重叠的可能性、重叠的形式及表达的意义。

重叠是表达语法意义的手段之一，语言中词的重叠的可能性、重叠的方式以及重叠后的意义是有区别的，这些区别便显示出不同类的词在语法功能方面所存在的差异。例如：

① 水　牛　教室　观点
② 想　说　休息　讨论
③ 高　大　马虎　认真

①组不能重叠，是名词。②组单音节的用 AA 式重叠，双音节的用 ABAB 式重叠，是动词。③组单音节的用 AA 式重叠，双音节的用 AABB 式重叠，是形容词。

汉语中哪一类词可以重叠，哪一类词不能重叠，缺乏周遍性，词的重叠形式和附加意义也有特殊情况，因而不能作为区别词类的重要依据。

（二）词类划分应该注意的问题

词类的划分具有层级性。首先，根据能否单独充当句法成分，可以将词分为实词和虚词两类。其次根据实词充当句法成分情况的差异以及与其他词语组合能力的差异，将实词分为名词、动词、形容词、数词、量词、代词、副词。谓词只是对于经常充当谓语的动词、形容词的习惯称说。虚词分为介词、连词、助词和语气词几类，介词、助词和语气词主要起附着作用，连词主要起连接作用。词类划分由大到小，逐级进行，便形成了比较严整的词类系统。

拟声词和叹词是两个特殊的词类，它们都能独立成句，也都能充当独立语；在句法组合中通常不与其他词语发生结构关系，但可以活用成其他的词，进入句子，充当句法成分。

另外，同一种语言在不同的历史时期词类系统可能不完全一致。如从古代汉语到现代汉语，"着、了、过"等词的意义由实到虚，所起的语法作用已有很大的差别。古代汉语中它们是动词，而现代汉语中它们是助词。此外，现代汉语中的介词，大部分都是由古代汉语的动词虚化而来的。

（三）实词

1. 名词

表示人或事物的名称，以充当主语和宾语为主，一般不受副词修饰的词是名词。

（1）名词的语法功能。

① 名词大多可以受物量短语修饰。

个体名词所表示的人或事物可以逐一计数，可以受个体量词修饰。如"一张纸、三本书、五位同事、八条鱼"。

集体名词表达集合概念，不能逐一计数，只能用"班、批、队、群、些、点"等量词。如"一批物资、一队人马、一些军火"。

抽象名词只能用"种、类、门"等量词，如"一种精神、一门学问"。

专有名词表示独一无二的事物，通常不能用量词短语修饰。有时为了强调或比较，可以使用某些量词。如"（中国出了）一个毛泽东、（世界上只有）一个中国"。

表示时间和处所的名词一般不能受物量短语修饰。

② 名词主要充当主语、宾语和定语，可以和介词构成介词短语；不能充当补语，充当谓语和状语受到很大的限制。名词充当谓语构成的语法单位是句子，是句子层面上的现象。如"今天晴天""明天国庆节"短语中名词不能充当谓语。

③ 名词一般不能重叠。"家、人"等可以重叠，如"家家、人人"，这样用时它们是量词。

④ 名词一般不受副词修饰，现以"不"为例，我们不能说"不学校""不桌子""不书本"等，至于"人不人、鬼不鬼""僧不僧、道不道""不人不鬼""不僧不道"等必须对举才能出现，而且应视为古汉语的遗留现象。

（2）名词中的特殊小类。

① 方位名词。

方位名词是表示方向或位置的词，包括"上、下、左、右、前、后、东、西、南、北、中、里、外、内、旁"以及前加"以、之"等构成的"以上、以下、以前、以后、以外、以内、之上、之下、之前、之后"等。方位名词所表示的方位，有空间与时间两种。"表示方向、位置或时间"只是方位词的意义基础，并不是所有表示方向、位置或时间的词都属于方位名词。方位名词在对举的结构中可以单独充当主语或宾语，体现出一定的实词性。如"上有老，下有小""前怕狼，后怕虎""他在前，我在后"。

作为名词中的一个特殊的小类，方位名词的语法特点是结构上的附着性，它们通常黏附在其他实词或短语的后面表示方向、位置或时间。如"桌子上、教室里、长亭外、断桥边、调到深圳之前、晚饭以后"等。

② 时间名词。

时间名词表示时间的位置，即时点或时段，可以用来回答"什么时候"，也可以用"这个时候""那个时候"来指代。如"现在、刚才、将来、上午、中午、前天、去年、平时、当时、古代、现代"等。

时间名词可以充当主语、介词的宾语。跟一般名词不同的是，时间名词经常充当状语，而且既可以出现在主语前，也可以出现在主语后。例如："现在他改变了主意。""他现在改变了主意。"

③ 处所名词。

处所名词表示空间位置，可以用来回答"哪儿""什么地方"之类有关处所的问题，也可以用"这儿、这里""那儿、那里"来指代。主要包括以下几类：

方位名词后加"边、面"等构成的合成词，例如：上面、后面、左边、前边。

表示处所的名词，例如：附近、远处、高处、明处、暗处、郊区。

表示地名、机构的名词，例如：亚洲、中国、日本、东京、北京、北京大学、商场。

方位名词后加"边、面"等构成的合成词虽然也有表示方向或位置的功能，但它们与方位名词的语法功能不同。方位名词与它所附着的成分之间不能加结构助词"的"，而这类表示方位的名词与前面的修饰成分之间可以加"的"，不具有附着性。例如：

| 公路边 | *公路的边 | 公路旁边 | 公路的旁边 |
| 山下 | *山的下 | 山下面 | 山的下面 |

2. 动词

表示动作行为、发展变化，以充当谓语为主，大都能带宾语的词是动词。

（1）动词的基本功能。

① 多数动词可以带宾语和补语，构成述宾短语和述补短语。

有些动词必须带宾语，如"加以、给以、试图、企图、处于、属于、得以、给以、当作、懒得、成为、促使"等。有些动词不能带宾语，如"游行、游泳、休息、咳嗽、约会、答辩、巡逻、睡觉、考试"等。绝大多数动词可带也可不带宾语，如"听、买、想、有、完成、表扬、考查、保护、访问、发送、改善、关心、担任"等。不能带宾语的动词以及只能带施事宾语和处所宾语的动词称为不及物动词，能带其他宾语的动词称为及物动词。从所带宾语的性质看，有些动词只能带谓词性宾语，称为谓宾动词，如"打算、认为、感到、企图、试图、继续、开始、停止"等；有些动词只能带名词性宾语，称为名宾动词，如"写、喝、修、治理、看望、属于"等；有些动词既可以带谓词性宾语又可以带名词性宾语，称为名谓宾动词，如"听我的话——听我讲故事，喜欢国画——喜欢游泳，研究文物——研究怎么做，讨论问题——讨论怎么完成任务"等。

② 多数动词可以后附"着、了、过"表示动作行为进行的状态，如"写了几句话，咨询了两个问题，谈着事情，看着那个人，提过这件事，问过老师"等。但"着、了、过"并不像印欧语言那样表示严格的时态。

③ 多数动词可以重叠，重叠以后表示时量短或动量小。
一部分单音节动词 A 可以采用 AA、A 了 A、A 一 A 等方式重叠，如"尝尝、走走、谈谈，尝了尝、走了走、谈了谈，尝一尝、走一走、谈一谈"等。双音节动词 AB 有两种重叠方式：一种是 ABAB 完全重叠式，如"调查调查、研究研究、休息休息"等；一种是 AAB 部分重叠式，有些支配式、离合式动词就采用这种方式重叠，如"散散步、跑跑腿、尝尝鲜、谈谈心"等。能愿动词、趋向动词、判断动词、形式动词等不能重叠。

④ 绝大多数动词可以受副词修饰，表示时间、范围、否定、方式等意义。除心理动词、能愿动词外，其他动词一般不能受程度副词修饰，如"刚来，已经离开，正在交谈，都去，不希望，没看，徒步旅行，很可能，非常愿意，十分想念"等。

（2）动词的意义分类。

表示动作行为，如"跑、跳、吃、喝、说、比赛、整理、操作"，称为动作行为动词。特点是能用作祈使句的谓语。

表示心理活动，如"爱、喜欢、讨厌、同意、反对、了解"，又称心理动词。其特殊性在于：①大都可受程度副词修饰，②大都可带谓词性宾语。

表示可能、应该或意愿，如"能、能够、可以、应该、敢"，又称能愿动词。其特殊性在于：①除充当谓语外，常常充当状语；②大都可受程度副词修饰。

表示判断，如"是、为（wéi）"，称为判断动词。不过"是"并不是在什么情况下都是动词，有时是具有强调意义的副词（见副词）。

表示动作行为进行的趋向，如"上、下、进、出、上来、下去"，这类动词称为趋向动词。

有的动词没有实在的动作意义，要求其他动词充当宾语，如"继续、进行、开始、加以、给以、予以"等，称为形式动词。

除以上意义类别外，动词还应有其他的意义类别，如表示存在、变化或消失意义的动词，表示有无意义的动词，表示关系意义的动词，表示使令意义的动词等。

表示存在、变化或消失意义的动词，常常充当存现句的谓语中心；表示有无意义的动词，既可以充当一般的述语，又可以是连动短语的第一个动词，还可以是兼语短语的第一个动词；表示关系意义的动词动作性不强，有时被误解为其他类的词；表示使令意义的动词常常是兼语短语的第一个动词。这些动词在后面的相关部分还要进一步讲解。

（3）动词的特殊小类。

①趋向动词。

趋向动词表示动作进行的趋向，有单纯的和合成的两类。下表中横看第一行和左边一行是单纯趋向动词，其他都是合成趋向动词。

	上	下	进	出	回	起
来	上来	下来	进来	出来	回来	起来
去	上去	下去	进去	出去	回去	—

单纯趋向动词"来、去"以说话人自己所在位置为参照点，朝说话人所在位置移动为"来"，离开说话人所在位置为"去"。"上、下、进、出"等以说话人以外的某一位置为参照点。合成趋向动词兼有二者的特点。

趋向动词可以作谓语，如"他去了，我回来"等；可以用在其他动词后面作趋向补语，如"闯进来一个人、送去一幅挂历、走进教室、冲出亚马孙、跳出来一只虎、拿回来一等奖"等。趋向动词可以带表示动作行为主体的宾语，即施事宾语。如"来了一辆车，进来一个陌生人，出去两个同学"等。双音节趋向动词后出现宾语，双音节趋向动词有时可以拆开，有时必须拆开，如"闯进一个人来""拿出一本书来""上山去""下山来"单纯趋向动词可以带表处所的宾语，如"来阜阳、去南方、回母校"等。

复合的趋向动词"起来"和"下去"用在动词或形容词后面除表示动作进行的趋向外，还可以表示动作或性质的"开始"或"继续"，趋向意义已经虚化，这是它们的引申用法。"起来"表示"开始"，"下去"表示"继续"。如"干起来、说下去、好起来、旱下去"等。

②能愿动词。

表示可能：能、能够、可、可能、可以、会。

表示意愿：要、敢、肯、愿、愿意、情愿。

表示应该：应、该、得（děi）、应该、应当。

能愿动词可以作谓语，可以单独回答问题，但不能带宾语，经常出现于其他谓词性成分前充当状语，如"应该高兴、能完成"。

3. 形容词

表示性质或状态，以充当定语为主，充当谓语时不能带宾语的词是形容词。

（1）形容词的基本功能。

除"广、少、起劲、吃香"等少数形容词外，绝大多数形容词可以充当定语。形容词大都可以充当谓语。

形容词可以作状语，作状语时单音节形容词不带"地"，双音节形容词可带可不带"地"，状态形容词通常要带"地"。如"长叹了一口气""认真（地）阅读原作""高高兴兴地走了"。

形容词不能带宾语，有些词兼有形容词和动词两类词的功能：作形容词用时可以受程度副词修饰，但不能带宾语；作动词用时能带宾语，但不能受程度副词修饰。例如：

繁荣市场　　　市场很繁荣　　　*很繁荣市场

端正态度	态度比较端正	*比较端正态度
弯着腰	腰弯着	*很弯着腰
亮着灯	灯亮着	*很亮着灯
花了眼	眼花了	*很花了眼

当"繁荣""端正"带宾语时，都已含有使动的意义，当"弯""亮""花"带宾语时，已不再表示状态本身，而已表示状态的存在、持续和变化了。

可以受程度副词修饰，同时又可以带宾语的词是动词，不是形容词。例如：

父母很关心	父母很关心孩子的成长
我们非常想念	我们非常想念远方的亲人
大家特别讨厌	大家特别讨厌这个酒鬼

性质形容词可以受程度副词修饰，状态形容词不受程度副词修饰。例如：

很白　　*很白白的　　*很雪白　　*很白花花

绝大多数形容词可以重叠，单音节性质形容词的重叠形式为 AA 式，双音节性质形容词的重叠形式为 AABB 式，双音节状态形容词的重叠形式为 ABAB 式。例如：

AA 式：圆圆　大大　高高　慢慢　甜甜

AABB 式：高高兴兴　漂漂亮亮　热热闹闹　老老实实

ABAB 式：雪白雪白（的）　贼亮贼亮（的）　黝黑黝黑（的）

形容词重叠以后充当定语和谓语时，带有程度适中的意味；充当状语和补语时，通常含有程度加深的意味。例如：

他有一双大大的眼睛。	他的眼睛大大的。
他高高地举起右手。	他把右手举得高高的。

（2）形容词的类别。

① 性质形容词。

形容词分为性质形容词和状态形容词两类，性质形容词可以前加否定副词"不"和程度副词"比较、很、非常"等。如"对、错、好、高、高兴、悲哀、漂亮、潇洒"等。

② 状态形容词。

状态形容词不能受"不"及程度副词修饰。主要包括以下几种类型：A. 性质形容词的重叠形式，如"高高、好好、严严实实、大大方方、痛痛快快"。B. 只能以 ABAB 形式重叠的偏正式形容词，如"雪白、漆黑、乌黑、笔直、通红、冰凉"。C. 带叠音后缀的形容词，如"～乎乎——黑乎乎、热乎乎、傻乎乎"等；"～哄哄——闹哄哄、乱哄哄"等；"～巴巴——干巴巴、紧巴巴、可怜巴巴"等；"～腾腾——慢腾腾、热腾腾、闹腾腾"等；"～丝丝——甜丝丝、凉丝丝"等；"～油油——绿油油、黑油油"等；"～花花——白花花"；D. 其他少数复杂形式的形容词，如"老实巴交、酸不溜丢、黑不溜秋、傻里呱唧、土里土气、傻里傻气"等。

③ 非谓形容词。

非谓形容词又叫区别词，是能作定语而不能直接作谓语的一类词，主要用于表示事物的属性，因而具有分类功能，大部分是成对或成组的。常见的单音节非谓形容词有：

公　母　雌　雄　男　女　正　副　荤　素　阴　阳　金　银　单　双

大部分非谓形容词是双音节或多音节的，例如：

边远　常务　初始　独家　断代　多边　部属　公共　尖端　内在　上述

伪劣　有线　资深　微型　小型　中型　大型　巨型　特大型　多弹头

有些非谓形容词有一定的构成模式，具有较强的能产性。例如：

～式：中式　英式　拉网式　自由式　花园式　散文式　双重水冲式
～型：大型　资源型　小康型　外向型　造血型　技能型　应用型
～级：特级　部级　大师级　国家级　大使级　世界级　顶尖级
～性：活性　慢性　雌性　神经性　先天性　突发性
～等：高等　甲等　头等　优等　初等　特等
～用：家用　军用　民用　农用　医用　日用
超～：超级　超导　超薄　超大型　超音速
单～：单程　单孔　单相　单面　单片　单轨
无～：无轨　无机　无期　无数　无形　无害

绝大多数非谓形容词可以直接修饰名词作定语，可以后加"的"用来指称。例如：

男的／男同学　　　大型的／大型企业　　　先天性的／先天性心脏病

只有少数非谓形容词具有描写功能，不能加"的"用于指称。例如：

锦绣　区区　偌大　广大　稀世　毕生　广袤　硕大　摩天　大无畏

非谓形容词顾名思义不能作谓语，否定时用"非"，不用"不"，如"非大型、非民用、非部属"。

4. 数词

表示数量或次序的词是数词。

（1）数词的语法功能。

数词的主要语法功能是与量词组合，构成量词短语。除了数学运算以及某些固定表达法，如"三心二意、三教九流、四平八稳、五花八门、七上八下、三三两两""一是一，二是二""六六大顺、九九归一"等以外，数词不能单独充当句法成分，也不能重叠。

（2）基数词和序数词。

数词表示数目和次序，表示数目的词叫基数词，表示次序的词叫序数词。基数词即表示数目的大小，分为系数词和位数词两种。

系数词：一　二　两　三　四　五　六　七　八　九　十　零　半
位数词：十　百　千　万　亿

系数词与位数词构成系位组合可以表达任意数目，如"二十、五百三十二、八千、十万"。

人、事物以及现象的先后次序，可以直接用数词表达，如"三楼、五月"；也可以在数词前加"第、老、初"来表达，如"第一、第三、老二、老五、初八、初十"。

5. 量词

量词是用来计量人、事物或动作行为的单位的词，分为单纯量词和复合量词两类。

（1）量词的语法功能。

量词不能单独充当句法成分，通常和数词一起组合成量词短语，表示事物或动作行为的数量特征。当数词是"一"时，有时"一"可以省去。如"找（一）本书，借（一）把椅子，去了（一）趟上海，浇（一）遍水"等。量词也可以与"这、那"等指示代词构成"指示代词＋量词"的结构，如"这件、那种、这次、那回"等，这样用时，量词前的数词只能是"一"。大多数单音节量词可以重叠，重叠以后可以作主语、定语、状语、谓语等成分，表示"每一""逐一"或连绵不断的意思。如"个个都是英雄好汉，条条大路通罗马，繁星点点，歌声阵阵，层层包围，节节败退，回回都能见到他"等。量词重叠以后除"一"以外，前面不能出现其他的数词。

(2) 量词的类别。

① 单纯量词。

单纯量词包括名量词、动量词、时量词。

A. 名量词　用来计量人或事物，根据计量的名词的不同，名量词可分为以下几种。

• 个体量词　表示个体事物的计量单位的量词，如"个、只、根、位、张、朵"等。个体名词通常都有各自的专用量词，如"桌子"论"张"，"椅子"论"把"，"电话"论"部"，"汽车"论"辆"等。个体量词与名词之间有一定的选择性，有些限制较严，如"大炮"只能用"门"，"机枪"只能用"挺"；也有些个体名词可能有多个量词适用，如指人的名词可以用"个""位""员""条"等量词，但不同的量词其使用范围及附加色彩方面也有差异。"条"通常与"好汉""汉子"等名词搭配，如"一百单八条好汉"；"员"通常用来计量武将，如"一员猛将"；"位"则含有尊敬之意，如"一位长者"；而"个"是现代汉语中使用最广泛的量词，如果没有专用量词，差不多都可以用它。但如果有专用量词，要避免"个"的滥用。

• 集合量词　用于计量成组或成群的事物的量词，如"批、群、帮、套、双、付、打、伙"，表达集合概念的集合名词只能用集合量词，如"一伙强盗""一打袜子"；个体名词既可用个体量词，又可以用集合量词，如"一只羊""一群羊"，但使用不同的量词时所表达的意义是不同的。

• 类别量词　用于给事物进行分类的量词，如"种、类、等、级"。

• 度量衡量词　表示长度、重量、容积等的计量单位的量词，如"克、公斤、吨、厘米、分米、米、立方米"。

B. 时量词：表示时间长度的计量单位的量词，如"年、天、分、分钟、秒"；常用于"一天、三年、十分钟"等词语组合中。

C. 动量词：用来计量动作行为的量词，如"趟、次、阵、回、遍、顿"，常用于"打一顿、跑一趟"等词语组合中。

以上几类量词都是专用量词，现代汉语中还可以借名词、动词、形容词等来作为事物或动作行为的计量单位，如可以说"一条被子"也可以说"一床被子"，可以说"踢一下"，也可以说"踢一脚"，可以说"一担柴"，也可以说"一挑柴"，其中的"床"和"脚"是借名词作为量词，"挑"是借动词作为量词。在"一桶水""一缸水"中，借用了盛水的器具作为量词；在"一弯新月""一方砚台"中，借用了表示形状的形容词作为量词；在"一轮明月""一眼水井"中，借用了具有形象特征的名词作为量词。

② 复合量词。

复合量词是两个量词的连用，可以分为两类：一类是相乘关系，常见的有"架次、人次、吨公里、秒立方米"。如"5万人次"可以是1万人每人5次，也可以是5万人每人1次，还可以是其他人数和次数的积为5万的所有情况。另外一类是选择关系，两个量词分别计量不同的事物，常见的有"台套、篇部、件套"等。

(3) 数量的表达。

① 概数。

概数是不确定的数目，现代汉语中概数表示法主要有以下几种：A. 相邻的数词连用表示概数，如"两三个、三四个、三五个、七八个、一二十个"。B. 数词后加"把、来、多"表示概数，如"百把本书、二十来个人、一百多吨重"。"把"只能用在位数词"百、千、万"后面，位数词前不能有系数词；"来"和"多"只能用在"十"及带系数词的"十、百、千、万"后面，区别在于用"把"表达数量在此上下，而用"多"则一定多于此数量。这里的"把"与"来"是助词，"多"是特殊的数词。C. 用"左右、上下、许多、好些、若干"等与其他词语结合表示概数，如"两米左右、五斤上下、许多人、好些事情"。

② 分数和倍数。

分数的典型格式是"……分之……"，如"五分之三"，有时也可以直接用"分"或"成"来表示，如"三分、六成"，相当于"十分之三"和"十分之六"。分数既可用于表达数量的增加，又可以用于表达数量的减少。倍数由"数词+倍"构成，只能用于表达数量的增加，不能用于表达数量的减少。在表达"减少、降低、缩小"等数量时，不能使用倍数，如不能说"成本降低了五倍"。此外，还要注意"增加了"与"增加到""减少了"与"减少到"的实际意义。

③ 二、两和俩、仨。

"二"和"两"都是数词，都可用来表示基数，如"二人、两人""二米、两米"。它们用法的差别主要表现在以下几个方面：第一，在一般量词前，用"两"不用"二"，如"两本书"，不说"二本书"，但如果是系数词与位数词连用，则用"二"不用"两"。如"二十二"不说"两十两"。第二，度量衡量词前，都可以用，但量词"两"之前只能用"二"；在大小度量衡单位连用时，最前面的"二""两"都可以用，但后面的只能用"二"。如"两米二"。第三，在序数、小数、分数及数学运算中，用"二"不用"两"，不过也有例外，"两点钟"的"两"表示的就是序数。第四，表虚指时，用"两"不用"二"，如"说两句、有两下子"。"俩""仨"分别是"两"、"三"与"个"的合音，大致说来凡可以用"两个""三个"的地方都可用"俩""仨"，如"哥儿俩、哥儿仨、他们俩、他们仨"等。"俩"常用在名词或代词后面，也可用于名词之前。如"俩学生、仨瓜俩枣"。与代词连用时，只能用在代词后面，不能用在代词之前，如"他们俩、咱们仨"。由于"俩""仨"本身已包含了量词"个"，使用时要避免再出现相应的量词。

6. 副词

(1) 副词及其基本功能。

副词的主要功能是修饰谓词性成分作状语，表示时间、范围、程度、语气、肯定、否定、方式等意义。副词是现代汉语词类系统中比较复杂的一类，个性强于共性。就内部成员的数量看，情态副词具有开放性，其他小类的成员具有相对的封闭性；从出现环境看，有些副词只能在动态的句子中出现，不能在静态的短语中出现。侧重于能单独充当状语这一句法功能，将它们归入实词。

副词都能作状语，表示语气、口气的副词作状语时位置比较自由，可以在句首（主语前）、句中或句尾出现；其他副词作状语时一般不能出现在主语前。例如：

大概他们不来了。　　　他们大概不来了。　　他们不来了，大概。

＊已经他们来了。　　　　＊都他们来了。　　　＊亲自他们来了。

　　"很""极"等少数副词可以作补语，"很"作补语时必须用"得"，"极"作补语时不能用"得"，但必须后附"了"。如"热闹得很""热闹极了"。

　　副词一般不能作定语。如果名词是表顺序义的，前面可以出现某些副词。例如：
　　你才科长，他已经处长了。（科长、处长、局长、部长）
　　今天都星期四了，快周末了。

　　除"也许、大概、的确、果然、不、没有"等少数副词外，绝大多数副词不能单说，具有黏着性。例如：
　　——孩子睡了吧？
　　——＊已经。
　　——也许。／的确。／没有。

　　"又、就、也、才、再、都"等副词具有关联功能。起关联作用时，有的独用，有的合用，也有的与连词配合使用。例如：
　　想走你就走。　　他不来我也要去。　　既轻松，又愉快。

　　（2）副词的分类。
　　① 程度副词。

　　程度副词修饰性质形容词和部分动词，表示程度量的高低。根据能否出现于"比"字句及比较对象的情况，可以将程度副词分为相对程度副词和绝对程度副词两类。
　　相对程度副词：更、越发、稍、稍微、略、最、顶、比较、较为
　　绝对程度副词：太、过于、很、极、极其、非常、相当、格外

　　"更、越发"等程度副词可以出现在"比"字句中。"最、顶"等程度副词虽然不能出现在"比"字句中，但可以出现在通过"与……相比""（在）……中"引进比较对象或比较范围的比较句中。例如：
　　她比你更刻苦。
　　＊她比你最刻苦。
　　（在）这几个孩子当中，肖晶最懂事。

　　绝对程度副词没有明确的比较对象，通常以常识或常理作为程度判定的标准，不能出现在比较句特别是"比"字句中。
　　这个问题很简单。　　＊这个问题比那个问题很简单。
　　他对我们非常关心。　　＊他对我们比你对我们非常关心。

　　有些程度副词出现在不同的结构中其功能有明显的差异，如"还"。当"还"重读时，是相对程度副词，可以出现于"比"字句中，如"你比她还难讲话。"当它轻读时，是绝对程度副词，可以使程度弱化，如"他学习还好。"

　　② 范围副词。

　　范围副词虽然在句法上修饰谓词性成分，但在语义上却是说明事物的范围或数量特征的。

　　"都、全、大多、皆、尽、一概、一律、统统"等范围副词的主要功能是总括事物的范围，表明所总括的对象具有共同的性质。例如：
　　他们都是好孩子。　　　　这些俘虏统统放掉。

　　总括范围的副词，其总括的对象通常必须位于它前面，即此类副词具有语义上前指的特征。

"只、仅、就、光"等范围副词重在表达一定范围内的部分成员不同于其他成员的个性,往往带有说话人的主观色彩,可以表达范围小、数量少、程度低、时间短等主观上的量。语义上具有后指特征,而且语义指向的对象必须在该句法组合中出现,不能省略。例如:

小王只知道埋头拉车,不知道抬头看路。
我只懂得做人比做事更重要。
这里不需要外交辞令,只需要几句现编的童话。

"共、总共、才、一共、至少、起码、至多"等范围副词要求其后必须有一个数量成分充当它语义指向的对象。例如:

他总共挣了一万元钱。　他总共挣了一万元。　*他总共挣了钱。

③ 时间副词。

时间副词不能表达精确的时点和时段,是专门修饰谓词性成分表示动作行为、性质状态或事件发生、变化、存在的时间的副词。例如:

曾　曾经　业已　已经　已
将　即将　终将　必将　迟早　及早
正　正在　在
仍　仍然　仍旧　还
一度　暂且　刚才　刚刚　就　马上　立刻　当即　顿时
一直　永远　从来　历来　往往　常常

"曾经、已经"等表示动作行为或事件在某个参照时间以前发生,"将、迟早"等表示动作行为或事件在某个参照时间以后发生,"正、正在"表示动作行为与说话时间或某一参照时间同时进行。"仍、仍然"等表示动作行为、性质状态或事件本身的延续,"一度、暂且"等表示动作行为或事件发生、变化、存在的时间较短,"一直、从来"等表示动作行为、性质状态或事件延续时间较长。

时间副词与时间名词都是用来表达时间意义的,都经常充当状语,它们之间的主要区别在于:时间名词可以充当主语、宾语和定语,可以与介词构成介词短语,时间副词则不能。例如:

现在是十点。　　将来的事情将来办。　　从昨天开始。
*正在是十点。　　*即将的事情即将办。　　*从马上开始。

④ 否定副词。

现代汉语的否定副词包括"不、没、没有、未、别、非、勿、莫"等几个。"不"可以单用,主要用于对主观意愿、习惯性行为等的否定。例如:

他不愿出差。　这个小孩不听话。　他从来不赌。　他不喜欢学习。

"没有(没)"有动词和副词两种用法,名词性成分前的"没有"是动词,如"没有钢笔"。谓词性成分前的"没有"是副词,如"没有说话"。副词"没有"多用于否定客观现实性,如"他没有来"通常指由于某种原因无法来。

⑤ 语气副词。

语气副词主要用于句首或句中,帮助语气、口气等的表达,如"的确、确实、其实、难道、莫非、也许、大概、果然"等。语气副词的主要特点是:只能在句子中出现,不能在短语中出现,其功能与独立成分有相通之处。语气、口气等是句子一级语法单位中才具有的因素，因此凡是语气副词所在的结构必定是具有表述功能的动态单位。语气副词在句子中出现的位序有一定的灵活性，单音节语气副词不能出现在主语前，双音节语气副词可以在句首或句中出现。与其他副词一起出现时，语气副词必须位于最前面。例如：

这几个孩子也许都不愿意参加夏令营。

*这几个孩子都也许不愿意参加夏令营。

*这几个孩子都不愿意也许参加夏令营。

"是"在同时满足三个条件时应视为语气副词：A. 必须重读；B. 去掉后不影响句子的基本结构，只是语气明显减弱；C. 意义相当于"的确、确实、实在"之类。如"这孩子是聪明""小张是能干"。

⑥ 情态副词。

情态副词的主要功能是表示动作行为进行的方式、情状，如"亲自、亲口、亲手、亲眼、并肩、轮番、随手、当众、如期、婉言、低声、一起、一同、暗自、大举、径直、冉冉、拂袖、飞速、徒步"等。与范围副词、程度副词等相比，情态副词具有以下特点：数量众多，复现率较低；意义比较实在，与所修饰的动词性成分之间的选择性较强。如"飞速"只能修饰与速度有关的动词，如"飞速发展、飞速前进"；"婉言"只能修饰"言说"类的动词，如"婉言谢绝"；"亲眼"只能修饰与"眼睛"有关的动作行为的动词，如"亲眼见到"。在线性序列中，情态副词必须紧贴在它所修饰的动词性成分前，在与其他副词一起出现时，位置最后，如"敌人马上就要大举进攻了。"

7. 代词

代词是根据它们共同的指代作用而归纳出来的一个类，内部没有统一的句法功能，代词的句法功能跟它所指代的成分功能相当。代词有的能指代名词、数词、量词或相关短语，有的能指代动词、形容词或相关短语，有的能指代副词或相关短语。其句法功能必须依据其所处的特定语境及其所指代的具体对象而临时确定。

根据代词所指代的意义，习惯上将代词分为人称代词、疑问代词和指示代词三类。这三类代词既有一般用法，也有特殊用法。

现代汉语代词表

功能类别	意义类别		
	人称代词	疑问代词	指示代词
能指代名词或名词性短语的代词	我、我们 你、您、你们 他、她、它、他们、她们、它们 咱、咱们 自己、人家、别人	谁 什么 哪里 哪儿	这、这里、 这儿、这会儿 那、那里、 那儿、那会儿
能指代谓词或谓词性短语的代词		怎样 怎么 怎么样 如何	这样、这么样 那样、那么样
能指代副词的代词			这么、这样 那么、那样

(1) 人称代词。

人称代词分为第一人称、第二人称和第三人称，有单数、复数的区别，复数常在单数形式后加助词"们"来表示，如"我们、你们"。人称代词并非都是指人的代词。"我们"和"咱们"都是第一人称复数形式，"咱们"是包括式，"我们"是排除式。所谓包括，应包括说话人和听话人双方；所谓排除，就是只包括说话人一方，不包括听话人一方。例如：

你等我一下，咱们一起走。（咱们：包括式）

你快一点儿，我们在大门口等你。（我们：排除式）

"咱们"一定包括说话人和听话人双方，普通话中"我们"的用法比"咱们"的范围宽，它既可以是包括式，又可以是排除式。

"您"是"你"的尊称，如"您真有福气""您慢走"。"您"的复数形式是"您们"，不过只是偶尔在书面语特别是书信中使用，口语里一般说"您几位"，如"麻烦您二位了，改日一定登门叩谢！"

"他们"可专指男性，也可兼指男性和女性。"她们"专指女性，书面语中有时表示男女兼有时用"他（她）们"或"她（他）们"，是不规范的。

"自己"有以下几种用法：

① 复指，与指人的名词或代词连用。例如：

我们自己决定不了。

我自己被人吃了，可仍然是吃人的人的兄弟。

你自己不好，还怪别人。

② 回指，指代上文提到过的某个对象。例如：

他刚刚说过的话，自己竟忘了。

你是自己把自己往火坑里推。

③ 泛指，用来代替句中未出现的某个不确定的对象。例如：

自己的路自己走，自己的舵自己掌。

"别人"在意义上和"自己"相对待，指某一个或某一群以外的人，如"别人能做的事，你也能做。""别人"可用来与"自己"对举。如"他的心里只装着别人，从来不为自己着想。"

"人家"可用于指具体的人，相当于第三人称，如"你看人家都在干啥，你在干啥呢？"可以用来指与"自己"相对的一方，相当于"别人"，如"文章是写给人家看的，一定要明白易懂。"也可以构成复指，如"人家刘燕可真是好样的，考取了北大的博士研究生。"还可以用来指说话人自己，略带有不满的口气，如"人家越是不想讲，你越是让人家讲。"

(2) 疑问代词。

疑问代词的基本用法是表示有疑而问，要求对方做出回答。例如：

站在那儿的是谁？　　　　　你得到了什么？

哪里是你的家？　　　　　　他为什么不去争？

(3) 指示代词。

指示代词主要以"这、那"为基础构成，可分为两组。

这：这里、这儿、这会儿、这些、这么、这样、这么样

那:那里、那儿、那会儿、那些、那么、那样、那么样

在区别事物时,"这"一组用于近指,"那"一组用于远指。例如:

请这位同志让一让路。

那里的水不如这里的水。

"每、各"都可以分指或逐指,指所有或全体中的一个。"各"可以直接加在表示机构、组织的单双音节的名词前,如"各班、各校、各机关、各有关团体"等,"每"只可加在表示机构、组织的单音节的名词前,如"每班、每校"等。"各"还可以单独指人或单位,如"各就各位""各说各的理"。"每、各"都可以放在动词前,如"每到一个地方""各唱一支歌"。"每"强调个体之间的共同点,"各"强调个体之间的不同点,如"每人一份,各领各的"。

"某"是不定指,是确有所指而又没有说明,如"某种、某机关"等。

"另"常和数量词组合,而且数量词语不可省,如"另一位、另一种"。它还能加在动词之前修饰动词,如"另想办法、另选题目"等。

"其他、其余"用以指某些人或事物以外的人或事物。"其他"可以指人或指物,不写作"其它"。

(4) 代词的特殊用法。

疑问代词在一定的语言环境中可以不表示询问或反问,人称代词、指示代词也可以不用来进行明确的指代,这是代词的特殊用法,有以下三种情形。

① 任指用法。疑问代词代指任何人、任何事物,有强调一切的意味,但有潜在的范围。例如:

谁都说服不了他。　　我什么苦头都吃过。

你喜欢吃什么就吃什么。　　你想去哪里就去哪里。

后两个句子中的代词是呼应性任指的用法。

② 虚指用法。疑问代词代表不知道、说不出或者不想说的人或事物。例如:

你还有什么要说的吗?我没什么要说的了。

我似乎在哪儿见过他。

在实践是检验真理的唯一标准面前,哪有什么金科玉律?

③ 不定指用法。三类代词都可用来指代不确定的人或事物。例如:

派谁谁去。

大家你看看我,我看看你,谁也不想先发言。

摸摸这,瞧瞧那,什么都感到很新鲜。

(四) 虚词

1. 介词

介词是附着在名词性成分前(少数可用在谓词性成分前)构成介词短语的虚词,介词的后置成分通常称为介词宾语。介词都不能单说,也不能单独充当句法成分,它必须附着在名词性成分或谓词性成分前构成介词短语才能充当句法成分。介词短语本身也不能单说,不能单独充当主语和谓语。介词短语的主要功能是充当状语,或者借助于"的"作定语,有时也可以充当补语和宾语。

介词所附着的成分与句子结构中的谓词性成分有多种语义关系。

引进施事：被、叫、让、给、由、为。

引进受事：把、将、管、拿。

表示对象：和、跟、同、与、对、对于。

表示依凭：用、以、凭、依照、根据、按照。

表示方式：经、经过、通过。

表示时间：在、当、从、自、自从。

表示处所或方向：在、从、向、朝、沿着、顺着。

表示比较：比、较、较之、于。

表示原因、目的：因、因为、由于、为、为了、为着。

表示关涉：至于、关于、对于、除、除了。

口语中的"打"，既可表示方向，又可表示时间，如"打这儿走，又近又好走，一会就能到""打明天起，你就不用来上班了"。还有"替""给"等，都可在口语中用作介词。

现代汉语的介词绝大多数是由古代汉语的动词虚化而来，虚化是个连续的渐进过程，有些至今仍处在虚化的过程中，因而有些词表现出兼有动词和介词两类词的性质。动词和介词的区别主要表现在以下几个方面。

（1）介词不能单独使用，必须附着在其他实词或短语前面，构成介词短语。介词短语不能单独充当谓语；而动词可以单用，可以构成述宾短语充当谓语。如"比"和"在"兼属介词和动词：

你比他强　　*你比他　　你和他比？你和他比什么？

门朝南　　　*他朝南　　门朝不朝南？

（2）介词不能直接带"了、着、过"等动态助词，绝大多数动词可以。"为了、除了"，"为着、沿着、趁着、随着"，"通过、经过"中的"了、着、过"是构词语素，不是独立的虚词。

值得注意的是，"经过""通过"兼属介词和动词，如"经过讨论，大家取得了一致的看法"（介词）。"京九铁路从阜阳经过"（动词）。"经过""通过"用为介词时，后面要么带动词作其宾语，要么带以动词为中心的定中短语作其宾语。如"经过讨论""经过热烈的讨论"；"通过研究""通过慎重的研究"。"为了""为着"后面带的不管是名词性成分还是谓词性成分，"为了""为着"都是介词，如"为了我们的共同理想，我们走到一起来了。""为了实现我们的共同理想，我们走到一起来了。""为能尽快落实党中央、国务院的英明决策，为了伟大祖国的繁荣昌盛，为了中华民族的美好未来，我们一定要培养出一代又一代活泼而热情、博学而文明、清醒而睿智、务实而创新的有为青年来。"

2. 连词

连词是用于词、短语、分句或句子之间具有连接作用的虚词。连词的功能主要体现在以下两个方面。

（1）连接名词性成分还是连接谓词性成分。

"和、跟、同、与、及"等连词主要连接名词性成分，连接谓词性成分有条件限制。

"和"连接的谓词性成分通常不带"着、了、过"等动态助词，构成的联合短语充当谓语时常带宾语或者前有修饰成分。例如：

说和做是两码事情。　　　　他最爱打猎和踢球。
我拜读和研究了你的大作。　　他曾在国外学习和深造。

"并、并且、而且、而"等连词只能连接谓词性成分。"并"一般连接动词性成分，如"讨论并通过"。"并且、而且、而"既可以连接动词性成分，又可以连接形容词性成分。"或、或者、还是"等连词既能连接名词性成分，又能连接谓词性成分。如"老李或者老王、上海还是北京、（他常送我一些）值钱或不值钱（的小玩意）、去还是不去"等。

（2）连接词、短语还是连接分句、句子。

"和、跟、同、与、及、以及"等连词只能连接词和短语，不能用在分句或句子之间起连接作用。"和、跟、同、与"连接的成分是平列的关系，没有主次分别；而"及、以及"连接的成分往往有主和次的分别。例如：

人品和工作　　电影和电视　　精神文明与物质文明
品种及价格　　工友及家属　　照章办事及人文关怀

"尽管、即使、哪怕、只要、然而、不仅、所以、否则"等连词只能连接分句或者句子，不能连接词或短语。例如：

他尽管犯了许多错误，但也不能按敌我矛盾去处理。
即使有极优越的条件，他也一直保持着艰苦节俭的作风。
他不仅自己身体力行，而且还严格地要求子女。

"而、而且、还是"等连词既能连接词和短语，又能连接分句或句子。例如：

古朴而幽远　工整而端庄　勤劳而勇敢　　　　　　——联合
由冬而夏　由少年而青年　由上学而工作　　　　　——顺承
战而胜之　有意见而能大胆地提出批评　　　　　　——递进
劳而无功　死而无怨　费力小而收获大　　　　　　——转折
匆匆而去　滚滚而来　为中华之崛起而读书　　　　——状中
作为朋友，这一点是最让我看重的，而作为女人，我更佩服她的坚韧和强大。
温馨而且美妙　热心而且机智
这些演出活动不仅弥补了自己不能在银幕上展示音乐才华的遗憾，而且还促进了舞台表演水平的提高。

由上面的例子不难看出，"而""而且"既可连接词或短语，又可连接分句；"而"所表示的关系多种多样，"而且"只能表示递进关系。

连接分句或句子的连词是复句中关联词语的一种，但有连接功能的词不一定都是连词，有些副词、动词也有连接功能，它们能充当句法成分或句子成分，是实词。如"他一到，大家都不说话了。""你能完成，我也能完成。""你是工人还是技术员？"中的"就"和"也"都是起关联作用的副词，"是"则是能起关联作用的动词。还有些能起关联作用的则是短语，如"一方面……另一方面……""不然的话""总而言之"等。

连词充当关联词语连接分句或句子时可以表示多种逻辑关系。例如：

表示并列关系：而。
表示选择关系：或、或者、还是、与其、宁可。
表示递进关系：不但、不仅、而、而且、并且。

表示因果关系：因为、由于、既然、所以、因此、可见。
表示假设关系：假如、如果、要是、倘若。
表示条件关系：只有、只要、除非、无论、不论、不管。
表示让步转折关系：虽然、固然、尽管、即使、哪怕、就是、而、但是、可是、然而、不过。

(3) 介词和连词的区分。

有些词兼有介词和连词的双重功能，需要区分。

① 由于、因为。

后面为名词性成分时，它们是介词；后面为谓词性成分时，它们是连词。例如：

因为你，他挨了批评。（介词）　　因为下雨，运动会只能改期。（连词）
由于你的缘故他才不来的。（介词）　由于你不来，他也不想来。（连词）

② 和、跟、同、与。

A. 换序法　互换"和、跟、同、与"前后的成分：如果意思不变，它们是连词；如果意思改变或者不能互换，它们是介词。

B. 添加法　看能否在"和、跟、同、与"前添加状语：如果能添加，它们是介词；不能添加，它们是连词。

C. 省略法　看能否省略"和、跟、同、与"前的成分：如果能省略，它们是介词；如果不能省略，它们是连词。例如：

王军和张晓喜欢游泳。　　　　王军和张晓说过这件事。
张晓和王军喜欢游泳。　　　　张晓和王军说过这件事。（施事改变）
*和张晓喜欢游泳。　　　　　　和张晓说过这件事。
*王军曾和张晓喜欢游泳。　　　王军曾和张晓说过这件事。

左边例中"和"是连词，右边例中"和"是介词。

3. 助词

(1) 助词及其类型。

助词是附着在词或短语上面表示一定的结构关系或附加意义的虚词，主要有以下几类：

结构助词　的、地、得
动态助词　着、了、过
强调助词　的、连
比况助词　似的、一样、一般、般、样
其他助词　们、可、把、来、等、等等、所、被、给、来着

(2) 各类助词。

① 结构助词。

结构助词的读音都是"de"，书面上写成"的""地"和"得"，分别表示现代汉语中定中、状中和述补的关系。

"的"的主要作用有二：一是用在名词性偏正结构中，起连接定语和中心语的作用。例如：

我们的校园　大大的眼睛　走私的货物　乌龟的爬行　街市的繁华

二是附加在名词、动词、形容词及某些短语后面，构成"的"字短语，用于指称，相当于名词。例如：

人民的　玩的　男的　国营的　卖菜的　新鲜的　你不想看到的

"地"用于谓词性偏正结构中，起连接状语和中心语的作用。例如：

高高地举起　默默地工作着　仔仔细细地调查　一箱一箱地搬

渐渐地冷　像年轻人一样地矫健　异乎寻常地热火起来

"得"一般用在述补结构中，连接中心语和补语，述补结构中用"得"来连接的补语主要是状态补语和结果补语中可能式的肯定形式，部分程度补语也用"得"来连接。"得"还可以单用，表示主观上的可能或不可能、客观上的应该或不应该。例如：

怕得要命　表演得很精彩　急得像热锅上的蚂蚁一样　高兴得手舞足蹈

来得及（来不及）走得了（走不了）吃得下（吃不下）想得开（想不开）

顾得（顾不得）　舍得（舍不得）　说得（说不得）　吃得（吃不得）

写得好（写不好/写得不好）看得清（看不清/看得不清）

懒得很　闷得慌　想得美

② 动态助词和强调助词。

附着在动词后面，表示动作行为进行的状态，这类词就叫作动态助词。

"了"表示动作行为的完成或实现。如"吃了一个馒头、问了一个问题、赶走了日本鬼子、打倒了反动派"。

"着"表示动作的进行或状态的持续。如"开着会、说着话、下着雨"中的"着"表示动态的进行，可以转化为"正在开会/～说话/～下雨"。"身上穿着藏青色呢子大衣、主席台上坐着很多领导、背心上印着五环标志"中的"着"表示某种状况的静态持续，不能用时间副词"正在/正/在"来转换。

"过"表示曾经有过某种经历。如"到过三亚、走过这条路、听说过这件事"。

强调助词"的"表示事件发生在过去，即事件在说话前发生；有时也强调动作的发出者或动作发生的地点。"的"通常用在述语和宾语之间。例如：

他八点钟到的校。　我在城里读的高中。　昨天晚上他拎的酒，我点的菜。

强调助词"连"通常与"都/也"构成"连……都/也……"格式，"连"所附着的成分正是句子强调的成分。例如：

连这道题目都做不好。(句子的强调重音在"这道题目")

连爸爸的话你也敢不听。(句子的强调重音在"爸爸的话")

③ 比况助词。

比况助词附着在某些实词或短语的后面构成比况短语，充当定语、状语、补语或谓语。比况短语的整体功能相当于形容词。例如：

火一样的热情　箭似的飞去　吓得像丢了魂似的　她走路风儿似的

④ 其他助词。

"可"："可"有两种作用，一表约数，如"年可十八"；二表强调，如"他们意见可大了"。

"来着"用于句末，表示不久前刚刚发生的事，口语中较常见。例如：

你刚才说什么来着？　这几天你都忙什么来着？

"把、来"与数词配合使用，用来表达概数，如"百把本书、十来个人"。

"们"在现代汉语中主要用在指人名词后面表示复数。加"们"的名词前面不能使用表示确数的数量词语或"许多、少数、多数"等词语。如不能说"十名同学们""许多同学们"。除了比喻、拟人、借代等修辞手法外,"们"不能用在非指人名词后。

　　"等、等等"附于实词或短语之后,表示列举。可以表列举未尽,也可以表列举已尽,应视上下文而定。如"美英等国""柴米油盐等生活日用品"。

　　"所"的用法:一是附着于单音节动作动词前,构成"所"字短语,如"所见、所闻、所想","所"字短语的功能相当于名词;二是用在主谓之间,表示该主谓短语充当了定语,且其修饰的中心语恰恰就是主谓短语中谓语动词关涉的对象,如"我所了解的情况与你所介绍的情况出入太大";三是与"被、为"等构成"被/为……所+动词"的结构,如"被世人所唾弃、为人所害"。

　　"被"常用作介词,有时是助词。"被"未引进施事,而是直接附着在动词性成分前,表示被动,此时的"被"便是助词。如"被骗、被打、被误解、被开除"等。

　　"给"可以是动词,如"你再给我一次机会吧";也可以是介词,如"我的电脑给他捣鼓坏了";还可以是助词,如"他把我的电脑给捣鼓坏了"。

4. 语气词

（1）语气词与句类。

　　语气词是一般只出现在句子或分句的末尾的虚词,是现代汉语中语气表达的重要因素之一。现代汉语的语气主要借助于语调、语气副词和语气词来表达。现代汉语中常见的语气词如下。

　　单音节的:的、了、吧、吗、呢、啊、呵、呀、哇、哪、哟、喽、啦、呗、么、呐、咧。

　　双音节的:罢了、也罢、而已、的话。

　　有些语气词是因为出现环境的不同而造成的读音变体,或者是两个或几个语气词合用而形成的变体。如语气词"啊"因为受前一音节收尾音的影响,有"呀、哇、哪"等变体,"了+啊"读成"啦"等。

　　现代汉语中最常用、最基本的语气词有六个:的、了、吧、吗、呢、啊,它们的用法比较复杂。

　　"的"主要用于陈述语气,表示情况本来如此,用以加强对事实的确定,如"这件事,我会跟领导说的""黄山,我去过的"。

　　"了"重在表达新情况的出现,强调当前已变的相关情况,如"店里又添人了""我已经吃过饭了"。

　　"吧"用于表示揣测或商量,说话人对自己的看法不太肯定,句中常有"大概、可能、也许"等词语。如"他也许不会失约吧";还可以表示祈使,如"请把窗户关上吧""天都亮了,快起床吧"。

　　"吗"和"呢"用于疑问句。"吗"主要用于是非问句,要求听话人做出肯定或否定的回答,如"你是学生吗""吃饭吗""你去吗"等。

　　"呢"主要用于特指问、选择问以及正反问,例如:

你究竟想去什么地方呢?　　想去泰山还是想去黄山呢?
黄山你想不想去呢?　　老王呢?他的小车呢?

表示夸张的语气也常用"呢",如"我忙着呢!""他的本事大着呢!"
"啊"常用于感叹句和祈使句末,如"景色多美啊!""快来啊!""啊"用在疑问句末,有舒缓语气的作用,如"天都快黑了,你还走不走啊?"
当然语气词与句子的语气类型之间不是一对一的关系,同样的语气可以选用不同的语气词;同一个语气词,也可以表达不同的语气。例如:

你在干啥呢?　　　　　我在等你呢!

同样使用语气词"呢",一个表达疑问,一个表达陈述。

比较:这个情况你怎么知道的?　　这个情况你怎么知道?
　　　你不想上学了?　　　　　　你不想上学?
　　　这件衣服是新买的吧?　　　这件衣服是新买的?
　　　你也听说了吗?　　　　　　你也听说了?
　　　这怎么行呢?　　　　　　　这怎么行?
　　　你说不说啊?　　　　　　　你说不说?

以上两组都是疑问句,用不用语气词,问句所表达的疑问语气有区别。用"的"加强了对事实追问的语气,用"了"表示出现了新情况,即预设"你原来是不知道的",用"吧"带有推测的意味,用"吗"带有要求对方确认的意味,用"呢"带有不深究就觉得为难的意味,"啊"明显具有舒缓语气的作用。

(2) 语气词的连用。

语气词可以连用,第一个语气词虽可表示一定的语气,但对全句语气起决定作用的还应是后面的语气词。连用有一定的顺序。根据句末语气词连用的顺序,可以将六个基本的语气词分为三组:

　　A. 的　　　　B. 了　　　C. 吗、吧、呢、啊

语气词连用时可以有 AB、BC、AC 几种顺序。例如:

你也真够刻薄的了。(AB)　　　他回去了吗?(BC)
我以为你已经懂了呢。(BC)　　这样的事,你竟做过的吗?(AC)
你以前见过他的吧?(AC)　　　这话是怎么说的呢?(AC)

语气词连用的顺序虽然如上,但它们的附着情况并不那么简单。如"你也真够刻薄的了"。一般情况下,这句话中的"的"首先附着于"你也真够刻薄"之上,然后"了"再附着于"你也真够刻薄的"之上。决定全句语气的,还是最后面的语气词"了"。不过语气词的附着情况,也常因说话人的心理状态不同而有所不同,上句中的语气词也可以有这样几种附着情况:你——也真够刻薄的了。/你也——真够刻薄的了。/你也真够——刻薄的了。

(3) 句中语气词。

语气词"吧、啊、呢、么"等也可以出现在句中,它们出现的位置与句子的句法结构无必然联系,其主要功能不是表达语气,而是表达停顿以及说话人对句子信息结构的心理切分。例如:

我就是弄不懂她心里是怎么想的。
我呢,就是弄不懂她心里是怎么想的。
我就是呢,弄不懂她心里是怎么想的。
我就是弄不懂呢,她心里是怎么想的。

我就是弄不懂她呢，心里是怎么想的。
我就是弄不懂她心里呢，是怎么想的。

（4）助词"的""了"和语气词"的""了"。

结构助词"的"和语气词"的"都读轻声，容易混淆，它们之间的区别主要表现在出现位置、省略的可能性以及添加中心语的可能性几个方面，如下表所示。

不同的"的"	区别点		
	出现位置	省略	添加中心语
语气词"的"	句末	可以	不可以
结构助词"的"	句末、句中	不可以	可以

例如：

我是教书的。　　　＊我是教书。　　　我是教书的（先生）。
我来教书的。　　　我来教书。　　　　＊我来教书的（？）。

两例中的"的"分别是结构助词和语气词。

动态助词"了$_1$"和语气词"了$_2$"也存在划界的问题。当"了"出现于句中谓词性成分后时，是动态助词"了$_1$"；当"了"出现于句末且前为名词性成分时，是语气词"了$_2$"；当"了"出现于句末，前为谓词性成分时，兼有语气词和动态助词双重作用，是"了$_1$+了$_2$"。例如：

我已经到了$_1$北京了$_2$。　　　　　北京我已经到了$_{1+2}$。

（五）拟声词和叹词

拟声词和叹词是现代汉语中两个比较特殊的词类，它们经常单独使用，充当独立语或单独成句，结构功能很弱，虽句子中常常使用，但通常不与其他成分发生句法结构的关系。

1. 拟声词

拟声词是模拟各种声音的词，如"叭、咚、嗡、轰隆、叮当、哗啦、嘀咕、乒乓乓乓、叽叽喳喳、噼里啪啦"等。

拟声词可以单独成句，或者充当句中的独立语。例如："轰隆！""嘀嗒，嘀嗒，夜间座钟的声音是那么清晰而响亮。"拟声词也可以活用成其他的词，进入句子，充当谓语、定语、状语、补语、宾语等成分。例如："你在那里嘀咕什么？""叮叮当当的声音……""……噼里啪啦地响了起来。""……睡得呼呼的。""在那里，打铁的声音不是叮咚叮咚，而是踢通踢通。"

2. 叹词

叹词是表示感叹、呼唤、应答等的词。叹词的独立性很强，主要充当句子的独立语，或者单独成句。叹词也可以活用成其他的词，进入句子，充当宾语、谓语、定语、状语等成分。例如：

唉！又输了。　　　　　　　　哎呀，你放开手吧。
你就不要打"哈哈"了。　　　　你在那里"唉"什么呀？
他又"哎哟哎哟"地喊了起来。　电话里传出了"喂、喂"的声音。

3. 语气词"啊"与叹词"啊"

(1) 语气词"啊"读轻声，叹词"啊"不读轻声，表示赞叹时读阴平，表示惊讶或不知道时读阳平，表示醒悟时读上声，表示应诺时读去声。例如：

啊（ā）！太好了！　　　　　　啊（á）！这么快呀？
啊（ǎ）！原来是这么回事啊！　啊（à）！好吧！

(2) 语气词"啊"不能位于句首，叹词"啊"可以出现于句首、句中或句末。

(3) 语气词"啊"是附着性的，与它所附着的成分间不能有停顿，书面上不能有点号隔开；叹词"啊"的前后必须有停顿，书面上有点号将它与其他成分隔开。

(六) 词的兼类与活用

1. 什么是词的兼类

在词类划分过程中，一种语言里绝大多数词都可以按照划分标准将相应的词分别归入相应的词类中，但有些词经常具备几类词的语法功能，这种现象称为词的兼类。词的兼类好比人的兼职，指的是同一个词在不同的语言环境中兼有几类词的语法特点。例如：

繁荣：繁荣了市场（动词）　　　这里的市场很繁荣（形容词）
标准：制定了统一的标准（名词）　这杆秤很标准（形容词）

上例中"繁荣""标准"所代表的意义之间虽有内在的联系，但它们在不同语言环境中具备了不同的语法功能，而且经常这样使用，故应视为词的兼类现象。

现代汉语中常见的词的兼类现象，除动词与形容词兼类、形容词与名词兼类以外，还有名词与动词的兼类、动词与介词的兼类、介词与连词的兼类等。例如：

{请你把会议通知带给他。（名词）
{请你通知他下午来开会。（动词）

{他不在家。（动词）
{他在足球场上踢球。（介词）

{因为你昨晚说的那句话，她生气了。（介词）
{因为你说的话不好听，她生气了。（连词）

2. 以下几种情况不属于词的兼类

(1) 一个词可以出现在不同的句法位置上，充当不同的句法成分，而同类的词也大都具有这种功能，不属于词的兼类。汉语缺乏严格意义的形态变化，汉语的词类与句法成分之间不存在一一对应的关系。例如：

我退休了。（作谓语）　　　　　退休是解脱的好办法。（作主语）
我同意提前退休。（作宾语）　　退休的人也有事干。（作定语）

"退休"可以充当谓语、主语、宾语、定语等多种成分，这种用法是大多数动词都具有的，因此"退休"不是兼类词。

（2）不同类的词具有部分相同的语法功能，不属于词的兼类。

动词的主要功能是作谓语，但也可以有条件地作主语、宾语；名词的主要功能是作主语和宾语，但也可以有条件地充当谓语，这种现象不属于动词、名词的兼类现象。

（3）语法功能不同的同形同音词不属于词的兼类。

兼类词必须意义上有联系，读音相同、形体相同而意义上没有联系的同形同音词不属于兼类词。例如：

他的皮肤很白。　　　　不吃白不吃。
这菜也太老了。　　　　我最近老想家。
这个人脾气很怪。　　　这花怪香的。

前一组中的"白、老、怪"是形容词，后一组中的"白、老、怪"是副词，它们是同音词，而非兼类词，因为它们的意义之间没有联系。

（4）词的临时活用不属于词的兼类。

为了表达的需要，有时临时将一个词当作其他类词来用，这种现象是词的活用，不属于词的兼类。例如：

这种现象的确是十分的"堂吉诃德"了。
你也不要太"军阀"了。

上例中"堂吉诃德""军阀"都是名词，这里临时将这两个名词当作形容词来用，属于词的活用，不是这两个词的经常用法，因而不属于词的兼类。

练习与思考

1. 为什么要划分词类？如何给现代汉语的词进行词类划分？
2. 指出下列各词的词性。

理想　感想　幻想　　　突然　偶然　忽然　　　常务　家务　医务
一致　一概　一律　　　作用　使用　费用　　　充满　充足　充分
高见　高贵　高攀　　　困守　困窘　困境　　　上等　上市　上司

3. 时间名词和时间副词有什么共同点？如何区分这两类词？
4. 就语法功能而言，副词一般不能修饰名词。对下列"副词+名词"的现象你怎么看？

（1）人不人鬼不鬼　　僧不僧道不道
（2）时间已将深夜，路上行人稀少。
（3）他现在已经副教授了。
（4）发言很热烈，独独二排长没有吭声。
（5）她留了一个极新潮的运动头。
（6）最前沿的必定是陌生的。
（7）他很绅士地点了点头。
（8）我觉得跟你特说得来，特知音。

5. 可以说"很了解""很高兴""很端正"，也可以说"了解他""端正态度"，为什么说"了解"是动词，"高兴"是形容词，"端正"是动词兼形容词？请再举出同类现象各五例。

6. 判断正误。

(1) 在概念意义的基础上所形成的词的类别意义是给汉语的词划分语法类别的重要标准。（　　）

(2) 不管在什么情况下，名词都不能受副词修饰。（　　）

(3) 动词都不能受程度副词修饰。（　　）

(4) 形容词都能受程度副词修饰。（　　）

(5) 动词都能直接带宾语。（　　）

(6) 形容词都不能带宾语。（　　）

(7) "非常、暂时、共同、必然"等，既能修饰名词作定语，又能修饰谓词作状语，所以应该是形容词和副词的兼类现象。（　　）

(8) 拟声词和叹词都能单独成句，都能充当句子的独立语，所以可以合称为"独用词"。（　　）

7. 指出下列各句中加点词的词性。

(1) 老师和家长都赞成这样做。

(2) 小王正在跟朋友打电话。

(3) 老李跟老陈说他今天下午不来。

(4) 北部与蒙古接壤。

(5) 张明跟李小平是北京人。

(6) 和前几天相比，最近凉快多了。

(7) 他经常同小李一起来。

(8) 你同家里商量一下再做决定吧。

(9) 我回家要了两百元钱。

(10) 天要下雨，娘要嫁人，随他去吧。

(11) 教室里多了一位同学。

(12) 操场上同学很多。

(13) 你怎么忽然变卦了？

(14) 事情发生得太突然了。

(15) 这道菜的味道很怪。

(16) 今天怪冷的。

8. 指出下列各组句子中或复句的各分句中加点词的词性。

(1) 这本书是他的。/面包会有的。/他俩昨天见的面。

(2) 教室里没有人。/我没有旷课。

(3) 啊！太精彩了。/快来看啊！

(4) 来人了。/只来了两个人。/他们早来了。

(5) 他在寝室睡觉。/他在做实验。/他不在教室。

(6) 你刚才到哪儿去了？我找了很多地方都没有找到你。

(7) 他刚刚还在这里来着，怎么一转眼就不见了呢？

(8) 桌子上明明有书，可他好像什么也没有看见。

(9) 彩灯齐明的拱桥，好像人间的彩虹似的。

(10) 大家最近都在探讨这个问题，请你也就这个问题谈谈自己的看法吧。

9. 请指出下列词的词性；是兼类词的，也一定要指出其所兼属的不同的词类。

编辑　从前　组织　充实　平时　文明　希望　密切　决定　当初
错误　明确　马上　原先　道德　目前　计划　原来　即将　往常
标准　刚才　矛盾　时常　困难　将来　代表　经济　通知　民主

10. 选择题。

（1）下列各组词中，全是名词的一组是_____。
A. 热门、热情、热烈、热点　　B. 游戏、游泳、游子、游荡
C. 高帽、高空、高峰、高见　　D. 黑道、黑客、黑帮、黑暗

（2）下列各组词中，全是动词的一组是_____。
A. 会谈、会务、会商、会合　　B. 春播、春耕、春荒、春灌
C. 感谢、感化、感人、感染　　D. 补假、补足、补习、补办

（3）下列各组词中，全是形容词的一组是_____。
A. 优秀、优点、优良、优先　　B. 困苦、困窘、困倦、困乏
C. 富丽、富裕、富豪、富强　　D. 焦急、焦虑、焦点、焦躁

（4）下列各组词中，全可看作兼类词的一组是_____。
A. 丰富、经常、代表、喜欢　　B. 端正、通知、精神、顺利
C. 武装、标准、建议、科学　　D. 深入、麻烦、矛盾、伟大

11. "你"和"您"、"那"和"哪"、"二"和"两"、"呢"和"吗"用法有什么不同？

12. 现代汉语中哪几类词可以重叠？各自按照什么方式重叠？重叠后的语法意义是什么？请举例说明。

13. "所""给"各有几种用法？请举例说明。

14. 必须具备哪些条件，才可以视为词的兼类现象？

第三节　短　　语

一、短语的结构类型

根据短语直接成分之间的语法关系，可以把短语分成若干种结构类型。

（一）主谓短语

1. 主谓短语的构成

由主语和谓语两个直接成分构成的短语是主谓短语。其中主语是陈述的对象，谓语对主语加以陈述或说明。例如：

主 谓 短 语 ──→ 主语　＋　谓语
同学们好　　　　　　同学们　　好
我们学习英语　　　　我们　　　学习英语
空气非常新鲜　　　　空气　　　非常新鲜
大家高兴得跳了起来　大家　　　高兴得跳了起来

2. 主谓短语的功能

主谓短语带上语调语气（有时还要加上语气词以及其他完句成分）可以构成主谓句。例如：

小河蜿蜒流淌。　　　他喜欢旅游。　　　你们睡醒啦？

主谓短语可以充当主语、谓语、宾语、定语、状语、补语等各种成分。主谓短语充当主语时，谓语通常表示判断、评价或说明。例如：

你这样说就没有道理了。　　　下级服从上级是党的纪律之一。
学生用功学习难道不应该吗？　　他不敢出面作证说明他心里有顾虑。

主谓短语充当谓语的句子称为主谓谓语句，是主谓句的一种下位句型。例如：

这种情况我们以前遇到过。　　比较：我们以前遇到过这种情况。
小王态度很认真。　　　　　　　　小王的态度很认真。
这三个人我只认识两个。　　　　　我只认识这三个人中的两个。
这件事老王很有经验。　　　　　　对于这件事，老王很有经验。
老张做事马大哈。　　　　　　　　做事时，老张总是马大哈。

主谓短语作宾语时充当述语的是"知道、希望、相信、认为、发现、发觉、觉得、意识到、懂得、记得"等表示心理活动的动词。例如：

我相信你能完成这个任务。　　　我记得你不爱吃桃子。
爸爸希望你能顺利通过这次考试。　我知道自己应该怎么做。

主谓短语作定语时，其与中心语之间要用"的"。例如：

他发表的那篇文章很有价值。　　学生打架的事已经处理好了。
个子不高的那位同学刚刚出去。　他是一个脾气暴躁的人。

主谓短语作状语、补语时一定要带结构助词"地"或"得"，而且作状语、补语的主谓短语中的主语与句子的主语之间通常具有领属关系。例如：

他情绪激动地站了起来。　　　小战士头也不回地冲了出去。
她羞得满脸通红。　　　　　　他累得腿都抬不动了。

（二）述宾短语

1. 述宾短语的构成

述宾短语由述语和宾语两个直接成分构成，述语对宾语起支配或关涉的作用，宾语是述语支配或关涉的对象。

述宾短语中充当述语的可以是单个动词，也可以是以动词为中心、带结果补语或趋向补语的述补结构。充当宾语的常常是名词或名词性短语，谓词或谓词性短语在一定条件下也可以充当宾语。宾语常常是受事，是述语直接支配的对象，有时也可以是施事、与事等。例如：

述宾短语　───→　述语　＋　宾语
吸过滤嘴　　　　　　吸　　　过滤嘴
写欧体　　　　　　　写　　　欧体
喜欢干净　　　　　　喜欢　　干净

吃惯了食堂	吃惯了	食堂
踢前锋	踢	前锋
予以表扬	予以	表扬
开始讨论	开始	讨论
丰富了业余文化生活	丰富了	业余文化生活
晒太阳	晒	太阳
来了一位客人	来了	一位客人

有些动词不能单独充当述语而带宾语，必须以述补短语形式才可以带宾语。例如：

飞上了蓝天　　＊飞蓝天　　气坏了身子　　＊气身子

2. 述宾短语的功能

述宾短语带上语调（有时需要带上语气词）可以单独成句，可以是非主谓句，也可以是省略主语的主谓句。例如：

禁止吸烟！　　说谁呢！　　　　　　　　　　　（小王）去图书馆了。

述宾短语经常充当谓语、定语，也可以充当主语、宾语、状语、补语等成分，如"他<u>发表了一篇文章</u>""<u>进货</u>的人""<u>学会电脑操作技能</u>有利于就业""喜欢<u>看小说</u>""工作正在<u>有计划</u>地进行""他激动得<u>流下了两行热泪</u>"。

（三）偏正短语

偏正短语由定语和中心语或者状语和中心语两个直接成分构成，定语和状语起修饰或限制中心语的作用。

1. 定中型偏正短语

绝大多数实词和短语都可以充当定语，表示中心语的性质、状态、数量、时间、处所、材料、领属、工具、结果以及施事、受事等，例如：

偏正短语 ——→	定语 ＋	中心语
微型轿车	微型	轿车
聪明而勇敢的孩子	聪明而勇敢（的）	孩子
一群鸽子	一群	鸽子
以前的经历	以前（的）	经历
了解的情况	了解（的）	情况
学生不懂的问题	学生不懂（的）	问题
我们的孩子	我们（的）	孩子
对这件事的看法	对这件事（的）	看法

定中型偏正短语的中心语一般是名词性成分，某些主谓短语借助于助词"的"也可以转化为定中型偏正短语，这类定中型偏正短语的中心语是谓词性的，例如：

客人的到来　　乌龟的爬行　　厂房的搬迁　　地铁的正式开通
孩子的调皮　　经济的繁荣　　街市的萧条　　闰土的麻木和迟钝

这类定中型偏正短语只能充当主语或宾语。

定语和中心语的组合方式有以下几种。

（1）必须用"的"的情况。

某些短语如主谓短语、介词短语、连动短语、兼语短语作定语时必须带"的"，由主谓短语转化而来的定中型偏正短语也要借助于"的"来表示定语和中心语的关系。

（2）不能用"的"的情况。

定语与中心语直接组合。数量或指量组合作定语时通常不带"的"。例如：

两棵树	*两棵的树	一面镜子	*一面的镜子
一阵风	*一阵的风	一批货物	*一批的货物
这辆汽车	*这辆的汽车	那把椅子	*那把的椅子

（3）可用"的"也可不用"的"的情况。

有些用或不用"的"，意义有区别，或者可能会产生歧义。例如：

外国友人/外国的友人	我们学生/我们的学生
孩子脾气/孩子的脾气	学习文件/学习的文件
两千克鱼/两千克的鱼	三米塑料薄膜/三米的塑料薄膜

也有些用或不用"的"对意义影响不大，只是不用时，定语的意义显得不太突出罢了。例如：

我爸爸/我的爸爸	桌子大小/桌子的大小
好领导/好的领导	领导意见/领导的意见
时尚服饰/时尚的服饰	革命人民/革命的人民

2. 状中型偏正短语

状中型偏正短语一般由表示时间、处所、情状、程度、范围、对象等意义的副词、形容词、介词短语、时间名词、处所名词以及某些数量组合充当状语，由动词、形容词或动词性、形容词性短语充当中心语；前后是修饰被修饰、限制被限制的关系。例如：

偏正短语	→	状语	+	中心语
昨天生病		昨天		生病
公园门口见面		公园门口		见面
亲口告诉他		亲口		告诉他
兴高采烈地跑过来		兴高采烈（地）		跑过来
非常满意		非常		满意
已经说过		已经		说过
都没意见		都		没意见
对学习没有兴趣		对学习		没有兴趣
为你而骄傲		为你（而）		骄傲

状中型偏正短语的中心语一般由动词或形容词性成分充当，状语与中心语的组合有带"地"和不带"地"两种情况。时间名词、处所名词、绝大多数副词以及单音节形容词作状语时一般不带"地"；形容词重叠形式、数量组合的重叠形式以及部分双音节形容词作状语时，可带也可不带"地"。

（四）述补短语

述补短语由中心语和补语两个直接成分构成，补语对其前的中心语起到补充说明的作用。中心语由动词或形容词充当，补语通常是谓词性成分、介词短语、表示动量的量词短语等。例如：

述补短语	→	中心语	＋	补语
听明白		听		明白
走进来		走		进来
摸爬滚打在一起		摸爬滚打		在一起
去过两次		去过		两次
说得他脸都红了		说（得）		他脸都红了
红得像桃花一般		红（得）		像桃花一般
长得帅极了		长（得）		帅极了
高兴得跳了起来		高兴（得）		跳了起来

述补短语的组合方式有两种，一是直接组合，如"听明白、走进来、摸爬滚打在一起、去过两次、帅极了"；二是借助于结构助词"得"来组合，这种现象又可细分为两种情形，一种是无论补语是肯定形式还是否定形式，都必须用"得"，如"说得他脸都红了、红得像桃花一般、高兴得跳了起来"；另一种是肯定形式用"得"，否定形式用"不/不得"，如"听得清楚/听不清楚、冲得出去/冲不出去、说得/说不得"，表示可能与不可能或应该不应该。

（五）联合短语

1. 联合短语的构成

联合短语是由两个或两个以上同类的实词或短语平等地组合起来而形成的，绝大多数实词和短语都可以构成联合短语。例如：

并列：勤劳善良　上海、北京　学生和家长　又矮又胖
递进：明亮而且宽敞　聪明而且美丽　有意见而能大胆地提出批评
顺承：消化吸收　调查研究　讨论通过
选择：去北京还是去上海　说或不说　红色的或者绿色的

2. 联合短语的组合方式

从组合手段看，联合短语可以不用虚词，构成成分间可以没有语音停顿，如"桌椅板凳、吹拉弹唱"，也可以有短暂的停顿，书面上用"、""，"表示；还可以用连词或起关联作用的副词来连接。

3. 联合短语的特点

与主谓短语、述宾短语、偏正短语、述补短语相比较，联合短语有如下特点。
（1）联合短语各直接成分之间不仅可以是并列关系，而且可以是递进、顺承、选择关系。
（2）联合短语的构成成分地位平等，没有主次之分，因而构成联合短语的几项在意义上不能有包含与被包含的关系。
（3）联合短语各构成成分的性质一般相同，因而整个短语的功能与构成成分的功能应

当一致。

(4) 主谓、述宾、偏正、述补四种短语只能由两个直接成分构成，而联合短语可以由三个或多个直接成分构成。

(六) 连动短语

连动短语由两个或两个以上谓词性成分连用构成。例如：

走上讲台翻开书本　站起来走过去把门打开　——连续发生的动作行为
打电话通知他　　　睡着看书　　　　　　——前为方式或手段
到巴黎观光　买几个馒头充饥　倒茶喝　——后为目的
有理由提出申诉　　没有资格和我说话　——前为条件
看书看困了　　踢球踢累了　　见了你很高兴
接到录取通知书激动得跳了起来　　——前后蕴含因果关系
咬定青山不放松　　拉住他的手不放　——从正反两方面说明一个并发性的动作

连动短语内部的谓词性成分之间没有语音停顿，没有关联词语，没有主谓、述宾、述补、偏正、联合等句法关系，意义上可以具有动作行为的先后关系，也可有方式、手段、条件、目的与动作行为的关系，还可以蕴含因果关系或从正反两方面说明同一个并发性动作；几个谓词性成分陈述同一个对象，各连动项只能共用一个主语。

(七) 兼语短语

兼语短语由一个述宾短语和一个主谓短语套叠而成，述宾短语的宾语同时充当主谓短语的主语，如下表所示。

述语	宾语 / 主语	谓语

请他们伸出援助之手　　　　让我们团结起来
谢谢你帮助了我　　　　　　有位同学睡着了
称他是20世纪的活雷锋　　　是他出了这么一个馊主意

可以构成兼语短语的动词包括：

表示使令义的动词：使、派、请、让、命令、令、逼、劝、托、求、动员、号召、禁止、鼓励、强迫……

表示称谓或认定义的动词：叫、称、当、追认……

其他动词：有、没有、是、谢谢。

兼语短语可以充当谓语、主语、宾语、定语等多种句法成分。

兼语短语与主谓短语作宾语的述宾短语很容易混淆。例如：

　　　兼语短语　　　　　　　述宾短语
鼓励学生参加公益劳动　　知道学生参加公益劳动
请老师讲故事　　　　　　听老师讲故事

兼语短语与述宾短语的区别在于以下方面。

(1) 动词的类型：兼语短语中的第一个动词通常带有使令义，套接在一起的述宾短语与主谓短语之间往往有因果关系。如果是主谓短语充当宾语的述宾短语，其充当述语的动词没有使令义而常有感知义，如"希望、知道、懂得、认为、感到、觉得、相信、发现、以为"等。

（2）停顿的位置：兼语短语中如果要停顿，通常在兼语与其后的谓词性成分之间，如"请老师/讲故事"，不能在第一个述语与兼语之间；述宾短语内部的停顿通常在述语与宾语之间，如"知道/学生参加公益劳动"。

（3）插入状语的位置：兼语短语中如果插入状语，只能在第二个谓词性成分前，不能在兼语前，如"请他明天来""*请明天他来"；而述宾短语中可以在作宾语的主谓短语前也可以在作宾语的主谓短语的主谓之间添加状语，如"希望他明天来""希望明天他来"。

（4）用第一个动词提问：用第一个动词提问，如提一个问题就能包括动词后面的所有内容，该短语一定是述宾短语；如提一个问题不能包括动词后面的所有内容，还需再提若干问题才能包括后面的所有内容，该短语则可能是兼语短语（也可能是其他短语）。

动词"有"构成的"有＋名词性成分＋谓词性成分"结构既可以是连动短语，也可以是兼语短语。其区别在于：连动短语的几个谓词性成分陈述同一个对象，而兼语短语前后两个谓词性成分陈述的对象不同，例如：

连动短语　　　　　　　　兼语短语
有权利提意见　　　　　　有个姐姐是医生
有能力开办企业　　　　　有人乱扔纸屑
有机会赢得这场比赛　　　有篇文章讨论过这个问题

（八）同位短语

同位短语由两个或两个以上的成分连用构成，这几个成分在该语境中指称同一个对象，意义上构成复指关系，共处于同一个语法位置上，充当同一个句法成分。构成同位短语的几个成分通常都是名词性的。例如：

首都北京　清明节那天　世界珍贵稀有动物熊猫　"山"字
我们大家　你们年轻人　他们自己　咱哥俩儿　他们一伙人
朋友小燕　上海大学校长钱伟长先生　《骆驼祥子》的作者老舍
伟大的无产阶级革命家、杰出的共产主义战士、党和国家卓越的领导人、我们敬爱的好总理周恩来同志。

如果前一个成分是谓词性的，则后一个名词性成分中通常带有"这、那"等指示代词。例如：

该不该停课这个问题　　你上学那件事　　未成年人进网吧这种现象

同位短语内部的几个构成成分之间一般没有语音停顿，不能插入其他成分，同位短语和定中型偏正短语都可以是几个名词性成分的连用，例如：

首都机场/首都北京　　古代西安/古城西安　　咱村年轻人/咱们年轻人

同位短语与定中型偏正短语的区别在于以下方面。

（1）同位短语的几部分从不同的角度指称同一人或事物，具有同指性；而偏正短语的两部分一般指的不是相同的人或事物，不具有同指性。如"首都"和"北京"、"我们"和"年轻人"在短语中所指相同，而"首都"限定"机场"、"我村"限定"年轻人"，所指不同。

（2）同位短语的几个构成成分之间不能加助词"的"或者加上"的"以后意义改变，定中型偏正短语中定语和中心语之间通常可以加"的"而意义不变。如"我村年轻人"与"我村的年轻人"意义基本相同，而"我们年轻人"则不同于"我们的年轻人"。

（3）同位短语由于几个部分具有同指性，因而在特定的语境中可以用其中的一个部分代替整个短语，而偏正短语不行。

（九）方位短语

方位短语是由方位名词附着于实词或短语后构成的，表示时间、处所等意义。例如：

教学楼前　桌子上　　开会前　下课后
会议结束以后／之后　搬到上海以前／之前

方位名词与其所附着的成分之间不能加"的"。方位短语可以充当主语、定语、状语等成分，可以与介词构成介词短语。例如：

院墙之外就是繁华的街道。　　这是他出国以前的事。
开会前不要讨论这个问题。　　他在黑板上画了一个大大的圆。

（十）量词短语

根据量词的性质，量词短语可分为物量短语和动量短语两类。根据内部的结构，量词短语又有以下几种类型：

数词+量词：多种、两辆、四本、一批、几次、两趟、三公斤、两米
指示代词/疑问代词+量词：这把、那间、这趟、那回、哪位、哪户
指示代词/疑问代词+数词+量词：这几本、那两次、哪两个、哪一张

物量短语可以充当主语、宾语、定语，动量短语通常充当补语或状语。"数词+量词"构成的量词短语可以重叠，当数词是"一"时可以有"一（量）一（量）"和"一（量）（量）"两种重叠方式，如"一阵一阵、一片一片""一阵阵、一片片"。数词不是"一"时，只能采用"数量数量"的方式重叠，表示分组依次进行，如"两箱两箱地（搬）、五斤五斤地（买）"。

（十一）介词短语

介词短语由介词附着在实词或短语前构成，表示时间、空间、施事、受事、对象、依据、目的等意义。例如：

从今天（开始）　在长城的砖墙上（乱划）　根据文件精神（办事）
把教室（打扫干净）　被他（打了）　对你（负责）　经过讨论
由于这件事　为了祖国的未来（我们甘愿献身教育事业）

绝大多数介词所附着的成分都是名词性的，少数介词可以附着在谓词性成分前构成介词短语，例如：

通过激烈辩论（，究竟谁是谁非也就更加明朗了。）
为扩大生产规模（，工厂必须设法集资融资。）
（这件事）跟老王被绑架（有关。）
经过刻苦训练（，他终于掌握了擒拿技术。）

介词短语经常充当状语，有时也能充当补语、定语或宾语，却不能单独充当主语或谓语。充当状语时可以有句首和句中两个位置，并且不带助词"地"。有些介词短语只能出

现于句首，有些介词短语只能出现于句中，也有些介词短语既可以出现于句首又可以出现于句中，例如：

关于这个问题，大家可以再讨论讨论嘛！
＊大家关于这个问题，可以再讨论讨论嘛！
据点被我军攻下了。
＊被我军，据点攻下了。
对于/对这件事，大家很有看法。
大家对于/对这件事很有看法。

介词短语作补语时有两种情况：一是用在动词后且停顿在动介之间，表示时间、处所。例如：

拼搏到老　　血战到底　　摸爬滚打在一起

一是出现于宾语后面，大都是一些相对固定的格式。例如：

给我们以多方的支持　　集各家之长于一身

有些情况一般不分析为介词短语作补语，而分析为动介结构带宾语。例如：

把敌人赶到（了）峡谷中　　抄写到笔记本上
靠在（了）一根电线杆上　　生于1949年

介词短语作定语时，如果介词及其所附着的成分都是单音节的，有的不带"的"，有的须带"的"；如果介词是双音节的，不管其所附着的成分是不是单音节的，则通常必须带助词"的"。例如：

对华政策　随身物品　沿江一带　对你的评价　朝南的门
对于你的看法　　关于龙的传说

（十二）助词短语

助词短语由某些助词附着在实词或短语上面构成，常见的有"的"字短语、"所"字短语、比况短语等。

1. "的"字短语

"的"字短语是助词"的"附着在实词或短语后面构成的用于指称的短语，"的"所附着的成分可以是名词性或谓词性的，例如：

木质的　　学校的　　尼龙的　大的　彩色的　男的
大型的　比较突出的　最能干的　卖盐的　你对我说的
我所不愿意看到的　　啃着馒头走来的　　让大家感到不安的

"的"字短语可以大略地视为"定语＋的＋中心语"省去中心语构成的，但并非所有带"的"的定中型偏正短语都可以省去中心语构成"的"字短语。

如果中心名词是指人的称谓或抽象事物，一般不能省，例如：

＊小红的（妈妈）生病了。
＊灵魂的（深处）有问题。

如果修饰语是描写性的或带感情色彩的，中心名词不能省，例如：

美丽的花朵—＊美丽的　　光辉的形象—＊光辉的
宏伟的蓝图—＊宏伟的　　热烈的场面—＊热烈的

不过在一定的语境中，其中心名词有时是可省略的，例如："那件衣服是最漂亮的。"有些谓词性短语作定语时，中心名词不能省，例如：

*他游泳的（姿势）不正确　　*伴奏的（声音）太大而唱的（声音）太小

"的"字短语主要充当主语和宾语，意义上主要用于指别和代替。通常情况下"动词性成分＋的"构成的"的"字短语常用于代替，而"名词性成分/形容词性成分＋的"构成的"的"字短语常用于分类或指别。

2．"所"字短语

"所"字短语由助词"所"附着在单音节的及物动词前构成，例如：
所见　所闻　所说　所想　所得　所失　所知　所剩

"所"字短语主要充当主语、宾语和定语，如"所见略同""有所得就有所失""所需费用"等。

3．比况短语

比况短语由比况助词"似的、一样、一般、般"等附着在实词或短语后构成，主要用于表示比喻，有时也用于表示推测，例如：

暴风雨般的　　箭一般（冲出前大门）　　着了火似的　　（轿车）闪电般
（同学们一个个）雪人似的　　（发出）山呼海啸般的（欢呼声）

"似的、一般"等比况助词经常与"像、好像、仿佛、跟、犹如、如"等词语配合使用，构成"像/仿佛/跟……一样/似的/一般"结构，充当状语、定语、谓语、补语等成分，例如：

轿车飞也似的奔驰而过。　　她那蝴蝶似的发卡在阳光下闪动着……
工人的意志如钢铁一般。　　他的脚肿得跟馒头似的。

若单看"如钢铁一般"这一短语，应将其首先分析为后面附着了比况助词的比况短语，然后再将"如钢铁"分析为述宾关系。"如临大敌""像雷鸣""像闪电""好像早晨八九点钟的太阳"这些短语虽都有比况意义，但不是比况短语，因为其后没有附着比况助词；他们只能是述宾短语。

二、短语的功能类别

词和词按照一定的句法规则组合成短语，根据短语的语法功能，即短语充当句法成分的能力以及短语与其他词或短语的组合能力，可以将短语分为名词性短语、动词性短语、形容词性短语和特殊短语四类。这种类别是根据短语的整体功能来划分的；划分的结果，就是短语的功能类别。

名词性短语的功能与名词的功能相当，主要充当主语或宾语。动词性短语的功能与动词相当，主要充当谓语。形容词性短语的功能与形容词相当，主要充当定语。各类功能性短语有时也可充当其他的句法成分。特殊短语是指介词短语，其功能主要是充当状语，其次是充当定语，再其次是充当补语，有时也可以充当宾语。

短语的功能类别与结构类别有一定的对应和交叉关系，具体情况如下：

1. 名词性短语与结构类短语的对应关系

与名词性短语相对应的结构类短语有：用名词构成的联合短语、定中型偏正短语、同位短语、方位短语、"的"字短语、"所"字短语、以物量词为中心的量词短语以及由名词或名词性短语充当谓语的主谓短语等。

2. 动词性短语与结构类短语的对应关系

与动词性短语相对应的结构类短语有：用动词构成的联合短语、以动词为中心的状中型偏正短语、述宾短语、以动词为中心的述补短语、连动短语、兼语短语、以动量词为中心的量词短语、由动词或动词性短语充当谓语的主谓短语等。

3. 形容词性短语与结构类短语的对应关系

与形容词性短语相对应的结构类短语有：用形容词构成的联合短语、以形容词为中心的状中型偏正短语、以形容词为中心的述补短语、由形容词或形容词性短语充当谓语的主谓短语以及比况短语。

由部分单音节形容词与双音节抽象名词构成的偏正短语，也应视为形容词性短语，如"全方位、高速度、高质量、大范围、大批量、大规模、近距离、远距离、多方面、多角度"等等。这些短语虽然都能充当状语，如"全方位流通、高速度前进、大范围停电"等，但大多数也能充当定语，也可以说"全方位的流通、大范围的停电、大规模的战争"等，也都能出现在"是……的"格式中充当谓语，如"我国近阶段经济的发展既是高速度的，也是高质量的"。这一点与很多形容词相近，如"对于你的表现，领导是满意的""我国的市场是繁荣的""经济的发展是健康的"等。

三、短语的层次分析

（一）简单短语和复杂短语

短语是由词和词按照一定的先后次序以及层层套叠的关系组合而成的，由此而形成了句法组合的层次性。只有一个层次的短语叫简单短语，包括所有由两个实词组合而成的短语以及由多个实词平等并列组合而成的联合短语。如"学习语法、特别认真、老师上课"，"调研、策划、筹备和开业"。有两个或两个以上层次的短语叫复杂短语。复杂短语至少由三个词构成，并且至少有两个组合层次，如"我的同学和你的老师、现代化的教学手段"等。

（二）复杂短语的层次分析——直接成分分析法

直接成分分析法也称层次分析法，是结构主义语言学分析语言现象时常用的一种方法。词和词按照一定的规则组合成一个合法的线性序列，但词与词之间的组合是有先后、疏密之分的，并不是直观的线性序列。另外，一个小的句法组合体还可以充当更大的句法组合体的构成成分，形成大套小的套叠关系。组合的先后次序和套叠关系形成了语言单位组合的层次性特点，直接成分分析法的主要目的就是要反映语言单位组合的这种层次关系。运用直接成分分析法分析短语和句子，在培养人们对于语言的分析理解能力方面，是

大有裨益的。请看下例:

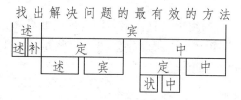

层次分析包括两个方面,一是切分,一是定性。所谓切分就是寻找每一个层次上的直接成分,所谓定性就是确定直接成分之间的句法关系。

层次性是语言结构的本质特点之一,也是人们理解话语的关键。日常交际过程中所听到的或表达出来的都是线性词语序列,但要理解某一句法组合体的意义,必须理清这些线性词语序列中词与词之间的组合次序及其句法关系。层次分析应遵循以下几条基本原则:

(1)从句法结构体中切分出来的每一部分都必须是一个语义段,各语义段必须意思明了,易于理解,内部各词之间必须有结合的可能、结合的习惯。例如:

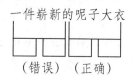

(2)切分出来的直接成分之间必须有明确而合乎规范的句法关系。例如:

(3)将切分的结果重新组合起来应与原句法结构体的意义完全一致。例如:

若将这个结构体的第二个层次切分成"当年"和"最繁华的一条大街"两部分,然后再将这两部分重新组合起来,其意义与原意就不一致了——这条最繁华的大街是当年的大街,现在不一定还存在了,可原意是这条大街"现在"仍然存在——可见这种切分是错误的。

(4)分析的结果,不允许有两个词连在一起的情况,这一点与句子的结构分析是不同的。

下面两个短语都是比较复杂的短语,我们只有在真正理解其整体意义的基础上,切实贯彻以上四条原则,才可能准确地切分出每一个层次并给予科学的定性。

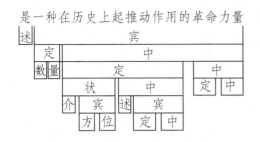 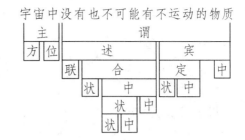

(三) 几种短语的层次分析

1. 偏正短语的层次分析

偏正短语由定语或状语和中心语构成,分析此类短语的内部层次需要注意:"状语＋述语＋宾语"的切分顺序。这类短语通常首先切分出状语和中心语,然后分析出述语和宾语;不过也有可此可彼的情况,例如:

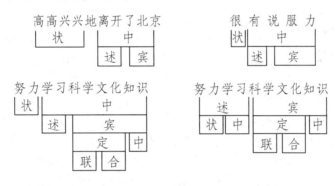

2. 连动短语和兼语短语的层次分析

连动短语内部由两个或更多谓词性成分构成,对此类短语进行层次分析时,通常有几项分几项,例如:

兼语短语由一个述宾短语和一个主谓短语套叠而成,例如:

3. 双宾语结构的层次分析

双宾语结构通常先划分出远宾语,再划分出近宾语;也即分析出两层述宾关系,例如:

四、多义短语

1. 短语的多义性

短语是静态的语法单位，不与特定的语言环境相联系，不具备交际功能和表述性，因而有些短语的表意具有不确定性，同一个线性序列表达多种不同的意义，这种现象称为短语的多义性。多义短语用在句子当中，如果仍然多义，那就变成了歧义现象。

2. 多义短语形成的原因

（1）组合层次不同。

同一个语言片段内部词与词组合的先后顺序以及层层套叠的关系可以有不同的理解。如"对售货员的意见"，既可以是"对"与"售货员的意见"作为一对直接成分，也可以是"对售货员"与"意见"作为一对直接成分。再如"江苏和浙江的部分地区""看打乒乓球的少先队员"等也是这种情况。

（2）组合层次相同，结构关系不同。

词与词组合的先后次序及层层套叠的情况相同，但直接成分之间的句法关系不同。比如"要学习文件"这一线性序列在作不同的分析时，三个实词的组合层次是相同的，但"要"与"学习文件"这一对直接成分之间既可以是状中型偏正关系（"要"是能愿动词，"学习文件"是述宾短语），也可以是述宾关系（"要"是一般动词，"学习文件"是定中型偏正短语）。"会开这台进口机器"也是这种情况。

（3）组合层次相同，结构关系相同，语义关系不同。

句法组合中动词与名词之间语义关系的多样性也是形成多义短语的一个重要原因。如"老王也问过了""鸡不吃了""小李找到了"，此三例都是主谓短语，其中"老王""鸡""小李"既可以是施事，也可以是受事。

 练习与思考

1. 短语的构成要受到哪些条件限制？短语和句子有什么区别？
2. 判断正误。
   （1）短语和句子的主要区别就在于短语较短，句子较长。　　　　（　）
   （2）在特定的语境中，大部分短语带上一定的语气语调都能转化成句子。（　）
   （3）有些动词只能带谓词性宾语。　　　　　　　　　　　　　　（　）
   （4）在"红了眼""丰富业余文化生活"中，"红"和"丰富"仍然是形容词。
   　　　　　　　　　　　　　　　　　　　　　　　　　　　　　（　）
   （5）介词短语可以单独充当状语、定语、补语和宾语，就是不能单独充当主语和谓语。   （   ）
　　(6)"像五颜六色的鲜花似的""像早晨八九点钟的太阳"这两个短语都是比况短语。
                                                                  （   ）
3. 指出下列短语的结构类型和功能类型。
做一个有创新精神的青年　　　给我留下了深刻的印象
最满意的解决方案　　　　　　世界珍贵稀有动物熊猫的故乡中国
要求我们按时完成任务　　　　知道他今天去上海
同意他们去　　　　　　　　　那棵树上
从他最近的表现看　　　　　　你所说的
送来两本书　　　　　　　　　来送两本书
看了两遍　　　　　　　　　　看了两篇

4. 选择题。
(1) 下列短语中，全是述宾短语的两组是（　　）。
A. 开始学习、允许批评、反对腐败、分析句子、不能参加、规范程序
B. 继续观看、答应帮忙、繁荣经济、加以研究、上街买菜、反腐倡廉
C. 坚持团结、重视科研、参与讨论、请你吃饭、给予表扬、观看演出
D. 深入基层、热爱班级、需要帮助、支援灾区、提倡民主、禁止吸烟
E. 实现四化、活跃气氛、改正错误、上山砍柴、正视现实、怀念过去
F. 进行表决、开始讨论、主张奉献、撤销处分、托人送信、请客送礼
G. 注重调查、学习经验、坚持抗战、关注人生、反对投降、满怀希望
H. 研究问题、调查情况、予以否决、凝心聚力、展望未来、充满信心
(2) 下列短语中，全是定中关系的偏正短语的一组是（　　）。
A. 文学名著、校园建设、社会主义、短语分析、无产阶级、孩子的调皮
B. 基层工作、脑力劳动、国有资产、社会秩序、国家利益、笔记本电脑
C. 课堂练习、书面作业、灵活运用、结构类型、人民疾苦、浓厚的兴趣
D. 体制改革、现代汉语、精神文明、突然发生、精神享受、乌龟的爬行

5. "以谓词性成分为中心语的短语都是谓词性的，以名词性成分为中心语的短语都是名词性的。"这话对不对？为什么？
6. 名词性成分作谓语和谓词性成分作主语各有什么条件限制？请举例说明。
7. 按照"动词性成分（VP）＋名词性成分（NP）＋动词性成分（VP）"模式构成的短语，可以有哪几种结构类型？每类各举二例。
8. 用层次分析法分析下列短语。
为人民服务这个问题　　　　　桌子上放了几本刚买的新书
女儿和孙子最爱看的　　　　　他的欺诈行为终于被公安人员发现
他的成绩比我好得多　　　　　首都北京的著名景点故宫
他的一句话说得大家都笑了　　他有能力担任这个职务
很满意地朝他看了一眼　　　　必须说清楚刚才发生的事情
鼓励少数人先富起来　　　　　那些关于他的传说
写出更多更好的作品　　　　　划分词类的一个目的是讲述词的用法
像满天的星星眨巴着眼睛似的　喜欢研究汉语语法的复杂问题

9. 多义短语可分为哪几种类型？分析下列多义短语。

许多朋友送来的礼物　　　热爱人民的总理
在车上画画儿　　　　　　走了三天了
他租我一间房子　　　　　对朋友的态度
老王也通知了　　　　　　她的针打得不疼
援助的是中国　　　　　　哥哥和弟弟的朋友
咱们两人一组　　　　　　关于你的建议

第四节　句子的特征和类型

一、句子的特征

（一）句子的表述性

句子是用来传达交际信息的语言单位，是语言的使用单位，因而具有表述性。句子的表述性主要体现在句子都有一个完整的语调，都有特定的语气，有时也使用一些成句的成分（语气词、语气副词、补语等），书面上要使用句末点号。词和短语不具有这样的表述特征。语调是运用语音的高低升降和气流的轻重急徐的变化来体现的，语调贯穿于句子的始终，一个再长的句子也只有一个贯穿全句的语调；语调的终结点便是语气，由语调而形成语气，语调和语气是不可分割的。语气不同于口气。语气是指说话人根据交际内容和表述宗旨的不同，在语调气流的终结点上所体现出的不同的变化形式，这种变化形式也是最基本的表述形式，它只有陈述、疑问、祈使、感叹四种。口气是说话者的思想、情感、态度、习惯等在语调气流方面的更具体、更灵活的外现，是说话者与具体语境相互作用的结果，属于语用范畴，呈现出丰富多样的特点。口气的实指包括肯定与否定、赞美与斥责、喜爱与厌恶、率真与含蓄、强调与平易、活泼与拘泥、严肃与洒脱、果断与优柔、相信与怀疑等等。口气在语气的基础上形成，语气又具体地体现为不同的口气，二者既相互区别，又相互依存。

（二）具体的句子和抽象的句子

句子有具体和抽象之分。具体的句子与现实的联系是实现了的，抽象的句子与现实的联系是隐含着的。具体的句子是形式、意义和实指的三位一体，而抽象的句子只有形式和意义，它的实指往往是不清楚的。如"他现在饿了。"作为抽象的句子，它有一连串的语音形式，其意义是"说话人在说这句话时认为第三者饿了"，而句子的实指则无法判明，如"他"指谁？"现在"指什么时间？这些都没有具体的内容。抽象的句子一旦与现实发生了联系，它的实指就明确了。如1806年1月6日下午2时，约瑟芬在谈到拿破仑时说"他现在饿了。""他"，是指拿破仑，"现在"指"1806年1月6日下午2时"。1920年1月7日下午3时，克鲁普斯卡娅谈到列宁时也说过"他现在饿了。"这里的"他"是指列宁，"现在"指"1920年1月7日下午3时"。不过也并不是所有的抽象的句子，其实指都是无法把握的。比如："鲁迅是浙江人。"如果研究这句话的实指，则在不同的语境中这句话也不会有多少难以把握的"言外之意"。这句话可能用来实指在场的人只有鲁迅是浙江人，其他人都不是，强调在籍贯上鲁迅与别人的不同；或者用来实指鲁迅是浙江省的人，而不是别的省的人，用来确认鲁迅的籍贯；或者将"是"重读，用来对"鲁迅是浙江人"这一事实作进一步的强调和确认。为此，我们认为，有些句意的实指应当研究，也必须研究，有些句意的实指也并不是非研究不可的。在理解抽象的句子时，只要通过句子的形式理解句子的意义或通过句子的意义把握句子的形式就可以了；而对具体句子的理解，除了以上两方面的把握之外，还要在特定的语境中、在具体的条件下，研究其可能呈现的各种实指。也就是说，对抽象的句子只作一般的句法、语义分析就可以了；而对具体的句子进行分析时，除作句法、语义分析之外，还要作复杂多变的语用分析。语用分析离不开具体的语言环境，平时所进行的语用分析往往是在假设的前提下进行的，而实际交际的语言环境可能要复杂得多，用"千变万化"来形容也并不为过。大专层次的学员，还是应以抽象句子的研究为主要内容；语用方面可在本科阶段重点研究，或利用课外时间进行探讨性学习。

二、句型

句型是句子的句法类型。根据不同的标准可归纳出不同的句型来。首先，根据结构的特点，可将现代汉语的句子归纳成两大句型——单句和复句。其次，仍根据结构的特点，可将单句再归纳成两类句型——主谓句和非主谓句。复句由分句构成，复句的类型将另作阐释，在此先介绍单句。

单句句型的归纳可依据两个标准——词语的性质和结构的特点。根据词语的性质，主谓句的句型可归纳为名词性谓语句、动词性谓语句、形容词性谓语句。

谓语由名词性词语充当的句子叫名词性谓语句。名词性谓语句的谓语可以是单个儿的名词，例如："今天晴天。"也可以是名词性短语，例如："郭沫若四川人。""小李二十二岁。"名词性谓语句大都可以变换成动词"是"作述语的动词性谓语句。例如："今天是晴天。""郭沫若是四川人。""小李是二十二岁。"

谓语由动词性词语充当的句子叫动词性谓语句。动词性谓语句中谓语可以是单个儿的动词，更多的则是以动词为中心的复杂短语。

小王游泳。
小王正在游泳。
小王已经游过了那条河。
小王扑到河里游了过去。
小王请我帮助他办企业。
小王给了我一本英语词典。

由形容词性词语充当谓语的句子叫形容词性谓语句。形容词性谓语句中的谓语可以是单个儿的形容词，更多的则是以形容词为中心的复杂短语。例如：

裙子漂亮。
姑娘们的裙子非常漂亮。
姑娘们的裙子漂亮极了。
姑娘们的裙子好像色彩绚烂的云锦似的。

主谓谓语句可根据充当谓语的主谓短语的谓语的性质来加以归类。例如：

A. 苹果一元钱一斤。

B. 大家心灵相通。

C. 这间屋子光线很暗。

上面的例句中，A 句的谓语是主谓短语"一元钱一斤"，这个主谓短语的谓语是名词性短语"一斤"，故整个句子便可归入名词性谓语句中；B 句的谓语是主谓短语"心灵相通"，这个主谓短语的谓语是动词性短语"相通"，故整个句子便可归入动词性谓语句中；C 句的谓语是主谓短语"光线很暗"，这个主谓短语的谓语是形容词性短语"很暗"，故整个句子便可归入形容词性谓语句中。

根据谓语的结构特点，主谓句的句型可归纳为偏正式谓语句、述宾式谓语句、述补式谓语句、连动式谓语句、兼语式谓语句、主谓谓语句等。在此基础上，还可形成一些特定的句式：双宾句、"把"字句、"被"字句、存现句等。

非主谓句分不出主语和谓语，可根据整个词语的性质分出名词性非主谓句、动词性非主谓句等等，也可简称为名词句（飞机！）、代词句（哪儿？）、动词句（慢走！）、形容词句（真精彩！）、叹词句（啊！）、拟声词句（砰！）。

句型不受语气的影响。"下雨了。""下雨了！"和"下雨了？"语气不同，但是都属于动词性非主谓句。句型不受成分倒装的影响。"对面邻居失火啦！"和"失火啦，对面邻居！"都是主谓句。句型不受成分省略的影响。如问句"你什么时候去上海？"和答句"明天。"问句是主谓句，答句是主谓句的省略形式。句型不受特殊成分（句首修饰语、独立语）的影响。"女儿上大学了。""听说你女儿上大学了。""关于兼并的问题，大家先谈谈自己的看法吧。"都同样属于主谓句。

三、句类

根据句意的作用和句末的语气，汉语的句子一般分为陈述句、疑问句、祈使句、感叹句四种类型，这样的句子类型可简称为"句类"。叙述或说明事实并使用陈述句调的句子叫陈述句。用疑问句调提出问题的句子叫疑问句，包括是非问、特指问、选择问、正反问。要求对方做或不做某事的句子叫祈使句。带有强烈感情的句子叫感叹句。

句类与句意的作用，有时一致，有时不一致。在语用状态中，陈述句的句意也可能产生询问或祈使的作用。如学生对老师说："我刚才没有听清楚你问的问题。"这个陈述句的作用可能是询问——老师，您刚才问的是什么问题？这个陈述句的作用也可能是祈使——请老师再重复一下刚才提的问题。再如陈述句"今天是个倒霉的日子。"其作用可能是感叹：表示烦恼、懊丧的情绪和感情。疑问句"难道十个指头一样长？"其作用可能是陈述：告诉别人"十个指头是不一样长的"。疑问句"我们是不是再商量一下？"其作用可能是祈使：要求别人与自己商量。感叹句"今天真热啊！"其作用也可能是祈使——要求坐在电风扇旁边的人打开电风扇。句类与句意是否一致，必须放在语用的条件下方可检验出来，对于抽象的句子来说，我们权且认为句类和句意的作用是基本一致的。

四、句式

在句型的基础上可归纳出一些在语义关系上、现实表述上、句法结构上都有一定特征的句子来，通常称之为句式；上文所讲到的双宾句、"把"字句、"被"字句、存现句等便是。

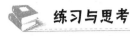
练习与思考

1. 解释下列概念。
   句子 句型 句类 句式
2. 谈谈你对句子表述性的理解。
3. 举例说明句子的形式、意义和实指。
4. 如何区分抽象的句子和具体的句子?
5. 简述现代汉语的句型系统。
6. 句子的语用分析很重要,也很复杂,你打算如何掌握它?
7. 辨别下列各句哪些是主谓句,哪些是非主谓句,分别说明它们的句型特点。
   (1) 就剩下这个问题了。　　　　　(2) 马上就要起风了。
   (3) 老天又要下雨了。　　　　　　(4) 书店里摆放着不少新书。
   (5) (屋里咳嗽了一声,)老王的声音。(6) 关于她,话题已经不多了。
   (7) 生活像七彩霞。　　　　　　　(8) 这就是生活。
   (9) 一斤三毛。　　　　　　　　　(10) 在林外的小山上,有一座古庙。
   (11) 誓把青春献祖国!　　　　　　(12) 谁说我没有选举权?
   (13) 河边一片青青的草坪。　　　　(14) 让我们立即行动起来吧!
   (15) 他给我们以很大的帮助。　　　(16) 你应该把情况汇报上去。
   (17) 别忘了带雨伞。　　　　　　　(18) 我,你还信不过吗?
   (19) 他说他借钱买的应该不会假。　(20) 倒杯茶给我喝!
8. 简述句类划分的标准和依据。
9. 举例说明句子的语气类型和实指类型之间的不对应关系。

第五节　句子成分与单句分析

一、句子分析和句法分析

句子分析主要是指句型分析。分析的步骤是:先确定句子是单句还是复句。如果是单句,认明是主谓句还是非主谓句。如果是主谓句,根据谓语的性质指出是名词性谓语句还是动词性谓语句或形容词性谓语句。再根据谓语的结构特点,分别指出其是述宾式谓语句、述补式谓语句还是其他结构类型的谓语句。如果该句子是非主谓句,指出它属于叹词性、代词性或别的类型即可。如果是复句,也须说明它的下位句型。非主谓句结构简单,单句分析的重点是主谓句。

句法分析即短语分析,重在揭示短语内部词与词之间的组合关系和组合层次。

句法分析和句子分析既有区别又有联系,二者的主要区别有:

第一,句子有完整的语调和特定的语气,书面上用句末点号表示;句子可以分为陈述、疑问、祈使、感叹等四类。短语没有这些特征,也没有这些类别。

第二,句子可以有独立语和句首修饰语,短语没有。

第三,复句中分句之间的组合关系,在自由短语中没有,在固定短语中也不多见。

第四，句子的主语有时后置（怎么了，你?），短语没有这种现象。短语的语序比较固定，句子的语序比较灵活。

第五，短语分析的宗旨是找出词与词组合的规律——组合的层次与关系，方法是层层切分，从大到小，不断找出直接成分以及其间的句法关系，直至以单个的词为最小片段。句子分析的宗旨是确定句型，确定句型的方法是从上位到下位，依次归纳；句子分析的终端不是词，而是句子的特殊成分、主要成分和每一层附加成分，每一层附加成分的内部就不用再分析了。句子分析以句法分析为基础，并与句法分析紧密结合；句子分析中包含着基本的句法分析，但又不同于句法分析。句子分析中有语调语气的分析、特殊成分的分析、从上位到下位的句型归纳以及实指意义的分析等，其中从上位到下位的句型归纳，除复句句型外，单句句型的归纳正体现了句法分析的基本原则和基本方法。例如："天气好。"我们认为这个句子是主谓句，这既是句子分析的结果，也是句法分析的结论。再如"关于这件事，我自己能够做主。"这类句子从句法分析的角度看，首先是偏正结构；从句子分析的角度看，它是主谓句，因为句首修饰语不影响句型；不过说它是主谓句时，其中也已包含了句法分析。又如："他已经毕了业。"从句子分析的角度看，它是主谓句、动词性谓语句、状中式谓语句——这样的结论中，自然也蕴含着句法分析的结果；同时我们还可以将"毕了业"分析为述语和宾语，这更能说明句子分析与句法分析是紧密结合的。再如："那位刚刚转入我班的同学，据说很有音乐天赋。"从句子分析的角度看，它是个主谓句、动词性谓语句、状中式谓语句（"很"修饰"有音乐天赋"），"据说"是独立语，不影响句型的归纳；同时还可将"那位刚刚转入我班的同学"分析出第一层定语"那位"、第二层定语"刚刚转入我班"和主语中心语"同学"，还可将"有音乐天赋"分析为述语和宾语，将"音乐天赋"分析为宾语内部的定语和中心语；至于主语中的第一层定语"那位"、第二层定语"刚刚转入我班"，其内部则不用再分析了。

二、句子成分

句子成分若指句子的所有构成成分，则应包括语调、语气（语气词）、主语、谓语、述语、宾语、定语、状语、补语、中心语，还有句首修饰语和独立语，还有复句中的分句。可见，句子成分不同于句法成分。复句中分句之间的组合关系将在"复句"一节单独阐释，这里只讲单句的构成成分和单句分析。句子成分中语调、语气（语气词）在语用状态下非常重要，能帮助我们准确理解每一个句子的基本意义和实指意义，同时它又是句类分析的重要依据和标准，但在句型归纳方面可以不看，因为语调、语气（语气词）不影响句型的归纳。影响句型归纳的是句法成分。句首修饰语和独立语虽不影响句型的归纳，但只有在句子的状态下才可能出现，而且在表述方面具有重要而独特的作用，其作为句子成分的实体，与语调语气不同，我们不能对其视而不见。对句子进行句法分析，与对短语进行句法分析基本相同，但又不能完全相同。我们不好绕过句首修饰语和独立语而直接切分出其他的句法成分来。所以我们在对句子进行句法分析时，应当把句首修饰语和独立语这两种特殊的句子成分首先切分出来，然后再对句子的其余部分进行句法分析。

（一）句首修饰语

出现在句子之首、起修饰限制作用的句子成分被称为句首修饰语。句首修饰语与后面的成分间有的要用逗号隔开，有的则不用。从修饰限制的对象来看，有三种情况。

1. 修饰限制谓语

例如：
① 不久前，我到深圳考察了职业技术教育问题。
② 明天咱班的同学回母校聚会。

这种用来修饰谓语的句首修饰语，往往是句中的状语（特别是表时间的）通过前置形成的。因此还可以移回谓语中（"我不久前到深圳考察了……""咱班的同学明天回母校聚会。"）前置状语成为句首修饰语的目的，有的是为了突出时间，有的是为了更好地与上文衔接，有的是为了使语言更加简练。

2. 修饰限制主语

例如：
③ 除了夜游的东西，什么都睡着了。
④ 在这些人中，他们是先进的。

这种句首修饰语主要是对主语而言，一般不能移至句中。
有些修饰语，放在句首充当句首修饰语和放在句中充当状语，表达的意思并不相同，例如：
⑤ 幸亏你来了！/你幸亏来了！
⑥ 究竟，你想知道，还是他想知道？/你究竟想知道，还是不想知道？

3. 修饰限制整个句子

例如：
⑦ 关于这次教学事故，咱们都有不可推卸的责任。
⑧ 对于一个有思想的人来说，没有一个地方是偏僻荒凉的。
⑨ 在全力以赴的努力奋斗中，一定会建立起必胜的信念和理想的大厦。
⑩ 在那种疯狂的年代里，即使有一些好人受到了迫害，那也应该看作为了打中真正的敌人而失误伤害的。

这种句首修饰语，主要是对全句而言的，也不能移至句中。这种句首修饰语，不仅在主谓式的单句中可以修饰全句或句中的某一部分，而且在非主谓句中，在包含着主谓结构和非主谓结构的分句的复句中，也可以修饰全句或分句中的某一部分。充当句首修饰语的有副词、形容词，有表时间、处所或表对象、范围等的一些短语，其中介词短语最为常见。

(二) 独立语

独立语是句子的另一个特殊成分。其在句中的位置一般不固定，不与其他成分发生句法关系，有它无它，都不影响句子结构的完整性，但在表意上却往往是必要的，在加强语势、变化语气、突出语义、提请注意等方面有重要作用。
根据独立语的意义和作用，可将独立语分为以下几种类型。

1. 表示呼唤、应答或感叹

例如：
① 大师傅，白天的事，你千万不要见怪。

② 好，就这么办。
③ 啊，多么令人兴奋的欣欣向荣的景象啊！

2. 表示拟声

例如：
④ 砰，村外传来一声清脆的枪声。
⑤ 呼——呼——狂风卷着沙石迎头扑了过来。

3. 表示引起对方注意

例如：
⑥ 我的身体，你看，不是很好吗？
⑦ 前面有车，当心。

4. 表示对情况的推测与估计

例如：
⑧ 这东西，少说也用个十年八年的。
⑨ 这条意见，我想，应该引起你的重视。

5. 表示特定的口气

例如：
⑩ 十分明显，这句话是错误的。
⑪ 说句知心的话，你不能再这样拼命逞强了！

6. 表示消息或情况的来源

例如：
⑫ 村东那座古庙，相传是清朝末年修建的。
⑬ 据说，最美的城市应该在山与湖之间。

7. 表示举例或解释

例如：
⑭ 有的同学，比如张造，很有绘画才能。
⑮《国际歌》，正如伟大导师列宁所说，是全世界无产阶级的歌。
⑯ 一个人的读书习惯，包括其他习惯，总是靠熏陶逐步养成的。

8. 表示总括

例如：
⑰ 一句话，不能干那种损害国家利益的事。
⑱ 总之，前途是光明的，道路是曲折的。

独立语，除以上八种类型外，句中经常使用破折号、括号为某些词语所作的注释，用"换言之""换句话说"等表示语气的变换，用"首先""其次""第一""第二""甲"

"乙"等表示次第，用"此外""另外"等表示语意未尽。凡此等等，只要不是与其他成分发生了结构关系的词语，均可视为独立语。

（三）主语

名词性谓语句、形容词性谓语句的主语是话题，作为陈述的对象，不难辨认。动词性谓语句的主语情况较为复杂，应仔细体会。请看下面的句子。

1. 施事主语

例如：
① 小张 ‖ 打死了一个敌人。
② 外国朋友 ‖ 喜欢来中国旅游。
③ 演员的表情 ‖ 抓住了每一个观众的视线。

2. 受事主语

例如：
④ 自行车 ‖ 骑走了。
⑤ 这件事 ‖ 他有办法解决。
⑥ 这样的问题 ‖ 谁不会？

3. 当事主语

例如：
⑦ 操场上 ‖ 热闹极了。
⑧ 这部电影，‖ 喜欢看的人不多。
⑨ 我家 ‖ 跑丢了一只猫。

4. 关系主语

例如：
⑩ 明天 ‖ 是小王的生日。
⑪ 人民群众 ‖ 是一道永远摧不垮的钢铁长城。
⑫ 我们班 ‖ 有很多学习用功的同学。
⑬ 三加二 ‖ 等于五。
⑭ 他们俩 ‖ 成了莫逆之交。

有的主语是谓语陈述的话题。判断是不是话题，有两点依据：第一，在句首出现；第二，它表示的是定指的事物。受事主语中有一部分是话题主语，当事主语都是话题主语。

在动词性谓语句里，能够充当主语的词和短语比较多。它们在充当主语时，有的要有一定的条件，有的不需要什么条件。
① 旭日 ‖ 从东海跃起。（名词）
② 你们 ‖ 不用担心。（代词）
③ 盖房子的 ‖ 却买不起房子。（"的"字短语）
④ 校园的环境 ‖ 十分优美。（定中短语）
⑤ 学习 ‖ 是无止境的。（动词）

⑥ 虚心‖使人进步。(形容词)
⑦ 十‖是五的二倍。(数词)
⑧ (大妈的儿子,)个个‖招人喜欢。(量词重叠形式)
⑨ (两张画,)一张‖送给朋友了。(数量短语)

名词、代词、名词性短语经常充当主语,而且不需要什么条件,如例①至例④。
动词、形容词充当主语时,谓语大多是表示性质、判断或评价的词语,如例⑤⑥。
数词单独充当主语,多半是表示数目计算的句子,如例⑦。
量词单独充当主语,限于重叠形式,而且一般要有特定的语言环境,如例⑧;量词短语充当主语,它指称的事物一般要在上文中出现,例⑨。

其他短语大都能够充当主语。例如:
① 咱哥俩‖喝一杯吧。(同位短语)
② 思想素质、专业素质、身心素质,‖构成了当代大学生的综合素质。(联合短语)
③ 打扫教室‖是第二组的任务。(述宾短语)
④ 虚心一点‖不会降低你的人格。(述补短语)
⑤ 努力学习‖是学生的天职。(状中短语)
⑥ 请他出面‖能解决问题。(兼语短语)
⑦ 外出打工‖能增加一些收入。(连动短语)
⑧ 他这样回答‖没有错误。(主谓短语)

此外,表示时间、处所的名词和方位短语也可以充当主语。例如:
① 明天‖是国庆节。(时间名词作主语)
② 深圳‖被划为我国经济特区。(处所名词作主语)
③ 三天之内‖下了两场大雪。(表时间的方位短语作主语)
④ 窗台上‖摆满了鲜花。(表处所的方位短语作主语)

这些主语都是话题,但非施事。如果在谓语的前边再加上表时间或处所的词语,那么,主语是不是不变呢?看下列例句:
⑤ 几年前,深圳被划为我国经济特区。
⑥ 深圳几年前被划为我国经济特区。
⑦ 三天之内这里下了两场大雪。
⑧ 这里三天之内下了两场大雪。
⑨ 窗台上昨天摆满了鲜花。
⑩ 昨天窗台上摆满了鲜花。

一个句子通常只有一个话题。⑤句⑥句中动词前边都出现了处所词语和时间词语,听话的人总是选择处所词语作为主语,所以主语仍旧是"深圳",⑤句的"几年前"是全句修饰语,⑥句的"几年前"是状语。⑦、⑧、⑨、⑩各句都比照这个规律,确定处所词语为主语,而时间词语是修饰语。即使受事出现在动词之前,形成"昨天窗台上鲜花摆满了。"这样的句式,处所词语"窗台上"仍应视为主语,"窗台上"是描写的对象。

还要说明的是,介词短语是不能充当主语的,不管它是出现在主谓句的句首还是非主谓句的句首,都应当是句首修饰语。例如:
① 在三天之内,下了几场大雪。
② 在学习中,要努力培养独立思考的能力。

③ 关于企业管理，天津已经做出了成绩。

(四) 谓语

名词性谓语最简单，形容词性谓语复杂一些，最复杂的是动词性谓语。这里着重分析与动词性谓语相对应的谓语的主要结构类型。

1. 述语和宾语

有些句子的谓语或整个句子都是由述宾短语充当的，若对他们作进一步的分析，便得出了述语和宾语。述语都是动词性的。从能否带宾语的角度看，动词有的能够直接带宾语（"揭露敌人的阴谋""尊重知识分子"），有的不能直接带宾语（"气坏了身子""飞上了蓝天"），有的根本不能带宾语（"休息""开幕""游泳"）。能带宾语的动词，有的必须带宾语（"姓""等于""成为"），有的可带可不带（"讨论""学习""表演"）。从所带宾语的性质看，有的只能带名词性宾语（"修理机器""打击侵略者"），有的要求带非名词性宾语（"予以解决""禁止喧哗""严加管教""觉得合适""继续深造""进行讨论"），有的既可以带名词性宾语，又可以带非名词性宾语（"爱集体""爱清静""喜欢小猫""喜欢踢球""讨论问题""讨论怎么办"）。

值得注意的是，在"乐坏了老妈妈""急死人了"这样的述宾短语中，其述语都是述补结构，而在述补结构中，"乐"和"急"都有了使动的意义，都转化成了动词，所以都可以构成能带宾语的述补结构。

从语义关系看，宾语可以分为受事宾语、施事宾语和关系宾语。

(1) 受事宾语。宾语是述语动作支配或关涉的对象。例如：

① 师傅‖正在修理电风扇。（对象）

② 这位才子‖写得一手好文章。（结果）

③ 老张‖抽烟斗。（工具）

④ 咱们‖喝两盅。（数量）

⑤ 我‖写楷书，（我）‖不写草书。（方式）

⑥ 这位同学‖害怕回家挨骂。（原因）

(2) 施事宾语。宾语是述语动作的施事者。例如：

① 屋后‖藏着一个贼。（存在）

② 我班‖来了一位新同学。（出现）

③ 旅店‖走了一帮客。（消失）

这类宾语前面的动词，还有"坐""放""站""来""丢""死"等，都是用来表人或事物的存在、出现或消失。这类宾语所表示的人或事物往往是不定指的。

(3) 关系宾语。宾语既非施事，又非受事，但跟动词有一定关系。例如：

① 他‖很像我的亲哥哥。

② 青少年‖是早晨八九点钟的太阳。

③ 这位同学‖很有潜力。

④ 这个人的外号‖叫闲不住。

这类宾语前面的动词，还有"姓""成为""称为""当作""等于""算作""算"等，属非动作性动词，对主语起判断、说明作用。动词都是及物的。

述宾谓语句，一般都是述语在前，宾语在后。但也有动词支配或关涉的对象出现在述语前面的；不过，这种现象一般不能处理成宾语前置。这种在意义上受述语支配或关涉但位置却处在述语前面的词语，一般都处理成主语。例如：

① 他‖一个人也不认识。
② 什么困难‖我都不怕。

在①句中，"一个人"是"认识"的对象，但却充当了小主语；在②句中，"什么困难"是"怕"的对象，但却充当了大主语。

2. 述语和补语

有些句子的谓语或整个句子都是由述补短语充当的，若对他们作进一步的分析，便得出了述语和补语。这里的述语都是谓词性的。从充当述语的词的性质来看，及物动词、不及物动词都可以充当（"走过来""睡醒了"），形容词也可以充当（"热闹极了""平静得很"）。从意义上看，补语有表示结果程度的（"吓晕了""淋得像落汤鸡一样""唱得很好听""高兴极了"），有表示趋向的（"冲上去""站起来"），有表示方式、手段的（"报效祖国以赤子之心""给他们以无私的帮助"），有表示数量的（"看了一遍""休息一个小时"）。在各类补语中，用来表程度、结果的多是动词、形容词性词语和副词"极""很"，用来表趋向的是趋向动词，用来表方式的多是由介词"以"组成的介词短语，用来表数量的是动量短语。结果补语和趋向补语有基本式和可能式的区别，列表如下：

补语类型	基 本 式	可 能 式
结果补语	吃饱	吃得饱/吃不饱
	说清楚	说得清楚/说不清楚
	洗干净	洗得干净/洗不干净
趋向补语	上去	上得去/上不去
	走开	走得开/走不开
	找回来	找得回来/找不回来

有些语言单位只有基本式，而没有可能式，如"说明""改进""降低"，这些单位是词，而不是短语。有些语言单位只有可能式，而没有基本式，如"来得及""来不及""对得住""对不住"，这些单位是短语。此外，还有情态补语，它必须带"得"，但否定形式与结果补语的可能式不同。试比较：

	肯定	否定
表结果	跳得高（基本式）	跳不高（可能式）
表情态	跳得高	跳得不高

"得"还可以单独作补语，其否定形式是"不得"，表示可能与不可能、应该与不应该。例如：

顾得/顾不得 舍得/舍不得 说得/说不得 吃得/吃不得

还有一种补语，几乎是一种固定格式——既没有否定形式，"得"也不能去掉。例如：

懒得很　闷得慌　想得美　说得轻巧

量词短语出现在动词的后面，有充当宾语和充当补语两种情况（出现在形容词后面只能充当补语，因为形容词不能带宾语）。它们的区分方法是这样：补语在表示动作次数时，是由动量词组成的量词短语充当的（"去两趟""玩一下"），而宾语在表示动词支配对象的数量时，是由物量词组成的量词短语充当的（"买两本""要一件"）。量词短语在表示时量时，有时充当宾语，有时充当补语。例如：

① 做这道题，我整整用了两个小时。
② 在教室里，我整整坐了两个小时。

①句可以转换为："为了做这道题，整整两个小时都被我用去了。""两个小时"是宾语。②句不能转换，若说成"整整两个小时都被我坐去了"不成话，"两个小时"是补语。

还有一些量词兼属动量词和物量词，分析时要注意区分。例如：

① 我今天只吃一顿。
② 我把他打了一顿。
③ 桌子上的糖，我抓了一把。
④ 千万要拉兄弟一把。

上面的四个例句，①句中的"一顿"、③句中的"一把"都是物量短语，应分析为宾语；②句中的"一顿"、④句中的"一把"都是动量短语，应分析为补语。

宾语和补语有时在一个句子中同时出现。例如："小猫碰破了一只茶杯。""你妈妈找了你好几趟。"前句应为述宾谓语句，后句应为述补谓语句。

3. 连动式谓语句

由连动短语充当谓语的句子称为连动式谓语句。请看例句：

① 张伯伯‖上山采药。
② 同学们‖走进教室坐到了自己的座位上。
③ 我‖去图书馆借书看。
④ 谁‖没有房子住？

4. 兼语式谓语句

由兼语短语充当谓语的句子称为兼语式谓语句。请看例句：

① 连长‖派你送信。
② 谦虚‖使人进步。
③ 我‖有个妹妹在北京工作。

由连动短语或兼语短语直接构成的句子称为连动式非主谓语句或兼语式非主谓语句。

④ 上车买票！
⑤ 下车示票！
⑥ 是他破坏了我们的计划。
⑦ 有几个同学在操场上打球。
⑧ 让我们为你的乔迁之喜而干杯！

5. 连动兼语混合式和交融式

有些单句的结构比较复杂，分析时要仔细体会，要准确掌握其句型特点。例如：
① 我‖示意小张让妻子上街买菜。
② 爸爸‖招手叫我们过去。

上面第一个例句的谓语中，"示意小张"与"小张让"，"让妻子"与"妻子上街买菜"分别构成了兼语关系，而"上街"与"买菜"又构成了连动关系。上面第二个例句的谓语中，"招手"与"叫"先构成连动关系，"叫我们"与"我们过去"又构成了兼语关系。

还有一种句子，从显性关系看，只应是兼语句，但从隐性关系看，也应是连动句。例如：
③ 晚上我请你看电影。
④ 泽覃叔叔率领赣南独立师转战在武夷山一带。

从显性关系看，③句中的"请你"与"你看电影"，④句中的"率领赣南独立师"与"赣南独立师转战在武夷山一带"应当是兼语关系。但从隐性关系看，③句中的"我"既"请……"，又"看……"，蕴含着连动关系；④句中的"泽覃叔叔"既"率领……"，又"转战在……"，也蕴含着连动关系。这种兼语连动交融式的句型特点应于句后在括号里用汉字注明。

6. 主谓谓语句

主谓谓语句可根据充当谓语的主谓短语中的谓语的性质，分为名词性的、动词性的、形容词性的。它的主要类型有以下几种。

{ ① 这个人‖个性太强。
{ ② 屋外‖空气很新鲜。
{ ③ 班里的战士‖多半来自农村。
{ ④ 这一带的麦子，‖一块胜过一块。
{ ⑤ 刚来的那个人‖我认识。
{ ⑥ 我‖什么地方没有到过。
{ ⑦ 祖国，‖这是多么庄严的名字。
{ ⑧ 这些同志，‖我们多么想念他们。
{ ⑨ 这位同学‖学习认真。
{ ⑩ 那个木匠‖干活外行。
{ ⑪ 你去进修的问题，‖学校已经研究过了。
{ ⑫ 这部电视剧，‖感兴趣的人不多。

第一组，大主语和小主语有领属关系。第二组，大小主语有整体和局部的关系。第三组中的⑤句大主语受事，小主语施事；⑥句大主语施事，小主语受事。第四组，主谓谓语中有代词复指大主语，大主语之后有明显的语音停顿，这就要求被指代的大主语不可以是主谓短语。第五组的小主语都是动词，小谓语都是评述性的，大小主语之间有陈述和被陈述的关系。第六组中⑪句的主语前可以加上介词"关于"，⑫句的主语前可以加上介词"对于"，但加上介词之后，就转化成了句首修饰语，全句就不再是主谓谓语句了。总之，大主语都是话题，都是有定的，这是主谓谓语句的共同之处。

有些句子由一个大主语（话题主语）和几个主谓短语构成。例如：

⑬ 他们俩，‖一个是工人，一个是农民。
⑭ 我借的两本书，‖一本是《家》，一本是《蚀》。

这两句的谓语实际是由复句结构充当的。⑭句主语中的"的"如果换成"了"，全句就变成了总分式解说关系的复句。

还有一种句子，不应看作特殊的主谓谓语句，而应看作复句，后面几个分句都承前省略了成分。例如：

⑮ 这本书，我看过，你也看过，你觉得怎样？

三、单句分析举例

我们在析句时，尽管也非常重视层次分析，但析句的目的在于把握句子最基本的结构特点或称句型特点，而不必进行过分细致的分析。每一层次的附加成分的内部不用分析，谓词性短语充当主语和宾语时，主谓短语以及复句结构充当主语、谓语、宾语、补语时，其内部都不用分析，联合短语、同位短语、助词短语以整体充当成分，其内部也不用继续分析。为此，我们主张析句时，最好运用简易符号标示法。用一定符号标示一定的句子成分和句法成分，是比较简便的。我们所用的符号为：句首修饰语和状语下面画上方括号，独立语的每字下面画上一个小三角形，主谓之间用"‖"隔开，主语下面划两道横线，谓语下面划一道横线，中心语（包括主语中心语、谓语中心语、宾语中心语）的每字下面画一个小圆圈，宾语下面画波浪线，定语下面画圆括号，补语下面画尖括号，兼语下面画"～～～"，"∨"表示连动项之间的界限。我们在用这些简易符号析句时，也应尽量区分上位成分、下位成分，适当显示句子结构的层次性。下面便选取一些有一定代表性的句子，用此方法试加分析。

① 杨各庄‖叫鬼子给糟蹋啦。
② 今天上午你‖关照一下挖土方的民工。
③ 看样子，这天‖一时半会儿也晴不了。
④ 周总理‖笑着ᵛ和我们握手。
⑤ 我‖请他叫一个人送这个孩子回家。
⑥ 卫兵‖来ᵛ提郑瑾去ᵛ过堂。
⑦ 我‖要求总理代我ᵛ请毛主席给少石写几个字。
⑧ 据研究，从外界进入人脑的信息，‖有百分之九十以上来自眼睛。
⑨ 冯有梅‖引着徐国梁走出村东。（兼语连动交融式）
⑩ 鲁迅‖小心地翻阅着方志敏同志利用敌人要他写"自白书"的笔墨写成的文稿：一篇《清贫》，一篇《可爱的中国》。
⑪ 凡是于小事忠实的‖于大事也忠实。
⑫ 从一个北京式方格窗棂的窗户里，透出了明亮的灯光和一个人影。

⑬ 生长在江南的同志们‖看到这些水墨画ˇ高兴得直鼓掌。

⑭ 会场里‖有些人在发表意见。

四、句子的语义分析

语义不同于词义。词义是词典中可以注明的意义，语义则是在结构中体现出的意义。如"你看我"中，"你"有施事义，"我"有受事义；"我看你"中，"你"有受事义，"我"有施事义。这些意义属于语义。语义主要是名词和动词之间的联系意义。又如"下午"指正午之后的一段时间，这是词义。在"下午开会"中，"下午"除了有词义之外，还说明了"开会"的时间，这是语义。语义通常包括施事、受事、当事、时间、处所、工具等等，这些语义都是以名词为中心予以表述的，同时与动词密切关联。

分析句子时，指明主语或宾语是施事、受事、当事、时间、处所、工具等等，这是句子的语义分析。句子的语义分析可以使句子的分析更为细致，不仅有助于进一步深入地理解句义，有助于检查表述出来的意义与自己说话的主观宗旨是否一致，而且对研究词语之间是否有构成一定组合关系的可能性具有重要意义。例如：

① 饭吃饱了。
② 饭吃完了。
③ 饭吃多了。

这三个句子从结构上分析，属同一类型。可是从语义上看，"饱"与施事（未出现）发生关系；"完"与受事（饭）发生关系；"多"与"吃饭"这一行为发生关系。又如：

④ 我找不着先生教。
⑤ 我找不着东西吃。
⑥ 我找不着地方睡。

从结构上分析，这三个句子属同一类型。可是从语义上看，句末的动词和它前边的名词有不同的关系。④中的"先生"是"教"的施事，⑤中的"东西"是"吃"的受事，⑥中的"地方"是"睡"的处所。再如：

⑦ 他们来了客人。
⑧ 他们来了三位。

这两个句子也属同一类型。可是它们的区别不只是表现在宾语的具体含义不同，还表现在宾语和主语的关系不同："客人"在"他们"之外，"三位"在"他们"之中。这是因为用数量短语代替名词，它必须有"先行词"。⑧句中的"三位"代替客人，而它的先行词是"他们"，所以"三位"与"他们"发生了联系。这种联系虽然不是动词与名词之间的关系，也属语义的范围。

练习与思考

1. 句子分析与句法分析有何联系与区别？
2. 举例说明主谓句不同句型的不同作用。
3. 单句中的两个特殊成分是什么？它们各有什么特征？
4. 指出下列句子的主语。

(1) 该做的事情都做完了。
(2) 新买的一支钢笔弟弟又弄坏了。
(3) 你别总是用眼睛盯着我。
(4) 警犬死死地咬住了匪徒。
(5) 前天，我遇见了一位朋友。
(6) 马路上站着一个卖艺的老人。
(7) 昨天商店里还有许多折价处理的成衣。
(8) 今天来了许多新同学。
(9) 这些话前几天我都听到了。

5. 指出下列各句的主语哪些是"话题主语"，哪些是"受事主语"，哪些是"施事主语"，哪些是"当事主语"，哪些是"关系主语"。
(1) 一切愿意为"四化"做贡献的人我们都欢迎！
(2) 所有自愿建设海岛的人都来了。
(3) 近来，他什么事都不想干了。
(4) 整整一个假期，我一场电影都没看。
(5) 整整一个假期，我没看一场电影。
(6) 一句话说得大家都笑了。
(7) 我谁也不想欺负。
(8) 你去西部工作的申请，学校已经研究过了。
(9) 学校的兴衰与大家都有关系。
(10) 我们家少了一台彩电。
(11) 我们俩，谁也别想赢了谁。
(12) 你简直成了白毛男了。

6. 指出下列各句中补语补充说明了什么。
(1) 小狗咬伤了孩子。
(2) 这个人跳得真高。
(3) 一气之下我打了他两巴掌。
(4) 小王把这件衣服洗得干干净净。
(5) 小王洗衣服洗得满头大汗。
(6) 小王洗衣服洗得很快。
(7) 董存瑞手托炸药包奋不顾身地冲了上去。

7. 什么是主谓谓语句？试把下列主谓句改写成主谓谓语句，但基本意思不能改变。
(1) 我们应当努力掌握现代科学文化知识。
(2) 这个人的知识面很广。
(3) 他已经完成了任务。
(4) 我喜欢游泳，也喜欢打球。

8. 比较下列各组句子，分别说明它们的句型。
(1) 他聪明极了。/他非常聪明。
(2) 风吹倒了庄稼。/庄稼被风吹倒了。
(3) 这本小说我以前看过。/我以前看过这本小说。

(4) 他刚才哭红了眼睛。/他刚才把眼睛哭红了。
(5) 山里藏着五十多个人。/在山里藏着五十多个人。/有五十多个人在山里藏着。
(6) 治感冒请用白加黑。/白加黑可以治感冒。
(7) 我们都喝矿泉水。/矿泉水我们大家都喝。
(8) 请勿随地吐痰。/随地吐痰是不文明的行为。

9. 比较下列各组句子是不是都对？为什么？
(1) 学校放假了。/学生们放假了。
(2) 我在学习方法中有许多毛病。/我的学习方法有许多毛病。
(3) 小英雄的形象永远活在我心里。/小英雄的形象在我心里很激动。
(4) 他们的工作经验提高了。/他们的政策水平增强了。
(5) 从后台走过来两个小伙子。/后台走过来两个小伙子。
(6) 从语法练习中使我加深了对语法规律的理解。/语法练习使我加深了对语法规律的理解。

10. 什么是语义分析？什么是语用分析？二者有哪些不同？
11. 请用简易符号标记法分析下列单句。
(1) 方婉芝突然"啪"地打了女儿一个耳光。
(2) 什么人偏偏在这个时候打来了电话？
(3) 阳光已经把佛光殿的琉璃瓦照耀得一派辉煌。
(4) 为什么我国的石拱桥会有这样光辉的成就呢？
(5) 矿山的唐矿长先简单介绍了一下全国的工业生产形势。
(6) 赵州桥高度的艺术水平和不朽的艺术价值，充分显示了我国劳动人民的智慧和力量。
(7) 一班的张京和二班的李辉分别获得了金质奖章和银质奖章。
(8) 培育出来的抗病品种，在原地种植几年后，也会出现能力退化的现象。
(9) 在战争年代，人们对一身灰布制服、一件本色的粗毛线衣，或者自己打的一副手套、一双草鞋，都很有感情。
(10) 今天晚上我请各位吃火锅。
(11) 大嫂再三挽留他避避雨再走。
(12) 他让马全有带一个人去消灭敌人的岗哨。
(13) 一切植物，归根到底，都要靠阳光、水分和土壤来生长。
(14) 毫无疑问，这件事的责任应该由你来承担。
(15) 一切科学的、正确的、郑重的、非瞎说的抽象，都更深刻、更正确、更完全地反映着自然。
(16) 哗，哗，哗，小船箭似的前进着。

第六节　几种特殊的句式

一、双宾句

双宾句是述语动词之后出现两个支配或关涉的对象的句子，即一个述语动词带有两个宾语的句子。两个宾语都是受事宾语，一般一个指人，一个指物。通常把这种句子叫双宾式谓语句，简称为"双宾句"。如"朋友送我一本书"。其中"我"和"一本书"都是送的宾语，由于后一个宾语（指物的）是基本的，也是第一次切分出的宾语，故叫"直接宾语"；前一个宾语（指人的）则叫"间接宾语"。

双宾句的谓语动词一般表示给予的意义，整个句意为主语给予间接宾语一些什么。例如：

① 老师给我很大帮助。　　　② 大家叫他老黄牛。
③ 小王告诉我他明天要去旅游。　④ 他送我一部手机。

③句中的直接宾语"他明天要去旅游"虽然不是指物，但也可以回答"什么"的问题。

双宾句常用的动词还有"赠""还""卖""交""输""赔""称"等。

有一种述宾式谓语句，谓语动词一般表示承受的意义，整个句意为主语从间接宾语那儿得到了一些什么。例如：

① 我受他一辈子窝囊气。　　② 小李赢了我二百块钱。
③ 他收到朋友一个短信息。　　④ 我拿了妹妹一支笔。

上例中，①句②句可以分开单说，可以分别说成"我受他""我受一辈子窝囊气"；"小李赢了我""小李赢了二百块钱"；这两句可以看成双宾句，两个宾语之间一般是不用"的"的。后两句不可分开单说，而且"朋友"与"一个短信息"之间，"妹妹"与"一支笔"之间可以加"的"。由此可见，这后两句中的"朋友""妹妹"都不是真正的近宾语，而只能分析成宾语内部的定语。

还有一种情况应该另行处理，如"我今天上街割了他十斤肉。"此句中的"他"根据语境的不同和说话者语调语气的不同，有时可分析为"十斤肉"的定语，意为"他卖的肉"，有时又可分析为不充当句子成分的助词。

有的双宾语句在特定的语境下可以省掉其中的任何一个宾语，如"他问我去什么地方/他问我/他问去什么地方"。有的只能省间接宾语，如"他借了我一本书/他借了一本书"。有的只能省直接宾语，如"我求你一件事/我求你"。有的两个宾语都不能省，如"我叫他小王"。

双宾句还有一些特殊的情况：（1）两个宾语都指人，例如："上级分给我一个翻译。""他送给我一个学生。"（2）两个宾语都指物，例如："我们捐给博物馆一批画。""成都动物园送给台北动物园两只大熊猫。"（3）近宾语指物、远宾语指人，例如："习近平主席致函俄罗斯总统普京。""李克强总理复信联合国秘书长潘基文。"这种句式是公文语体中的固定格式。

二、把字句

把字句是一种动词谓语句，它的结构特点是：

第一，"把"字短语后边的动词必须是及物的，但不能只是一个动词，更不能只是一个光秃秃的单音节动词。例如：

① 他把班长打了。（动词后边带"了"）
② 请把事情的经过说说。（动词重叠）
③ 炮声把我的耳朵震聋了。（动词带补语）

第二，谓语动词管得着"把"的后置成分。例如：

④ 我们把那头猪宰了。(宰了那头猪)

⑤ 老王把情况介绍了一下。(介绍了情况)

有些句子,"把"的后置成分虽然不是谓语动词的受事,但是整个动词短语管得着它。例如:

⑥ 别把肚子吃坏了。(吃坏了肚子)

⑦ 把照片放大了。(放大了照片)

有些句子的谓语动词带有宾语,这个宾语在意念上与"把"的后置成分有领属关系,例如:

⑧ 他把苹果去了皮儿。(去了苹果的皮儿)

⑨ 我把大门上了锁。(上了大门的锁)

第三,"把"的后置成分所代表的事物,在主动者心目中是"定指"的,而不是"任指"的。这一点由上面的例句可以体会得出。

第四,若需要在谓语部分增添状语,一般应加在"把"构成的介词短语的前面,要让"把"构成的介词短语尽量靠近谓语中心。如我们可以说"炮声已经把我的耳朵震聋了",而不说"炮声把我的耳朵已经震聋了"。

有些"把字句"有平行格式。试比较:

⑩ 你挪开那些东西。　　——你把那些东西挪开。

⑪ 他温好了一壶酒。　　——他把一壶酒温好了。

不用"把"的句子,叙述的重点在受事(那些东西);用上"把"的句子,叙述的重点在动作的结果(挪开、温好)。这些句子有一个共同的特点:叙述的重点都在句末。

有些把字句没有平行格式。例如:

⑫ 他把昨天日报上登载的好消息告诉了刚从外面回来的父亲。

这种句子之所以要用把字句,是由于结构上的需要。实质上,结构上的要求也正是适应表达的需要。用了"把",使两个宾语分别出现在动词前后,听起来就显得清晰。

把字句还有两种特殊情况。

(1) 把字句中有"把A当B"的固定格式,如"我们把茶当酒"之类。这种句式要求A和B能够搭配;就是说,要求A和B词性相同、意义相关。

(2) 把字句的谓语中心不是动词,而是形容词。例如:"把我急得满头大汗。""打这一针,把我痛得直咬牙!"此二句中的"把"含有"致使"的意思。

三、被字句

被字句有以下特点。

第一,主语是受事,"被"引进施事。一个主体发出某种动作行为,叫作"施事";一个客体直接承受了某种动作行为,叫作"受事"。常见的动词谓语句,主语大都是施事,而宾语是受事。被字句的主语却是受事,但是主语是受事的句子不一定是被字句。例如下列句子的主语是受事,但不用"被"。

① 今天的作业都做好了。

② 衣服做得十分考究。

③ 稀饭喝光了。

①②两句不能改成"被字句",③可以用"被",例如:"稀饭被我们喝光了。""稀饭被喝光了。"引进施事的"被"是介词,未引进施事的"被"是助词。

第二,被字句的谓语动词是及物动词。这个动词通常是双音节的。例如:

④ 这个秘密已经被人发现。
⑤ 这句话可能被人误解。

这些被字句中的动词虽只是光杆的双音节动词,但在"被"所构成的介词短语之前却用了"已经""可能"等词;没有这种条件,被字句的谓语中心一般也不能只是一个光秃秃的动词。

被字句的谓语中心有时用的是一个单音节动词,但动词前后总要出现某些附加成分。例如:

⑥ 小船被巨浪掀翻了。
⑦ 他被老师这么一问,竟说不出话来。

用"被……所"的格式,"所"后边常用单音词,这是文言格式的遗留。句中的"被"也可改用"为"。例如:

⑧ 他被家庭所累。
⑨ 这个人才已经被外单位所用。

第三,被字句的动词谓语,在意念上支配着主语,这个动词通常不带宾语。上边所列的句子都是如此。但是也有些被字句带有宾语。例如:

⑩ 柚子树被果实压弯了枝条。
⑪ 大门被刷上了油漆。

这些句子有个共同的特点:主语和宾语都是受事,它们之间有密切的联系。⑩中的"柚子树"和"枝条"有领属关系。中的"大门"和"油漆"有处所和存在的事物之间的关系。

第四,若需要在谓语部分增添状语,一般应加在"被"构成的介词短语的前面,要让"被"构成的介词短语尽量靠近谓语中心。如我们可以说"村子已经被鬼子烧光了",而不说"村子被鬼子已经烧光了"。

口语里常用"叫"、"让"作介词,作用相当于"被"。例如:

⑫ 这件事情叫他办砸了。
⑬ 衣服让雨淋湿了。

有时还在动词前加上助词"给"。例如:"这件事情叫他给办砸了。""衣服让雨给淋湿了"。

"给"在口语里也常用作介词,其作用有时相当于"被",有时相当于"把"。例如:

⑭ 我的茶杯给他打碎了。——我的茶杯被他给打碎了。
⑮ 他给我的茶杯打碎了。——他把我的茶杯给打碎了。

有些被字句有平行格式。例如:

⑯ 同学们修好了桌凳。——桌凳被同学们修好了。
⑰ 人民群众推到了这堵无形的墙。——这堵无形的墙被人民群众推到了。
⑱ 同学们把教室打扫得干干净净。——教室被同学们打扫得干干净净。

这些句子之所以要用被字句,是由于表达的需要——或为了突出受事,或为了增强抒情的意味,或为了与上下文衔接。

有些被字句可以转化为把字句，但不能转化为一般句式。例如：

⑲ 那里的种种情况被老王调查得一清二楚。

有些句子不能改成被字句。下面例句中的第一分句都不能改为被字句：

⑳ 我们昨天胜了甲队，今天又打败了乙队。

㉑ 他关心孩子的成长，他注意孩子的一言一行。

四、存现句

具有存在、出现、消失意义的句子，叫作存现句。存现句的格式一般为"……（时间或处所）存在着/出现了/消失了……（人或物）"。存现句的宾语一般为施事，同时也是不定指的，常有数量短语修饰。

（一）表示存在的句子

① 教室里坐着四十多位同学。

② 床上躺着一个重病号。

③ 花瓣上有一只蜜蜂。

④ 雪原上是冰封的科洛河。

⑤ 云絮下面飞着一只孤单单的鹰。

⑥ 山顶上飘着一面彩旗。

上面的例句中，①②③④句表示的是静态的存在，⑤⑥句表示的是动态的存在。

⑦ 大厅里布置着展品。

⑧ 桌子上刻着紫金花。

⑦⑧两个句子是歧义句，既可表示某处存在着某物，也可表示某种行为动作正在某处进行。

（二）表示出现的句子

⑨ 教室里多了一把椅子。

⑩ 东方露出了鱼肚白。

⑪ 两岸飘来阵阵艾蒿香。

⑫ 脸上透出一丝狡黠的微笑。

出现句的动词或动词性短语之后常用动态助词"了"或趋向动词"出""来""出来"；

（三）表示消失的句子

⑬ 山梁上隐去了落霞的余晖。

⑭ 水溪边，顿时少了女人们的踪迹。

⑮ 林荫道上，又消失了一对倩影。

⑯ 我家丢了一只猫。

消失句所表示的消失义只是相对而言的；消失句的述语还常用"走""走失""跑散""放跑""死"等词语，之后常用动态助词"了"或趋向动词"去"。

练习与思考

1. 句型和句式是什么关系？句式有哪些基本特征？
2. 为什么大多数把字句和被字句可以互相转化？
3. 双宾句一般有哪几种类型？还有哪些特殊情况？
4. "台上坐着主席团。""墙上挖了一个洞。""店里走了一帮客。"这三个句子都是存现句吗？为什么？
5. 指出下面句子的语法错误并加以改正。
   (1) 熊猫玩具被孩子已经弄得面目全非。
   (2) 我早已把新衣服穿。
   (3) 今天的作业被我已经做完了。
   (4) 我家少了那头牛。
   (5) 你把事情的经过慢慢说。
   (6) 他把一本书买回来了。
   (7) 通过反复的帮助，我们终于把这个后进的同学觉悟过来了。
   (8) 他被当选为厂长。

第七节　单句中常见的语法错误

学习语法的目的，在于提高我们正确运用语言的能力。这种能力表现在两个方面：一是从正面加深对语言规律的正确认识，二是从反面了解常见的语法错误，并探究导致错误的原因。只有正反结合，深入体会，才有可能对语法规律融会贯通，并能熟练自如地加以运用。同时修改病句并说明理由，是理论联系实际的有效途径，只有既知其然，又知其所以然，才有可能在学习中举一反三，以后不再犯类似的错误。单句运用中的语法错误是多种多样的，下面谈谈几种常见的情况。

一、搭配不当

要想知道各个层次的句子成分的搭配是否得当，一般应当由宏观到微观层层深入地检查下去，哪怕是主语、谓语的附加成分之间的搭配问题都不要放过；只有这样，才能发现每一层次、每一细微之处成分搭配不当的问题。

（一）主语、谓语搭配不当

① ＊中学生是青少年学习的重要阶段。
② ＊教育事业是培养和造就现代化人才的重要阵地。
③ ＊狂风和暴雨从天空一齐倾泻下来。
④ ＊金色的阳光，拨开云层，露出笑脸。
⑤ ＊最近以来，舞台艺术片生产了不少好的作品。
⑥ ＊它每年的发电量，除了供给杭州使用外，还向上海、南京等地输送。
⑦ ＊三年当中，这个县的粮食总产量，以平均每年递增20%的速度，大踏步地向前发展。

⑧ *春风一阵阵地吹来，树枝摇曳着，月光、树影一起晃动起来，发出沙沙的响声。

例①"中学生"指的是人，谓语把它判断成"阶段"是错误的。应把"中学生"改成"中学时期"。例②"事业"不能是"阵地"，应将"教育事业"改为"学校"。例③"从天空中……倾泻下来"的只能是"暴雨"，"狂风"不能"倾泻"，应分开描述。例④"阳光"不会"露出笑脸"，可以把"金色的阳光"改为"金色的太阳"。例⑤"舞台艺术片"如何发出"生产"的动作行为？全句应改为"最近以来，舞台艺术片中出现了不少好的作品"。例⑥"发电量"无法"供给"和"输送"，应将"发电量"改为"发的电"。例⑦"粮食总产量"怎能"大踏步地向前发展"？应将"大踏步地向前发展"改为"大幅度提高"。例⑧"发出沙沙的响声"紧跟在"月光、树影……"之后，不由让人质疑"月光、树影……"如何"发出沙沙的响声"呢？故应将"发出沙沙的响声"移于"树枝摇曳着"之后，因为只有"树枝"才能"发出沙沙的响声"。

（二）述语、宾语搭配不当

① *最近，我们接待了不少基层群众的来信来访。
② *应设法扭转科教片卖座率不高的现象。
③ *家大业大，要节省不必要的开支和浪费。
④ *同学们以实际行动批判了敌人妄图破坏我国"四化"建设的罪恶阴谋。
⑤ *盐在血液循环中起着重要地位。
⑥ *……不得损害国家主权、安全和社会公共利益。

例①中的"来访"可以"接待"，"来信"如何"接待"呢？全句应改为"最近，我们收到了不少基层群众的来信，也接待了不少他们的来访。"例②"现象"不能"扭转"只能"改变"，"状况"可以扭转，故应将"现象"改为"状况"。例③"开支"可以"节省"，"浪费"不能节省，只能"杜绝"，应改成"节省不必要的开支，杜绝浪费"或把"节省"换成"减少"。例④"批判"的对象应是已表露出来的言行，"阴谋"是隐藏着的东西，与"批判"不相配，应改为"批判……罪恶言行"或"粉碎……阴谋"。例⑤中的"起"不能和"地位"搭配，可以和"作用"搭配，因此应把"地位"改成"作用"。例⑥中"国家主权""社会公共利益"都可以受"不得损害"支配，但"安全"却不可以；应将"安全"放在后面，前加"不得危害国家"。

（三）述语、补语搭配不当

① *她对我照顾得无所不至。
② *它将把我们的家乡打扮得更加美丽富饶。
③ *他的字写得稀里糊涂一大片。
④ *她每天都把屋子打扫得整整齐齐。

例①"无所不至"是"凡是能做到的（坏事）都做到了"的意思，其与"照顾"搭配不上，且感情色彩正好相反，应改为"无微不至"。例②打扮的结果可以"美丽"，但不能"富饶"。可把整句改为"它将使我们的家乡更加美丽、富饶"。或"……把家乡打扮得更加美丽，建设得更加富饶"。例③"稀里糊涂"是用来形容头脑不清晰，迷迷糊糊；说明字写得如何，可以说"好""坏""工整""不工整""清楚""不清楚"，可改为"乱七八糟一大片"。例④"打扫"的结果只能是"干净"，通过"整理"或"收拾"才会"整齐",可改为"收拾得整整齐齐"或"打扫得干干净净"。

(四) 定语、中心语搭配不当

① *中学时代打下的坚实的基础知识,为他进一步自学创造了条件。
② *在茫茫九派流中国的封建社会里,广大人民群众生活在水深火热之中。
③ *入冬以来,黑龙江省各地农村,积极开展农民自编自演、小型多样的文艺活动,活跃了农村生活。

例①"打下"可与"基础"构成述宾关系,不可与"知识"构成述宾关系,同时"坚实"可修饰"基础",但不能修饰"知识",应将"基础知识"改为"知识基础"。例②"茫茫九派流中国"是描写祖国自然景物的,用它来形容旧社会的形势显然不妥,可换成"灾难深重"。例③"农民自编自演"不可修饰"文艺活动",可以修饰"文艺节目",全句应改为"入冬以来,黑龙江省各地农村,积极开展小型多样的文艺活动,鼓励农民自编自演各种形式的文艺节目。"

(五) 状语、中心语搭配不当

① *建华的心很细,做作业总是精打细算地演算数学题。
② *对于敌人的破坏活动,我们必须及时地稳、准、狠地识破和打击他们。

例①"精打细算"是形容计算得相当精细,与"认真仔细"语义虽有交叉,但并不同义,其修饰功能也不相同;再者,"做作业"与"演算数学题"也交叉重复,应将"做作业"删去,故全句应改为"建华的心很细,总能认真仔细地演算每一道数学题"。例②"稳、准、狠"可以修饰"打击",但不能修饰"识破",后一分句可以分开说,改为"我们必须及时地识破敌人的阴谋,稳、准、狠地打击他们的破坏活动"。

造成各种成分之间搭配不当的原因很多,主要有以下两个方面:一是对词义理解得不透彻、不准确,对其功能也未能认真辨析,便马虎从事,随意使用。如把"无微不至"与"无所不至","精打细算"与"认真仔细"混为一谈,造成句子不通。一是结构复杂,搭配的两个成分相隔较远,前后未能严谨照应,或搭配的成分中有联合成分,搭配时顾此失彼。如"狂风和暴雨……倾泻下来","批判……罪恶阴谋","损害……安全……"。这就要求我们在组词造句时,既要从个体着眼,准确地掌握所用的每个词的意义,又要从全局出发,瞻前顾后,注意每一个层面上词语的搭配是否都贴切严谨。

二、语序不妥

(一) 定状错位

我们可以说"长长地吁了一口气""圆圆地围了一个圈",但不可以将定语放在状语位置上,或将状语放在定语位置上。例如:

① *按照自己签署的指挥部的规定,总指挥交纳了如数的罚金。
② *绚丽的朝阳,灿烂地放射出万道光芒。
③ *过去的苦难岁月,在她幼小的心灵中,留下了这深深的永远的烙印。

例①中的"如数"不能修饰"罚金","足额"可以修饰,将"如数"移作"交纳"的状语。例②的"灿烂"应作"光芒"的定语,错放在状语的位置上了,应改为"放射出万道灿烂的光芒"。例③"永远"是状语,错放在定语的位置上了,应改为"永远地留下了这深深的烙印"。

(二) 多层定语、多层状语序位不当

处于不同层次的定语或状语,有序位颠倒的情况。例如:
① ＊法西斯主义是一种对无产阶级和革命人民最反动地公开实行恐怖手段的专政形式。
② ＊革命的、符合社会主义建设需要的各项规章制度,每个同志都应当自觉遵守。
③ ＊在社会主义建设事业上,发挥着他们无穷的蕴藏着的力量。
④ ＊市公共汽车三厂决定,陆续从今天起在早晨高峰时增开母子专车。
⑤ ＊他们仍然有些同志继续战斗在引滦前线。
⑥ ＊全党在延安时期,经过整风学习,在毛泽东思想的基础上空前地达到了团结和统一,为夺取抗日战争和解放战争的胜利强有力地提供了保障。

由于多层修饰语序位不当的问题,常会造成句义不通或引起误解,所以我们应当认真对待。例①"对无产阶级和革命人民"应当与"公开实行恐怖手段"紧紧连在一起,"最反动"应直接修饰"专政形式"。故全句应改为"法西斯主义是一种对无产阶级和革命人民公开实行恐怖手段的最反动的专政形式。"例②应改为"各项符合社会主义建设需要的革命的规章制度……"。例③应改为"发挥着他们蕴藏着的无穷的力量"。例④应改为"从今天起,在早晨高峰时陆续增开母子专车"。例⑤是小主语和状语的序位不当,应改为"他们中的一些同志仍继续战斗在引滦前线。"例⑥的"在延安时期"应调至句首,充当句首修饰语,"空前"应为"团结和统一"的定语,"强有力"也应为"保障"的定语,全句应改为"在延安时期,全党经过整风学习,在毛泽东思想的基础上达到了空前的团结和统一,为夺取抗日战争和解放战争的胜利提供了强有力的保障。"

三、成分残缺或多余

(一) 成分残缺

① ＊在这场不大不小的风波中,悟出了一个深刻的道理。
② ＊东方歌舞团来津演出,受到热烈欢迎,对演出评价很高。
③ ＊对狐狸的狡猾、老狼的残暴、青年猎人的怯懦、老猎人的机智勇敢,在美术片中都得到了充分的表现。
④ ＊经过沈老师多次耐心的启发和引导,使这个学生逐步养成了认真细致的良好习惯。
⑤ ＊那时,因为他地下工作而被捕入狱。
⑥ ＊我们要在广大青少年中造成一种爱科学、讲科学、用科学。

例①缺少主语,没有说明是谁"悟出了一个深刻的道理",同时与"悟出……"相搭配的介词短语应当是"从……"而不应当是"在……",全句应改为"从这场不大不小的风波中,大家悟出了一个深刻的道理。"例②也是缺主语,谁"对演出评价很高",不知道,应该在"对演出……"之前加上适当的主语。例③"得到了充分的体现"的应当是"狐狸的狡猾……",而不应当是"对狐狸的狡猾……",句子的开头多用了介词"对",致使全句没有了主语,把介词"对"删去就可以了。例④多用了动词"使",也使得全句没有了主语,删去动词"使"就可以了。例⑤误把"地下工作"当作动词性短语,

致使全句缺少了谓语中心，应在"地下工作"前加上动词"从事"。例⑥"造成"的后面应是一个定中短语作它的宾语，应在"爱科学、讲科学、用科学"的后面加上中心语"的风气"。

（二）成分多余

句子结构已完整，表意也很明确，却又画蛇添足，多用了不必要的词语。例如：
① *这班学生，在上课时，一般来说，大家都能遵守课堂纪律。
② *他每天读报，注意关心国内外大事。
③ *今年高考还有三天就要开始考试了。
④ *为什么允许唯心主义可以有宣传的自由？
⑤ *曾经没有人听说过那件事。

例①"这班学生"是主语，可在后面又出现了一个主语"大家"，岂不多余？应删掉。例②"关心国内外大事"是个述宾短语，构成了一个完整的谓语，前面又增加"注意"作述语，没有必要，应删掉；再者，"注意"与"关心"在词义上也交叉重复，删去自然应该，如在"关心"之前再加上"非常"，句子就更为完整通顺了。例③"高考"本身就是考试，后面又出现"考试"作宾语是多余的，应删去。例④的"允许"与"可以"也在词义上交叉重复，可删去"可以"。例⑤中的状语"曾经"从表面看来与"……过"交叉重复，而真正的问题却在于"曾经"只指以前发生过的，既然"没有人听说过"，那又怎能受"曾经"修饰呢？应将"曾经"删去。

从表意的角度来看，三重否定句大致等于单重否定句；然而使用者若稍有不慎，就有可能将三重否定句当作肯定句来使用。请看下面两个句子：
⑥ 我们并不否认这首诗没有透露出希望，而是说希望是渺茫的。
⑦ 发展没有终点，实践不会终结，因此思想解放也不会一劳永逸，难道我们能否认这不是真理吗？

例⑥连用了"不""否认"和"没有"三个否定词，所说的应是一个单重否定的意思——"我们认为这首诗没有透露出希望"，如此一来，这与作者本来所要表达的意思便恰恰相反了。应删去"没有"，最好再在"透露"之前添上"已经"。例⑦中的"否认"与"不是"已经构成了双重否定，再加上一个反问的语气，正好也构成了三重否定，整个句子的意思是：我们不能承认"这"是真理，即不能承认"发展没有终点，实践不会终结，因此思想解放也不会一劳永逸"是真理，那么这样一来，整个句子的意思就完全错误了。应将"否认"换为"说"。

造成句子成分残缺或多余的原因主要是造句时过于草率，没能细心检查，或没能自觉地运用语法知识对句子的结构进行认真的把握。仔细认真是做好任何一件事情的必要前提，遣词造句更不能例外。仔细认真不仅可以检查出句子的毛病，更能够使语意更加准确，使思维更加严谨，使文笔更加流畅。

四、句式杂糅

（一）不同结构相套

不同结构相套，即把能够表达同一个意思的两种语言结构，生硬地糅合在一起，造成结构上的混乱。例如：

① *要想真正学点东西，一定要下一番苦功夫不可。
② *当听到噩耗传来时，大家都禁不住大哭起来。
③ *多年来被旧的婚姻制度压迫蹂躏下的劳动妇女也觉悟起来了。

例①或者说"一定要下一番苦功夫"，或者说"非下一番苦功夫不可"，这里把两种结构套在了一起，显得不伦不类，致使句子不通。例②或者说"当听到噩耗时"，或者说"当噩耗传来时"，现在把这两种说法混在了一起，自然也说不通。例③将"被旧的婚姻制度压迫蹂躏"与"在旧的婚姻制度压迫蹂躏下"两种说法混在了一起，致使句子不通。每句的两种说法，我们只能仅取其一。

（二）前后纠缠

前后纠缠，即把前一句话的后部分用作后一句话的前部分，两句话硬捏成一句话。例如：

① *这部电影多么使人感动人心啊！
② *教学楼前修建了一座花园是长方形的。
③ *他每写好一篇稿子都要送请老同志征求意见。

例①把"使人感动"和"感动人心"套在一起了。应改为"……多么动人啊"或"多么使人感动啊"。例②把"教学楼前修建了一座花园"与"花园是长方形的"套在了一起。全句应改为两个分句："教学楼前修建了一座花园，这座花园是长方形的"；此句也可改为"教学楼前修建了一座长方形的花园。"例③"送请老同志征求意见"也是将本应分开说的两个分句套接在了一起，形成了不伦不类的说法，全句可改为"他每写好一篇稿子都要送请老同志过目，并虚心征求他们的意见。"

造成这种句式上杂糅与纠缠的主要原因是，对汉语各种句式的结构特点还没有真正掌握，对表义可以相同的一些相近的句式，还没能清晰地区别开来。以后在这方面应多做比较，多加思考，多多练习，以求准确把握并熟练运用各种句式。

五、歧义及歧义的消除

歧义句是指在语言交际中产生两种或多种意义的句子。歧义句会影响人们的交流，会降低交际的时效，是一种消极的语言现象，我们应当尽量避免歧义句的产生。歧义句与语义双关的句子具有根本的不同：歧义句是无意间形成的，语义双关句是为了提高表达效果而有意使用的；歧义句影响交际，是一种消极的语言现象，语意双关句可以提高表达效果，是一种积极的语言现象。

（一）造成歧义的原因

我们必须找出造成歧义的原因，才能尽量避免或尽快消除歧义。造成歧义的原因主要有以下几点：

1. 由兼类词或多义词造成的

例如：
① 小店关门了。

② 他们已经走了三天了。
③ 我们没有学习文件。

例①"关门"可有不同理解，一是倒闭的意思，一是收生意的意思。例②"走"既可理解为"离开"，又可理解为"在路上步行"。这种情况在特定的语境中，也许不会出现歧义；但若语境不能给我们以应有的提示，便会引起误解。例③中的"没有"既可以是动词，也可以是副词，所以单独看来，可以有两种理解。

2. 由多义短语造成的

（1）句法关系两可，例如：
经济繁荣　通讯自由　研究问题　表演节目　出口商品　改良品种

名词与动词连用，有时可理解为主谓关系，有时可理解为偏正关系。动词后接上名词，可以构成述宾关系，也可以构成偏正关系。由于词义的制约，一般情况下，只体现一种关系。如"建筑房屋"是述宾短语，而"建筑材料"只能是定中短语。上边的例子属于两可的情况，用在句中有可能产生歧义。例如："我们渴望经济繁荣。""精神文明很重要。""我们要学习文件。""他们打算试验改良品种。"

（2）施受关系含糊，例如：
鸡不吃了。　　　这孩子谁都不认识。　小兰的毛衣织得特别好。
他借我一支笔。　他找到了没有。　　她的奶奶演得真好。

上边例子中的"鸡""他""谁""他"可以理解为施事，也可以理解为受事。"借"既可能是"借出"，也可能是"借入"。"小兰的毛衣织得特别好"，句中的"毛衣"既可以是小兰织的，也可以是别人织的（小兰只是穿毛衣的人）。"她的奶奶演得真好"也不知演戏的是"她"还是"她的奶奶"。

（3）层次关系不明，例如：
⎰我们到过安徽／和河南的部分地区。
⎱我们到过安徽和河南的／部分地区。

⎰我们／三人一组。　　　⎰车上／睡不好
⎱我们三人／一组。　　　⎱车上睡／不好

这些短语切分不同，含义也就两样。当然，也有少数短语虽然有不同的切分可能，但并未因此改变含义，这种情况为数极少。例如：
他们两人是我的／哥哥和弟弟。
他们两人是我的哥哥和／弟弟。

3. 由同音词语造成的

例如：
① 生产的产品全部（全不）合格。
② 我在（再）写一篇文章。
③ 期中（终）考试即将举行。

这种歧义只出现在口语交际中，在书面上不会出现。

静态的短语存在多义现象是允许的，如"看打乒乓球的少先队员、对售货员的意见、咬伤了猎人的狗"等等。这些多义的短语如果进入句子，致使句子在交际中仍然存在多义现象的话，其"多义"的性质就完全改变了——变成了消极的歧义现象。

（二）消除歧义的方法

产生歧义的原因有多种，消除歧义的方法也有多种。

1. 更换词语

这种方法多使用于由同音词语造成的歧义。如"我在（再）写一篇文章"，可将"在"换成"正在"，或将"再"换成"还要"。对于"期中（终）考试即将举行"，若是"期中"，则可换成"学期中间的"；若是"期终"，则可换成"期末"。

2. 更换句式

这种方法多用于由多义词语造成的歧义。如"这个人又上台了"有歧义，可以说成"上台演出了"或"上台掌权了"，变述宾谓语为连述谓语。

3. 利用上下文的联系

有些句子孤立地看有歧义，联系上下文看并没有歧义。例如：
① 这件事是官僚主义造成的，有关领导应当严肃处理。
② 对于小王的意见，领导非常重视；领导尽管很忙，还是将小王找来，当面听他细说了一遍。

由于有了上下文的联系，例①不会理解为"有关领导处理别人"。例②不会理解为"给小王提的意见"。

4. 借助语音

利用语音的停顿、轻重是口语中常用的消除歧义的方法。例如：
① 公开对话的／时间。
② 公开／对话的时间。

例①语音停顿在"对话的"后面，是定中型，指"什么时间公开对话"。例②语音停顿在"公开"之后，是述宾型，指"把对话的时间公之于众"。再如：
③ 一个早晨就写了三封信。
④ 一个早晨就写了三封信。

例③重音落在"一"上，表示写的信多，有表扬的味道。例④重音落在"三"上，表示写的信少，有责备的味道。

歧义现象在语言中虽难以避免，常会遇到，但实际上在语言交际中真正影响表达效果的歧义是不多的。这正是人们认识了歧义，同时又能采取相应的方法消除歧义的结果。可见了解歧义并消除歧义，对提高语言的表达效果是很有必要的。

练习与思考

1. 从句法的角度改正下列病句，并说明理由。
（1）她的脸色阴沉沉地绷着。

（2）关于这个事例，对广大青少年当时教育很深。
（3）这是有效的治疗风湿病的办法。
（4）山西铜的蕴藏量是我国最丰富的地区之一。
（5）这篇战斗檄文，在当时起过何等的作用！
（6）他们示范表演后，车间主任又详细介绍了操作情况，听了收获很大。
（7）你不按照大家的决定，把事情弄糟了。
（8）实行一对夫妇只生一个孩子，控制人口的增长。
（9）经过大家的努力，产品的数量和质量都有显著的提高。
（10）要注意团结跟自己合不来、看不惯的同志。
（11）由于大熊猫保护区的冷箭竹大面积开花枯萎，受到饥饿的严重威胁。
（12）经过专业思想教育，他们进一步坚定了为人民事业的决心。
（13）谁也不能否认京杭大运河不是世界上最长的运河。
（14）要提高大学生的学习质量，必须要发挥远程教育的优势不可。
（15）根据合同，为加强实验室的力量，甲方保证在两年之内为乙方培养四个实验室工作人员。
（16）在这次日本的比赛中，她打得好，拦网出色，被称为天安门的城墙攻不破。
（17）傍晚的时候，张大爷在去林场的路上，突然有个人迎面走来。
（18）学校根据实现"四化"的要求，培养德才兼备、有新的科学技术水平的人才，放在首要地位加以考虑。

2. 分析下列句子的歧义情况，并把它们改为只含有其中某一种意义的句子。
（1）他知道这件事情不要紧。
（2）他原来住在这里！
（3）桌子上放着许多朋友送来的礼物。
（4）小王没有找到。
（5）全国防总已向东北调拨救灾物资。
（6）张三租李四一间房子。
（7）他在车上画画。
（8）这十多个少数民族学校的学生都来了。
（9）忘了喂孩子的奶了。
（10）小王和小刘的师傅来了。

3. 比较下列各组句子意义上的差异。
（1）这块布长一尺。／这块布一尺长。
（2）不愿做奴隶的人们起来！／起来，不愿做奴隶的人们！
（3）我在农村待了五年。／我在农村待了五年了。
（4）拿着书都睡着了。／睡着了都拿着书。
（5）客队把主队打败了。／主队被客队打败了。
（6）树被风刮倒了。／风刮倒了一棵树。
（7）一个月就下了五场雨。／一个月才下了五场雨。
（8）我们过几天来看你。／我们过几天去看你。

第八节 复句及其类型

一、复句的含义

由两个或两个以上结构上相对独立的单句形式构成的句子就是复句，复句中相对独立的单句形式被称为分句。复句的直接成分是分句或分句组。请看下面的两个句子。

① 春风裂石头，春雨贵如油。
② "春风裂石头，春雨贵如油"是流传在淮北地区的一句农谚。

①句中包含两个相对独立的单句形式，因而是复句；②句只有一套单句结构形式，因而是单句。复句中分句的结构形式既可以是主谓式（包括省略式），也可以是非主谓式。例如：

③ (a) 黄昏了，(b) 室内一片夕阳的反照，(c) 窗外有节奏地传来小工们打基地的桩歌，(d) 由远而近，(e) 掺杂着多少人的步伐和石硪落地的沉重的声音。

上面复句中的 (a) 分句是非主谓式的，(b) (c) 两个分句是主谓式的；(d) 分句承前省略了主语"桩歌的声音"，(e) 分句承前省略了主语"桩歌声中"，它们都是主谓句的省略形式。

二、复句中各分句之间的关系

复句中分句之间的关系，既是相对独立的，又是相互依存的。

分句的相对独立性主要表现在以下几点。

(1) 分句之间互不包含，互相不做句子成分，在结构上相对独立。

(2) 各个分句在语音停顿上相对独立，分句之间都有明显的语音停顿，书面上用句中点号隔开；紧缩复句内部没有明显的语音停顿，故在析句时可看作一个分句。

(3) 各个分句在逻辑关系上相对独立，"因"就是"因"，不能为"果"，"果"就是"果"，也不能为"因"；其他亦然。

分句的相互依存性主要表现在以下几点：

(1) 再长的复句也只有一个贯穿全句的语调，每个分句的读法都应服从于全句的语调。

(2) 各个分句都存在于一定的逻辑关系之中，逻辑关系要靠各个分句的共同存在来体现，缺少哪一方，整个关系都会消失。比如缺少了"因"，也就无所谓"果"，缺少了"果"，也就无所谓"因"，不管缺少哪一方，整个因果关系都会随之消失。

(3) 各个分句都必须紧紧围绕着交际宗旨而存在，不能够为交际宗旨而服务，分句就失去了其存在的意义。

此外还应注意的是，复句中分句之间虽然没有主谓、述宾等句法关系，但有一定的意义关系、事理关系和逻辑关系。分句与分句相互组合的时候，只有具有这样的关系，才能成为合理合规的复句。

意义关系，是指分句与分句之间有没有一定的意义联系，是否都是为一定的表达宗旨而存在的。任何一个人说话，都有一定的主观意图，都有一定的表达宗旨。一个复句往往能表述一个相对独立、相对完整的交际宗旨，每个分句都必须为这个宗旨服务；复杂的多重复句，各分句还必须紧紧围绕一个意义中心，能使这个意义中心凸显出来，并能收到预期的表达效果。这就是分句间的意义关系。

事理关系，主要是指各分句及其组合而成的整个复句所要表述的意义内容，是不是符合客观事理，各分句的组合是不是符合社会现实中已经出现、可能出现或必将出现的客观规律，也就是说，各分句的组合是不是合情合理的，让人容易接受、容易理解的。各分句的组合如果不符合这些要求，就是不合事理的，各分句也就不能组合出一个合理合规的复句来。

逻辑关系，主要是指各分句的组合是不是符合思维规律，是不是某种思想内容的合规律的表达。我们已经知道，语言是思维的工具，也是思维的直接现实，通常所说的"言为心声"就是这个道理。思维规律很多，其表现在分句与分句相互组合的关系方面的，也只是其中的一部分。就思维规律中的这一部分而言，其在分句与分句相互组合的时候，便外现为顺承、因果、假设、转折等关系了。一般而言，分句与分句的组合必须符合顺承、因果、假设、转折等关系，而这些关系在分句的组合中又具有递归性，可以反复出现于分句组合的不同层次上。这就是我们划分多重复句的层次关系的依据所在。

请看下面的例句：

① 不管鸟的翅膀多么美丽，如果不凭借空气，鸟就永远不能飞到高空。
② 不但我拥护他，而且从前反对他的人，现在也拥护他。
③ 我赞美白杨树，就因为它不但象征了北方的农民，尤其象征了今天我们民族解放斗争中所不可缺少的质朴、坚强、力求上进的精神。

从意义关系看，①句的各分句借助鸟儿能否飞高的原因的探讨，劝诫人们即使有了某种资本，也不能盲目骄傲；②句客观地告诉了人们一个事实：各方面的人都拥护"他"，也暗含了一个事实："他"具有优秀的品质和宽阔的胸襟；③句通过对赞美白杨树的因与果的解释，歌颂了北方的农民及其宝贵的精神。三个复句都很好地表达了其所要表达的交际宗旨。

从事理关系看，①句中鸟的翅膀美丽符合事实，其能否飞高的原因也符合事实，全句所揭示的道理更是合情合理；②句"我"拥护"他"是事实，就连反对"他"的人也拥护"他"也是事实，全句所暗含着的"他"的品质和胸襟也不能不令人佩服；③句中的"我"确实在赞美白杨树，但更重要的是"我"借助赞美白杨树而热情洋溢地赞美了北方的农民及其宝贵的精神，可谓形象贴切，顺理合情。

从逻辑关系看，①句首先在第一层次上，形成无条件的条件关系，在第二层次上形成假设关系，两种关系套接在一起，便形成一个有机的整体，逻辑严谨，富有说服力。②句中的两个分句很自然地形成了递进关系，显示出一种令人不得不佩服的心理逻辑。③句中先交代"果"，再揭示"因"，重心在后，符合常规，让人容易把握和理解；而在其所揭示的"因"之中，又使用了递进的关系，便使得"因"更加引人注目、发人深思了。

三、复句与关联词语

(一) 显性关系和隐性关系

对于同一个复句，可以从不同角度进行观察，所以确定分句之间的关系有时不免会出现两可情况。例如：

① 小王着了凉，生病了。
② 有的人活着，他已经死了；有的人死了，他还活着。
③ 如果我们既放下了包袱，又开动了机器，既是轻装，又会思索，那我们就会胜利。

①句中的两个分句间，没用关联词语，其关系也是隐形的，因为我们可以从不同的角度，分析出不同的关系——既可从时间先后的角度分析为顺承关系，也可从内在联系的角度分析为因果关系。②句中的四个分句间也没有使用关联词语，但从四个分句间相互依存、相辅相成的关系中，能够确定地认为该复句内部的每一层次的关系都只能是一种关系，不会出现可此可彼的情况。若从是否使用关联词语的角度看，该复句分句间的关系是隐性的；但若从分析的结果看，其分句间的关系又是确定的，比较明显的——分号前后是对照性的并列关系，前两个分句之间和后两个分句之间都是转折关系。③句中每一层次间、各个分句间都使用了关联词语，其每一层次、各个分句间的关系无疑都是显性的。但若仔细体会一下，我们又会发现，该复句中还蕴含着"只要我们放下包袱，轻装上阵，开动机器，善于思索，那么我们就一定会取得胜利"这样一种充分条件的条件关系，还蕴含着"如果我们想取得胜利，那就必须放下包袱，轻装上阵，开动机器，善于思索"这么一种假设关系。可见复句中分句间的显性关系和隐性关系不是相互排斥的，也不是绝对对立的。我们既可以从显性关系入手，体会出其隐性关系，也可以从隐性关系入手，体会出其显性关系。

各分句不借助关联词语的帮助也能组合成一个规范的复句，这主要靠分句间意义方面的联系，靠各分句与表达宗旨的联系，分句间的这种组合方式可称之为意合法。分句间借助关联词语的组合方式，可称之为关联法。

在特定的对话环境和具体的上下文中，复句中各分句间的关系一般是明显的、确定的，可此可彼的情况毕竟很少，在分析复句时只要将那种最明显的关系确认下来，就可以了。

（二）关联词语的运用

具有关联作用的词和语可统统称为关联词语。关联词语或可用来联结词语，或可用来联结分句，或可用来联结句子，甚至可以用来联结段落，没有必要将他们从分工的角度划分得过细。关联词语在单位上可大可小，在词性上可此可彼，在职能上可专可兼。从单位的大小看，"也""又""而""但""可是"等都可以单独起到联结的作用，都是单位小的关联词语；"虽然……但是……""即使……也……""之所以……是因为……""如果说……那么……""否则的话"等则都是单位大的关联词语。从词性的彼此看，一部分既有修饰作用又有联结作用的副词，属于关联词语；个别动词如"是……还是……""不是……而是……"中的"是"等也是关联词语；连词都具有联结的作用，自然都属于关联词语。再从职能的专兼方面看，连词和一些只具有关联作用的无规则短语都是专职的关联词语，关联副词和个别动词则属于兼职的关联词语。

关联词语与复句的关系最为密切，复句中各分句间常常使用关联词语。复句与关联词语的关系大致有以下几种：

(1) 不用关联词语，各分句就不能组合成一个复句。

例如：

① 我实在没有法子，我绝不敢再找到这儿来麻烦您。

② 爹去世已经整整十年了，当年的县劳模被人遗忘，他撇下的孤儿呢？

①句中两分句间必须使用"不然"之类的关联词语，②句中后两个分句间必须使用"尚且……何况……"这样的关联词语，否则的话，分句间就失去了有机的联系，整个复句就不能成立。

（2）已经使用了关联词语，各分句间的关系自然十分明确。

例如：

① 通宝，你是卖茧子呢，还是自家做丝？（选择）

② 虽然是满月，天上却有一层淡淡的云，所以不能朗照；但我以为这恰是到了好处。（第一层，转折；第二层，因果；第三层，让步转折）

（3）没有使用关联词语，各分句间的关系也是明确的。

例如：

① 好是好，恐怕时间来不及。

② 时间就是效率，时间就是财富，时间就是生命。

③ 他轻轻地起身，穿上大衣，带上门，蹑手蹑脚地走了出去，消失在茫茫夜色中。

上面几个句子，①句中前后是让步转折的关系，②句中各分句间是并列关系，③句中各分句间是承接关系。分句间的关系十分明确，不会出现不同的看法。

（4）没有使用关联词语，分句间的关系可此可彼。

例如：

他能作曲，能演唱。

这个复句，前后分句的关系既可以理解成并列，也可以理解成递进。遇到这种情况，就应该结合语境，仔细体会，看加上什么关联词语最合适，就将其分析为什么关系。

（5）不要认为凡是使用了关联词语的句子都是复句。

例如：

① 不管在什么样的条件下，都应该坚持学习。

② 只有社会主义，才能够救中国。

①句中使用了"不管……都……"，意在强调坚持学习不能以条件的变化为前提，"不管"后面出现的是一个介词短语，全句只有一套单句结构形式，因而该句不是复句而是单句。②句意在强调社会主义制度对于救中国的关键作用，"只有"后面出现的只是一个名词，没有资格成为一个分句，全句也只有一套单句结构形式，因而该句也不是复句而是单句。

四、复句的关系类别

根据复句中分句和分句间关系的不同，可以将复句分成若干类型。一般认为，复句有以下各种类型。

1. 并列复句

几个分句分别说明几件事情、几种情况或同一事物的几个方面。分句间的关系是平等的，各分句的顺序也常常可以颠倒。经常用的关联词语有："……也……""……又……""……同时……""也……也……""既……又……""一边……一边……""一方面……另一方面……""不是……而是……""是……而不是……"等。例如：

① 深入不容易，浅出也难。
② 我们是教师，又是学生。
③ 既要让他知道，又要让他明白。
④ 一方面要战胜困难，一方面要战胜自己。
⑤ 生活得最好的人，不是寿命最长的人，而是最善于体验生活的人。

并列复句也可以不用关联词语。例如：

⑥ 桃花开了，杏花开了，柳毛子到处飞。
⑦ 衣服新的好，朋友旧的好。
⑧ 敌人一天天烂下去，我们一天天好起来。

2. 承接复句

分句依次说出连续发生的事情。分句间的关系虽然也是平等的，但各分句的顺序不能颠倒。常常使用的关联词语有："首先……然后……""……接着……""……后来……""……就……""……这才……""……于是……""一……就……"等。例如：

① 你们先了解情况，然后拿出一个简要的方案来。
② 山虎如梦初醒，这才明白父女俩的心意。
③ 她进入了这个世界，便奉献给这个世界以真诚。
④ 一进门，他就看见了陈天寿。
⑤ 过了那林，船便弯进了汊港，于是赵庄便真在眼前了。

承接复句也可以不用关联词语。例如：

⑥ 我下了楼，在门口买了几个大红橘子，塞在手提袋里，顺着歪斜不平的石板路，走到那小屋的门口。
⑦ 安徽有个含山县，县城北面有座褒禅山。

3. 解说复句

解说复句分句间有解释、说明的关系，其中包括总分式和分总式的关系。常用的关联词语有："……即……""……就是说……""……这就是说……""……换句话说……"等。例如：

① "三个臭皮匠，合成一个诸葛亮"，这就是说，人民群众有无限的创造力。
② 有些人对于人的"美"有着更高层次的理解，那就是见多识广、文明优雅、朴实大方、率真潇洒、幽默风趣、健康活泼。
③ 他有一条学习经验，那就是不动笔墨不读书。
④ 接着就走出两个女人来，一个不认识，一个就是卫老婆子。
⑤ 我是教员，你是演员，他是海员，大家都在为社会主义建设贡献力量。

解说复句也可以不用关联词语。例如：

⑥ 生铁百炼成好钢，军队百战无敌挡。
⑦ 兰田抱定决心，要做一名冶炼钢铁的女工程师。

4. 递进复句

递进复句是指分句间意思有更进一层关系的复句。根据递进方式的不同，递进复句又可分为三个小类。

第一种，典型递进复句。该类复句表示以一层意思为基点，向另一层意思直接层递推进。常用的关联词语有"不但（不仅、不光、不只、不单、非但）……而且（并且、且、甚至、就连）……"。其中"不但"等称为预递词，"而且"等称为承递词。句中只要出现了预递词或者承递词，那么该复句就是递进复句。例如：

① 真正美的东西不但跟自然一致，而且跟理想一致。
② 邮局离得太远，而且不通公共汽车。
③ 科学需要社会主义，社会主义更需要科学。
④ 这个问题不光是铁道部门存在，其他地方和部门也同样存在。
⑤ 音乐不但能使人快乐，而且能陶冶性情，甚至能移风易俗。

下面的句子没有使用预递词或承递词，整个复句就不是递进复句。

⑥ 他说得好，做得也好。（并列）

第二种，反转递进复句。这种复句表示以一个否定的意思为基点，向一个肯定的意思反递推进。常用的关联词语有"不但不（不仅不、不但没、非但不）……反而（反倒、却反而、偏偏、却、相反却）……"。例如：

⑦ 经过一次次的挫折，他不但没有灰心，反而求胜的心情更加迫切了。
⑧ 你这样说不但不能解决问题，反而会影响团结。
⑨ 谁知道，三梆子非但不闹，却花钱买下这桌酒菜，反过来谢谢他。
⑩ （朝鲜战场的战火）不但不使她感到恐惧，相反却有着使她马上投身战斗的巨大吸引力。

第三种，反逼递进复句。这种递进复句表示以一层意思为基点，向相比之下不值一提的另一层意思反逼推进。常用的关联词语是"尚且……何况……"，该关联词语有时在句中成套出现，有时只出现一个。例如：

⑪ 这是人民的事业，流血尚且不惜，何况流这点汗呢？
⑫ 城里尚且不好买，乡下她哪里能买得到呢？
⑬ 老年人热情那么高，何况我们年轻人呢？
⑭ 现在黄花闺女还嫁不出去，何况她这离婚的四十岁的女人，更何况她还有一个儿子？

用"不但……而且……"联结的分句在意义上是由浅入深的关系，用"尚且……何况……"联结的分句在意义上是以深证浅的关系。口语中具有关联作用的"别说"出现在前一分句，相当于"不仅"，出现在后一分句，相当于"何况"。例如：

⑮ 在那个年代，别说是蔬菜，就连油盐都买不起。
⑯ 在那个年代，就连油盐都买不起，别说是蔬菜。

5. 选择复句

选择复句的分句分别说明几种可供选择的事项。根据选择的现实可能性和说话者的主观意向，选择复句也可分为三个类型。

第一种，任选复句。任选复句所提供的选择项，可以是两个或两个以上，各选择项之间是相容的关系，选择时，有一定的任意性，可以选取其中之一，也可以选取其中之几，还可以全部予以选取。

① 从武汉到北京或者坐火车，或者坐飞机，或者坐轮船。
② 至今还有一些干部，所到之处，或则迎送吃喝，或则封锁交通，或则大肆宣扬，很不妥当。
③ 你是忘了，还是故意不来？

第二种，限选复句。这种复句所提供的选择项只有两个，而这两个选择项之间又是互相排斥、非此即彼的关系，即限制必须选择也只能选择其中的一项。例如：
④ 不是鱼死，就是网破。
⑤ 要么被困难吓倒，要么把困难克服。
⑥ 沉默呵，沉默，不在沉默中爆发，就在沉默中灭亡。

第三种，决选复句。这种复句在其所呈现的各选择项中，说话者已经做出了选择某项的决定，说话者把未选的项也明确地列出来，实际是让别人在对比中体会说话者做出明确选择的道理所在。
⑦ 我这个发言，与其说是一个老科学工作者的心声，毋宁说是对一部巨著的期望。
⑧ 与其分散让敌人抓去杀戮，不如在这里跟敌人拼。
⑨ 与其让我活着做一具僵尸，为什么不让我躺在这儿，用我仅有的短暂生命做一点贡献呢？
⑩ 宁叫人说他不义，不叫人说我不贤。
⑪ 她的苦处对谁都不愿意说，宁肯自己默无声息地忍受着。

6. 因果复句

因果复句的分句之间有因果关系。根据构成"因"与"果"的逻辑倾向性，可将因果复句分为两种类型。

第一种，说明性因果复句。这样的因果复句，重在客观地说明事物之间的因果关系，一般因在前，果在后，也有先果后因的。例如：
① 因为生命是以时间为尺度的，所以浪费时间等于残害生命。
② 由于不了解武装斗争在中国革命中的重要性，因而犯了不重视军队工作，不学习军事知识的错误。
③ 他们不知道创业艰难，因此也就会葬送先人的遗业。
④ 他一直开顺风船，以致不能成为好舵手。
⑤ 任依群突然进来，弄得春芳非常为难。
⑥ 王海珍靠久了，想活动一下身体。
⑦ 几个人的笑谈没能继续下去，因为又开来了一辆引人注目的小轿车。
⑧ 她觉得自己好像有必要去跟他说明一下情况，于是亲自去了一趟。

上面例句中的④⑤两句，其结果都是主观上不愿意出现的，而客观上却已经出现了。⑥句没用关联词语，前后的因果关系也很明确。⑦句的"因"出现在后一分句中，具有补充说明的意味。⑧句用了关联词语"于是"，也表示因果关系。使用了"于是"的句子，如果重在客观地陈述连续发生的事情，那么"于是"就表示承接关系；如果重在强调两事之间所蕴含的逻辑关系，那么"于是"就表示因果关系。

第二种，推断性因果复句。这种因果复句，两分句间具有明显的推断意味，一般情况是由因断果，也有一些是据果断因的。例如：

⑨ 既然知道天上不可能掉下馅饼来，那就不要再存有任何侥幸的心理了。
⑩ 你既然不愿意好好工作，单位为什么还要发给你工资呢？
⑪ 她之所以没有揭发这件事，是因为她有些怜悯他。
⑫ 既然国家派他留学，他各方面的表现一定是很好的。
⑬ 玉石山上石头块子都炼成铁水了，可见人的本事大着呢。

上面的例句中，⑨⑩两句是比较典型的推断性因果复句。⑪句用的是"之所以……是因为……"这种固定格式，不仅具有明显的据果断因的意味，而且也有强调原因的意味。⑫⑬两句也都是据果断因的例子。

7. 转折复句

转折复句是后一分句对前一分句构成转折的复句。根据转折意味的轻重，转折复句可分为轻转与重转两种类型。例如：
① 山头上的云雾果然消散了，只是天空阴沉沉的。
② 晓梦也来了，不过她来得迟得多。
③ 你这人，啥都好，就是脾气赖，坏了事。
④ 聪明人也是会犯错误的人，可他却是善于纠正错误的人。
⑤ 那就是白杨树，西北极普通的一种树，然而实在是不平凡的一种树。
⑥ 人总是要死的，但死的意义往往有很大的不同。
⑦ 一个市委书记的千金小姐，怎么会看中一个下贱的罪犯，却反而看不上省委书记的儿子？
⑧ 一方面他们不能禁止自己不犯已经知道的错误，他们明知故犯；但另一方面，他们又要禁止别的党员向上级报告及在会议上批评他们。
⑨ 北京虽说是故乡，然而已没有亲人。
⑩ 母亲虽然自己不富裕，还周济和照顾比自己更穷的亲戚。
⑪ 错误和失败，尽管在表现形式和严重程度上各有不同，却是任何国家在任何时期都不能避免的。
⑫ 她中文说得很好，虽然她未上过哪个学校的中文系。

上面的例句中，①②③三句是轻转的一类。轻转一类的后一分句既有转折的意味，又有修补的意味。要注意轻转一类所用的关联词语。⑦句在前面的分句中没有使用"不但不"之类的关联词语，故也应当视为转折复句中的重转一类。⑧句是表示并列关系和表示转折关系的关联词语的结合使用，一般也归为转折复句中的重转一类，不过倘若转折的意味不是很浓，也可分析为并列关系。⑨⑩⑪⑫是让步转折关系，一般先用"虽然""尽管"之类的关联词语表示容认性让步，后用"但是""然而""可是""却"之类的关联词语表示转折，不过也有表示让步的分句出现在后面的情况，如例⑫。这类转折句也属重转。不过容认性让步转折句与直接转折的复句不完全相同，二者虽然都有转折，但在容认性让步方面却明显不同。我们可以说"欧阳海牺牲了，但人民的生命财产得救了"，但不能说"虽然欧阳海牺牲了，但人民的生命财产得救了"，因为在情理上，欧阳海牺牲不应该成为我们容认的事情。由此可见，有相当一部分直接转折的复句是不能转化为容认性让步转折句的。

8. 假设复句

假设复句中，前后分句间具有假设和结果的关系。常用的关联词语有"如果（如、要是、假使、假如、若、倘若、设若、如若、即使、哪怕、纵然）……就（那么、那么就、也）……"。例如：

① 如果我牺牲了，就把这份材料交给党组织。
② 假如你认为很有必要的话，那我就设法去办。
③ 如果不互相尊重，爱也难以持久。
④ 你临时有事的话，可以打个电话来。
⑤ 她原是可以救活的，如果及时送到医院的话。
⑥ 我死了，就埋在八斗丘，行啵？
⑦ 对于我，如果说也有幸福的时代，那就是在农村度过的童年岁月。
⑧ 如果说香妹对银庄的指使和专断一向使我不悦的话，她这次的言行举止却令我大为满意了。
⑨ 那晚上要不是老娘下了他的蒙心药，那北京姑娘就莫想活命了。
⑩ 即使你流下一缸眼泪，也不能唤起他对你的丝毫的同情。
⑪ 哪怕是点点滴滴的意见，我们也很欢迎。
⑫ 就算我有错误，也不能这样处理我呀！
⑬ 海市蜃楼纵然美丽，却永远是虚幻的景象。
⑭ 我们一定要坚守住这个阵地，即使只剩下最后一个人。

上面的例句中，①②③句是比较典型的假设复句。④句中的"的话"是表示假设语气的语气词，所以该句也是假设复句。⑤句中既用了"如果"，又用了"的话"，不过是一个倒装的假设复句。⑥句中没有使用关联词语，但假设的意味非常明显，不会出现不同的看法。⑦句以假设作为起点，后一分句其实是对前一分句的解释。⑧句也以假设作为起点，其实前一分句是对后一分句的反衬。⑨句表示反事实的假设与结果，具有反证性，既强调了"下了他的蒙心药"这一行为对于北京姑娘的活命所具有的决定性的作用，也显示出了从反面进行推断的雄辩有力的逻辑性。这种假设复句中可以出现"因为"，如"现在，要不是因为出了这场斗殴事件，人们，也许早把他忘个一干二净了。"

例①至例⑥都是假设与结果相一致的假设句，例⑦⑧⑨则属于此类假设句中的特殊情况。例⑩⑪⑫⑬⑭则都是假设与结果不一致的假设句。这类假设句，一般前面的分句先作假设性让步，姑且承认某种情况，后面的分句来一个转折，说出与假设不一致的结果；不过也有倒装的情况，如例⑭。

假设句中还有一种更为特殊的情况，那就是否定性假设复句。这样的假设复句，先指明甲事，然后指出如果不像甲事那样，就会成为乙事。分句间的关系主要靠"否则、不然、要不、要不然、否则的话、不然的话"等关联词语表示。根据前一分句提出甲事的方式的不同，否定性假设复句可以分为以下几种类型。

第一种，逆事实假设。例如：

⑮ 幸而车夫早有点停步，否则伊一定要栽个大筋斗。
⑯ 可惜我手上无权，我自己的帽子也还没有摘掉，要不然，我一定要做了这件好事。

第二种，逆推断假设。例如：

⑰ 这话该说了，否则会让莹莹太难堪。
⑱ 兴许哪句话叫人抓住了辫子，不然决不会处分他。

第三种，逆条件假设。例如：
⑲ 除非各方都有合作的愿望，否则不能达成协议。
⑳ 于书记还说，除非你到克山病区去，否则就不会放你。

第四种，逆原因假设。例如：
㉑ 他和沙马耳虎因为化了妆，不然，进城难，出城也难。
㉒ 只因（几个年轻人）还不了解昨晚发生在松毛林子中的事，不然，他会挨一顿好打。

第五种，选择性假设。例如：
㉓ 要么照我的意思办，不然，就照你三哥的意思办。
㉔ 要么照我的意思办，否则，我饶不了你！
㉕ 要么是十六结婚，不然就——拉倒！

9. 条件复句

条件复句是前后分句间具有条件和结果的关系的复句。根据条件对结果的作用情况，可将条件复句分为充分条件、必要条件和无条件三种类型。

第一种，充分条件复句。在充分条件复句中，条件对于结果具有完全有效的作用，往往使用"只要……就……"这样的关联词语。如果用另一种形式来表示的话，那么可用"有 A 则有 B；无 A 则未必无 B"的格式表示。例如：

① 只要改进操作技术，就能增加生产。
② 多读多写，作文就会有进步。
③ 只要你向他交代清楚了，你去不去他都能将事情办好。
④ 这位同学怎么一上课就睡觉呢？
⑤ 我越往下读，就越深切地感受到马克思的书是浓缩了的人类智慧。

"一……就……"在复句中如果重在强调两件事情紧紧相连，那么它就表示承接关系；如果重在强调后面的结果总以前面的条件为转移，那么它就表示充分条件的条件关系。⑤句可以转换成"只要……就……"的格式，因而也应当是充分条件关系的条件复句。

用"如果……"和"只要……"，表示的往往都是假设性的条件，因此两种句式常常可以互相转化，比如我们既可以说"如果我不外出，星期天我就陪你去玩"，也可以说"只要我不外出，星期天我就陪你去玩"。但是在纯粹假设的场合，便只能使用"如果……"，比如只可说"如果过不了这一关，我该怎么办"，不能说"只要过不了这一关，我该怎么办"。在进行反事实的假设的时候，也只能使用"如果……"，比如"屈原如果不被放逐，就不会写出《离骚》那样的作品。"这句话中的"如果……"绝不能换成"只要……"。在将当事者的现实情况从正面作为假设性条件提出的时候，就只能使用"只要……"，比如我们只能说"只要我有嘴巴，我就要说话"，不能说"如果我有嘴巴，我就要说话"。

第二种，必要条件复句。在必要条件复句中，条件对于结果具有不可或缺的作用，往往使用"只有……才……"这样的关联词语。如果用另一种形式来表示的话，那么可用"无 A 则无 B；有 A 则未必有 B"的公式表示。例如：

⑥ 只有深入群众，才能做好工作。

⑦ 除非是到了春天，你才能看到这满山遍野的杜鹃花。
⑧ 必须战胜这些敌人，才能完成我国的资产阶级民主革命。
⑨ 向还没有开辟的领域进军，才能创造出新天地。

有的分句之间既可以使用"只要……就……"，也可以使用"只有……才……"，这说明前一分句所表示的条件既是充分的，又是必要的。例如：

⑩ 只要坦白交代，就能从宽处理。/只有坦白交代，才能从宽处理。

比较起来，⑩句用"只要……就……"时，语气委婉柔和一些，含有规劝鼓励的意味；用"只有……才……"时，语气坚决果断一些，含有严正警告的意味。⑦句也属这类情况，不过⑦句使用"只要……就……"时，能给人以憧憬和希望；使用"只有……才……"时，重在强调"到了春天"这一条件的必备性和唯一性。

第三种，无条件让步的条件复句。在这类条件复句中，后面分句的意思，不以前面分句的意思的任何变化情况为转移；也就是说，不管前面的条件发生怎样的变化，后面都会出现同样的结果。这类条件复句常以"无论……都……"作为代表性关联词语。

⑪ 不论遇到什么困难，我们都不能灰心丧气。
⑫ 不管你承认不承认，你终归是犯了错误。
⑬ 敌人无论对党进行怎样的攻击，但铁一般的事实却改变不了。
⑭ 每天，珠珠都起这么早，到二路车终点站去乘车上班，无论天气好还是天气坏。
⑮ 我还是要说你几句，不管你听不听。

这类条件复句含有转折的意味，后面有时使用"但是"之类的关联词语，如例⑬；例⑭⑮是倒装的情况。

下面将充分条件复句、必要条件复句以及假设复句试作比较，请仔细体会。

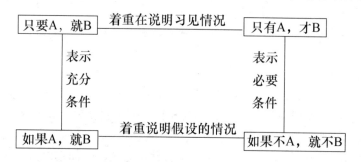

10. 目的复句

分句间具有行动和目的关系的复句是目的复句。根据追求目的的方式的不同，可将目的复句分为获取性目的复句和免除性目的复句两种。

第一种，获取性目的复句。表示获取性目的的分句意在告知人们说话者要达到"获取什么"的目的，该类复句经常使用"……以便（以、用以、借以、好）……"等关联词语。例如：

① 全党同志、全国人民都有必要重温三中全会以来党中央的路线、方针、政策，以便加深对这次调整的理解。
② 不可不注意团结我们的真正的朋友，以攻击我们的真正的敌人。
③ 你要不忙就去找找会计，好领我去看看房子。

④ 毛竹年年绿，为的是等待亲人。
⑤ 他的瓜之所以切开论牙卖，在很大程度上是为了控制瓜粒的外流。

④句"为的是"是一种固定格式，如果改变成表示目的的其他说法，基本意思不会改变；可以将原句改为"毛竹年年绿，目的是等待亲人"，也可以说成"毛竹年年绿，以等待亲人的到来"，可见该句确属目的复句。⑤句中使用了"之所以……是为了……"这种固定格式，也可以转换成一般的目的复句"他将瓜切开论牙卖，以便控制瓜粒的外流"。不过句式转换以后，句中的目的就没有在原句中显得突出了，强调的意味也淡了不少。

第二种，免除性目的复句。表示免除性目的的分句意在告知人们说话者要达到"避免什么发生"的目的，该类复句经常使用"……以免（免得、省得、以防）……"等关联词语。例如：

⑥ 今晚务必准备好收割工具，以免浪费时间。
⑦ 封锁住"疯子们"的嘴，免得他们胡说八道。
⑧ 麻烦你顺便把小结材料带去，省得我还专跑一趟。

"为了、为着"也是用来表示目的的，但他们既可与名词性的成分，也可与谓词性的成分组合成一个整体，经常出现在谓语中心或句子的前面；不管其后连带的是名词性成分还是谓词性成分，整个短语的功能和地位是相同的，都应视为介词短语。请看下面两个句子：

⑨ 为了能够顺利就业，我们一定要学会社会所需要的真正的本领。
⑩ 为了就业的需要，我们应该学会社会所需要的真正的本领。

由这两个句子不难看出，尽管⑨句中的"为了"所连带的是谓词性的成分，⑩句中的"为了"所连带的是名词性的成分，但它们都应被看作充当了句首修饰语的介词短语；⑨句⑩句都是单句，而不是目的关系的复句。

五、复句的层次类别及其分析

（一）单重复句和多重复句

复句是由若干个分句组合而成的。由多个分句组成的复句，各分句的关系往往不在同一个平面上，它们之间也有远近疏密之分，由此可知，复句的内部、各分句之间是有层次的。内部只有一个层次的复句被称为单重复句，内部具有两个或两个以上层次的复句被称为多重复句。

（二）复句的扩展与压缩

单重复句可以通过一步步的扩展而成为多重复句，多重复句也可以通过一步步的压缩而成为单重复句。单重复句的扩展和多重复句的压缩，都必须遵循这样的原则，那就是直接成分之间的关系（即第一层次的关系）不能改变，整个句子的基本意思也不能改变。请看下面的例句：

① 只要我们严格要求自己，我们就会成为对社会有用的人。
② 只要我们不仅严格要求自己，而且努力学习知识本领，我们就会成为对社会有用的人。
③ 只要我们不仅严格要求自己，而且努力学习知识本领，不断提高自己的职业能力

和综合素质，我们就会成为对社会有用的人。

④ 只要我们不仅严格要求自己，而且努力学习知识本领，不断提高自己的职业能力和综合素质，我们就会成为对社会有用的人，甚至可能成为国家建设的栋梁之材。

以上四个句子，如果按照由①至④的方向看，那就是复句的扩展，如果按照由④至①的方向看，那就是复句的压缩。不管是扩展还是压缩，复句的第一层次的关系和基本句意都没有改变。

（三）多重复句的分析

多重复句的分析既是一个重点，也是一个难点。我们务必认真对待。分析多重复句，关键要把握两点：一是要分清层次，二是要辨明关系；这两点缺一不可。

分析多重复句还要注意以下几点：

（1）分析多重复句，最重要的是要找准第一个层次；要做到这一点，我们必须通观全句，深入体会，整体把握句子的意义内容。

（2）分析多重复句，应按照由整体到局部的顺序，层层切分，直至切分到没有两个分句连在一起的情况为止，不过紧缩复句应该例外。

（3）分析多重复句，应抓住关联词语，特别是成对的关联词语；将关联词语作为切分层次、辨明关系的重要依据。与此同时，还必须注意每一个关联词语所管辖的范围，否则，也可能出现层次划错的情况，有时甚至还可能错得相当严重。

（4）对于没有使用关联词语的复句，更应反复通读全句，反复体会句子的基本意思，如果需要，还可以运用概括的方法压缩句意，以便理清层次，搞准关系；有时候，还可以用增添关联词语的方法加以检验，看在什么地方加上什么关联词语最为合适，就分析成什么关系；要将可此可彼的情况压缩在最小的范围内。

（5）分析多重复句，一般运用划线法——第一层次之处划一道竖线，第二层次之处划两道竖线，其他依次类推；与此同时，必须在每一处竖线下面标明关系。

请看下面的示例。

① 即使自己变成一撮泥土，｜只要它能铺在通往真理的大道上，｜｜｜让自己的伙伴大踏
　　　　　　　　　　　　　　　　假设　　　　　　　　　　　　　　　　　　目的（承接）
步地冲过去，｜｜那也是最大的幸福。
　　　　　　　条件

② 任何思想，如果不和客观实际相联系，｜｜如果不为人民群众所掌握，｜即使是最好
　　　　　　　　　　　　　　　　　　　并列　　　　　　　　　　　　　　假设
的东西，｜｜｜即使是马克思列宁主义，｜｜也是不起作用的。
　　　　并列　　　　　　　　　　　　假设

③ 细妹她娘，我不能不走，｜要不，我对不住你，｜｜也对不住春牛。
　　　　　　　　　　　　　假设　　　　　　　　　并列

④ 想有乔木，｜｜｜｜想看好花，｜｜｜一定要有好土，｜｜没有好土，｜｜｜便没有好花，｜所
　　　　　　并列　　　　　　假设　　　　　　　　并列　　　　　假设　　　　　　　　因果
以土实在较花木还重要。

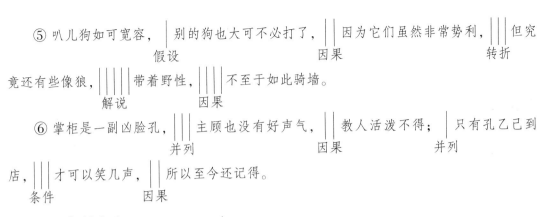

⑥ 掌柜是一副凶脸孔，‖‖主顾也没有好声气，‖教人活泼不得；｜只有孔乙己到
　　　　　　　　　　　并列　　　　　　　　　　因果　　　　　　　　并列
店，‖‖‖才可以笑几声，‖‖所以至今还记得。
　　　条件　　　　　　　　因果

六、紧缩复句

在口语中，比较短的复句常常出现紧缩的形式。例如：
① 想来你就来。
② 打死我也不服输。

①是"如果你想来，那么你就来"的紧缩形式，②是"即使打死我，我也不服输"的紧缩形式。复句的紧缩形式可称为紧缩复句。紧缩复句是口语中将一般的复句省去一些成分，省去语音停顿，使前后分句紧紧地连在一起而形成的简短紧凑的复句形式。请再体会一下下面的例句：

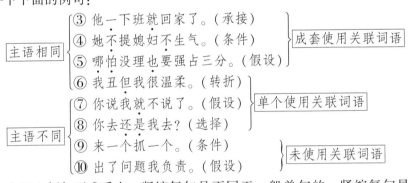

由以上例句不难看出，紧缩复句是不同于一般单句的。紧缩复句最容易和连动句相混，我们不妨从以下几个方面加以辨析：

（1）连动句各连动项之间不使用关联词语，紧缩复句常常使用关联词语。

（2）连动句各连动项只能共有一个主语，而紧缩复句中被紧缩在一起的两个分句常有不同的主语。

（3）紧缩复句各分句间具有条件、转折、假设等关系，连动句各连动项之间不存在这样的关系。其中承接关系与连动句中先后发生的动作行为较难分辨，我们可依据前两个方面中的任意一个方面，就能明确地加以区分——使用了关联词语或前后主语不一致的都是紧缩复句，反之就是连动句。

紧缩复句在多重复句的分析中可以看作一个分句，例如：
⑪ 阿Q割麦便割麦，舂米便舂米，撑船便撑船。

紧缩复句可以以整体充当单句的一个成分，例如：
⑫ 他知道一站住就会哆嗦成一团。（"知道"后面的宾语）
⑬ 他脸上阴得只要有一点儿风吹就可以滴下雨来。（"得"后面的补语）

七、复句中常见的语病

（一）分句关系问题

复句运用中常会发现分句与分句之间的意义联系、事理联系、逻辑联系都可能出现不当之处，我们务必加以注意。

1. 意义联系的问题

① 他性格孤僻，不爱和别的同学讲话，今天中午买饭的时候我遇到了他。
② 他早晨起床晚了，中午刚下课，他就向食堂跑去。

①句中前两个分句与后一个分句，在意义上缺乏联系，应补充一些词语，意义才能联系得上，后一分句可改为"今天中午我在食堂遇到他的时候，还是我主动跟他打的招呼。"②句中第一分句之后明显缺了些什么，所以与后面分句的语义联系不紧，应在第一分句之后补上"没吃早饭就去上了课，所以"。

2. 事理联系的问题

① 在炎热的太阳下，在冰天雪地中，不间断地行军作战，以致把她的手指甲和脚趾甲都冻掉了。
② 他非常爱打篮球，昨天他在打篮球时崴了脚。

①句"在炎热的太阳下"与"手指甲和脚趾甲都冻掉"有什么联系呢？难道"手指甲和脚趾甲都冻掉"是由于太阳炎热造成的吗？所以"在炎热的太阳下"应该删去。②句"打篮球时崴了脚"似乎是由"非常爱打篮球"造成的，从事理上说不过去，可将前一分句删去，将后一分句改为"昨天他在打篮球前没做准备活动，以致上场不久便不小心崴了脚"。

3. 逻辑联系的问题

① 在科学技术上有发明创造的人，所以有那些成就，就因为他们读书特别多。
② 他对落后事物的斗争非常坚决，可是对新生事物却特别敏感。

①句"读书特别多"与"在科学技术上"取得成就之间没有必然联系，不应该构成因果关系。②句"对落后事物的斗争非常坚决"与"对新生事物却特别敏感"之间应该是一体两面、相辅相成的关系，不能构成转折关系。

（二）关联词语使用问题

1. 关联词语滥用问题

① 繁昌庐剧团来芜演出，所以受到了热烈的欢迎，这就是一个很好的例子。
② 她小时候就遭受过资本家的严重摧残，但是生活在那样的年月里，遭受资本家皮鞭的摧残是常有的事。

不该用而用，应视为滥用。①句中不存在因果关系，显然"所以"是多余的，应删去。②句中不存在转折关系，"但是"也是多余的，也应删去。

2. 关联词语误用问题

① 任何品种的生物，不仅跟亲体相似，而且有些差异。
② 本来今天我们要去参观展览会，现在为了有其他任务，所以就决定推迟到明天才去。
③ 尽管遇到多么恶劣的天气，但是他都坚持到农村巡回医疗。
④ 只要刻苦努力，就一定能取得优异的学习成绩。

①句中"任何"用得不错，但能跟"任何"呼应的应是"都"而不是"不仅"，所以应将"不仅"换成"都"，将"而且"换成"不过"。②句中跟"所以"呼应的应是"因为"，故应将"为了"改为"因为"。③句中不存在容认性让步转折的关系，而应是无条件让步的条件关系，故应将"尽管"换成"不管"，将"但是"删去。④句中两个分句之间不应是充分条件的条件关系，而应是必要条件的条件关系，故应将"只要……就（一定）……"换成"只有……才……"。

3. 关联词语位置问题

使用"不但……而且""一方面……一方面"等关联词语，如果分句的主语相同，关联词语应放在主语之后。如果分句的主语不同，应放在主语之前。例如：

① 他不但会写诗歌，而且会写剧本。
② 不但他会写诗歌，而且我也会写。
③ 小李一方面工作，一方面学习。
④ 一方面胆子要大，另一方面心要细。

下面两句关联词语出现的位置就不得当，应该调整。

⑤ 不但我答应帮他，而且亲自为他解决了困难。
⑥ 她幸亏来了，这件事情就不用我过问了。

⑤句中的主语"我"应调至句首，⑥句中的主语"她"应该调至"幸亏"之后。关联词语的省略，应以不引起误解，不影响交际为前提。

（三）语序混乱问题

有些复句，分句较多，由于说话者没能理清思绪，所以导致分句的排列顺序比较混乱，甚至导致不合逻辑的错误。例如：

① 在抗洪抢险的战斗中，经过四个多小时惊心动魄地同洪水搏斗，同志们奋不顾身地跳进汹涌澎湃的激流，保住了大坝，战胜了洪水。
② 课外活动时，同学们有的用手打排球，有的用脚踢毽子，操场上热闹极了，我看见一位同学救起了一个险球，高兴得从地上跳了起来。

①句将"同志们……的激流，"调至"……战斗中"之后，全句就有了可以统率各个分句的主语；将"地同洪水"改为"的"，因为介词"经过"之后应为名词性偏正短语；在"战胜了……"之前加上"终于"，并调至"保住了……"之前，这样的先后顺序才合逻辑。②句中的"用手""用脚""从地上"显然多余，应该删去；将"操场上热闹极了"调至"课外活动时"之后，然后将"踢毽子"后面的逗号改为分号或句号。

练习与思考

1. 什么是复句？"复句中分句间的关系，既是相对独立的，又是相互依存的"这句话该如何理解？

2. 什么是关联词语？举例说明关联词语与复句的关系。

3. 指出下列这些句子哪些是单句，哪些是复句。

(1) 延安的歌声，是革命的歌声，战斗的歌声，极为广泛的群众的歌声。

(2) 老田说完，一扭身看到了我们，连忙亲热地和我们打招呼。

(3) 无论姥姥、母亲和我，都没有反对女孩子的这个正义要求。

(4) 再狡猾的狐狸，也斗不过好猎手。

(5) 狐狸再狡猾，也斗不过好猎手。

(6) 车子出了村，上了大路。

(7) 只有爱读书的人，才懂得书籍的重大价值。

(8) 这挺立在风雪中的青松，正是陈毅同志一生的真实写照。

(9) 你一来他就走了。

(10) 这风俗在国内，即使在中华人民共和国成立前也已经不容易见到了。

4. 连词"因而"和"因此"的用法是否一样？请举例说明。

5. 举例说明"不管"和"尽管"的用法有什么不同。

6. 举例说明"……但是……"和"虽然……但是……"的用法有什么不同。

7. 根据语义，试分析下面两个句子，哪种说法更合理些？为什么？

(1) 只要锻炼，身体就会好。

(2) 只有锻炼，身体才会好。

8. 条件复句中的"只要……就……"，是否都可以转换成"如果……就……"？为什么？

9. 指出下面这个复句可以加上什么样的关联词语？表示什么样的关系？

要多看多想，要多写多练。

10. 在下面复句的后一分句的适当位置上，分别加上"但是""反倒""不过"这些关联词语，试分析它们在表意上有什么不同。

两人依旧往来，贴心话比以前少多了。

11. 下面四个句子虽用了不同的关联词语，但表达的意思却基本一致，这是为什么？

(1) 虽然自己吃苦受累，(但) 也不肯让孩子受一点点委屈。

(2) 即使自己吃苦受累，(但) 也不肯让孩子受一点点委屈。

(3) 无论自己怎样吃苦受累，(但) 也不肯让孩子受一点点委屈。

(4) 宁肯自己吃苦受累，(却) 也不肯让孩子受一点点委屈。

12. 分析下列多重复句的层次和关系。

(1) 孩子是要别人教的，毛病是要别人医的，即使自己是教师或医生。

(2) 芭蕾舞艺术虽然萌芽于意大利，但是形成一种完整的艺术形式却是在法国，所以人们把法国称作"芭蕾舞的故乡"。

(3) 如果使海水生长更多的浮动植物，那就不但保证了海洋鱼类的饲料，还可能为人类提供新的食物资源。

(4) 这个院子，虽然并不气派，甚至连一条平坦的路也没有，下雨天到处是水塘和泥坑，但却时有漂亮的轿车驶入，都是找人事局那位陈科长的。

(5) 如果我们的知识分子读了一些马克思主义的书，又在同工农群众的接近中，在自己的工作实践中有所了解，那么，我们大家就有了共同语言，不仅有爱国主义方面的共同语言，社会主义制度方面的共同语言，而且还可以有共产主义世界观方面的共同语言。

(6) 早上下过一阵小雨，现在虽然放了晴，路上还是滑得很，两边地里的秋庄稼，却给雨水冲洗得青翠、晶莹。

(7) 北京是美丽的，这我知道，因为我不但是北京人，而且到过欧美，看见过许多西方的名城。

(8) 中国是个有核国家，但我们决不会对别国进行核讹诈，在任何时候，任何情况下都不会首先使用核武器，而且保证不向无核国家使用核武器。

(9) 有些人心中产生了爱情，也能约束自己，不让它妨碍工作，因为爱情一旦干扰情绪，就会阻碍人们坚定地奔向既定的目标。

(10) 一个人即使天分很高，如果他不肯不辞劳苦地默默耕耘，不肯扎扎实实地努力奋斗，不肯勤勉虚心地不断学习，他不但不可能取得令人羡慕的成就，就连平凡的成绩也难取得。

(11) 这个阿多高兴起来时，什么事都肯做，碰到同村的女人们叫他帮忙拿什么重家伙，或是下溪去捞什么，他都肯，可是今天他大概有点不高兴，所以只顶了五六只"团扁"去，却空着一双手。

13. 改正下列复句中的错误，并说明理由。

(1) 他不仅迅速地端正了学习态度，而且诚恳地接受了团支部对他的批评。

(2) 不论我们做了很多的思想工作，他的问题还是解决不了。

(3) 即使敌人胆敢跳出来捣乱，我们就坚决消灭他。

(4) 因为这个戏直接触及了当前社会生活中的尖锐矛盾，因此很自然地引起了人们的关注。

(5) 你不但不愿意去，而且他也不愿意去。

(6) 我并不是在个别的问题上跟他有分歧，而且是在一系列问题上都跟他有分歧。

(7) 这次全校篮球比赛，真想不到我们班会夺取冠军，并且一连战胜了六个强劲的对手。

(8) 尽管现在加德满都河谷地区还是冬季，早晚较凉，然而在中午和暖的阳光下穿毛衣也不嫌热。

(9) 近两年来，他的科研成果又有新的提高，其中有两项不仅达到了国际先进水平，而且也填补了国内这方面的空白。

(10) 各运动员参赛时间不一，因而厨房里从早六点到晚十点都香味飘溢，运动员随到随吃。

第九节 句群和句群的分析

一、什么是句群

由两个或两个以上意义衔接连贯的句子，按照一定规则组成的表示一个明晰的中心意思的语法单位被称为句群，也叫句组、语段。例如：

① 白求恩同志是实践了这条列宁主义路线的。我们中国共产党人也要实践这条路线。

② 叶芳压不住火气，突然用拳头发疯似的打着刘思佳的肩膀头。然后，又把脸靠在他的肩上，哭了起来。

③ 你爱喝的咖啡多得很！我还有一瓶哩！只要你能喝。

④ 他有点傻气，有点呆气，姜亚芳就说他是书呆子。可是，这个书呆子会念诗，而且念得那么好！

句群有如下特点：

（1）由两个或两个以上的句子（单句或复句）按一定规则组合而成。

例①由两个单句按并列关系组成，例②由两个复句按承接关系组成，例③由三个单句按条件关系组成，例④由两个复句按转折关系组成。

（2）几个句子在意义上衔接连贯，表达一个中心意思。

例①是说我们共产党人要向白求恩学习，实践这条列宁主义路线。例②是写叶芳在刘思佳面前发泄撒娇的情形。例③是说只要你能喝，咖啡有的是。例④是说这个书呆子虽呆却有别人比不上的可爱之处。

（3）组成句群的各独立的句子之间可以靠语序直接组合，也可以靠关联词语组合。

例①至例④都在后一个句子里使用了关联词语，它们使用的关联词语依次是"也""然后""只要""可是"。可见句群一般不成套地使用关联词语，常常是在相关的后一句子里单个使用关联词语。

（4）句群里每一个独立的句子都有自己的语调，书面上都用句末标点，但整个句群的语气是连贯和流畅的。

例②先写叶芳发泄的情形，再写叶芳撒娇的情形，前后虽各有一个独立而完整的语调，但读起来非常连贯。例④先写"他""傻"/"呆"，然后笔锋轻轻一转，说出了"这个书呆子"却有别人比不上的可爱之处；衔接紧凑，语势畅达，读来如淙淙流水，自然流淌，一气呵成。

二、句群同复句、段落的关系

句群同复句、段落既有联系，又有区别。

（一）句群与复句的区别

句群不同于复句，主要表现在以下三个方面。

1. 构成单位不同

构成句群的是句子，句群再短，一定是句子的组合体；构成复句的是分句，复句再长，内部层次再复杂，它还是一句话。因此，一个句子只能表达一个相对完整的意思。句群包含两个以上的独立的完整意思，它的内容已经超出了一个句子所能包含的范围和容量。

2. 组合原则不同

一个复句只有一个表达宗旨，各个分句只要根据表达宗旨的需要，遵循一定的逻辑规律，层层套叠地组合在一起就可以了。句群由多个句子组成，表达宗旨自然也多；将句子组合起来的时候，要将每一个句子的表达宗旨都紧紧地围绕在一个意义中心的周围，为这个意义中心服务。如果要将句群的意义中心也看成表达宗旨的话，那么这个表达宗旨就是这个句群的统帅或核心。每一个句子的表达宗旨只是这个句群统帅的下属或句群核心的分支。复句都有表达宗旨，但有的很难有意义中心，尤其是单重复句。句群既有总体的表达宗旨，也有意义中心，二者往往是重合的。对于句群来说，言在此而意在彼的情况较为少见；对于复句和一般的单句来说，言在此而意在彼的情况就多一些。由此我们认为，复句中的每一个分句是为某一个表达宗旨而存在的，句群中的每一个句子是为某一个意义中心而存在的。复句中分句的组合原则应为逻辑关系第一，意义关系第二；二者都为表达宗旨服务。句群中句子组合的原则应为意义关系第一，逻辑关系第二；二者都为意义中心服务。

3. 关联词语的用法有所不同

表达语法关系，句群和复句都可以使用关联词语，但句群一般只在后边句子的开头单用一个承前的关联词语，成套使用关联词语的一般只限于并列关系（一方面……另一方面），选择关系（或者……或者），承接关系（首先……其次……，第一……第二……）等。复句则是经常成套地使用关联词语；即使是单用一个关联词语，一般也可以补出另一个关联词语来。此外，复句的有些关联词语"虽然""不但""即使"等，一般不用于句群。

4. 语调和标点不同

句群所表达的内容是两个或两个以上的完整意思，有两个或两个以上的句调，而且在语气上既可以前后一致，也可以发生变化；既可以有前后比较一致的语调，也可以是几种不同语调的有机结合。而复句不论结构关系多么复杂，表达的只是一个相对完整的意思，只有一个贯穿全句的统一的语调，句子的末尾也只有一种特定的语气。从书面语言上看，复句的各分句之间只能用句中点号隔开；而句群的各个句子之间，则必须用句号或问号、感叹号隔开。

(二) 句群与复句的转换

句群与复句由于其本身的结构和语意的制约，同时也由于上下文的制约，一般是不能随意转换的。例如：

在华南，有些离开大陆的岛屿，由于人们筑起了堤坝，和大陆连起来了；有些小山被搬掉填到海里，大海涌出陆地来了；干旱的雷州半岛开了一条比苏伊士运河还要长的运河；潮汕平原上的土地被整理得像棋格一样整齐。

这个多重复句，孤立地看，完全可以把分号改成句号，使它变成句群，但在秦牧的《土地》中，因为上下文的制约就只能以复句的形式出现。它的上文是："你也许在火车上看过迅速掠过的美丽的大地，也许参加过几万人修筑水电站大坝工程的挑灯夜战，在那种场合，千千万万人仿佛变成了一个挥动着铁臂的巨人，正在做着开天辟地的工作。"它的下文是："我们时代的人既在一块块零星的土地上精心工作着，又以全部已解放的九百多万平方公里的土地作为一个整体来规划和工作着。"上下文的意思和结构规定了上例只能是复句，不能用句群的形式来表达。

有一些复句，即使没有上下文的制约，也不能转换为句群。例如：

下了山，到了市中心，街上仍没有看到其他的行驶的车辆，只看到街旁许多的汽车行里，大门敞开着，门内排列着大小的汽车，门口插着大面的红旗，汽车工人们整齐地站在门边，微笑着目送我们这一行车辆走过。

这个复句可以分层次，但其间不能用句末点号使之变成句群。同样的，有很多句群也不能转变为复句。例如：

月亮升起来了，院子里凉爽得很，干净得很。白天破好的苇眉子温润润的，正好编席。女人坐在小院当中，手指上缠绞着柔滑修长的苇眉子。苇眉子又薄又细，在她怀里跳跃着。

这是由四个复句组成的句群。中间的句号不能改为分号或逗号，使之变成复句；各个复句中的逗号也无法改为句号，使之变成句群。

能够互相转换的句群和复句，限于以下两种情况。

（1）两个相邻的语言片段独立性较强，可分可合：合则成大复句中的分句；分则各自独立成句。

（2）复句或句群内部的结构层次比较独特，转换起来比较方便。

下面的句群就可以转换成复句。

那是力争上游的一种树，笔直的干，笔直的枝。它的干通常是丈把高，像加过人工似的，一丈以内绝无旁枝。它所有的丫枝一律向上，而且紧紧靠拢，也像加过人工似的，成为一束，绝不旁逸斜出。它的宽大的叶子也是片片向上，几乎没有斜生的，更不用说倒垂了。它的皮光滑而有银色的晕圈，微微泛出淡青色。

这是由五个句子构成的句群。如把第一句后的句号改为冒号，把第二、三、四句后面的句号改为分号，整个句群便转换成了复句。

有的复句也可以转换为句群，例如：

她久已不和人们交口，因为阿毛的故事是早被大家厌弃了的；但自从和柳妈谈了天，似乎又即传扬开去，许多人都发生了新趣味，又来逗她说话了。

若将上句中的分号改成句号，原来的复句也便转换成了句群。

复句和句群相互转换时，一定要注意上下文的制约，一定不能影响表达效果，不能违背作者的主观意图。句群和复句之所以不能随意转换，就是因为它们不仅形式和结构不同，而更重要的则是因为它们的功能和表达效果不同。

（三）句群与段落的关系

句群作为一级语言单位，与文章的段落（指自然段）是不同的两个概念。段落是文章结构的基本单位，属文章学研究的范围。大多数情况下，句群是段落的下级单位，是构成段落的基础，有时可以和段落重合，但经常小于段落。句群只有在一种情况下，即当一个段落只有一个句子的时候，它才有可能大于段落。例如：

我爱秋天。

我爱我们这个时代的秋天。

我愿这大好秋色永驻人间。

三个句子各自成为段落。三个句子在意义上是紧密联系着的，要当作一个句群来理解。从书面形式看，段落有"换行"的形式标志，一个段落总是另起一行开始，退后两格书写。句群一般没有这种书面形式和标志（在与段落重合时，那标志是属于段落的）。从表述内容上看，段落的容量一般比句群大，所表达的意思一般也比句群复杂、丰富得多。段落是篇章的最小组成部分，一个段落代表了作者思路的一个步骤，而这个步骤的有层次地展开，则依赖于组成这个段落的句子和句群，主要是句群。段落的划分要受到内容、体裁、风格、作者的个性和习惯等各种因素的影响，划分段落的目的是把篇章这个整体分成若干单位，作用是使文章眉目清晰，层次分明，结构显豁，有助于读者对文章内容的理解和对文章脉络的把握。而上述影响段落形式的诸因素却不影响句群的形式，划分句群的目的是为了研究句群这个语言单位的组合原理、结构规则及其表达功能，作用是进一步掌握语言规律，指导语言实践，提高语言表达能力。

三、句群的类型

句群可以从不同角度，运用不同的标准分出不同的类别来。同复句中分句间的关系一样，句群内部的句子与句子之间没有主谓、述宾等句法关系。我们可以按照句与句间的逻辑、事理联系及表达意图等，参照语序和关联词语的使用，将句群的结构关系分为并列、承接、条件、转折、递进、选择、因果、假设、解证、目的、让步、假转等类型。

1. 并列关系

① 所有的行星和恒星全都在飞快地运动着。太阳也带着地球和其他恒星以每秒十几公里的速度飞奔。

2. 承接关系

② 唯一的希望是那一只渡船。于是我又把寻找船工的命令交给了一营长。

3. 条件关系

③ 一本新书到手，最好先认真读"线"，即先读目录。这样，就能从整体上把握全书的框架结构，大体了解全书的大致内容。

4. 转折关系

④ 现在，这巨礁早已炸掉。不过，瞿塘峡中，依然激流澎湃，涛声如雷，江面上形成无数漩涡。

5. 递进关系

⑤ 便是七斤嫂，那时不也说，没有辫子倒也没有什么丑么？况且衙门里的大老爷也

还没有告示。

⑥那边又有几位,也围着一个石桌子,但只把随身带来的书籍代替了枣子和茶了。更有两位虎头虎脑的青年,他们走过"天下最难走的路",现在却静静地坐着,温雅得和闺女一般。

6. 选择关系

⑦反抗呢?还是投降呢?或者游移于两者之间呢?

⑧一句话,不了解矛盾各方的特点,这就叫作片面地看问题。或者叫作只看见局部,不看见全体,只看见树木,不看见森林。

⑨站在泰山脚下心气平静地欣赏东方日出,确实不需要付出代价。细想一下,哪里如登上泰山之巅,更早地去迎接那霞海中旭日的到来。

⑩他们宁愿酷暑炎夏站在路边,宁愿风雪夜里守在桥头。他们也决不让祖国受到敌人的破坏,也决不让人民受到敌人的伤害。

7. 因果关系

⑪复眼构造的精巧,功能的奇异,在某些方面为人眼所不及。因此,复眼已成为人们极感兴趣的研究对象,给了人们种种有益的启示。

⑫作品的句子有长有短,短的句子可以一口气读完,而长的句子有时候则需要分成几段来读。因此,停顿是有声语言表情达意必不可少的手段。

8. 假设关系

⑬倘若后来对此用了"侵略"一词呢?那就会变成"干了坏事了,尊重他们"了。

⑭缩微图书的保存和使用都很方便,还可以节约纸张和印刷费用。不妨比较一下,如果把一万种每本15万字的书放在一块,它的总重量大约有5吨,而缩微以后的胶片只有15公斤。这样,一座收藏上万册缩微图书的图书馆,一个人用手提箱就可以拿走了。

⑮有了退休制度,人人都知道自己到哪年该怎么样,这就比较好。否则,一个人一个人地处理问题,处理不下去。

⑯顾问要会当,要超脱。不然,遇事都过问,同级党委吃不消。

9. 解证关系

⑰我把那件破得可怜的衬衫洗干净了,并且缝好了。这件衬衫是我第一次受审时的牺牲品。

⑱为什么一定要写得那么长,又那么空空洞洞的呢?只有一种解释,就是下决心不要群众看。

10. 目的关系

⑲在全面开创新局面的各项任务中,首要的任务是把社会主义现代化经济建设继续推向前进。为此,党实事求是地确定了我国经济建设的目标、战略重点、战略步骤和一系列正确方针。

⑳我进了大学之后,恨不得将休息的时间也用来学习,哪还舍得抽出时间去玩呢?

我这样做，为的就是能够夺回那失去了的宝贵的时间。

四、多重句群层次关系的分析

包含两个或两个以上层次的句群是多重句群。分析多重句群的层次关系，一般借用分析多重复句层次关系的方法——划线法，当然也可以采用图示法或其他方法。分析多重句群的层次关系要注意的问题，与分析多重复句要注意的问题也有许多一致之处，在此就不赘述了。

五、句群中常见的语病

（一）中心模糊

有的句群由于没有能在意义上统帅整个句群的中心句，所以显得中心模糊，令人难以理解。例如：

同学们必须一分为二地看待自己。老师们讲课有效果好的，也有效果差的，对这个问题我们必须有个全面的认识，不能以为某个老师讲课不好，水平就低，跟他学根本就学不到多少东西，因而就不好好地去学。同学们有学习成绩好的，也有学习成绩差的，老师也不能认为成绩好的就有培养前途，就应当上心去教；成绩差的就不可救药，就应当弃而不管。

这个句子的中心是什么？不得而知。整个句群缺少一个能起统帅作用的中心句。如果在前面补上一句"学生看老师，老师看学生，都应该有一个辩证的态度"，这样整个句群就有了灵魂。整个句群这样改可能更好一些：

学生看老师，老师看学生，都应该有一个辩证的态度。老师们讲课有效果好的，也有效果差的，同学们不能以为某个老师讲课不好，水平就低，跟他学根本就学不到多少东西，因而就不好好地去学。同学中有学习成绩好的，也有学习成绩差的，老师也不能认为成绩好的就有培养前途，就应当上心去教；成绩差的就不可救药，就应当弃而不管。

（二）脱离中心

句群里的句子都要紧紧围绕一个意义中心。与意义中心无关便是脱离中心。一旦有脱离中心的句子存在，整个句群的中心就会显得不够显豁，不够突出，这便是语义表达不集中的一种表现。例如：

① 我们每一个人都应该去"种树"，不能去"毁树"。"种树"和"毁树"是一对矛盾。要做到这一点是很不容易的。现在社会上还有"毁树"的现象。

句群中的第二句是一个脱离中心的句子。第三句中"这一点"指的就是第一句的内容。第一、三两句相连，表意明确。如果插入第二句，"这一点"指代什么，就不清楚了。如将最后一句调到句群之首，将第二句删去，将第三句改为"要做到这一点虽然很不容易，但每一个人也都应当努力做到"，整个句群就语义贯通了。

② 张维娜不仅已经完成了博士论文的定稿工作，而且已经做好了参加论文答辩的充分准备。听说父亲最近身体不好，她很想回家看看。在接着举行的论文答辩中，她从容镇定，侃侃而谈，显示出严谨的逻辑性和雄辩的说服力；而多媒体手段的适当运用，

更增添了其论文答辩的生动性和直观性。答辩刚刚结束,张维娜便踏上了回家探亲的路途。在参加答辩的十二位博士中,只有张维娜和她的精彩答辩得到了所有评委的一致好评。

在上面的句群中,第二句和第四句所说的内容虽也是张维娜的近况,但与张维娜的论文答辩无关,只可另行说明,不可混杂其中。

(三) 照应有误

句群中前言要照顾后语,后语要呼应前言,前言和后语应该取得一致;否则句与句之间就会出现不一致的情况。例如:

① 有时做梦也常常和他一起工作,一起学习,一起生活。然而这样的联想不是偶然产生的。

"做梦"是做梦,"联想"是联想,不能混为一谈,中途易辙,叫读者摸不着头脑。

② 我们全班五十人,欢度毕业前最后一个国庆节。一半同学参加市里的国庆联欢活动去了。剩下十二个同学在教室里看电视。

这是数量上不一致。全班五十人,走了一半,总还有二十几个吧,怎么只剩下十二个呢?令人费解。可能还有其他情况,但是必须交代一下。

(四) 答非所问

有一种句群的组织方式是自问自答,一问一答。按理说,前面问什么,后面就该答什么,要对好口径。例如下边这个摘自报刊戏剧广告的句群就有问题:

① 白杨树在那里低着头想什么呢?是为老汉在那里呜咽,还是在为这不平的世道在那里愤懑?

前句问的是"想什么",可回答的却是"呜咽""愤懑",口径明显错位,怎能构成一个有机的整体——句群呢?再看:

② 哪些病会引起浮肿呢?常见的有高血压、心脏病、肝硬化、肾炎、营养不良、妊娠等。

问"哪些病",答句里有一些是病,可不全是。"营养不良"不能算病,"妊娠"则更加算不上了。

(五) 上下脱节

句群里的句子,从内容到形式都必须能够连贯衔接。如果不相连贯衔接,就不能构成一个句群。例如:

① 在一次与洪水的搏斗中,班长头部负了伤,因流血过多昏了过去。战士们送他回去,他坚定地说:"不要管我,保护群众财产要紧!"

班长刚刚"昏了过去",接着又怎么能够"坚定地说"呢?要么存在作者编造之嫌,要么是中间缺少了过渡的情节,不然岂不自相矛盾?

② 耳闻陈燕华有广博的艺术爱好。一进家门,墙上挂着她临摹黄山谷的书法习作,书桌上是古今中外的名著,玻璃台板下压着小陈唱歌、绘画、弹钢琴、学英语的近影,此外,陈燕华还是游泳、羽毛球的爱好者。她为难地说:"我没有什么可说的,在艺术道路上,我正在学步。"

上文没有交代访问者问了什么，被访问的"她"怎么会"为难地说"呢？显然，在"她为难地说"前边，少了一句问话，造成上下脱节的现象。

（六）语序混乱

句群由一组句子构成。这一组句子必须根据表达的宗旨而进行合乎规律的排列。如果不顾表达的宗旨，不顾逻辑的规律而任意排列，就会导致语序混乱的错误。例如：

王兆辉现在是南村生产队的队长。王兆辉是个下放知青，老家在著名的游览胜地无锡，后来却在山西南村这个偏僻的山区扎下了根。无论南村哪一个人同他谈问题，他都能耐心地倾听，并热情地帮助他们解决困难。南村家家户户的情况，他都了解得一清二楚，他对这里的每一块土地的"脾气"也都摸得非常透彻。

这个句群写得都是王兆辉的情况，按照惯例，应当先介绍王兆辉的个人简历，然后再介绍王兆辉的工作表现。可是这个句群的第一、三、四三句介绍的都是王兆辉的工作情况，而将介绍其个人简历的句子却放在了第二的位置上，实在让人觉得别扭。同时，都是介绍王兆辉工作情况的句子也显得混乱，读来也不够连贯和畅达。因此，整个句群应当这样调整：

王兆辉是个下放知青，老家在著名的游览胜地无锡，后来却在山西南村这个偏僻的山区扎下了根。王兆辉现在是南村生产队的队长。南村家家户户的情况，他都了解得一清二楚，他对这里的每一块土地的"脾气"也都摸得非常透彻。无论南村哪一个人同他谈问题，他都能耐心地倾听，并热情地帮助他们解决困难。

（七）重复多余

句群中各个句子共同表达一个中心意思，每个句子都必须为表达这个中心而服务。少了它，表达便不严谨；多了它，便显得累赘。为此，我们必须狠下心来，把自己喜欢的但又是可有可无的句子坚决删去，把与中心意思有关但又不能直接为表达中心服务的句子坚决删去，把牵扯重复的地方重新整合，使整个句群周到简练，逻辑严谨。请看下面的例句：

① 张老师来上语文课了。他很胖。他讲课十分生动，引人入胜。我们全班同学都喜欢上张老师的课。

"他很胖。"一句与中心意思无关，是多余的句子，应删去。

② 今天晚上我们全家到天蟾舞台看京剧。六点钟出发。去早了也没有意思。我们乘的是17路电车。因为24路电车不经过那儿，不能乘。剧场门前人山人海。大门口就有人检票。没有戏票的不得入场。我们都提前进场了。

这个句群中与表达宗旨无关的句子很多，至少要把"去早了也没有意思。""因为24路电车不经过那儿，不能乘。""没有戏票的不得入场。"三句删去。

（八）关联不当

有的句群，可以不用关联词语，有的句群却需要通过关联词语来表示句子之间的关系。关联词语使用不当，也是句群的常见语病之一。例如：

① 我认为应当尽可能用简化汉字，不要复活古字，滥造新字。这样，会给汉字的现代化造成无穷麻烦，给儿童学习增加困难。

这两个句子意思相悖，连不起来。原因是用错了关联词语"这样"。"这样"在这儿的意思相当于"如果这样做，就……"，改用"否则"就对了。"否则"的意思相当于"如果不这样做，就……"。

② 芙蕖有五谷之实，却没有五谷之名。兼有百花的长处，又避免了百花的短处。由此可见，种植之利，还有比芙蕖更大的吗？

关联词语"由此可见"的后续句应当是陈述句，而这儿是一个反问句，连接不上。修改的方法不外乎两种：要么更换关联词语（如"那么"），要么改变句式（如"由此可见，种植之利没有比芙蕖更大的了"）。

 练习与思考

1. 什么是句群？句群有哪些特点？
2. 简述句群与复句、句群与段落的关系。
3. 分析下列句群的层次和关系。

（1）从此，马良用心地学画画。他到山上去打柴，用树枝在沙地上画天上的鸟。他到河边去割草，用草根在河边上画水中的鱼。他见到什么就画什么。

（2）党八股这个形式，不但不便于表现革命精神，而且非常容易使革命精神窒息。要使革命精神获得发展，必须抛弃党八股，采取生动活泼、新鲜有力的马克思列宁主义的文风。

（3）时至今日，一切空话不必说了，还是做件切实的工作，借以立功自赎为好。免得逃难，免得再受蒋介石死党的气，免得永远被人民所唾弃。

（4）无论准确也好，鲜明、生动也好，就语言方面讲，字眼总要用得恰如其分。这样，表现的概念才会准确，也才能使人感到鲜明。

（5）当那连绵的雨雪将要来临的时候，卷云在聚集着，天空渐渐出现一层薄云，仿佛蒙上了白色的绸幕。这种云叫卷层云。卷层云慢慢地向前推进，天气就将要转阴。

（6）有几回，邻舍孩子听得笑声，也赶热闹，围住了孔乙己。他便给他们茴香豆吃，一人一颗。孩子吃完豆，仍然不散，眼睛都望着碟子。孔乙己着了慌，伸开五指将碟子罩住，弯腰下去说道："不多了，我已经不多了。"直起身又看一看豆，自己摇头说："不多不多！多乎哉？不多也。"于是，这一群孩子都在笑声里走散了。

（7）祥子真想硬把车放下，去找个地方避一避。可是，看看浑身上下都流水，他知道一站住就会哆嗦成一团。他咬上了牙，蹚着水，不管高低深浅地跑起来。

（8）马克思列宁主义、毛泽东思想一定不能丢，丢了就丧失了根本。同时一定要以我国改革开放和现代化建设的实际问题、以我们正在做的事情为中心，着眼于马克思主义的运用，着眼于对实际问题的理论思考，着眼于新的实践和新的发展。这是我们党总结过去、面向未来得出的正确结论，是我们必须坚持的马克思主义的学风。

（9）种花好，种菜更好。花种得好，姹紫嫣红，满园芬芳，可以欣赏；菜种得好，嫩绿的茎叶，肥硕的块根和果实，却可以食用。俗话说："瓜菜半年粮。"

（10）喜鹊的羽毛大部分黑而带绿，只是肩膀和腹部有白色羽毛，显得朴素洁净。喜鹊的体态轻盈优美，鸣声清脆响亮，有使人喜悦的感觉。不论是在萧瑟秋风的树下，还是在冬天野外的路旁，喜鹊迎面飞来，生机勃勃，欢欣活跃，令人感到振奋。因而，喜鹊受到人们的喜爱。

(11) 从开始有人类社会以来，没有哪一个社会能与共产主义社会相比。什么理想也不能同共产主义这一更崇高的理想相比。我希望每一个同学都要有这个崇高的理想，把自己最好的年华贡献给这个崇高的伟大的共产主义事业。

(12) 花儿为什么这样红？首先有它的物质基础。不论是红花还是红叶，它的细胞液里都含有葡萄糖变成的花青素。当它是酸性的时候，呈现红色，酸性愈强，颜色愈红。当它是碱性的时候，呈现蓝色，碱性较强，就成为黑色，如墨菊、黑牡丹便是。而当它是中性的时候，则是紫色。万紫千红，红蓝交辉，都是花青素在不同的酸碱反应中所显示出来的。

(13) 文章最好是用最经济的方法，把你想说的东西说出来，所谓"要言不烦"。把可有可无的字去掉，当然，更不用说可有可无的句、章、节了。这样的文章才会受欢迎，才有可能成为好文章。

(14) 从一定意义上说，精神文明建设比经济建设要复杂得多，艰难得多。精神文明建设弹性大，易反复，不进则退。美好精神的塑造，高尚道德的形成，优良风尚的树立，需要长期积累，潜移默化，不可能一夜之间解决。只有持之以恒，才会见成效。

(15) 哥白尼发表了地动学说，不但带来天文学上的革命，而且开辟了各门科学向前迈进的新时代。因为他带给人们科学的实践精神，他教给人们怎样批判旧的学说，怎样认识世界。首先告诉人们不要停止在事物的外表，而要依靠人类的实践，深入事物的本质，进行全面的分析，譬如对天文现象的认识，就不能让直觉支配，以为太阳等恒星都是在绕地球转动，而不去全面地、深入地研究太阳系的全部行星的运动。他还启示人们，不应该迷信古书上的道理，而应该重视客观现实，重视实验和实践；要有勇气怀疑并且敢于批判不符合实际却历来被认为神圣不可侵犯的权威学说。

4. 下列句群是否有语法错误？为什么？如有语法错误就请加以改正。

(1) 她已经完成了硕士论文的撰写。导师劝她毕业后留校执教。她的论文答辩已经通过。她不肯，一心要去较艰苦的新疆工作。

(2) 谁是为农民设计飞机的？不久前记者访问了北京航空学院五系轻型飞机研究设计室主任胡继忠，请他谈谈是怎样为农民设计飞机的。

(3) 车到了站，没有上下的旅客。突然，我隐隐约约地听到窗外的风雨里，传来了急促的喊声。车已经停下来。车门打开，上来一位五十多岁的老大爷。他没拿雨具，只提了一个小包袱，穿着崭新的布鞋和制服。我想：他大概是从乡下来，去走亲戚的吧。

(4) 陶弘景知识渊博，不但懂得炼丹技术，而且对其他许多学科也有研究。因此，他隐居山里。朝廷里有重大事情都向他请教，所以后人称他为"山中宰相"。

(5) 许多青年同志喜欢读诗，也喜欢写诗。青年人写诗，要多学习写现代诗。青年人读诗，也要读一点唐诗。不应该忘记我国诗歌的优良传统。

(6) 雨夜，黑魆魆的，伸手不见五指。我披上雨衣。据了一张铁锹，迎着风雨向村外走去。啊，远远的河堤上走着一个人，那不是老队长吗？他又走到我的前头了！

(7) 铜锁啊，你是一个在血与泪里挣扎了几千年的劳动人民的后代。那个灾难深重、罪恶无边的旧社会所反复重演的一切历史悲剧，你都亲眼看到，亲身遭遇了。

(8) 一年四季并非都使人感到难受。如果严寒的冬天或炎热的夏天使人感到难受，但是风光明媚、不冷不热的春天就不会使人感到难受。否则，金秋到来，天地肃清，枫叶红遍满山，丰硕的果实挂满枝头，诗情画意无限，"难受"还会从何而来呢？

（9）我们应当通过植树造林来美化环境，改造气候。某个工厂就是因为不种树而污染严重。一条毒蛇咬了这个工厂的一个工人一口，这个工人没死，毒蛇却被毒死了。

（10）这篇小说反映了三十年代知识分子的苦闷和追求。男主人公曾受过很好的教育，但却到处奔波找不到工作。哪里能像今天一样，大学生一毕业国家就安排工作，到处抢着要大学生。女主人公为反抗封建婚姻离家出走。结果生活无着落，爱情也破灭了。

（11）为了适应当前语文教学和广大青少年学习语文知识的需要，我们编写了这本《语文知识讲话》。它的内容包括语音、汉字、词汇、语法等十部分，每部分都附有习题。在编写时，我们既照顾语文知识的系统性，又着重联系实际，做到重点突出。本书的缺点错误一定很多，希望读者批评指正。

（12）人的生活形态各具特色。对琐事不大放在心上的人，在平常生活中发现不了诗意的人，其人必定干枯无趣，其心必定顽劣粗糙，自然极难与笔墨有缘。平平凡凡、寻寻常常、随处皆是，是生活的常态。惊险奇特、英烈悲壮、惊天动地，往往可遇而不可求，是生活的非常态。只有那些注目寻常琐事，并在其中能感发出无尽趣味来的人，他的心境必不至枯涩，他的心泉必不致干涸，而一旦弄笔写作便自然容易找到感觉，坠入境界，放任自由。

第十节 标点符号及其运用

一、标点符号的定义、种类和书写位置

标点符号是辅助文字记录语言的符号，是书面语的有机组成部分，用来表示语句的停顿、语气以及标示某些成分（主要是词语）的特定性质和作用。现行常用的标点符号有17种，分标号和点号两大类。标号的作用是标明，主要标示某些成分（主要是词语）的特定性质和作用。点号的作用是点断，主要表示停顿和语气，有句内点号和句末点号之分。

标号	名称	引号	括号	破折号	省略号	书名号	着重号	间隔号	专名号	连接号	分隔号
	写法	" "	（ ）	——	……	《 》	.	·	＿＿	—	/
点号	名称	顿号	逗号	分号	冒号	句号	问号	感叹号			
	写法	、	，	；	：	。	？	！			

使用标点符号，应该注意它们的书写位置：点号占一个字的位置，居左偏下，不出现在一行之首。破折号和省略号占两个字的位置，中间不能断开；连接号和间隔号一般占一个字的位置。这四种符号的位置上下居中。着重号、专名号标在相应的汉字下面。引号、括号、书名号的前一半不出现在一行之末，后一半不出现在一行之首。引号有单引号和双引号两种形式，一般是外双内单，倘若单引号之内又有引文，则再用双引号。

以上规定主要针对横排文稿。竖排文稿的标点位置另有规定，个别标点形式有变化，如点号位于文字下方右侧，着重号位于文字右边，书名号放在文字上下，专名号放在文字的左边。引号使用竖引号，括号、破折号、省略号都要改用相应的适宜竖排的写法。

二、标点符号的功能

标点符号在书面语言里具有重要作用，它能够帮助读者辨明语气和口气，分清句子的结构，正确地了解文意。一般说来，点号用来表示停顿或语气，标号用来表示词语的性质或作用。有的标号，如破折号、省略号和间隔号，也兼有表示停顿的作用。

（一）标点符号和语气、口气

1. 句末点号和语气

句号、问号和叹号是位于句末的点号，常常用来表示贯穿全句的语调和制约全句的语气。陈述语气用句号，疑问语气用问号，感叹语气用叹号，祈使语气则根据语气强弱分别使用叹号或句号。使用这几种点号，须注意几点：

第一，合理使用句号，防止一逗到底。一段文章通常由若干句子组成。由于理解的不同，人们的断句结果也往往大不相同。这种现象不足为奇，重要的是应当适当地使用句号，防止犯一逗到底的毛病。当然，如果前后文紧密照应（比如用上成对的关联词语），当中则不应用句号断开。

一个完整的句子，都具有意义和语调的相对完整性；凡是需要使用句号的地方，就是一个语调语气结束的地方，也是一个新的语调语气就要开始的地方。只要写文章的人仔细体会，该用句号的地方一般会用句号断开的。

第二，问号的使用，不以句中有无疑问代词为标准，也不以句末有无"呢、吗"等为依据；因为疑问代词不一定表疑问，"呢、吗"之类也不一定用于问句。例如：
① 刻苦用功是能否搞好学习的关键因素。
② 张梓能写好汉隶。

反过来说，有些句子虽然形式上跟上边的句子很相似，但它是期望对方回答或是存有疑问的，因此要用问号。例如：
③ 刻苦用功是能否搞好学习的关键因素？
④ 张梓能写好汉隶？

反问句用的是疑问句形式，尽管不要求对方回答，但也常用问号。例如：
⑤ 面对这种情况，谁能无动于衷？

如果反问句是陈述句加上疑问语调构成的，在书面上也要依靠问号来表示。例如：
⑥ 面对这种情况，他能不表示意见？

有的作者在反问句句末用上叹号，是为了强调感叹语气。例如：
⑦ 这难道就是我们不好好学习的理由！

介乎陈述和疑问之间的句子，句末点号应灵活运用。例如：
⑧ 他大概不会来了吧？（用问号，表示疑多于信）
⑨ 他大概不会来了吧。（用句号，表示信多于疑）

有多个问句连用或表达疑问语气加重时，可叠用问号。通常应先单用，再叠用，最多叠用三个问号。没有异常强烈的情感表达需要时不宜叠用问号。例如：

⑩ 这就是你的选择？这就是你的抱负？？这就是你的事业？？？

选择问句虽然包括几项，但它是一个句子，只需在句末用上一个问号。例如：

⑪ 今天你是想吃龙虾呢，还是想吃海虾？

很短的选择问句中间可以不用逗号。例如：

⑫ 这本书你要还是不要？

如果为了强调，把选择的内容分几项说，每个句子后面都使用问号也是可以的。例如：

⑬ 是站在他们的前面领导他们呢？还是站在他们的后头指手画脚地批评他们呢？还是站在他们的对面反对他们呢？

第三，避免滥用叹号。有人喜欢连用两三个叹号，以为这样可以表达强烈的感情。其实表达强烈的感情应该依靠选词、语序等综合手段，不宜仅靠叠用叹号；还有人以为带有感情的句子都须用叹号，殊不知滥用叹号反而会失去它应有的作用。

2. 句内点号和口气

在表达口气方面，句内点号大体有两种作用：一是强调某些词语，一是表示激动的感情。例如：

⑭ 富饶美丽的祖国呀，我们一定要使您强大起来！

⑮ 经验告诉我们：不经过周密的调查研究，就没有充分的发言权。

⑯ 那是……实在，我说不清……

⑭句、⑮句内的停顿是为了强调。用逗号，强调的往往是前面的词语；用冒号，强调的是它后面的部分。⑯句内的停顿表示激动的情绪。说话的时候，如果感情激动，就会有较多的顿挫，逗号往往用来表示这种顿挫。

3. 标号和口气

破折号可以用来表示说话中断。例如：

⑰ 我没有理由阻拦这门亲事，可是——

中断了之后，还可以另外起个头，这就成了口气的突然转换。例如：

⑱ "好香的干菜，——听到了风声么？"赵七爷站在七斤嫂的对面说。

破折号还可以表示意思的递进，同时语气也随之转强。例如：

⑲ "你怎么会姓赵！——你哪里配姓赵！"

破折号还可以表示声音的延长。例如：

⑳ 远远听见像鸟叫一般的童声："秦姨——"

省略号常用来表示语气的断续。例如：

㉑ 他颤动着嘴唇低低地说："你……怎么……又来了？……不要……为我……耽误工作！"

引号可以用来指明强调的词语，引起读者注意。例如：

㉒ 世上最可笑的是那些"知识里手"，有了道听途说的一知半解，便自封为"天下第一"，足见其不自量而已。

㉓ 在群众面前把你的资格摆得越老，越像个"英雄"，越要出卖这一套，群众就越不买你的账。

有的引号里面词语的意思并未改变，属正面提引。例㉒、㉓引号里面的词语的意思不同于一般解释，属反面提引。这些经引号特别提引的词语，在说话时一般都用强调的口气。

（二）标点符号和句子结构

标点符号和句子结构的关系十分密切。下面五个句子用词相同，词的排列顺序也相同，但由于所用标点符号不同，句子结构就不一样，意思也不相同。

① 刘英，妈叫你回家包饺子。
② 刘英妈，叫你回家包饺子。
③ 刘英：妈，叫你回家包饺子。
④ 刘英：妈叫你，回家包饺子。
⑤ 刘英妈：叫你回家包饺子。

标点符号和句子的结构关系，大体有三种情况：一是某些结构中不能用某些点号；二是某些结构中必须用某些点号；三是某些结构中可以用某些点号，但有一定的条件。值得注意的是第三种情况。所谓条件，有结构上的，也有修辞上的，我们着重谈的是前者。

1. 句子各部分之间的点号

能用在句子各部分之间的有逗号、分号和冒号。用逗号的机会最多，其次是冒号。主语和谓语之间能用逗号。如果谓语在前，这个逗号便非用不可。例如：

⑥ 赶紧跟上啊，你几个！
⑦ 多美呀，桂林的山水！

主语在前，后面用上个逗号，常常是为了突出主语。例如：

⑧ 那几个学生，都是学习特别用功的学生。
⑨ 知识分子，包括工程师和教授，都是劳动者。

谓语在前，后边用上个逗号，也有突出谓语的作用，如例⑦。独立语前后也需使用逗号，如例⑨。如果主语太长，谓语的层次也较复杂，为了便于阅读，谓语前也可以用上个逗号。例如：

⑩ 推广全国通行的普通话，是关系到建设物质文明和精神文明的必不可少的措施。

动词和宾语之间一般不用逗号，宾语是比较长的主谓短语或其他短语时，有时也用逗号隔开。例如：

⑪ 我们高兴地看到，上海市五百多个青年科技团体，在人才培训、经济建设、学术交流等方面都发挥了重要的作用。

如果要突出宾语，逗号便改用冒号。例如：

⑫ 应当清醒地看到：当前在各个方面我们都还存在不少需要花大力气才能解决的问题。

这种用法的冒号还可以用在动词"是"后面，或用在句中起提示下文，总括上文的地方。例如：

⑬ 八股文章的第一条罪状是：空话连篇，言之无物。

⑭ 任弼时同志一生有三怕：一怕工作少，二怕麻烦人，三怕用钱多。
⑮ 你是资产阶级文艺家，你就不歌颂无产阶级而歌颂资产阶级；你是无产阶级文艺家，你就不歌颂资产阶级而歌颂无产阶级和劳动人民：二者必居其一。

2. 联合短语中的点号

联合短语中各成分之间如果没有显著的停顿，当中便不用点号。如"青少年""马列主义""桌椅板凳"。如果当中有明显的停顿，可以用顿号或逗号。用顿号还是用逗号，主要依据并列各项的长短和停顿的大小。例如：
⑯ 他的棋风，朴实、清晰而缜密。
⑰ 水果摊上有苹果、香蕉、橘子、葡萄等等。
⑱ 她的屋里，书籍、衣服、杯、盘、碗、碟，都放得井井有条。
并列的各项如果有层次，有些顿号就要升为逗号。例如：
⑲ 米、麦，棉花，化肥、煤炭、石油，这些都是要加紧生产的。

3. 分句之间的点号

分句之间多用逗号，有时也用分号。使用分号的主要目的在分清层次，有时也为了避免歧义或强调某些分句的独立性。单重的并列复句，如果分句内部已用逗号，又没有关联词语把并列关系表示出来，要用分号。例如：
⑳ 白天，战士们坚守住已得的阵地；夜里，战士们向敌人发起新的、无情的攻击。
二重以上的复句，第一重如果是并列关系，这种并列关系又没有关联词语表示，须用分号。例如：
㉑ 启明星把黑暗送走，却从不与朝霞争辉；红梅花把寒冬送去，却从不与百花争春。
分号有时也用于第二层次并列关系的分句之间。例如：
㉒ 经验告诉我们：天空的薄云，往往是天气晴朗的象征；那种低而厚密的云层，常常是阴雨风雪的预兆。
转折、因果等关系的复句，前面部分的独立性较强，而且内部又用上了逗号，这时，前后两部分之间可以用分号。例如：
㉓ 这朦胧的橘红的光，实在照不了多远；但这小姑娘的镇定、勇敢、乐观的精神鼓舞了我，我似乎觉得眼前有无限的光明。
㉔ 我们的批评又是坚持原则立场的，对于一切包含反民族、反科学、反大众和反共观点的文艺作品必须给以严格的批判和驳斥；因为这些所谓文艺，其动机，其效果，都是破坏团结抗日的。
如果使用了成对的关联词语，偏句的独立性就不强了，其后便不能用分号。例如：
㉕ 因为他很勤奋，又有广博的知识做基础，所以能够建筑起学术的高塔。

三、标点符号的相互关系

（一）点号的层级和使用范围

根据点号表示停顿的长短，可以把点号分为若干层级。列表如下：

第一层：句末点号	句号、问号、叹号	冒号
第二层：句内点号	第一级：分号	
	第二级：逗号	
	第三级：顿号	

点号有两个基本的层次。一般说来，句末点号比句内点号表示的停顿长。句内点号又可以分为三级：分号比逗号长，顿号停顿最短。冒号表示的停顿不固定，有时相当于句号，有时相当于分号，有时相当于逗号。一个句子内部用上了不同等级的点号，就可以清楚地显示出层次来。如果其中某个点号有了改变，其他点号也往往跟着发生递升或递降的相应变化。例如：

① 侵略者的谎言，骗不了人；他们的武力，吓不倒人。

② 侵略者的谎言骗不了人，他们的武力吓不倒人。

点号的层级及其代表的停顿都是相对的，但每个点号都有自己基本的使用范围。顿号只能用在并列的成分之间，逗号只能用在句内，句号、问号和叹号则须用在句末。冒号比较特殊，它用在单句或分句的中间时，代表的停顿与逗号相似；用在分句之间时，代表的停顿接近分号；用在段尾或提示句末尾时，代表的停顿相当于句号。冒号本身对下文就有提示的作用，有时强调下文是重要的部分，有时表示下面的分句是分说或总说的部分。例如：

③ 行动，要靠思想来指导；思想，要靠行动来证明：思想和行动是紧密联系的。

冒号用在报告、讲话的称呼语之后时（大多在开头），停顿的时间甚至比句号还要长些，同时还表达了一定的语气。我们平日写信，在称谓之后用上冒号，也无非是提示收信人，说明下文是自己要讲的话。

(二) 标号同点号连用

1. 引号同点号连用

引号和点号连用的时候，如果引文是完整地照录别人的话，引文之前又用了冒号，引文末尾的点号就放在后引号之前；如果是作为引用者文句的一部分，点号就放在后引号之后。例如：

④ 张老教导他的学生说："一定要采取实事求是的态度，'知之为知之，不知为不知'，不要强不知以为知。"

⑤ 毛泽东同志说：主动权"是要有意识地争取的东西，不是现成的东西"。

2. 括号同点号连用

括号是表示文中注释的部分。只注释句中一部分词语的是句内括号，注释全句的是句外括号。句内注释紧挨着被注释的词语，它的末尾不用句末点号。句外注释放在句子之后，句外括号内如有句末点号则须保留。例如：

⑥ 他又要所有的草灰（我们这里煮饭是烧稻草的，那灰，可以做沙地的肥料），待我们启程的时候，他用船来载去。

⑦ 全国各族人民的大团结万岁！（长时间的鼓掌）伟大的、光荣的祖国万岁！（全场起立。热烈的经久不息的鼓掌，转为欢呼。）

问号不用于句末，而用于句中的括号内，表示存疑或不详。

⑧ 出现这样的文字错误，说明作者（编者？校者？）很不认真。

括号还用在次序语的外面，如（一）、（二），（甲）、（乙）等。在正式表示次序时，它的作用相当于顿号，这时，括号后面不可以再用顿号。

3. 破折号、省略号同点号连用

破折号、省略号用在句内或句末时，可以与点号连用。例如：

⑨ 我竟不料在这里意外地遇见朋友了，——假如他现在还许我称他为朋友。

⑩ 地狱？——论理，就该也有。——然而也未必，……谁来管这等事……

⑪ 那是朋友的，本来不多。他们买了些。……

以上例句中，破折号、省略号前面的点号省去不用，不会影响原意的表达。许多人也倾向不用点号。但也有不能省的。例如：

⑫ 他？……他景况也很不如意……

这里的问号如果省去，意思就变了。

⑬ 难道你以为……？

⑭ 这未免太……！

这两句的问号、感叹号如果省去，其特定的语气就难以体现。早期白话文在省略号后面也有用点号的，现在一般不用。

练习与思考

1. 什么是标点符号？现代常用的标点符号有哪些？
2. 请联系阅读实践和写作实践，谈谈标点符号的具体功用及其重要性。
3. 有些人写诗歌不加标点符号，你认为这样做好吗？为什么？
4. 问号和叹号的分工是怎样的？有人喜欢叠用问号和叹号，你觉得好不好？为什么？
5. 简述点号的层级关系及其运用中的灵活性。
6. 分号、逗号、顿号、冒号都可以表示句内停顿，它们在用法上有什么不同？
7. 标点符号的结合使用主要有哪些情况？
8. 给下面的短文加上适当的标点符号：

二不愣是谁我刚来还没对上号我这是第一次单独进矿区去九采区下了电车还得走一截小巷背着沉甸甸的饭包顶着炎炎的烈日不是帽子被碰掉就是钢丝绳绊了脚谁让我生了个不肯回头的拧脾气呢

9. 改正下列句中使用不当的标点符号，并加以说明。

（1）明伟快要毕业了，让他升高中好？还是考中专好呢？他父亲来向我询问。

（2）引文要注意：它的"准确性""权威性"和"必要性"！

（3）天上地下的分不清是雨，是雪，还是雪粒子？

（4）这是革命的春天；这是人民的春天；这是科学的春天。

（5）"你说吧！"他微笑着对我说："有什么就都说出来吧！"

（6）如果你不去；那么我也不去。

（7）我要更刻苦地学习。为祖国，为人民。

(8) 他对学校的这栋教学楼（据说是他亲手操作建起来的。）特别有感情。

10. 将下面的短文中标点符号使用不当的地方改过来：

		法	布	尔	进	入	了	一	种	特	殊	的	境	界	—
—	昆	虫	的	境	界	。	这	种	境	界	，	用	他	自	己
的	话	说	，	就	叫	"	精	神	集	中	到	一	个	焦	点
"	。	任	何	干	扰	都	不	复	存	在	，	正	所	谓	"
如	入	无	人	之	境	"	。	他	的	眼	中	只	有	昆	虫
，	他	，	只	同	昆	虫	交	流	信	息	。				

11. 在下面的句子中，书名号之间有的用了顿号，有的没用，这样合适吗？为什么？

(1)《红楼梦》《三国演义》《西游记》《水浒传》，是我国长篇小说的四大名著。

(2) 办公室里订有《人民日报》（海外版）、《光明日报》和《时代周刊》等报刊。

12. "压力过大、工作时间过长、作息不规律，以及忽视营养均衡等，均会导致健康状况的下降。"这个句子中"以及"前面用了逗号，这样合适吗？为什么？

13. 应用文的落款处常用阿拉伯数字写明时间，如"2010.03.02"，你认为这样写合乎规范吗？如果不合规范，应如何改正？

14. 下列两组句子，第一组句子中指文艺节目或文化传播的组织形式的词语未用书名号，而第二组句子中的相关词语则用了书名号，这样合适吗？为什么？

{ 2008年重阳联欢晚会受到观众的称赞和好评。
{ "雪域明珠——中国西藏文化展"今天隆重开幕。

{ 本台将重播《2008年重阳联欢晚会》。
{《大地飞歌艺术展》是一部大型现代艺术作品。

第五章 修 辞

第一节 修辞概说

一、修辞的含义

一般认为，修辞有三种含义：第一种含义是指修辞行为，即人们在交际活动中对语言进行的修饰、调整、选择、创新等修辞活动；第二种含义是指修辞规律，即人们适应交际需要、运用语言形式、增强交际效果的规律；第三种含义是指修辞理论，即人们对修辞规律进行研究和探寻的理论成果。这第三种含义就是修辞学，修辞学是研究修辞规律的科学，它一般表现为研究和揭示修辞规律的论文、著作和教科书等。前两种含义的修辞和第三种含义的修辞学既有联系也有区别。修辞学是在修辞的基础上产生的，首先有修辞活动，然后才有了修辞规律。客观上存在着修辞的规律，人们才去进行研究和探寻，产生修辞理论，建立修辞学。修辞规律具有客观性，修辞学具有主观性，当然也是主观与客观相对统一的产物。修辞规律是人们的修辞行为所应遵循的客观规律，修辞理论是人们主观上对客观的修辞规律的认识。客观的修辞规律是不以人的意志为转移的，而人们所探讨的修辞理论虽以客观的修辞规律为基础，却带有主观性，所以修辞学会呈现出不同的体系。

我们研究修辞，就是要通过不断地实践和探索，使我们的修辞理论尽可能准确地反映客观存在的修辞规律，尽可能使主观的修辞理论与客观的修辞规律相吻合。我们学习修辞，就是要使我们的修辞行为能自觉遵循客观存在的修辞规律，并不断提高我们的修辞水平，在合规律的前提下，能够进一步创新，为修辞理论的探讨提供源源不断的更加鲜活的语料资源，从而将修辞活动和修辞科学不断推向更高的层次和更高的境界。

二、与修辞相关的几个问题

（一）修辞与唯物辩证法

世间万事万物都是辩证统一的，修辞活动和修辞规律也不例外。陈望道先生的《修辞学发凡》之所以能取得巨大的成就，就是因为他能够自觉运用唯物辩证法来指导自己的修辞研究。唯物辩证法应当是认识和研究修辞的理论武器，我们学习修辞，进行修辞活动，自然也应当熟练掌握和运用唯物辩证法的理论武器。修辞活动离不开辩证法，修辞研究离不开辩证法，而修辞规律中更是处处充满着辩证法。比如积极修辞和消极修辞的关系，修辞时内容和形式的关系，写诗说话时所讲究的平声仄声的对立与对应、重复与变化等，遣词造句时所追求的精当准确与含蓄模糊，锤炼句式时对于长与短、整与散的适当调配，安排行文节奏时对于松与紧、抑与扬的统筹考虑，表情达意时主动与被动、肯定与否定、陈述与反问的灵活运用，语体风格的基本要求与变通掌握二者之间的关系，修辞方式的丰富多彩和修辞原则的基本统一，修辞手段与言语环境的相辅相成和相反相成，修辞活动所应遵循的基本规律及其所一贯倡导的不断创新，修辞效果的好还是不好——无不体现着对立统一的辩证规律。因此我们可以说，如果不懂得辩证法而且不善于运用辩证法，要想进行高层次的修辞活动并取得不同凡响的修辞效果，那几乎是不可能的。

（二）修辞与修养

要想具有较高的修辞水平，实现理想的修辞效果，修辞者就必须具备各方面较高的修养。修辞者的思想修养、道德修养、理论修养、知识修养尤其是语言修养乃至个人的智力水平、独特个性，都会对修辞的风格、修辞的水平乃至修辞的效果，起到这样那样的影响和作用。如果修辞者意识不到这一点，而只想一味地模仿他人，只想把别人的成功经验和技巧拿过来，轻而易举地转化成自己的东西，走一条省劲而又轻巧的捷径，那么这样的想法就大错特错了，这样的修辞者也是注定不能提高自己的修辞水平、改善自己的修辞效果的。只有各方面具备较高修养的人，才可能不断发现新的修辞现象和修辞规律，才可能将修辞理论转化为自觉的修辞活动，才可能通过创新性的修辞活动以取得更为独到而精妙的修辞效果。

（三）修辞与实践

修辞水平的提高，修辞效果的改善，不能仅靠先天的禀赋，而应主要依靠后天的语言实践。修辞者需要掌握一定的修辞理论，但绝不能仅仅停留在修辞理论上，而应该抓住一切可以利用的机会，将修辞理论贯彻于语言实践之中。没有充分的语言实践，不经过长期的反复的刻苦磨砺，任何人的修辞水平都不可能得到提高。修辞者在语言实践之中，在善于学习和借鉴的同时，还要善于解剖自己的语言实践，不断总结经验和教训，找出自己交际不顺或交际失败的各方面原因，勇于在实践中克服自己的缺点，弥补自己的不足。只有这样，修辞者才能不断提高自己的修辞水平。

修辞水平的高低，与一个人的生活实践也是密切相关的。只有善于在生活实践中细心观察、深入体验，善于将生活的经验上升到情感的高度、理性的高度的人，才可能使自己的修辞活动因与生活的源泉紧紧地连在一起而始终呈现出一种新颖而鲜活的生动局面。生活的经验越丰富，体验越深刻，越善于将生活的经验上升到情感的高度和理性的高度，他的修辞活动就越精彩，他的修辞水平就越高，他的修辞效果就越好。这是一条客观规律，我们务必尊重才好。

（四）修辞与语法、逻辑的关系

修辞学与语法学都属于语言学的范畴，都是语言学的一个分支，所以二者有着密切的联系。但二者的研究重点和研究宗旨又是不同的。语法学重在研究客观存在的语言的组织规律，研究如何规范地使用语言，如何纠正不规范的语言现象，其目的是在通过对语言组织规律的把握和理解，对正反两方面语言现象的分析和认识，通过分析语言和运用语言的实际训练，以提高人们规范地使用语言的水平。修辞学重在研究如何提高语言的表达效果的规律，重在揭示宝贵的修辞经验，概括简明的修辞方式，其目的是在通过对提高语言表达效果的规律的把握和理解，对修辞的经验和教训的总结和分析，让人们掌握一定的修辞理论，借鉴精彩的修辞范例，以进一步提高自己的修辞水平。

修辞学属于语言学的范畴，逻辑学属于思维科学的范畴，二者显然属于不同的学科范畴。不过二者的关系还是较为密切的。语言是思维的工具，也是思维的直接现实；思维必须依靠语言才能有序而高效地进行，否则人们就难于进行或无法进行有意识的思维活动。但二者的研究重点和研究宗旨也是不同的。逻辑学重在研究人们的思维形式和思维规律，以帮助人们自觉提高自己的思维水平，取得更好更新的思维成果，为人类社会的发展做出更大的贡献。

一般来说，不符合组织规律的语言就是不通的语言，但有时在特定的语境中，某些不符合组织规律的语言也许正是表达效果最好的语言。比如在小说、戏剧、影视剧中，有些文化水平不高的人物之间的对话，既不完全合乎规律，又可能夹带一些低俗而多余的口头禅，但它却是最符合人物的身份和性格的语言，是表达效果最好的语言；如果让他们所说的每一句话都符合组织规律，都完全合乎规范，那他们岂不都成了语言专家了？

一般来说，不符合逻辑规律的语言也是不容易被人接受和理解的语言，是不好的语言，但有时在特定的语境中，某些看似不符合逻辑规律的语言也许正是表达效果最好的语言。比如在"白发三千丈，缘愁似个长。不知明镜里，何处得秋霜"这首诗中，说"白发三千丈"岂不是不近情理？谁曾见过三千丈的白发？这样写岂不违背了逻辑规律？然而这正是修辞上夸张手法的妙用——白发之长正因为愁肠难解；而一个"愁"字，正是作者李白在当时怀才不遇、报国无门、郁闷深广、难以排解的痛苦心情的真实写照。这样写，形象生动、鲜明独特、耐人寻味、极富表现力——这种看似不近情理的诗句其实正恰到好处地抒写了作者当时的真情实感，这样的诗句岂不也是表达效果最好的诗句？

有人说语法管的是组词造句通不通的问题，修辞管的是表达效果好不好的问题，逻辑管的是语言内容对不对的问题。这样的概括是很有道理的。不过语言的运用是千变万化的，是富有机巧的，我们既不能用语法的尺度去机械地衡量修辞现象，也不能用逻辑的标准去机械地裁判修辞方式。我们既要注意"通"和"对"是语言表达的重要前提，更要注意"好"才是语言表达的出发点和归宿点。

（五）修辞与语音、语汇、句子的关系

修辞作为一种言语活动，与语音、语汇、句子之间本来就有着天然的密不可分的关系，理清楚并处理好修辞与语音、语汇、句子之间的关系，应是修辞活动能否成功的基础环节和关键所在。

语音是语言的物质外壳，是语言直接的外在表现形式。在汉语的语音要素中，音节、声母、韵腹和韵尾以及声调都很有特色，研究它们并充分利用它们进行修辞，可以使语言在音韵、抑扬、节拍等方面形成多姿多彩的美感效果。所以，从语音入手进行修辞是很有必要的。

遣词造句，是修辞的基本工程。词语运用得好与不好，将对修辞的效果起到基础性和

决定性的作用。高尔基说:"一个作家——艺术家必须广泛地熟悉我国最丰富的词汇,必须善于从其中挑选最准确、最明晰而生动有力的词。"贾岛对词语的"推敲",杜甫"语不惊人死不休"的苦吟,袁枚先生"文字千改始心安"的精神,历来都被人们传为佳话。现代汉语的语汇极其丰富,这为我们从语汇入手进行修辞提供了丰富的资源和可供选择的广阔空间。

现代汉语中有各种句型、句类、句式,它们可以为表达一个基本相同的意思而显示出不同的表达效果。这就为我们在句子方面推敲调整、精心选择,提供了现实可能性。朱自清先生在《欧游杂记自序》中谈到的"楼上正中一间大会议厅""楼上正中是一间大会议厅""楼上正中有一间大会议厅""一间大会议厅在楼上的正中"都是同义句式,朱先生选用这第一句,为的是"盼望着给读者留下整个的印象,或者说更具体的印象"。由此可见,从句子着手进行修辞是很值得我们高度重视的。

由上可知,修辞活动与语音、语汇、句子中的很多要素都密切相关,同时语音、语汇、句子的很多要素也都是修辞活动赖以展开的基础和资源。我们必须首先真正学好关于语音、语汇、句子的基本知识,然后在此基础上,才可能根据具体的语境和表情达意的需要,机动灵活、游刃有余且富有创造性地运用好这些资源要素,让其为提高表达效果而发挥应有的作用。

此外还应注意的是,由于表达宗旨的不同,具体语境的不同,个人修养和爱好的不同,人们所追求的修辞目标和修辞效果也是不同的。选择和运用不同的资源要素,会收到不同的修辞效果。修辞目标是修辞活动的出发点,修辞效果是修辞活动的归宿点。修辞活动进行得好,修辞目标就能与修辞效果达成一致;否则,就可能出现南辕北辙的情况。修辞效果超出预期目标的情况有时也会出现,但那毕竟很少。根据表情达意和题旨情境的需要,确定好修辞目标,是极为关键的一步。有了修辞目标就有了修辞的方向,有了修辞目标就知道从哪些方面着手。根据确定的修辞目标,选择与之相匹配的资源要素,应是修辞活动的着眼点。只有将与之相匹配的资源要素调遣得体并创造性地加以运用,才能收到应有的修辞效果。如何选择和运用语音、语汇和句子中的资源要素,这应该属于修辞途径和修辞方法的范畴了。

练习与思考

1. "修辞"有哪些含义?下面句中的"修辞"各是怎样的意思?
(1) 这句话不合修辞。
(2) 这堂课我们学习修辞。
(3) 你这样修辞,怎能让人接受?
(4) 我到图书馆借了一本修辞。
2. 唯物辩证法对于修辞活动和修辞研究重要吗?为什么?
3. 请详细说明修辞与语音、语汇、句子之间的关系。
4. 你认为怎样做才能学好修辞、用好修辞?

第二节 修辞的原则

修辞的原则是指在整个修辞活动中所应遵循的总体性法则。我们认为，修辞的原则应有两条。

一、与题旨情境保持和谐统一是修辞的基本原则

清学者苏舆在《春秋繁露义证·精华第五》中指出："董仲舒曰：得其处则皆是也，失其处，则皆非也。"董仲舒的这句话原虽不是就修辞而言的，但若移花接木，将其用在修辞的原则上，竟也是如此的恰到好处。如果说"处"犹如题旨情境的话，那么"得"和"失"，则表现出说写者对于题旨情境来说，不是被动的，而是主动的——既可以得而复失，也可以失而复得；得与失是在不断变化着的，是可以互相转化的，说写者是可以通过自己的主观能动性来加以调整和掌控的。

陈望道先生在《修辞学发凡》中指出"修辞以适应题旨情境为第一义"。那么什么是题旨？"题旨"就是要表达的思想内容，大致包括主题思想和写说目的两个方面；什么是"情境"？"情境"就是通常所说的语境，是指说写的具体环境。适应题旨情境是修辞的极其重要的第一步，俗话说"良好的开端就是成功的一半"，如果修辞者真能走好这"适应题旨情境"的第一步，那么他离交际的成功就已经不远了。但"适应题旨情境"毕竟只是第一步，始终保持与题旨情境的和谐统一，使修辞对象能与自己产生心理共鸣，达成良性互动，那才是更高的修辞要求，而且是交际成功的重要保证。

首先谈谈题旨的问题。修辞运用恰当的语言形式，总是为了表达特定的内容并收到预期的效果。因此，修辞与题旨的关系就是形式与内容的关系。唯物辩证法认为，形式与内容是辩证统一的关系。内容靠形式来表现，形式为内容而服务。内容决定形式，形式也可反作用于内容。修辞所要表达的内容决定了人们所采用的应是与之相适应的修辞形式，只有适合内容的修辞形式才能够更好地表达思想内容。例如：

① 精警的譬喻真是美妙！它一出现，往往使人的精神为之一振。它具有一种奇特的力量，可以使事物突然清晰起来，复杂的道理突然简洁明了起来，而且形象生动，耐人寻味。美妙的譬喻简直像是一朵朵色彩瑰丽的花，照耀着文学。它又像是童话中的魔棒，碰到哪儿，哪儿就产生奇特的变化。它也像是一种什么化学药剂，把它投进浊水里面，顷刻之间，一切杂质都沉淀了，水也澄清了。

这是著名作家秦牧在《艺海拾贝》中讲譬喻（即比喻）作用的一段话。作家先说明了比喻的"美妙"和"奇特的力量"，然后又接连运用三个比喻来对"譬喻"给予了形象的描述。在这里，表达的内容很明确，修辞的形式也很生动，内容和形式相辅相成，和谐统一。讲比喻者善用比喻，这恰是现身说法，说服力很强，表达效果很好。我们要处理好表达内容与修辞形式的关系，不能片面地偏向一端。修辞学不以内容为研究对象，但是这并不等于可以片面地追求形式。我们要辩证地处理好内容与形式的关系，努力做到正确的表达内容与完美的修辞形式的高度统一。

题旨既然包括说写的目的和目标，那么说写的目的和目标就不应是一成不变的。随着交际活动的不断推进，随着交际情境的不断变化，交际的目的和目标是应该可以随之调整的。再者，如果在交际活动中遇到了意想不到的困难，遇到了意想不到的干扰因素，那么

我们也可以将预先定好的交际目的和目标加以分解,并重新确定分步实施的交际步骤,然后再一步一步循序渐进地向前推进,争取最终实现交际的目的和目标。

下面再谈谈语境的问题。狭义的语境指语言交际时的上下文或前言后语。我们说一句话,常有上下文。这里的上下文,既包括紧贴在它前后的语句,也包括出现在它前后的其他语句。广义的语境是就语言外部环境而言的,既包括交际者的身份、修养、性格、处境、心情、反应等主观因素,又包括语言交际的时间、地点、场合、对象、背景等客观因素。总之,语境是影响语言交际的相关因素的总和。

修辞与语境的关系非常密切。人们的言语交际总是在一定的语境中进行的,语境对人们采用的修辞形式和达到的修辞效果具有制约作用。先看语境对修辞形式的制约。人们在语言交际中要采用什么样的修辞形式,包括选用什么样的词语,运用什么样的句子,采用什么辞格等等,总是离不开语境的制约。人们总是努力做到修辞形式能适应语境。例如:

② 原句:瞧,那一棵棵枝叶茂盛的果树上,累累的果实把树枝都压弯了,有的树枝竟然被苹果压断了,而大多数树枝不得不用木杆撑住。　　　　　(峻青《秋色赋》)

改句:瞧,那一棵棵枝叶茂盛的果树上果实累累,树枝都被压弯了,有的树枝竟然被压断了,大多数树枝不得不用木杆撑住。

原句第一分句是主动句、"把"字句,第二分句、第三分句是被动句。改句把"把"字句改成了"被"字句,从而形成了三个被动句。原来的每一句都是"通"的,为什么要修改?孤立地看某一个句子,很难说是用主动句好还是用被动句好,但如果结合上下文,就不难看出改句较好。修改以后,三个被动句连用,叙述角度一致,语气连贯,不仅完全"通",而且更加"顺"。

再看语境对修辞效果的制约。语境是检验修辞效果的重要依据,只有把修辞形式放到特定的语境中来考察,才能看出其修辞效果究竟如何。修辞效果的好或是不好,往往取决于修辞形式是不是适应语境,而不在于修辞形式本身。如果不能适应语境,哪怕是再华丽的词句,再花哨的形式,也不能收到好的修辞效果。反之,有时一些看似平常的词句、一般的方式,在特定的语境中往往能收到异乎寻常的修辞效果。

正面适应语境,可以收到相辅相成的修辞效果;反面适应语境,往往也可以收到相反相成的修辞效果。这是对立统一规律在修辞领域的一种客观反映。所谓的与题旨情境保持和谐统一的关系,也应当辩证地加以理解。一些反语之所以能收到幽默风趣、讥讽有力的修辞效果,就是因为它适应了当时的具体语境;如果离开了那种特殊的语境,人家就不认为是反语了,也根本就收不到应有的修辞效果了,那么这正好说明,你所运用的反语根本就没有适应或没有完全适应当时的语境。所以从根本上来说,相反相成并没有违背"与题旨情境保持和谐统一"的基本原则。

修辞活动和修辞者还能够对言语环境起到积极的能动的反作用。修辞活动和修辞者既可以使言语环境变得更加有利于进一步交流,也可以使言语环境变得不利于进一步交流。修辞活动是交际双方交流互动的过程,而交际双方又都是言语环境的有机组成部分。在具体交流的过程中,彼此的感情、态度、认识、行为等都会随着言语的交流而发生这样那样的变化,这就是所谓的互动。高明的修辞者一定会时刻注意对方的各种微妙的变化,察言观色、随机应景地调整自己的言语行为,使交际活动能始终保持在最佳状态,以最终实现交际的宗旨。先看使言语环境变得更加有利于进一步交流的修辞范例：

③那贾蓉请了安，笑回道："我父亲打发来求婶子，上回老舅太太给婶子的那架玻璃炕屏，明儿请个要紧的客，略摆一摆就送来。"凤姐道："你来迟了，昨儿已经给了人了。"贾蓉听说，便笑嘻嘻的在炕沿上下个半跪道："婶子要不借，我父亲又说我不会说话了；又要挨一顿好打。好婶子，只当可怜我吧！"凤姐笑道："也没见我们王家的东西都是好的？你们那里放着那些好东西，只别看见我的东西才罢，一见了就想拿了去。"贾蓉笑道："只求婶娘开恩罢！"凤姐道："碰坏一点儿，你可仔细你的皮！"因命平儿拿了楼门上钥匙，叫几个妥当人来抬去。贾蓉喜得眉开眼笑，忙说："我亲自带人拿去，别叫他们乱碰。"说着便起身出去了。

《红楼梦》中贾蓉凭着"笑嘻嘻""下个半跪"的哀求姿态，凭着几句祈求对方"可怜"的动人言辞，凭着"婶子""好婶子""婶娘"的甜言蜜语，就能使凤姐的态度很快发生根本性的转变，这不能说不是一次成功的交际活动。

早在改革开放初期，福建沿海的渔民首先就富裕了起来。可他们有了钱，却没有都用在最合适的地方。后来有位记者，为了引导渔民正当消费，便找到一位老渔民进行专题采访。记者首先问："老人家，听说今年生产搞得不错，生意也很好，家里的收入应该可观吧？"老渔民非常高兴地回答："算起来，我家今年净收入大概三万块钱。"记者马上说："这都是党的富民政策好啊！你们一定会越来越有奔头的。今年的收入你老打算怎么开支啊？"老渔民说："想买一台大彩电，……再买一台洗衣机。"记者接着问："那还想购置点儿什么吗？"老渔民吸了几口旱烟，想了想，又接着说："还想把一些旧家具换一换。"记者接着又问："那余下的钱呢？"这时候，老渔民很不耐烦了，丢下一句："我挣的钱，爱怎么花就怎么花，你管得着吗？"站起身来便扬长而去。这样一来，记者不仅被弄得十分难堪，而且一片好意也立刻化作了泡影。这位记者为什么就没能注意到交际环境——对方的态度、情绪在朝着不利于继续交流的方向转变呢？

修辞是指综合运用语言的各种因素以形成恰当的语言形式，以力求达到理想的交际效果的一种言语活动。什么样的语言形式才能获得理想的交际效果，这便取决于运用的语言形式是否得体，是否得体就是指能否与题旨情境始终保持和谐统一。修辞活动就好比人们穿衣服。人体有高矮胖瘦，尺寸要合身；年龄有老中青少，色泽要合意；季节有春夏秋冬，薄厚要当令；身份有工农商学，款式要相称——总之应各有所宜。修辞所追求的也就是这样的各有所宜。语言形式是否得体主要表现在语言形式与交际宗旨是否协调一致、与言语环境是否和谐互动等方面。如果语言形式能够准确生动地体现交际内容，能够恰到好处地传情达意，能够收到预期的甚或超出预期的表达效果，那么这样的语言形式便与交际宗旨或题旨保持和谐一致了。如果语言形式能够自始至终地与交际的时间、地点、情景、氛围和宏观背景等有机配合，能够与交际双方的身份、修养、动机、目标、心情、反应等相互协调，那么这样的语言形式就与言语环境达成动态的和谐、高度的统一了。这就是我们所说的与题旨情境保持和谐统一的修辞原则，这是修辞的基本原则。

二、"修辞立其诚"是修辞的重要原则

《周易·乾卦·文言》："九三曰：'君子进德修业。忠信所以进德也。修辞立其诚，所以居业也。'"原文中，"修辞立其诚"虽在"忠信"之后，但又非常重要，它与"忠

信"一样，都会影响到"进德修业"的成败。而"修辞"能否"立其诚"，在大的方面，会涉及"居业"的成败；在小的方面会关乎交际效果的优劣。"修辞立其诚"大意是言语应该建立在诚信的基础上，应该以诚信为本。这其中的"诚"，含有诚实守信、以诚动人、实事求是、尊重对方等意义。"修辞立其诚"是中国修辞学的优良传统，是东方文化特色的重要体现，它不同于西方把修辞学视为"雄辩术"的观点。人们一般认为西方修辞学更重视方法与技巧，其实主诚派和辞巧派两种修辞观分歧的焦点在于对修辞学的性质、目的及用途的认识有所不同，也涉及对表达得体性的界定有所不同，但东西方主诚派的观点却有着惊人的一致性，其深刻的原因就在于都重视修辞学的崇高目的，都重视修辞学的认知功能和沟通功能。诚信原则并非外加于修辞活动的道德要求而是使修辞功能得以实现的内在要求。

修辞就是为了增强语言的表达效果。如果我们所追求的交际效果实现了或者非常理想地实现了，那么这个时候修辞的功能也就实现了；否则的话，修辞的功能便无从谈起。我们运用种种修辞手法，不是为了个人自我欣赏，而是为了提高语言的表现力、感染力和说服力，使听众读者对所表达的意思能够愉快地接受，形成正确的理解，受到强烈的感染，产生积极的反应，这样才算是收到了理想的交际效果，从而实现了修辞的功能。无论怎样的修辞手法，如果不能被用来有效地提高交际效果，那么它就不能算是好的修辞手法，这样的修辞活动也应是不成功的修辞活动；在这样的修辞活动中，修辞功能便无从体现。

"修辞立其诚"的原则，是实现修辞功能的内在要求，主要体现在以下几个方面：

首先，只有诚实守信——心口相合，表里如一，说到做到，掷地有声，才可能与他人建立起良好的交际基础，才可能创造和谐互信的交际氛围，才可能收到预期的交际效果，从而使交际者的主观期望转化为有利于双方的互动行为。不管何人，如果说话写文章，别人一听一看，就觉得与实际不符或者严重地脱离实际或者都是根本不可能做到的空话，那么你尽管说得天花乱坠，你尽管使用了这样那样的华丽辞藻或修辞技巧，也不可能收到预期的修辞效果。如果你能蒙骗对方于一时，但也很难蒙骗对方于长久，你的虚假的内涵终究还是要从华美的外衣下面露出马脚的。如果你成了一个失去诚信的人，那么谁还愿意去听信你的"鬼话"呢？有人说，一句最朴素的实话，要胜过一万句最华美的假话，这话说得很有道理。

其次，只有诚心诚意——说真意，动真情，真诚地与对方交流，向对方捧出的是一颗诚挚的心——只有这样，才可能收到以诚动人的修辞效果。人与人的交流，就应当是心与心的相印，情与情的互动。最动人的语言就应当是心曲的自然拨动，情泉的自然喷涌。俗话说，意到笔到，情切辞出，说的就是言辞话语是由真情实意凝结而成的，是真情实意的自然外现。如果修辞者在那里矫揉造作，虚饰浮夸，听说者肯定会觉得你是在玩弄辞藻，故弄玄虚，你是在用虚情假意糊弄别人。在这样的氛围中，哪怕你有如簧之舌，恐怕也难收到预期的修辞效果。

再次，只有实事求是——与实情相符，与道理相合，辞辞真切，句句务实，意欲实现的交际宗旨也是切合实际而可能实现的——只有这样，你才可能把事情说清楚，把道理说明白，使对方易接受，使宗旨能实现，从而收到预期的甚或理想的修辞效果。从实质上要求所说所写既与实情相符，又与道理相合，这是对说写者的起码要求，是从事修辞活动的必备前提，是实现交际宗旨的重要条件。如果所说所写既与事实相背，又不合情合理，那么即使你再善于辞令、再善于玩弄技巧，你所意欲实现的交际宗旨也会落空，你所预期收到的修辞效果也不可能实现。

最后，只有尊重对方——实际上，诚信为本、说到做到，就是对交际对象的尊重；情真意切、实事求是，也是对交际对象的尊重——只有在交际的过程中，充分尊重对方的人格，充分关注对方的切身利益，充分关注对方的可接受程度，充分关注对方的心理和表情的微妙变化，谦恭耐心地倾听对方的心声，随机应景地调整自己的交际方式和交际宗旨，你才可能与对方始终处在和谐统一的氛围之中，你才可能与对方持续顺利地愉快交流、达成互动，你才可能逐步实现自己的交际宗旨，你的修辞活动也才可能收到预期的甚或理想的修辞效果。那种不关注对方，不尊重对方的交流活动或修辞活动，一般都不可能顺利进行，最终往往都会以失败而告终。修辞活动的优劣或成败，不是说写者一方的任意所为而能决定的；尊重对方，既是说写者本人的主观能动性的重要体现，也是说写者善于调动对方的主观能动性，以收到双方互动的理想的修辞效果的重要条件。

说写时运用婉曲、讳饰、夸张、反语等修辞方式或适当运用华美的辞藻以更加生动形象地描绘事物，都不算违背"修辞立其诚"的修辞原则。在运用这些修辞技巧时，关键要看其实质性的内容，要看交际对象的接收情况，要看所收到的实际效果。如果这些修辞技巧都是建立在诚心诚意、实事求是的基础之上的，而且在某种特殊的语境中都达到了"真、善、美"的有机统一，那么这样的修辞技巧恰恰忠实地贯彻了"修辞立其诚"的重要原则。

如果用"精诚所至，金石为开"，来形容"修辞立其诚"对于实现修辞功能所起的重要作用，那应当是非常形象也非常合适的了。总而言之，"修辞立其诚"应当是修辞的一条十分重要的原则。

"与题旨情境保持和谐统一"的原则与"修辞立其诚"的原则是相互联系、有机统一的。没有"修辞立其诚"的原则，就不可能掌握言语交际的大的背景和具体情境的真实情况，就不可能确立合情合理的题旨目标；同样，没有"与题旨情境保持和谐统一"的原则，你所确立的题旨目标再合情合理，恐怕也很难顺利实现或最终实现不了。

《中美上海联合公报》的诞生，就是将上述两个修辞原则有机统一地加以运用的典型范例。在1972年的历史背景下，中美双方都想打破历史的坚冰，建立正常的外交关系，以便直接对话，推动国际事务的顺利解决，利于两国的和平发展；中美双方都拥有自己的富有远见卓识的政治家、外交家，他们也都想用自己的双手，掀开在世界发展史上具有重大意义的新的一页，为两国的发展、世界的进步做出自己应有的贡献。正是这种"修辞立其诚"原则，促使双方心平气和地坐到了一起，克服各种困难，最终形成共识，发表了震动世界的《中美上海联合公报》；同时也正是"与题旨情境保持和谐统一"的原则支撑着双方不轻言放弃，在友好合作的氛围中，哪怕步履艰难，也能顺利对话，直至最终实现当初确立的题旨目标，诞生了"美国认识到在台湾海峡两边的所有中国人都认为只有一个中国，台湾是中国的一部分"的世纪名言。由上不难看出，如果中美双方的谈判者没能将两个修辞原则有机地统一在一起，那么，《中美上海联合公报》恐怕是很难诞生的。

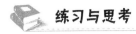 **练习与思考**

1. 何谓"题旨情境"?"题旨"与语言形式之间是什么关系?
2. 什么是语境?语境包括哪些要素?
3. 为什么说"与题旨情景保持和谐统一"是修辞的基本原则?在贯彻这一原则时应注意哪些问题?
4. 为什么说"修辞立其诚"是修辞的重要原则?在贯彻这一原则时也应注意哪些问题?

第三节 修辞的途径

当修辞目标确定之后,就应当认真选择修辞途径了。根据确定的修辞目标,选择与之相匹配的资源要素,应是修辞活动的着眼点,也是修辞途径的选择。所选择出的与修辞目标相匹配的资源要素,便是修辞的途径。修辞的途径选择得对与不对,将对能否实现修辞目标,能否实现预期的修辞效果起决定作用。语音、语汇、句子中的很多要素都是修辞活动赖以展开的基础和资源。为了实现特定的修辞目标,我们应当从语音、语汇、句子中的各要素中选择最恰当的要素加以调遣并灵活运用,以期收到理想的修辞效果。具体的修辞活动,可以分别从语音要素入手,从语汇要素入手,从句子要素入手;如有必要,也可以将与修辞目标相关的各方面要素结合起来加以考虑。从哪一方面或哪几方面入手,便意味着修辞活动就是沿着哪一条途径或者哪几条途径进行的。下面就分别探讨一下。

一、从语音要素入手

现代汉语的语音,元音占优势,响亮悦耳;声调有高低,抑扬有致;声韵相配合,和谐优美;音节界限分明,节律可调。这些特点,使得现代汉语语音具有很强的表现力。这就为我们从语音要素入手进行修辞提供了丰富的资源和广阔的空间。我们说话、写文章,应该充分利用现代汉语的语音资源,追求语音上的抑扬之美、急徐之美、和谐之美,使我们的语言朗朗上口,悠扬动听,读来声情并茂,听之入耳润心,从而收到理想的修辞效果。

(一) 平仄需调配

汉语是有声调的语言,每个音节都有声调,声调的高低升降,形成了汉语语音抑扬起伏的特色。利用声调形成抑扬之美,主要就是讲究平仄的相应和相对、重复和变化。什么是"平仄"?中古汉语有平、上、去、入四种声调,格律中的"平"是指平声,"仄"是指上、去、入三声。中古的声调演变到现代普通话的声调,变成了阴平、阳平、上声、去声四种。"平"指阴平、阳平,"仄"指上声、去声。平仄的古今对应规律,大致如此。平仄安置的规律是,既有重复,又有变化;既有对应,又有对立。因为光有重复,显得单调;变化过频,失之凌乱;仅有对应,显得呆板;没有对立,何谈多变?就在这种重复、变化、对应、对立的精心安置中,便能体现出汉语语音的抑扬美、音韵美和节律美。如果是四个音节,一般是平平仄仄,或者是仄仄平平。如果连用四个或三个平声字、四个或三个仄声字，那么汉语的音乐美就无从体现了。

我国唐宋以来所倡导的格律诗是非常讲究声调平仄的。如（举例中以"—"表平，以"｜"表仄，下同）

① 春蚕到死丝方尽，
　　蜡炬成灰泪始干。
　　　　　　　　　　　　　　　　　　（李商隐《无题》）

② 海酿千种酒，
　　山栽万仞葱。
　　　　　　　　　　　　　　　　　　（陈毅《五律·西行》）

这两例，平仄完全符合格律诗的要求，体现了汉语讲究声调平仄的传统。今天，我们要继承发扬这个传统。其实，不仅仅是诗歌讲究声调平仄，就是一般的散文，通常所说的文章，往往也很讲究声调平仄。例如：

③ 远望天山，美丽多姿，那常年积雪高插云霄的群峰，像集体起舞的维吾尔少女的珠冠，银光闪闪，那富于色彩的连绵不断的山峦，像孔雀开屏，艳丽迷人。
　　　　　　　　　　　　　　　　　　（碧野《天山景物记》）

④ 美丽端庄的中山公园，绿树成荫，花坛巧布，彩练横空，千红万紫。

这些词句，非常注意声调平仄的调配，所以读起来抑扬顿挫，起伏有致，给人以声音上的美的享受。我们习用的成语以及一些常用词语，在多年流传和广泛运用中，往往形成了平仄协调的优美形式。例如：

⑤ 平平仄仄式：铜墙铁壁　花言巧语　玲珑剔透　争奇斗艳　拈轻怕重
　　仄仄平平式：刻骨铭心　破釜沉舟　柳暗花明　锦上添花　力挽狂澜

有的时候，人们甚至打破正常的组合，采用超常的搭配，以求得语音的平仄协调。例如：

⑥ 江山易改，禀性难移

⑦ 山清水秀

例⑥的"改"和"移"，本应互换位置，才是正常的主谓搭配，但是，为了求得平仄协调，人们宁愿采取超常的主谓搭配。例⑦的"山清"和"水秀"也是超常的主谓搭配（本应是"山秀"和"水清"），这也是为了求得声调的扬抑和谐。

（二）押韵显和谐

汉语元音占优势，韵母中都有元音。把韵母（主要指韵腹、韵尾）相同或相近的字放在诗文的不同句子的同一位置上，就形成了押韵。押韵的字一般在句子的末尾，所以又叫"韵脚"。这样，韵脚在不同句子的同一位置上反复出现，形成语音上的回环往复之美。押韵能很好地体现节奏，所以诗歌一般是押韵的，无论是诗、词、曲，包括自由体的诗，一般都押韵。人们所讲的韵文，大都是指讲究押韵的文字。例如：

① 敬爱的周总理，您为祖国山河增光辉（uei），您为中华儿女振声威（uei），您不朽的业绩永世长存，您光辉的名字青史永垂（uei）。

② 风雨送春归，飞雪迎春到（ao）。已是悬崖百丈冰，犹有花枝俏（iao）。俏也不争春，只把春来报（ao）。待到山花烂漫时，她在丛中笑（iao）。
　　　　　　　　　　　　　　　　　　（毛泽东《卜算子·咏梅》）

这些诗歌，都是押韵的，读起来韵脚和谐悦耳，反复回旋。押韵，已经成为诗歌语言的要素之一。与韵文相对的散文，一般不要求押韵，但是，有的散文在适当的地方也讲究押韵。这样的散文抒情性很强，形成了诗一样的语言。例如：

③ 灵车队（ui），万众心相随（ui）。哭别总理心欲碎（ui），八亿神州泪纷飞（ei）。红旗低垂（ui），新华门前洒满泪（lei）。日理万机的总理啊，您今晚几时回（ui）？

长夜无言，天地同悲（bei），只见灵车去，不见总理归（ui）。

这段用来对十里长街哭别总理场景的描写的文字，押了灰堆辙，读来不太响亮却朗朗上口，同韵相应，自如流转，不仅悦耳动听，而且使得悲痛的气氛格外浓重。这段解说词，本来写得就很精彩，而其恰当的押韵又使其更加动人。

实际上，描写性的文字、有的议论性的文字如果也能适当押韵，其表达效果也自能得以增强。

（三）双声与叠韵

双声叠韵是汉语语音特有的一种表现形式，利用双声叠韵造成声韵和谐的语句也是汉语传统的语音修辞手法之一。王国维《人间词话》指出："苟于词之荡漾处用叠韵，促节处用双声，则其铿锵可诵。"王国维在此道出了双声与叠韵的奥秘之处，但世人在使用双声与叠韵时，则很少注意其不同的细微之处。格律诗中对仗的部分，常常有双声叠韵相对的情形。例如：

① 行人刁斗风沙暗，公主琵琶幽怨多。　　　　　　　　（李颀《古从军行》）
② 梦里依稀慈母泪，城头变幻大王旗。　　　　　　　　（鲁迅《无题》）
③ 真的猛士，敢于直面惨淡的人生，敢于正视淋漓的鲜血。

（鲁迅《记念刘和珍君》）

①句中的"刁斗""琵琶"，②句中的"依稀""变幻"，③句中的"惨淡""淋漓"，它们或双声，或叠韵，总能给人以同声相应或同韵相和的美感享受。使用这样的词语，还可以突出语义的重点，增强抒情的意味，可谓一举三得，自然有很多用的人喜欢用它。

现代语言生活中人们常用的一些词语，有不少就是双声叠韵的结构。双音节的如"批评""丰富""大地""虚心""开阔"等都是双声，"辛勤""教条""利息""响亮""阳光"等都是叠韵。四音节的如"意气风发""欢天喜地""战天斗地""灿烂辉煌""汹涌澎湃""惨淡经营""小巧玲珑"等都是双声叠韵结构。我们如果能恰当地运用这些词语，可以明显地提高表达效果。

（四）节拍要匀称

语言是有节奏的。节拍就是指有一定数量的音节构成的语言节奏单位，这样的节拍也叫音步。汉语语音具有很强的音乐性。我们调配节拍，追求节拍的和谐匀称，就是要充分表现语言的节奏感，充分展示汉语的音乐美。诗歌的节拍比较明显，并有一定的规律，一般是两个音节一个节拍，间有一个音节一个节拍。常见的节拍安排方式有：三字句，二/一式或一/二式；四字句，二/二式；五字句，二/二/一式或二/一/二式；六字句，二/二/二式；七字句，二/二/二/一式或二/二/一/二式。例如：

① 太阳/出，冰山/滴；真金/在，岂/销铄？　　　　　（郭沫若《满江红》）
② 指点/江山，激扬/文字，粪土/当年/万户/侯。（毛泽东《沁园春·长沙》）

③ 攻城/不怕/坚，攻书/莫畏/难。科学/有/险阻，苦战/能/过关。

(叶剑英《攻关》)

④ 宁化/清流/归化，路隘/林深/苔滑。　　(毛泽东《如梦令·元旦》)

⑤ 春风/杨柳/万千/条，六亿/神州/尽/舜尧。红心/随雨/翻作/浪，青山/着意/化为/桥。　　(毛泽东《七律·送瘟神》)

这些诗歌的节拍十分明显，很自然，并且和句子的意群相吻合。现代的自由体新诗，有的句子字数比较多，节拍的音节数目也可多一些，但节拍安排的基本方式与古体诗词基本一致。例如：

⑥ ……戈壁荒原上，你漫天的走石飞沙呵，

　……革命道路上，你阵阵的雷鸣风吼！

　乌云，在我们眼前……

　阴云，在我们背后……

　江山呵，在我们的肩！

　红旗呵，在我们的手！

　呵，眼前的这一切一切呵，

　让我们说：胜利呵——我们能够！

(贺敬之《西去列车的窗口》)

散文也有节拍。散文的节拍当然不像诗歌那样相对固定，它带有一定的灵活性和主观性，通常采取以两个音节或四个音节为一个节拍的形式。例如：

⑦ 你永远那么青翠，永远那么挺拔，风吹雨打，从不改色；刀砍火烧，永不低头——这正是英雄的井冈山人，也是亿万中国人民的革命气节和革命精神！

(袁鹰《井冈翠竹》)

平时说话写文章，一般前后句节拍数量不宜差别过大，头重脚轻的句子应尽量不用；前短后长的句子读来上口，也符合人们的审美心理，应尽量多用。

现代汉语中双音节词占多数，形成这种状况的原因，除了现代汉语中单音节词活动受限制，总要通过种种方式扩充为双音节词才能自由活动等语法原因之外，从节拍方面看，双音节语言单位与单音节语言单位相比，多具有稳定和独立的特点，两个双音节语言单位用在一起，这个特点就更为突出。所以，现代汉语中就出现了大量的双音节词和四音节的成语。成语绝大多数是二/二式的节拍。例如：

⑧ 风调/雨顺　称心/如意　屈指/可数　节外/生枝　口是/心非

即使是从结构和意义上分析不是二/二式的，人们在节拍上仍然处理为二/二式。例如：

⑨ 闻所/未闻　乘人/之危　众矢/之的　一衣/带水

例⑨的前两个成语本是一/三式，后两个成语本是三/一式，但是，人们还是把它们读成二/二式。这就是节拍在起作用。当然，一味地使用双音节、四音节词语，虽然平稳，但显得单调，那就得有些变化。人们常用的变化方法是在作品中安排成对的三音节词语。例如：

⑩ 一跺脚，刀横起，大红缨子在胸前摆动，削砍劈拨，蹲越闪转，手起风生，忽忽直响。

(老舍《断魂枪》)

⑪ 说凤阳，道凤阳，凤阳本是好地方。（安徽歌谣）

三音节词语显得活泼轻快，但是单独使用容易使人产生不稳定的感觉。而两个三音节词语连在一起，就如负负得正一样，变得稳定了。例⑧的"道凤阳"从表意上来看没有必要，但是从节拍上来看却很有必要。

懂得了节拍的道理，我们遣词造句就要注意音节的调配，使句子音节相称，节拍自然、平稳，富于变化。

现代汉语中有不少的单音节、双音节和多音节同义词并存，可供我们根据语境和行文在音节上的需要加以选择。另外，有些虚词也可供我们调配音节使用。这方面的范例不胜枚举。例如：

⑫ ——那醉人的绿呀！我若能裁你以为带，我将赠给那轻盈的舞女；她必能临风飘举了。我若能挹你以为眼，我将赠给那善歌的盲妹；她必明眸善睐了。

（朱自清《绿》）

这一例中的"挹"（"舀"的意思）是书面语词，与常用词"裁"搭配；"盲妹"是临时的组合单位，与常用词"舞女"搭配——都是为了使音节匀称。这两个句子的节拍也调配得较为整齐匀称。

二、从语汇要素入手

现代汉语的语汇丰富多彩，有同义词、反义词、类义词，褒义词、贬义词、中性词，双音节词、单音节词、多音节词，有动词、名词、形容词等等。如何根据题旨和语境的需要，准确、得体、生动、传神而富有创造性地使用词语，这可是一项复杂而细致的工作。从语汇要素入手进行修辞主要包括词语的选择和词语的配合两个方面。

（一）词语的选择

1. 动词的选择

据统计，在经常使用的各类句子中，动词性谓语句和动词性非主谓句约占70%。传统语言学和现代语言学都十分重视动词在结构句子和传递信息中的独特作用。从修辞的角度看，我们在叙事、写人或描绘景物时，用好动词往往也是至关重要的。例如：

① 那人便焦急起来，嚷道："怕什么？怎的不拿？"老栓还踌躇着；黑的人便抢过灯笼，一把扯下纸罩，裹了馒头，塞与老栓；一手抓过洋钱，捏一捏，转身去了。

（鲁迅《药》）

这段短文中一连运用了非常生动传神的"嚷""抢""扯""裹""塞""抓""捏"等动词将一个粗野、残暴、贪婪的敲诈老手——刽子手康大叔的形象活脱脱地呈现在读者的面前，真可谓形神兼备、入木三分。

② 是烟是雾，我们辨识不清，只见灰蒙蒙一片，把老大一座高山，上上下下裹了个严实。

（李健吾《雨中登泰山》）

烟雾一般是"笼罩"着高山，但是这里用了"裹"这个动词，以说明烟雾很浓，好像一块幕布把高山裹了起来，使人看不清山的真面目。这样写景，不仅描述得真实，而且写出了人的主观感受。

③ 妈妈，你脸上的笑，是爸爸寄来的吧？（谢采筏《爸爸来信》）

此句中的"笑",作为妈妈脸上的表情,怎么可能用信寄来?可仔细一想,还是很有道理的。小孩凭着观察的直觉,说妈妈的"笑"是爸爸寄来的,虽不合乎语法常规,但却道出了其中的奥妙——爸爸若不寄来能使妈妈感到欣慰、感到高兴的信,她的脸上又何来那会心的"笑"呢?

2. 形容词的选择

形容词表示事物的性状,对形容词加以选择,可以使事物的性质更为明显,状态更为生动。所谓使人如闻其声、如睹其形、如临其境、如见其人的感染作用,在很多场合都是靠形容词的妙用而实现的。例如:

④ 此就看见许多陌生的先生,听到许多新鲜的讲义。　　　　　(鲁迅《藤野先生》)

这一例的"陌生"和"新鲜",在初稿中都用了同一个词"新",这当然也可以。但"新的先生"是新到校的,还是新认识的?"新的讲义"是指新印出的,还是指有新内容的?表意不很明确。改为"陌生的先生"表示从未见过,'那就是新认识的;改为"新鲜的讲义"表示从未听过,那就是指新的内容。这样一改,表意就非常明确了,事物的性质也就十分明显了。

⑤ 话犹未了,林黛玉已摇摇的走了进来。

(曹雪芹《红楼梦》(庚辰本)第八回)

以"摇摇"来描写林黛玉进来的状态,的确生动而传神,使得林黛玉那弱不禁风的身影,娇娆轻盈的姿态,活灵活现地展现在我们眼前。这一句,戚序本没有"摇摇"两字,成了平淡的叙述。程高本为"摇摇摆摆",多了两字,反而使人觉得轻浮而有失庄重,背离了林黛玉的气质,有损人物形象。三个本子比较起来,显然是庚辰本的"摇摇"最为恰当,使林黛玉的形象跃然纸上。

⑥ 大漠孤烟直,长河落日圆。　　　　　　　　　　　　　(王维《使至塞上》)

大漠无垠,沙丘连绵,一个"大"字,让人真切地感受到了空旷沙漠的"面"的广袤;燧火点燃,炊烟袅袅,一个"直"字,让人真切地感受到了无风沙漠中"线"的绵延。从海拔很高的上游向下游望去,浊流滚滚的黄河蜿蜒向前,奔向远方;从毫无遮拦的沙漠向西望去,那已接近地平线的落日红光淡然,格外浑圆。在作者的笔下,漠之大与烟之直、河的长与日的圆,既是图形的鲜明对比,又是景观的和谐统一。在作者的眼里,毫无生机的大漠景观竟显得那么静穆壮美、气势雄浑,人迹罕至的沙漠在炊烟的上升、大河的奔流、圆日的坠落的衬托之下,竟给了人以生机流转、活力跃动的身心感受。这么神奇的修辞效果,自然应当归功于诗句中形容词的精彩妙用。

3. 名词的选择

名词表示人或事物的名称,似乎没有什么值得锤炼之处。但是,在现实生活中,一物多名的现象比比皆是,究竟是给其一个词典上的称谓,还是给其一个临时性的别称,还是给其另起一个妙趣横生的雅号,其中的学问还真不小;再加之名词与语境的关系,名词与其他词语的搭配关系,名词与实指之间的关系等等,这其中还真得仔细推敲一番。例如:

⑦ 学务大人大约有四十五六岁的年纪,一张黑黄的脸皮,当中镶着白多黑少的两个玻璃球。一个中部高峙的鹰鼻,鼻下挂着些干黄的穗子,遮住了嘴。

(老舍《老张的哲学》)

这一例的"玻璃球"是指眼球,"穗子"是指胡子,这里将"眼球""胡子"说成"玻璃球"和"穗子",顿生诙谐幽默之趣,让人备感老舍作品的独特风格。

⑧ 山上几乎开满映山红,比起盆栽的杜鹃,无论花朵和叶子,都显得特别有精神。

一花两名,不过在什么环境下用什么名称,倒也是很有讲究的。有时名词性的短语选择得恰当、运用得贴切,也能收到韵味无穷的修辞效果。

⑨ 枯藤老树昏鸦,
　小桥流水人家,
　古道西风瘦马。
　夕阳西下,
　断肠人在天涯。　　　　　　　　　　　　　　　(马致远《天净沙·秋思》)

读着这首小令,一幅悲戚动人的风景画便呈现在了眼前。然而这幅风景画几乎全是用名词性的偏正短语编织而成的。马致远在他仅仅四句话的小令中竟然一连用了十二个名词性的偏正短语。马致远的笔下,藤是枯的,树是老的,鸦是急于归巢的昏鸦,道是少有人走的古道,风是萧瑟悲凉的西风,马是羸弱疲劳的瘦马;夕阳就要落山了,仕途坎坷的游子还孤独地游荡在遥远的天涯。但看那温馨怡人、令人神往的"小桥流水人家",怎不让人痛彻骨髓、柔肠寸断呢?景物本身是没有色彩的,然而在这首小令中它们却呈现出鲜明动人的色彩,它们所组成的画面不能不给人一种孤寂、悲哀、忧郁、苍凉之感,这自然都应归功于马致远这位善用"写意"的"丹青高手"。

4. 数词、量词、副词的选择

词语的选择不限于动词、形容词和名词,数词、量词、副词乃至于代词及虚词的使用也都应精益求精。

相传唐朝诗人齐己,写好一首《早梅》,前去向和尚郑谷求教,其中两句诗云"前村深雪里,昨夜数枝开。"郑谷阅后,建议将"数枝"改为"一枝"。齐己听后,佩服不已。一个数词"一",不仅巧妙地体现了梅开之早,而且更加切合了本诗的主旨,怎能不令齐己佩服?于是齐己下拜,称郑谷为"一字师"。

有时数词巧用在对联中,既能准确地表情达意,又显得新鲜而别有情致。例如:

⑩ 四面荷花三面柳
　一城山色半城湖　　　　　　　　　　　　　　　　(济南大明湖对联)

⑪ 一门父子三词客
　千古文章四大家　　　　　　　　　　　　(四川省眉山市三苏祠对联)

量词是很具形象色彩的,"一片""一朵""一丝""一缕""一堆""一绺"等,形象各不相同,必须根据情况精心选用才好。例如:

⑫ 过了八公里长的瞿塘峡,乌沉沉的云雾突然隐去,峡顶上一道蓝天,浮着几小片金色浮云,一注阳光像闪电样落在左边峭壁上。　　　　　　(刘白羽《长江三日》)

蓝天怎么是"一道"?因为是在三峡中看蓝天,不能把整个蓝天尽收眼底,所以看上去只是"一道";浮云是"几小片",也很恰当;"一注"阳光尤其精彩,"注"本是动词,这里借来作为量词,形象地写出了阳光不是大片而是成线条状照射在峭壁上,就像水注射到峭壁上,像闪电落到峭壁上,"一道""一注"写出了三峡奇特的美景。

副词起修饰限制作用,选择得好,往往也会产生"奇效"。例如:

⑬ 白求恩同志，我也要批评你两句。你不很注意——不，是很不注意——自己的健康！　　　　　　　　　　　　　　　　　　　　（电影《白求恩大夫》）

"不"和"很"两个副词，组合顺序不同，表意不一样。"不很注意"，说明还比较注意；"很不注意"，说明非常不注意。先说"不很注意"，表意不精确；改用"很不注意"，就充分表现了白求恩同志毫不利己、专门利人的崇高精神，表意十分精确。

代词以及虚词的选择也有很好的修辞效果。郭沫若的《屈原》剧本中"你是没有骨气的文人"这句台词，经演员建议，改为"你这没有骨气的文人"，使台词的语气大为增强。老舍的话剧《宝船》中"开船喽"一句，用"喽"而不用"啦"，为什么呢？原来老舍经反复朗诵后体会到，"开船喽"是表示对大家说的，"开船啦"只是表示对自己说的。两个不同的语气词的细微差别，作家都能反复推敲，其认真仔细的精神不能不令人钦敬。

(二) 词语的配合

1. 色彩的配合

(1) 感情色彩的配合。

词语的感情色彩有褒义、贬义、中性之分，它反映人们对客观事物的评价态度。不少词语是带有感情色彩的，我们在运用这些词语时要注意感情色彩的配合。例如：

① 我已经说过：我向来是不惮以最坏的恶意来推测中国人的。但这回却很有几点出乎我意外。一是当局者竟会这样地凶残，一是流言家竟至如此之下劣，一是中国的女性临难竟能如是之从容。　　　　　　　　　　　　　（鲁迅《记念刘和珍君》）

"凶残""下劣"带有贬斥的感情色彩，用来抨击"当局者"和"流言家"，十分贴切；"从容"带有褒扬的感情色彩，用来赞颂刘和珍君等"中国的女性"也非常合适。鲁迅先生将这三个褒贬色彩不同的词，运用于不同的人，运用在三个整齐的分句中，配合得当，爱憎分明。

有些词语本身没有感情色彩，但如果我们把它们安排在一个特定的语言环境中，它们也就会临时带上感情色彩，使我们的思想感情能够更加确切地表达出来。例如：

② 而青松啊，
　　决不与野草闲花为伍！
　　一派正气，
　　一副洁骨，
　　一片忠贞，
　　一身英武。　　　　　　　　　　　　　　　　　　（郭小川《青松歌》）

"一派""一副""一片""一身"这些数量词，本身并不带有什么感情，可诗中将它们分别同"正气""洁骨""忠贞""英武"配合，以表现青松完全、彻底、表里如一的高贵品质，这就使得这些数量词带有了褒扬的感情色彩。

感情色彩有正面适应的情况，也有反面适应的情况，具体的语境与词语本来的感情色彩相反相成，有时也同样能收到很好的修辞效果。例如：

③ 中国军人的屠戮妇婴的伟绩，八国联军的惩创学生的武功，不幸全被这几缕血痕抹杀了。　　　　　　　　　　　　　　　　　　（鲁迅《记念刘和珍君》）

④ 即使无名肿毒，倘若生在中国人身上，也便"红肿之处，艳若桃花；溃烂之时，美如乳酪"，国粹所在，妙不可言。　　　　　　　　（鲁迅《热风·随感录三十九》）

例③中的"伟绩""武功"和其他词语配合起来，便构成了对"中国军人"和"八国联军"的无情揭露和嘲讽，同时也表达了作者极度愤慨的感情。例④中的"红肿之处，艳若桃花；溃烂之时，美如乳酪"用在这种特定的上下文中，也起到了对国粹派予以嘲弄和讥讽的修辞效果，同时这种耐人寻味、令人警醒的语句也不能不给人以深深的启迪。

（2）语体色彩的配合。

语体分为口语和书面语两大类及若干小类。有些词语通用于各种语体，这些词语不具语体色彩。有些词语常用于某一语体或专用于某一语体，这样的词语则具有相应的语体色彩。一般说来，具有语体色彩的词语同某一语体有着稳定的适应性而排斥其他语体，因此，我们运用这些词语就要充分考虑词的语体色彩与语体的配合，以取得和谐一致的效果。例如：

⑤ 到了县城，还不到下午六点，先买杯热茶，啃了随身带着的几块僵饼，填饱肚子，向火车站走去，一路逛百货公司。　　　　　　　　　　（高晓声《陈奂生上城》）

⑥ 我们必须高举中国特色社会主义伟大旗帜，深入贯彻落实科学发展观，认知客观规律，创新关键技术，走出一条在资源有限的国情下，依靠科技实现科学发展、建设和谐社会，进而实现现代化的发展道路。　　　（路甬祥《进一步明晰科学发展的着力点》）

例⑤写的是一位农民的事情，该段话虽不是农民直接所说，但遣词造句也应与小说的内容及人物的身份相协调，所以句中用了"啃……僵饼""填饱了肚子""逛百货公司"等通俗形象的词语，具有口语语体的风格特点。例⑥运用了具有书面语语体风格的词语，这与文章本身所属的语体是相一致的；同时在"走出……发展道路"一句中，用了很长的修饰成分，也正体现了政论语体遣词造句周密严谨的风格特点。

具有语体色彩的词语一般只适用于相应的语体，但也有一定的灵活性。有时候，为了形成某种风格或取得某种修辞效果，可以故意用上少量的不同语体色彩的词语。例如：

⑦ 在"吃不饱"看来，她这位丈夫也不能算是最满意的，只能说是"比上不足比下有余"——所以只把他作为"过渡时期"的丈夫。　　　　　　（赵树理《锻炼锻炼》）

这是小说中的语言，属文艺语体。"过渡时期"是政治术语，一般用于政论语体，将这一词语运用到小说中来描写丈夫，使人感到诙谐、幽默。

（3）形象色彩、时代色彩的配合。

词语的形象色彩是所指对象在人的意识里的一种感性的、具体的反映。汉语中不少词语具有形象色彩，以视觉形象为多，如"马尾松""鸡冠花""丹顶鹤""含羞草""垂柳"等等。也有作用于听觉、嗅觉、味觉、触觉的，如"脆嘣嘣""香喷喷""酸溜溜""硬邦邦"等。既然有些词语本身就有一定的形象色彩，那么我们在描绘形象时，就应当注意词语的形象色彩的配合，以期收到如闻其声、如见其形的艺术效果。例如：

⑧ 他悠悠地踱着步子，嗫着牙花子，慢吞吞地吐出每一个字。好像在掂着每一个字的分量；又像是在咂着每一个字的滋味。是的，他的话就像五香牛肉干，浓缩、醇厚。

　　　　　　　　　　　　　　　　　　　　　　　　（王蒙《说客盈门》）

作者精心地挑选了"悠悠地踱""嗫着牙花子""慢吞吞地吐"以及"掂""咂"等形象鲜明的词语，再加上一个耐人寻味的比喻，把"他"（县革委会主任老赵）的形象活脱脱地勾勒了出来——"他"原来是一个吃老本、说套话、保乌纱、有严重官僚习气的领导干部。

词语的时代色彩是不同时代给词语打下的烙印。我们表现不同时代的内容，必须注意词语的时代色彩的配合。例如：

⑨ 在旧社会的戏园子里，往往看得见"禁止喧哗"四个字的木牌，但在戏曲演出的时候，大声谈天说话的有，喝彩以至于打口哨的也有。现代戏院只有发暗的红灯发出"请勿吸烟"的禁告。
（王朝闻《起哄与欣赏》）

写旧社会，用"戏园子""禁止喧哗""木牌"这些词语；写现代，用"戏院""发暗的红灯""请勿吸烟"这些词语。这反映了不同时代人们对事物的称说和文明水平，体现了不同时代的特点。

2. 义类的配合

（1）同义词的配合。

同义词的运用是语汇修辞的一个重要方面。除了在语句的某一处选择运用同义词之外，人们常常将一组同义词同时在多处运用，互相配合，效果明显。例如：

⑩ 熊庆来慧眼认罗庚，
　　华罗庚睿目识景润。
（徐迟《哥德巴赫猜想》）

"慧眼"与"睿目"，"认"与"识"都是同义词，为了避免重复单调，作者便故意变化一下词语的形式。

⑪ 远望天山，美丽多姿……那富于色彩的不断的山峦，像孔雀正在开屏，艳丽迷人。……就在雪的群峰的围绕中，一片奇丽的千里牧场展现在你的眼前。墨绿的原始森林和鲜艳的野花，给这辽阔的千里牧场镶上了双重富丽的花边。
（碧野《天山景物记》）

加点的四个形容词都有美丽的意思，但又有细微差别："美丽"用在文章的开头，概括写天山景物的好看；"艳丽"写孔雀开屏一样的连绵不断的山峰，突出色彩的鲜艳明丽；"奇丽"写千里牧场，着重写他在雪峰围绕中带给人的意想不到的美；"富丽"写墨绿的原始森林和鲜艳的野花，强调他们的宏伟和堂皇。这几个词贴切地描写了不同景物的美的不同特点，可谓准确细致。

⑫ 他的新著《红楼风俗谭》，叙岁时，记年事，说礼仪，谈服饰，讲古童，言官制，道园林，论工艺，兼及顽童深读，学究讲章，"太上感玄"、"八股"陈腔，道士弄鬼，红袖熏香，茄鳖鹿肉，荷包槟榔，至琐至细，无不包藏。
（《文汇报》1987年10月18日）

这里的"叙""记""说""谈""讲""言""道""论"既表同义，又有变化，错综避复，相得益彰，同中有异，配合得当。这就充分反映了作者运用同义词的娴熟，又充分显示了汉语语汇丰富的特点。同义词不仅可以在多处使用，而且还可以连续使用。这样，接连而下，互相配合，以加强气势，协调音节，增强效果。例如：

⑬ 你们的许多言论行动，既然和敌人汉奸的所有这些言论行动一模一样，毫无二致，毫无区别，怎么能够不使人怀疑你们和敌人汉奸互相勾结，或订立了某种默契？
（毛泽东《质问国民党》）

这里的"一模一样""毫无二致""毫无区别"是同义的成语或四字格词语，在意义上没多大差别，但字面上有变化。接连使用，并不让人感到重复，而是让人感到配合有方，痛快淋漓，使人觉得唯有如此，才能充分揭露国民党反动派的罪恶本质。

(2) 反义词的配合。

反义词的使用可以揭示事物的相反或相对的关系，突出事物的本质特征，同时表意周到辩证，所以人们在语汇修辞中经常运用反义词。反义词往往是成双成对地配合使用的。例如：

⑭ 笑的声音有大有小；有远有近；有高有低；有粗有细；有速有慢；有真有假；有聪明的，有笨拙的；有柔和的，有粗暴的；有爽朗的，有娇嫩的；有现实的，有浪漫的；有冷冷的，有热情的，如此等等，不一而足，这是笑的辩证法。　　（高士其《笑》）

这里把"大—小、远—近、高—低、粗—细"等十一对反义词配合起来，运用在十一个分句里，概括全面，包罗了笑的百态，阐明了笑的辩证法。

修辞上所讲的反义词，还包括临时反义词。临时反义词指的是有些词语本来不具有直接的相反或相对的关系，但在特定的语言环境中，人们为了表达的需要而使它们临时具有了相反或相对的关系。临时反义词的使用，尤其要注意互相配合。例如：

⑮ 这种花洞的房子，外浅内深，前高后低，冬暖夏凉。
　　　　　　　　　　　　　　　　（冰心《"花洞"的生活方式》）

这句话中的"浅"与"深"、"高"与"低"、"暖"与"凉"，本来就是反义词；这些反义词有机地配合起来，就把花洞的构造、形貌和温度变化的特点，准确而鲜明地表达了出来，虽简洁却能给人们留下深刻的印象。

⑯ 没有蒲公英，显不出雏菊，没有平凡，显不出超绝。而且不能因为大家都爱雏菊，世上便消灭了蒲公英；不能因为大家都敬礼超人，世上便消灭了庸碌，即使这一切都因着世人的爱增，而生灭；只恐到了满山满谷都是菊花和超人的时候，菊花的价值，反不如蒲公英，超人的价值，反不及庸碌了。　　　　　（冰心《寄小读者》）

"蒲公英"与"雏菊""菊花"，本来不是反义词，可是，因为作者在文中将"蒲公英"与"雏菊"对举配合以"平凡"与"超绝"对举，将"雏菊""菊花"与"蒲公英"对举配合以"超人"与"庸碌"对举，这样的安排配合，显然就使"蒲公英"与"雏菊""菊花"临时具有了反义关系。

(3) 类义词的配合。

类义词是表示同类概念的一组词，或者说是同一类属语义场中的一组词。类义词的运用在语汇修辞中是很有特色的，它既有相同点（同类）以显出整齐，又有不同点（不同的事物或不同的性状）以显出错综。把一组类义词在一段文字中配合运用，往往能取得很好的修辞效果。例如：

⑰ 风雪一天比一天大，人们的干劲一天比一天猛，砍下的毛竹一天比一天堆得高，为竹滑道修的架在两座高山之间竹桥，也在一天比一天往上长。（袁鹰《井冈翠竹》）

作者在句中一连使用了"大""猛""高""长"这四个表示性状变化的类义词，且其前都用了"一天比一天"的修饰语，使事物逐渐向好的变化趋势不仅非常清晰，而且给读者留下了极其深刻的印象，语势畅达，感染力强。

有时，人们把一组一组的类义词连续排列，铺陈夸张，修辞效果也非常强烈。例如：

⑱ 一下子，鸡鸭蟹猪牛马驴狗雁兔子王八，头尾翅腿肚肠肝肺心腰子下水，有煎有炒有烹有炸有炖有蒸有熬有爆有烧有拌，外加一坛子水，碟架碟碗架碗，严严实实把这个僧人围在中央。　　　　　　　　　　　　　　　　（冯骥才《阴阳八卦》）

这一段文字，有动物类的类义词，有动物器脏类的类义词，有烹饪类的类义词，接连使用，效果很好，配合上很有特色。

三、从句子要素入手

从句子要素入手进行修辞，主要包括句子的调整和句式的选择两个方面。从句子的调整来看，主要从表意、衔接和结构入手加以调整；从句式的选择来看，主要有长句和短句、整句和散句、主动句和被动句、肯定句和否定句等以供选择。下面就从这两个方面分别谈谈。

（一）句子的调整

句子的调整，也称为"句子的锤炼"或"炼句"，这要求我们根据题旨和语境的需要，通过对对句子的表意、衔接和结构的调整，以求句子结构合理，表意周密，衔接连贯。为达此目的，我们必须掌握辩证原则，处理好句子调整中的常和变、显和隐、通和顺。

1. 常和变

（1）改变语序。

改变语序是指改变词语在句子中常规的排列顺序，或者说是改变句子成分在句子中的常规位置，这样就把常式句改成了变式句。改变语序所产生的修辞效果有两个方面。一方面，强调前移的部分，这多见于口语。如："怎么了，你？""是他呀，的确。"另一方面，强调后移的部分，这多见于书面语。如"许多外国朋友来到桂林游览，从伦敦，从纽约，从巴黎，从世界各地。"再如：

① 归来吧归来哟，
  浪迹天涯的游子。　　　　　　　　　　　　　（小轩《故乡的云》）
② 在哪里，你嘹亮的歌声？
  在哪里，你窈窕的身影？
  在哪里，啊，勇敢的女郎？　　　　　　　　　（徐志摩《海韵》）

例①将"归来吧归来哟"置于主语"浪迹天涯的游子"之前，借以表达母亲对孩子的爱恋，祖国对子民的思念、故乡对游子的呼唤；同时，作者从另一角度更抒发了游子疲惫思归的真挚情感。例②将谓语"在哪里"一律放在了主语"你嘹亮的歌声""你窈窕的身影""勇敢的女郎"的前面，加之"在哪里"的反复使用，更强调了作者急切追寻的思想感情；当然诗中的"女郎"只是作者精神上的意念中的东西，并非实指。

③ 无数双眼睛——金黄的、碧蓝的、黝黑的，同时注视着这条受伤的手臂，各种语言发出同声惊叹！　　　　　　　　　　　　　　　　　　　（理由《扬眉剑出鞘》）

例③是将定语"金黄的、碧蓝的、黝黑的"放到了中心语"眼睛"的后面，以强调注视的眼睛是不同民族的。

（2）改变句序。

改变句序是指改变复句中分句的常规排列顺序。在复句中，并列复句、选择复句等分句的排列没有固定的顺序，其排列顺序的改变，有时不影响意思的表达。可是，不少复句，尤其是偏正复句中分句的排列是有规定的顺序的，一般是偏句在前，正句在后，后面的分句是表意的重心所在。分句的排列顺序不一样，表意就有不同。"情有可原，法无可恕"和"法无可恕,情有可原",意思不同;"屡战屡败"与"屡败屡战",表意也很不一样。所以,人们在运用复句时为了表意的需要而常常有意改变分句的排列顺序。例如:

④ 它飞得慢,叫的声音很悲惨。飞得慢,因为它受过箭伤,伤口没有愈合,还在作痛;叫得凄惨,因为它离开同伴,孤单失群,得不到帮助。

⑤ 过去打仗也好,现在搞工业也好,我都不喜欢站在旁边打边鼓,而喜欢当主角,不管我将演的是喜剧还是悲剧。　　　　　　　　　(蒋子龙《乔厂长上任记》)

例④是表原因的分句后置,以强调鸟飞得慢、叫得悲惨的原因,同时将情感感染与逻辑推理有机地统一在一起,能给人以深深的启迪。例⑤是表条件的分句后置,突出地表现了乔厂长不计个人得失荣辱、敢于挑大梁的性格特点。

2. 显和隐

(1) 凸显话题。

话题是说话的焦点,常常是陈述的对象,述题是对话题的陈述。从信息结构上分析,话题传递旧信息(已知信息),述题传递新信息(未知信息)。从语序上分析,话题在前,居于句首,述题在话题之后。从认知上分析,话题居于句首,能最先引起注意。由于话题具有这些特点,所以,人们在调整句子时,十分注意话题的调整,把需要首先引起注意的信息放在话题的位置上,使之得到凸显。凸显话题的方法主要有两种。其一,直接将一些词语置于句首,充当话题。例如:

⑥ 苇塘的芦花被风吹起来,在上面飘飘悠悠地飞着。　　(管桦《小英雄雨来》)

⑦ 问别人的年龄、工资、婚姻状况等通常被认为是不礼貌的。

例⑥可以说成"风把苇塘的芦花吹起来,芦花在苇塘上面飘飘悠悠地飞着",但如此一改,前一分句说了风,后一分句却说了芦花,整个句子就没有集中的话题了,而且语气也不连贯了,表达效果大为逊色。例⑦中的"问别人的年龄、工资、婚姻状况等"是"认为"所关涉的一部分,如果将它放在"认为"后面,改为"通常认为问别人的年龄、工资、婚姻状况等是不礼貌的"全句就没有了焦点,"问别人的年龄、工资、婚姻状况等"就不能最先引起人们注意了。

其二,运用介词将一些词语置于句首,以提醒请注意陈述的对象或范围。例如:

⑧ 关于机构改革的问题,大家发表了很好的意见。

⑨ 熊是杂食的,吃肉,也吃果实块根。至于熊猫,是完全素食的。

　　　　　　　　　　　　　　　　　　　　　　　　(《现代汉语八百词》)

(2) 凸显焦点。

述题传递新信息,新信息的重点也可以是焦点。焦点是说话人最想让听话人注意的部分。调整句子,往往就是要把最需要强调的部分、最新的信息放在焦点的位置上,使之得到最为充分的凸显。凸显焦点的方法主要有三种。一是将焦点置于句子末尾,形成"句末焦点"。"句末焦点"是由旧信息到新信息,再到新信息的重点,这在认知上比较容易接受,反之则比较困难。所以,"句末焦点"又叫"自然焦点"。例如:

⑩ 我国的诗人爱把拱桥比作虹,说拱桥是"卧虹""飞虹",把水上拱桥形容为"长虹卧波"。　　　　　　　　　　　　　　　　　　(茅以升《中国石拱桥》)

这里为了描绘拱桥的形象,把"虹""卧虹""飞虹""长虹卧波"放在焦点的位置上加以凸显。为达此目的,作者在两处用了"把"字句,以便让虹处在末尾,形成句末焦点。

二是运用对比来凸显焦点，形成"对比焦点"。对比是有效地突出重点的方法，在运用对比的句子中，无疑这对比的部分就成了焦点而得以凸显。例如：

⑪ 有的人活着，

　　他已经死了；

　　有的人死了，

　　他还活着。　　　　　　　　　　　　　　　　　　　（臧克家《有的人》）

前面分句用"活"与"死"形成对比，是句末焦点。后面分句却将"活"与"死"颠倒了过来，使两个分句又形成了更高层次的对比，寓意深刻，发人深省。

三是采用焦点标记来凸显焦点。常用的焦点标记为"是"或"是……的"，焦点处在"是"之后。例如：

⑫ A. 我是昨天去了学校。

　　B. 我昨天是去了学校。

　　C. 我昨天去的是学校。

这一例的 A 句用"是"来凸显焦点"昨天"，表明我"去了学校"是在昨天而不是在前天或今天。就这一例来说，如果将"是"移到"去了学校"的前面，如 B 句，那就凸显了焦点"去"；如果将"是"移到"学校"的前面，如 C 句，那就凸显了焦点"学校"。"是"的位置不同，凸显的焦点就不同，表意的重点也就不一样。

3. 通和顺

（1）通顺兼备。

一般来说，说话写文章都要求句子通顺。如果细加分析，通和顺则是既互相区别又互相联系的两个方面。两者的区别为，通是语法方面的要求，顺是修辞方面的要求。也可以说，通是消极修辞的要求，顺是积极修辞的要求。两者的联系为，通是基础，顺是提高；不通一定不顺，但通了不一定顺。我们调整句子，就是要做到既通且顺，那就是说，不但使单个的句子合乎语法，没有语病，而且要使句子与句子之间衔接连贯，语势畅达。许多作家对句子的修改都说明了这一点。例如：

⑬ 原句：杨亮根据他同群众的接近，这大半都是贫农，他们都曾对钱文贵提过意见，这是一个最阴险的，地主阶级里面的头子……

改句：杨亮根据他同群众的接近，——这大半都是贫农，他们都曾对钱文贵提过意见，——认为钱文贵是一个最阴险的，地主阶级里面的头子……

（丁玲《太阳照在桑干河上》）

⑭ 原句：度过了讨饭的童年生活，在财东马房里睡觉的少年，青年时代又在秦岭荒山里混日子，他不知道世界上有什么可以叫作困难！

改句：他童年时候讨过饭，少年时候在财东马房里睡过觉，青年时候又在秦岭荒山里混过日子，简直不知道世界上有什么可以叫作困难。　　（柳青《创业史》）

例⑬原句中的"这"指代不明，而且与前文衔接得不够严谨，后来加上两个破折号，破折号后面改为"认为钱文贵……"，这样就表示两个破折号中间的部分只是插说语，而"认为钱文贵……"的主语仍然是杨亮，整个句子就显得既通又顺。例⑭叙述梁生宝童年、少年、青年时期的生活，原句童年时期用了一句，少年和青年时期合为一句，三个时期的叙述虽然没有什么不通之处，意思也很明了，但总觉得拗口不顺。改句用三个句子叙述三个时期的生活，并且结构基本一致，让人感到语句连贯，语势顺畅。

(2) 话题衔接。

话题是陈述的对象，传递旧信息，居于句首。话题往往是表述的出发点，是获取新信息的基础。因此，利用话题来衔接句子，是保证句子通和顺的最基本的衔接方法。常见的话题衔接的方式主要有两种。一种是平行衔接的方式。采用这种方式，可以用一个话题引出多个述题，一个话题贯串始终，平行推进；也可以用不同的话题引出不同的述题，这不同的话题往往是平行的，对举的。例如：

⑮ 武松乘着酒兴，只管走上冈子来。走不到半里多路，见一个败落的山神庙。行到庙前，见这庙门上贴着一张印信榜文。武松住了脚读时…… （施耐庵《水浒传》）

⑯ 原句：这所公馆和别的一样，也有一对石狮子在门口蹲踞着，屋檐下也挂着一对大的红纸灯笼。

改句：这所公馆和别的一样，门口也有一对石狮子，屋檐下也挂着一对大的红纸灯笼。 （巴金《家》甲版）

例⑮是用话题"武松"引出了多个述题。尽管这个话题"武松"有时出现，有时不出现，但都是同一个话题一连而下，平行推进，构成了这一段连贯得体的文字。例⑯改句的后两个分句分别是两个话题："（公馆的）门口"和"（公馆的）屋檐下"；这两个话题的定语虽均省去，但只要一联系上文就会明白。正是由于它们省去的是相同的定语，所以这两个话题存在着内在的联系；正是由于两个话题存在着内在的联系，所以整个句子读起来非常通顺而流畅。

话题衔接的另一种方式是分层衔接，即由一个话题（总话题）引出一些子话题，总话题与子话题有上下位关系，处在不同层次上。例如：

⑰ 露天会场。西边是黑魆魆的群山。东边是流水汤汤的延河，隔河是清凉山。南边是隐隐约约的古城和城上的女墙，北边是一条路，沿了延河，蜿蜒过蓝家坪，狄青牢，直通去三边的阳关大道。 （吴伯箫《歌声》）

这一例的总话题是"露天会场"，由它引出子话题"西边""东边""南边""北边"，衔接有方，层次分明，叙述清楚。

(3) 述题衔接。

句子衔接的通和顺也常常运用述题衔接的方法。述题衔接的主要方式也有两种。一种方式是平行衔接。采用这种方式，可以用述题反复来形成衔接；也可以用上一句的述题作为下一句的话题，形成话题链，一环一环地相接。例如：

⑱ 鱼儿喜欢清澈的河水，那是它们的家园。
花儿喜欢肥沃的土壤，那是它们的家园。
鸟儿喜欢澄澈的天空，那是它们的家园。
人类需要没有硝烟的世界，需要一个和谐美好的家园。

⑲ 一见面是寒暄，寒暄之后说我"胖了"，说我"胖了"之后即大骂其新党。 （鲁迅《祝福》）

例⑱是利用述题"喜欢"以及后面的分句"那是它们的家园"构成反复，使得段落内部的前三个句子不管是在语气上还是在结构上都显得和谐统一、整齐流畅；而后一个分句虽然述题换成了"需要"，显得灵活而富有变化，但通过其他词语由于前文形成了内在的照应，同时使语义也得到了自然的升华。例⑲第一句的述题"寒暄"充当了第二句的话题，第二句的述题"说我'胖了'"，充当了第三句的话题，这样环环相扣，衔接紧密，连贯顺畅。

述题衔接的另一种方式是分层衔接，即由一个述题引出一些子话题，这个述题与引出的子话题处在不同层次上。例如：

⑳ 语言的地面是坎坷不平的，"过往行人，小心在意"。说话的人，尤其是写文章的人，要处处为听者和读者着想，竭力把话说清楚，不要等人家反复推敲。在听者和读者这方面呢，那就要用心体会，不望文生义，不断章取义，不以辞害意。

（吕叔湘《语文常谈》）

这段话首句总说"语言的地面是坎坷不平的，'过往行人，小心在意'"，然后引出两个子话题——一是"说话的人，尤其是写文章的人"，短文在总说之后便围绕这两个话题分别加以陈述，使整个语段条理清楚，衔接连贯。

（二）句式的选用

一般情况下，人们选择的句式往往是一些相反相成、相辅相成的句式，这些句式都具有各自的修辞效果，孤立地看，很难分出高下优劣；选择的关键在于我们选用的句式是不是适应语境、切合语体并能收到预期的修辞效果。下面讲几对人们经常选用的句式。

1. 长句和短句

长句是指词语多、结构复杂的句子，短句是指词语少、结构简单的句子。长句和短句各有其修辞效果。长句表意丰富、周密、精确、细致，短句表意简洁、明快、活泼、有力。例如：

① 原句：所以这文坛，暂时大约还要被两大类子弟，就是"破落户"和"暴发户"所占据。

改句：所以这文坛，从阴暗这方面看起来，暂时大约还要被两大类子弟，就是"破落户"和"暴发户"所占据。

（鲁迅《文坛三户》）

② 王三胜，大个子，一脸横肉，努着对大黑眼珠，看着四周。大家不出声。他脱了小褂，紧了紧深月白色的"腰里硬"，把肚子杀进去。给手心一口吐沫，抄起大刀来："诸位，王三胜先练趟瞧瞧。不白练，练完了，带着的扔几个；没钱，给喊个好，助助威。这儿没生意口。好，上眼！"

（老舍《断魂枪》）

例①本来句子就比较长，但还不够严谨，加上"从阴暗这方面看起来"这一限制性成分，加之"暂时""大约"等词语的作用，句义就显得无懈可击了。例②用短句，描写一个练武卖艺人的容貌、穿着、语言、动作，有声有色，简洁有力。

长句和短句各有其适用的语体，政论语体、科技语体多用长句，文艺语体多用短句。当然，在具体的运用中有较大的灵活性。在许多情况下是长句、短句配合着使用，使这两种句式都产生各得其所的修辞效果。

一般说来，在不妨碍内容、感情充分表达的情况下，我们说话、行文以用短句为好，而且这也符合汉语表达的习惯，符合人们的认知心理。长句修饰成分多，联合成分多，运用中稍不留意就会出现语病。所以，人们常常在句子修辞中把长句化为短句。常见的长句化短的方法有两种。

一是把长句中的修饰成分抽出来,形成分句。例如:

③ 原句:在妇女代表队伍里,我看见从农村来的、坚持了十三年的斗争,把亲爱的独子贡献给解放战争,经历了无数次战争监狱考验的中国劳动人民伟大的母亲李秀真。

(刘白羽《记北京的胜利日》)

改句:在妇女代表队伍里,我看见从农村来的一位伟大的母亲,她坚持了十三年斗争,把亲爱的独子贡献给解放战争,她自己为革命经历了无数次战争和监狱的考验。

(刘白羽《北京的春天》)

例③原句"李秀真"前面有很长的定语,读起来很吃力。改句把长定语抽出来,变成几个分句,读起来明快多了。

二是把长句中的联合成分拆开,重复与之直接组合的成分,形成并列的句子。例如:

④ 原句:它飞过了绿的草原,壮阔的长江,铺着黄沙的大野,浊流滚滚的黄河,才想要休息。 (叶圣陶《画眉鸟》,见《叶圣陶全集》)

改句:它飞过了绿的草原,飞过盖满黄沙的大野,飞过波浪拍天的长江,飞过浊流滚滚的黄河,才想休息一会儿。 (改名《画眉》,见《〈稻草人〉和其他童话》)

例④原句后面的宾语是由一个很长的联合短语充当的,改句则把联合短语拆开,重复"飞过"以与联合短语中的各项直接组合,同时也调整了宾语内部的修饰语,使全句的各个分句既比较短,又比较匀称,读之轻松而畅达。

2. 整句和散句

整句是指结构相同或相似,形式整齐的一组句子,散句是指结构不整齐、各式各样的句子交错运用的一组句子。整句和散句各具修辞效果。整句形式整齐,气势贯通,表意强烈,体现的是均衡美、整齐美。散句不拘一格,活泼自然,表意生动,体现的是参差美、变化美。例如:

⑤ 因为有了河,桥才显得风姿绰约;因为有了桥,河才显得幽深绵长,因为有了桥和河,巷才别有趣味。

⑥ 记得是春季,雾蒙天,我正在蓬莱阁后拾一种被潮水冲得溜光滚圆的玑珠,听见有人喊:"出海市了。"只见海天相连处,原先的岛屿一时不知都藏到哪儿去了,海上劈面立起一片从来没见过的山峦,黑苍苍的,像水墨画一样。 (杨朔《海市》)

例⑤共由六个分句组成,前四个分句又分为两组,这两组句子结构完全相同,应是地地道道的整句;后一组的句子虽有变化,但结构与其前大致相同。所以整个看来,例⑤是整句。例⑥是散句,它运用了长短不一、结构不同的多种句子,来描写作者看见出海市时的情景,显得清新、自然、逼真,读来别有一番情趣。

在实际运用中,人们常常把整句和散句结合起来使用,整中见散或散中见整,整散结合,错综有致,以同时收到这两种句式的修辞效果。例如:

⑦ 天上风筝渐渐多了,地上孩子也多了。城里乡下,家家户户,老老小小,他们也赶趟儿似的,一个个都出来了。舒活舒活筋骨,抖擞抖擞精神,各做各的一份事去。"一年之计在于春";刚起头儿,有的是工夫,有的是希望。 (朱自清《春》)

这里整体看形式不大整齐,可视为散句;但其中的"天上风筝……老老小小""舒活舒活筋骨,抖擞抖擞精神""有的是工夫,有的是希望"是几个比较整齐的句式,这正是常见的散中见整,整中有散,这种整散结合的句子,显得灵活洒脱,自然天成。

3. 主动句和被动句

主语是施事的句子叫主动句，主语是受事的句子叫被动句。一般说来，主动句和被动句表意的侧重点有所不同，适用的场合不大相同，修辞效果也不一样。我们可根据表意和语境的需要，做出恰当的选择。平时说话、行文，主动句用得比较多，因为主动句比较直截了当。从形式上看，被动句有的用"被""叫""让"等标记词来表示被动，有的则不用，直接让受事充当主语来表示被动。从句式选用的角度看，下列情况下，适宜选用被动句：

（1）强调受事，而施事不需要说出，或不愿说出，或无从说出。例如：

⑧ 堤上的野菜被人们掐没了，院子里的树皮被人们剥光了，地主屯里的粮食烂成泥，不给穷人挡饥……　　　　　　　　　　　　　　（浩然《箭杆河边》）

这一例，表面上强调的是受事"野菜""树皮"，实际上强调的是饥荒时候的情景；句中的"野菜""没了""树皮""光了"与"地主屯里的粮食烂成泥"形成强烈的对比，更能显示出强调受事的必要性。

（2）保持叙述方向的一致和话题的连贯。例如：

⑨ 黄河博大宽厚，柔中有刚；挟而不服，压而不弯；不平则鸣，遇强则抗，死地必生，勇往直前。正像一个人，经了许多磨难便有了自己的个性；黄河被两岸的山，地下的石逼得忽上忽下，忽左忽右时，也就铸成了自己伟大的性格。　　（梁衡《壶口瀑布》）

这一例中包括两个句子。第一句整体看来是中性的，但相对于"挟而不服，压而不弯"来说，主语"黄河"就是受事了。第二句明显是被动句。整个句子的叙述角度只有一个，那就是"黄河"。

（3）表示不如意、不幸的事情。例如：

⑩ 由于宣传哥白尼的新宇宙观，意大利哲学家布鲁诺坐了七年牢，最后被处火刑；意大利物理学家伽利略七十岁时受到宗教法庭审判，并被终身监禁。

　　　　　　　　　　　　　　　　　　　　　　（钱三强《科学技术发展的简况》）

⑪ 那样一位能征惯战的老将，那样一位赤心耿耿的忠臣被人锤死，他实在做得太过分了。　　　　　　　　　　　　　　　　　　　　　　　　　（郭沫若《虎符》）

这两例都是因为作者对受事"布鲁诺""伽利略"和"晋鄙"寄予了深深的同情而不忍心使用主动句，便都选用了被动句。

4. 肯定句和否定句

肯定句是对事物做出肯定判断的句子，否定句是对事物做出否定判断的句子。肯定和否定是互相联系的，有时肯定一面的同时也就意味着否定另一面，所以，两者常常可以互相变换。如"老王干劲大——老王干劲不小"，这两句的基本意思相同，但在语义的轻重、语气的强弱、表达的曲直等方面有差别。因此，肯定句、否定句的运用是很值得我们注意的。这里着重说明肯定句、否定句运用中常见的两种情形：

（1）肯定否定相互映衬。

人们常常将肯定句和否定句并用，作先后的排列，肯定否定相互映衬，相互补充，从正反两个方面说明情况或表明态度，以加强语势，增强表达效果。例如：

⑫ 你看他无论在严寒霜雪中或盛夏烈日中，总是精神奕奕，从来都不知道什么叫作

忧郁和畏惧。（陶铸《松树的风格》）

⑬（蜜蜂）不是为自己，而是在为人类酿造最甜的生活。（杨朔《荔枝蜜》）

例⑫是肯定在前否定在后，例⑬是否定在前肯定在后，这样的肯定否定先后并用，都起到了相互映衬、增强效果的作用。

（2）双重否定的运用。

人们都知道双重否定表示肯定，但双重否定并不是完全等同于肯定。"非学不可"不是"学就可以"的意思，而是"一定得学"的意思；"不能不说"更不是"能说"的意思，而是"必须要说"的意思。这么看来，双重否定表示肯定，往往使语气更强烈，使人感到不容置疑，从而加强了肯定。例如：

⑭ 从前线回来的人说到白求恩，没有一个不佩服，没有一个不为他的精神所感动。
（毛泽东《纪念白求恩》）

这里的"没有一个不佩服"比起"个个都佩服"，"没有一个不为他的精神所感动"比起"个个都为他的精神所感动"，显然语气强烈得多，这就高度赞扬了白求恩精神的崇高和感人。

双重否定表示肯定，有时也表示委婉的语气。例如：

⑮ 当然，这些人有的不是没有错误，犯了错误，作了自我批评，就有了正反两方面的经验嘛。（邓小平《各方面都要整顿》）

这里的"不是没有错误"是"有错误"的意思，然而语气比较委婉。这显示了批评的艺术。

（3）应正确使用三重否定句。

从表意的角度来看，三重否定句大致等于单重否定句；然而使用者若稍有不慎，就有可能将三重否定句当作肯定句来使用。请看下面两个句子：

⑯ 我们并不否认这首诗没有透露出希望，而是说希望是渺茫的。

⑰ 发展没有终点，实践不会终结，因此思想解放也不会一劳永逸，难道我们能否认这不是真理吗？

例⑯连用了"不""否认"和"没有"三个否定词，所说的应是一个单重否定的意思——"我们认为这首诗没有透露出希望"，如此一来，这与作者本来所要表达的意思便恰恰相反了。例⑰中的"否认"与"不是"已经构成了双重否定，再加上一个反问的语气，正好也构成了三重否定，整个句子的意思是：我们不能承认"这"是真理，即不能承认"发展没有终点，实践不会终结，因此思想解放也不会一劳永逸"是真理，那么这样一来，整个句子的意思就完全错了。

下面一个语段，既使用了与肯定句相对照的单重否定句，又使用了双重否定句：

⑱ 杨柳婀娜多姿，可谓妩媚极了，桃李绚烂多彩，可谓鲜艳极了，但它们只是给人一种外表好看的印象，不能给人以力量。松树却不同，它可能不如杨柳与桃李那么好看，但它却给人以启发，以深思和勇气，尤其是想到它那种崇高的风格的时候，不由人不油然而生敬意。（陶铸《松树的风格》）

在第一句中，"但"之后首先使用了一个肯定句，接着使用了一个否定句，形成一种强烈的对比，暗示了松树风格之不同凡响。在第二句中，首先用一个分句总说松树的"不同"，接着用一个否定句从"好看"方面先稍稍抑一下松树，然后用"但"字一转，将意思转到正面，直接赞美了松树的风格，最后再将意思向前推进一步，用一个双重否定句，从"油然而生敬意"的角度,更加深情地赞美了松树的风格。由于肯定句与否定句运用得恰到好处,所以使得整个句子比照得当,衬托鲜明,层次清晰,推进自然,意思表达得显豁而令人信服,并具有强烈的感染力量。

练习与思考

1. 何谓修辞的途径?现代汉语修辞的途径有哪些?
2. 为什么说现代汉语是音乐性很强的语言?这同修辞有什么关系?
3. 分析下列语句从语音入手进行修辞的情况(语音方面的特点)。

(1) 这个厂生产的金葵向日、孔雀开屏、红霞万朵、草木争春、繁花似锦等花色的花布,富有民族特色,很受消费者的欢迎。

(2) 远处,千里洪湖一片汪洋,湖边是蜷曲结实的堤防,堤外棉苗青,早稻黄,数株葵花正向阳。

近处,在台右砌有台阶的土墩上,建筑着一座旧式的高大瓦房,门首挂着"涌阳县彭家墩乡苏维埃"的木牌,红色标语"打土豪,分田地"横写在院墙。墩旁有棵大树,树前是一片广场。

(3) 我站在高山之巅,
　　望黄河滚滚,奔向东南,
　　金涛澎湃,掀起万丈狂澜;
　　浊流宛转,
　　结成九曲连环;
　　从昆仑山下奔向黄海之边,
　　把中原大地劈成南北两面。

(4) 我喜欢极目远眺多变的大海。季节不同,天气各异,早、中、晚、阴、晴、风、雨,大海呈现着各种姿态,变化着各种颜色。黑黝——翻滚;墨绿——潜流;发白——奔腾。

(5) 再往里走,天山越来越显得优美,沿着白皑皑群峰的雪线以下,是蜿蜒无尽的翠绿的原始森林,密密的塔松像撑天的巨伞,重重叠叠的枝丫,只漏下斑斑点点细碎的日影,骑马穿行林中,只听见马蹄溅起漫流在岩石上的水的声音,增添了密林的幽静。

(6) 在这样的时代,人们对许许多多的自然景物也都产生了新的联想、新的感情。不是有无数人在讴歌那光芒四射的朝阳、四季常青的松柏、庄严屹立的山峰、澎湃翻腾的海洋吗?不是有好些人在赞美挺拔的白杨、明亮的灯火、奔驰的列车、崭新的日历吗?睹物思人,这些东西引起人们多少丰富和充满感情的想象!

(7) 这里的水,多、清、静、柔。在园里信步,但见这里一泓深潭,那里一条小渠。桥下有河,亭中有井,路边有溪。石间细流脉脉,如线如缕;林中碧波闪闪,如锦如缎。这些水都来自"难老泉"。泉上有亭,亭上悬挂着清代著名学者傅山写的"难老泉"三个字。这么多的水长流不息,日日夜夜发出叮叮咚咚的响声。水的清澈真令人叫绝,无论多深的水,只要光线好,游鱼碎石,历历可见。水的流势都不大,清清的微波,将长长的草蔓拉成一缕缕的丝,铺在河底,挂在岸边,合着那些金鱼、青苔以及石栏的倒影,织成一条条大飘带,穿亭绕榭,冉冉不绝。当年李白来到这里,曾赞叹说:"晋祠流水如碧玉。"

当你沿着流水去观赏那亭台楼阁时,也许会这样问:这几百间建筑怕都是在水上漂着的吧?

(8) 在圣母殿里围绕着邑姜凤冠霞帔的坐像,有四十四尊侍女塑像,据说是宋朝的作品。塑像塑得精致、细腻,一个个都像活的。虽然身体的丰满俊美,脸形的清秀圆润,神态的婉约自然,都有共同的地方,但是四十四尊四十四个样子。有的像在沉思,有的像在凝视,有的像在缓歌徐吟,有的像在低声细语,还有的微笑,有的轻颦,……衣裳,服饰,颜色,一切都那样逼真。走近去,你仿佛会听见她们说笑的声音,会感觉出她们呼吸的温馨。

4. 从现代典范的文学作品(如朱自清的《春》《绿》《荷塘月色》,碧野的《月亮湖》《天山景物记》,秦牧的《社稷坛抒情》《土地》《艺海拾贝》,吴伯箫的《菜园小记》《记一架纺车》,梁衡的《晋祠》《壶口瀑布》,鲁彦的《观潮》,方纪的《挥手之间》,袁鹰的《井冈翠竹》,郭沫若的《天上的街市》等)中选择一篇,试赏析作品文句中的语音之美。

5. 词语的配合主要有哪些方面?

6. 下列语句中的一些词语都作了修改。作者为什么要作这样的修改?

(1) 忍看(原作"眼看")朋辈成新鬼,怒向刀丛(原作"刀边")觅小诗。

(2) 小篷船,装粪来,橹摇歌响悠悠然,穿过(原作"来自")柳树云,融进(原作"进入")桃花山。

(3) 上至王后,下至弄臣,也都恍然大悟,仓皇(原作"即刻")散开,急得手足无措,各自转了四五个圈子。

(4) 有关人员在迅速察看了现场后,决定留下一辆"红旗"轿车送我去医院检查,总理的车才(原作"便")开走了。

7. 指出下列语句在词语配合上的特色。

(1) 我们以我们的祖国有这样的英雄而骄傲,我们以生在这个英雄的国度而自豪。

(2) 共产党员在政府工作中,应该是十分廉洁、不用私人、多做工作、少取报酬的模范。共产党员在民众运动中,应该是民众的朋友,而不是民众的上司,是诲人不倦的教师,而不是官僚主义的政客。共产党员无论何时何地都不应把个人利益放在第一位,而应以个人利益服从于民族和人民群众的利益。因此,自私自利、消极怠工、贪污腐化、风头主义等等,是最可鄙的;而大公无私、积极努力、克己奉公、埋头苦干的精神,才是可尊敬的。

(3) 武松见大虫扑来,只一闪,闪在大虫背后。那大虫背后看人最难,便把前爪搭在地下,把腰胯一掀,掀将起来。武松只一闪,闪在一边。大虫见掀他不着,吼一声,却似半天里起个霹雳,震得那山冈也动,把这铁棒也似的虎尾倒竖起来只一剪。武松却又闪在一边。

(4) 这地方的火烧云变化极多。一会儿红彤彤的,一会儿金灿灿的,一会儿半紫半黄,一会儿半灰半白,百合色、葡萄灰、梨黄、茄子紫,这些颜色天空都有,还有些说也说不出来、见也没见过的颜色。

(5) 这些青翠的竹子,沿着细长的滑道,穿云钻雾,呼啸而来,它们滑下溪水,转入大河,流进赣江,挤上火车,走上迢迢的征途。

(6) 走到山边,便听见哗哗哗哗的声音;抬起头,镶在两条湿湿的黑边儿里的,一带

（7）梅雨亭正对着那条瀑布；坐在亭边，不必仰头，便可见它的全体了。亭下深深的便是梅雨潭。这个亭踞在突出的一角的岩石上，上下都空空儿的；仿佛一只苍鹰展着翼翅浮在天宇中一般。三面都是山，像半个环儿拥着；人如在井底了。

（8）河水从五百米宽的河道上排排涌来，其势如千军万马，互相挤着、撞着，推推搡搡，前呼后拥，撞向石壁，排排黄浪霎时碎成堆堆白雪。

（9）海在我们脚下沉吟着，诗人一般。那声音仿佛是朦胧的月光和玫瑰的晨雾那样温柔，又像是情人的蜜语那样芳醇；低低地，轻轻地，像微风拂过琴弦，像落花飘零在水上。

8. 选择一两个现在人们还经常谈到的古人"炼字"的例子，谈谈中国古代讲究锤炼词语的传统。

9. 请结合自己的说写实际，谈谈自己在词语锤炼方面的体会。

10. 在修辞中应如何处理好句子之间的辩证关系？

11. 什么是同义句式？请举例说明。

12. 在句子运用中，凸显话题、凸显焦点的方法有哪些？请举例说明。

13. 指出下列句子改变语序、改变句序的修辞效果：

（1）同学们自发地聚集到操场，从教室、从宿舍、从图书馆、从活动中心。

（2）多勤奋啊，这个学生！

（3）"吃大户"是和平的手段，照惯例是不能拒绝的，虽然被吃的人家不乐意。

（4）房后河边上有许多好看的石子儿，红的，黄的，粉的。

14. 指出下列句子的衔接方法。

（1）早晨是卖青菜的，卖豆腐的，卖馒头的；晚上是卖擀杂面的，卖牛肉包子的；闲时是打铁的，补锅的，锔碗的，甩绸缎的；年节时是耍猴、唱十不闲、独角戏的。

（2）他正在编写一首歌词，要不是闯入的刘世华提醒他的话，他已经忘记了今夜是十五之夜，也忘记了窗外明亮的月光和神秘的花影。

（3）有个农村叫张家庄。张家庄有个张木匠。张木匠有个好老婆，外号叫个"飞蛾"。

（4）孙行者神通广大，不单会变鸟兽虫鱼，也会变宇宙，眼睛变窗户，嘴巴变庙门，只有尾巴没处安放，就变了一支旗杆，竖在庙后面。但哪有只竖一支旗杆的庙宇呢？

（5）英语的语法研究经历了规范性、描写性以及解释性三个阶段。规范性研究强调的是哪些语言形式是最好的，应该以它为范本；描写性研究注重现实的语言是怎样的，必须如实反映它；解释性研究的兴趣则在探寻语言现象背后的原因。

（6）孩子不懂，我懂；我们的生活水平虽然低，可我们的事业，我们的人格，比他们高出不知多少呢！

15. 将下列长句化为短句。

（1）大家安静下来，都向门口张望。一个满头白发、面容憔悴、举动迟缓、穿了一件褪了颜色的蓝上衣的男子在众人的注视下走了过来。

（2）当前，实现"四化"这场大革命，既然要大幅度地改变目前落后的生产力，也就必然要多方面地改变生产关系、上层建筑、社会结构、工农业生产的管理方式和国家的管理方式，以及人的活动方式和思想方式。

（3）我们要向先进工作者学习那种对党无限忠诚、全心全意为人民服务、劳动不计报酬、工作不讲条件的高贵品质，那种不断破除迷信、解放思想、敢想敢说敢做的共产主义风格，那种永不满足既有成绩、勇于克服困难、不断创造奇迹的革命精神，那种密切联系群众、见先进就学、见后进就帮、方便让给别人、困难留给自己的集体主义精神。

（4）本着可开可不开的会议不开，可缓开的会议缓开，必须开的会议做好准备，缩短会议时间，能下去开的会议就下去开的精神，第一季度就减少了四次全县性的会议，需要召开的会议也缩短了会议时间。

16. 下列各段选用了什么句式？有什么修辞效果？

（1）人民不喜欢你们，人民斥责你们，人民起来了，你们孤立了，因此你们打败了。

（2）为什么鸡蛋能够转化为鸡子，而石头不能转化为鸡子呢？为什么战争与和平有同一性，而战争与石头却没有同一性呢？为什么人能生人，不能生出其他的东西呢？没有别的，就是因为矛盾的同一性要在一定的必要的条件之下。缺乏一定的必要的条件，就没有任何的同一性。

（3）今天，这里有没有特务？你站出来！是好汉的站出来！你出来讲！凭什么要杀死李先生？

（4）如果我们承认上面说的一番话可以站得住，那么，我们就不能不承认短篇小说要写得好，也实在非下苦功不可。

（5）而当赵太爷家遭抢以后，这个政权就出面进行干预，于是阿Q被不明不白地抓进县城，被不明不白地监禁和审讯，最后被不明不白地处死刑，这就显示了那个反动政权是如此的野蛮和横暴。

（6）雪中的北海，好像是专为她而安排，浓浓的雪花，纷纷扬扬，遮盖着高高的白塔、葱葱的琼岛、长长的游廊和静静的湖面，也遮盖着恋人们甜蜜的羞涩。

第四节 修辞的方法

修辞的方法，是指根据题旨情境及其变化情况，为能收到理想的表达效果，在言语组合中具体使用的办法或手段。修辞的方法应简明扼要，易于把握，且具有很强的可操作性。如果选择好了修辞的途径，那么下一步就该是如何才能走好这一途径的问题了。修辞的方法就是为我们解决如何走好修辞的途径这一问题的。

我们把修辞的方法依次分为选择修辞法、调整修辞法、增删修辞法和创新修辞法。这四类修辞法，虽互相区别，各不相同，但在实际操作时则常常可以综合运用。

一、选择修辞法

吕叔湘先生指出："语言这种活动，从头到尾就是一个不断选择的过程。"（《中学生需要学习的是哪种语法知识》）张志公先生也曾指出："修辞不是把话这么装饰那么装饰，更不是自己创造什么花样翻新的说法，只不过是从现有的语言材料中精心选择而已。"（《修辞是一个选择过程》）

以上两位先生的论述，正说到了修辞方法的关键之处，因此我们所说的选择修辞法，是指对于现成的语言材料、语言形式、表达方式、表达手段的选择和运用。这里所谓的选择，应当建立在同义的基础之上；而这里所说的同义，既包括语言体系中的同义，也包括言语表达中的同义（有些语言单位，单看不同义，即在语言体系中不是同义的，但是在具体的言语环境中，则可以临时构成同义，这就是言语表达中的同义）。这种选择和运用的过程，一般处于修辞活动的最初阶段，也是最基础、最重要的阶段。这一阶段情况如何，往往能决定修辞效果的优劣。

（一）同义词语的选择

在语言体系中，同义词语是大量存在的，这些同义词语的意义和用法，大同而小异。修辞者正是要紧紧抓住这些"小异"之处，经过精心选择，以提高言语表达效果的。试比较下面各组同义词语：

时代　时期　　（范围大小不同）
优良　优异　　（程度轻重不同）
爱抚　爱戴　　（适用对象不同）
勾结　团结　　（感情色彩不同）
鲜红　火红　　（形象色彩不同）
有喜　肚子大　（态度色彩不同）
上肢　胳膊　　（语体色彩不同）

在"修辞的途径"一节中，已经讲到了动词等词语的选择，这里再强调一下动词及言语表达中临时构成的同义词语的选择问题。

① 我们年轻的装甲兵在这次自卫还击战中＿＿＿（压平、碾平、铲平、荡平、冲破、摧毁、夷平）一切险阻，所向披靡，大显神威。

在上句空白处，如果选用"压平""碾平"，意义单调，搭配也不十分贴切；如果选用"铲平""荡平"，虽然力度很强，但又不太合乎情理；如果选用"冲破""摧毁"，语法上讲非常合适，但从意义上讲，又显得过实了；只有选用"夷平"才最为合适。"夷平"不仅含有"破除""摧毁""平定"的意思，而且又能显示出我军为正义而战，为和平而战，顺乎民意，战则必胜的无比威力。

② 群众甲　长官！
　　战　士　老大爷，我们不兴叫长官，叫首长。
　　参谋长（紧接）叫同志。　　　　　　　　　　　　　（《智取威虎山》）

在这个语境中，"长官""首长""同志"指的是同一个人，于是构成了言语表达中的同义词。而这三种不同的称呼，也正准确地反映了三种不同的思想境界、知识修养和个人身份，体现了人民军队与人民群众之间和谐平等的亲密关系。

一些具有鲜明时代感的词语的运用就更耐人寻味了。

③ "你有政策，我有对策"用时髦的话来讲叫"踩边线""打擦边球""把政策用活用足"。　　　　　　　　　　　（史策《为了中国，快快"住口"吧!》）

在这个句子中，"踩边线""打擦边球""把政策用活用足"就成了"你有政策，我有对策"的同义短语。这些同义短语，是通过沟通某些体育专业用语和政治用语之间的相似之点而形成的，可称为言语表达中的同义短语。它生动形象地反映了社会上某些人对于上级政策所持的态度和所采取的做法。

社会上还有一些人把拐卖妇女的人贩子叫作"长线红娘"，把打麻将叫作"修长城"或"垒墙头"，把打扑克叫作"学习五十四号文件"，把偷盗叫作"向人民借钱"，把偷公家的东西叫作"吃奶"，把偷私人的东西叫作"义务献血"，把在妻子和情人之间搞平衡叫作"搞双轨制",如此等等,不胜枚举。这些特定语境中的同义短语,有些虽是社会上某些污浊现象和阴暗心理的曲折反映,是特定社会背景下的产物,但我们可以从中发现,这些人在选用同义语时还是挺费了一番心思的,它可以为我们进行言语表达中同义语的研究,提供更为广阔的天地。

(二) 同义句式的选择

同一意义,可以用不同样式的句子予以表达。句子的不同样式,既可指根据句子的作用和语气划分出的不同类别,也可指根据句子的结构特点划分出的不同类别。一般的语法书称前者为句类,后者为句型。不过这里所说的同义句式主要指句类,仅涉及个别句型。原因是我们在此着重讨论的是无须进行结构调整便可构成同义形式的一些句子。句型问题,将主要放在"调整修辞法"中予以讨论。

在"修辞的途径"一节中,已经谈了"肯定句与否定句"等一些相互对立的句式的运用问题,现在再谈谈其他一些句式的选用问题。

1. 繁句和简句

有个好拿别人的隐私或缺陷取笑的人,得知新来的邻居小张比其妻小 7 岁,便前来向小张问道:"你妻子多大了?"小张见其不怀好意,便没好气地答道:"年龄30,籍贯江西,性别女,她比我大 7 岁,我比她小 7 岁,她的年龄减 7 是我的年龄,我的年龄加 7 是她的年龄……还有什么要知道的吗?"小张连珠炮似的答话,使得这个无聊之人只得灰溜溜地离开了。这就是繁句在这个特定的语境中所收到的极好的修辞效果。

黄山玉屏楼是观景的绝好去处,云海缥缈,山石耸翠,游人每到此处,必会搜肠刮肚,设法形容。正当你苦思冥想之时,猛抬头,石壁上,"如何"二字会立即映入你的眼帘,引发你的感慨,正当你啧啧赞叹之时,不远的山崖上"果然"二字又会使你大吃一惊,禁不住拍手叫绝。在如此语境之中,"如何""果然",四字千钧,即使有千言万语,又岂能胜过它哉?难怪有人赞之曰:"一语天然万古新!"

2. 疑问句和祈使句

曾有这么一段趣事:有对青年夫妇,做丈夫的逐渐发现天真的妻子疏于家务,一天晚上便问妻子道:"晚上准备做点什么?""看电视呀,……""看完电视呢?""琼瑶的一部小说还没看完,我想突击看完,还要写一点感想呢!""这些事情办完后,帮我办点事好吗?""好啊,什么事?""找一双不带窟窿的袜子和一件不缺纽扣的夹衣。"妻子一听笑了,以后在这方面果然大有改进。上面这位丈夫劝说妻子时很注意句式的选择,效果颇佳。他先用了两个问句,把意思悄悄向前推进;然后又用疑问的语气说出了祈使的意思,语气委婉,易于接受;最后使用陈述句式,说出了弦外有音的祈使句的内容,语言幽默风趣,妻子笑而"纳谏"。

3. 感叹句和反问句

① 原句:这一切都是多么宁静。　　　　　　　　　　(沙汀《闯关》甲版)
　 改句:这一切都显得多么宁静!　　　　　　　　　(沙汀《沙汀选集》第一卷)

② 原句：没有礼貌的东西！休得瞎说，威吓人家！

（叶圣陶《古代英雄的石像》，见《叶圣陶选集》）

改句：没有礼貌的东西！胡说！敢吓唬我？ （叶圣陶《〈稻草人〉和其他童话》）

例①改成感叹句后语气更为强烈；例②改成反问句后，含有责问威逼的意思，更能表现石像的性格特点。

（三）辞格运用中的同义选择

辞格问题，将在下一节中专门谈到，这里仅举一些简单的例子以助说明。在辞格运用中，有时会出现是用甲辞格还是用乙辞格、是用辞格还是不用辞格的问题。如果这些问题，并不会引起语义上的明显变化，那么我们便称这种现象为辞格运用中的同义选择。

① 甲　鬼子翻译官盯着这堆西瓜，恨不得一口能把它吞下几个。

乙　鬼子翻译官盯着这堆西瓜，眼里好像伸出两只手来。

甲句运用了夸张辞格，乙句运用了夸张与示现有机融合的辞格，虽两句都能描绘出鬼子翻译官的贪婪形象，但甲种说法比较一般，显得空泛抽象一些，乙种说法新颖别致，显得更为生动形象。

② 甲　那些新芽，条播的行列整齐，撒播的分布均匀，点播的丛丛茁壮，在阳光下泛着嫩绿的光泽，透着无限的生机。

乙　那些新芽，条播的行列整齐，撒播的万头攒动，点播的傲然不群，带着笑，泛着光，充满无限生机。　　　　　　　　　　　　　　（吴伯箫《菜园小记》）

甲句用了排比、对偶的辞格，乙句除了用排比、对偶外，还用了拟人辞格；前者句式整齐而不够洒脱，形象准确但不够传神；而后者却显得清新自然，活泼动人，写出了新芽的神韵，使人不由会产生出一种亲切喜爱的感情来。

③ 原句：她会爱你如一只饿了三天的狗咬着它最喜爱的骨头，她恨起你来也会像只恶狗狺狺地，不，多不声不响地恨恨地吃了你的。　　　（曹禺《雷雨》，甲版）

改句：她爱起人来像一团火那样热烈；恨起人来也会像一团火，把人烧毁。

（曹禺《曹禺选集》）

改句用"火"来比喻繁漪爱的热切和恨的强烈，比用"饿狗"和"恶狗"来比喻要恰当得多，同时也更符合人们的审美心理。

④ 原句：杨振宁在西南联大时，是周培源的学生。总理说：现在老师落后了。

（徐迟《在湍流的漩涡中》）

改句：杨振宁在西南联大时，是周培源的学生。总理说：现在青出于蓝胜于蓝了。

（徐迟《徐迟散文选集》）

原句属一般说法，显得太直，有碍老师情面；改句运用了比喻辞格，显得委婉，在肯定了老师功绩的同时，突出了学生的出色成就。

⑤ 原句：……但是他们不但不怕，反而冒着炮弹的雨向敌人冲锋，……

（田汉《回春之曲》，甲版）

改句：……但是他们冒着炮火向敌人冲锋。……　　（田汉《田汉文集》第三卷）

改句不用比喻，倒显得简洁、自然、明快、有力。

二、调整修辞法

陈望道先生指出："……修辞不过是调整语词使达意传情能够适切的一种努力。"

(《陈望道文集》二)张弓先生也曾指出:……修辞是调整文章"表"和"里"的关系,使思想感情的表现、客观事物情境的反映能恰如其分,无过无不及,……以上两位先生都谈到了修辞中的调整问题,然而这两处的"调整",应是广义的"调整",实际已包含了"选择"的意思;我们所说的"调整修辞法",则是指狭义的"调整",不包括"选择修辞法"中的"选择"。从本质上来讲,调整也是一种选择。不过,"选择修辞法"中"选择",是就词语、句式、辞格的整体而言的,而"调整修辞法"中的"调整",则着重就词语之间、分句之间、句子之间的搭配而言的。选择重在表意是否适切方面下功夫,调整重在关系是否得当方面下功夫。二者的区别可图示如下:

$$……甲\{甲_1、甲_2、甲_3……[A(a_1、a_2、a_3……)……B(b_1、b_2、b_3……)……]\}……$$
$$乙\{乙_1、乙_2、乙_3……[C(c_1、c_2、c_3……)……D(d_1、d_2、d_3……)……]\}……$$

"选择"重在"$a_1、a_2、a_3……$""$b_1、b_2、b_3……$"或"甲$_1$、甲$_2$、甲$_3$……""乙$_1$、乙$_2$、乙$_3$……"方面下功夫,从中选出一个最合适的分别用在A、B处或甲、乙处。"调整"重在A和B之间、C和D之间或甲和乙之间下功夫,重在调整彼此之间的搭配关系。孤立地看,A处、B处或甲处、乙处的词语或句子可能并没有什么不合适的地方,如果联系起来考察,可能就有加以调整的必要了。调整修辞就是对搭配得不合适或不理想的地方加以调整,使之贴切严谨、自然顺畅且更为合情合理的一种修辞方法。

(一) 语句结构的调整

语句结构的调整可包括两个方面的含义:一是指句法结构的调整,诸如由主谓变为偏正、由动补变为动宾之类的调整;二是指修辞结构的调整,诸如由长句变为短句、由散句变为整句之类的调整。这两个方面既互相区别,又常常有机地结合在一起,这是因为修辞结构的调整必须以语法结构的调整为基础,不符合语法规范的修辞结构一般是不能合法存在的。

1. 句法结构的调整

① 原句:"……我们今晚还有事情,你不能走!"敏惊讶地看着德,说这样的挽留的话。　　　　　　　　　　　　　　　　　　　(巴金《雷》,甲版)

作者后来将《雷》收入选集时,将动宾短语"说了这样的挽留的话"改成了偏正短语"挽留地说",改后显得更简洁、更自然,与前面的搭配也更合适一些。

② 原句:……这时候差不多就没有人经过。　　　　(巴金《雷》,甲版)
　　改句:……这时候差不多就看不见别的行人。　　(巴金《巴金选集》第四卷)
改句把原来的兼语型变成动宾型,表意也更为准确严谨了。
③ 原句:我已经在床上睡着了。　　　　　　　　　(曹禺《雷雨》,甲版)
后作者收入选集时把原状中型谓语句改成了连动型"我已经上床睡了。"改后句子更为简洁紧凑,也更合乎情理了。

2. 修辞结构的调整

整句和散句各具有不同的修辞效果,应根据具体的语境和表情达意的需要加以调整。请看下面两例:
④ 原句:……他可以随意地把它们浪费掉,他可以随意地谈着未来,等候着未来。……　　　　　　　　　　　　　　　　　　　(巴金《雨》甲版)

改句：……他可以随意地浪费它们，也可以随意地谈论未来，等候未来。……

(巴金《巴金文集》第三卷)

此处把散句改为整句，显得整齐匀称，也更为流畅了。

⑤ ……白人刚到非洲时，白人有《圣经》，黑人有土地；过不多久，黑人有《圣经》，土地都落到白人手里了。

句中"过不多久"前面和后面的部分本可以写成对称的句式，但后句调整为散句后倒显得更为活泼洒脱，也更有表现力了。

长句与短句的修辞效果也是不同的。也应根据具体的语境和表情达意的需要加以调整。请看下句：

⑥ 甲　这是个顶着假发的、爱做作的、爱谈笑的、诨名"九娘子"的肥胖妇人。

乙　这是个顶着假发的肥胖妇人，爱做作，爱谈笑，诨名"九娘子"。

不难看出，甲句虽严谨周到，但过于冗长，不好阅读，听着也觉得费力；乙句简短活泼，自然流畅，读者听者都易于接受。

3. 句法结构与修辞结构有机结合的调整

⑦ 原句：于是一个剧烈的斗争就接着发生了。　　(巴金《雷》，甲版)

改句：接着发生了一场剧烈的战斗。　　(巴金《巴金选集》第四卷)

主谓句改成非主谓句之后，与前文衔接得更紧，也更简洁顺畅一些。

⑧ 原句：在她对面一张长凳上坐了我们三个。　(巴金《春天里的秋天》，甲版)

改句：我们三个坐在和她对面的一张长凳上。　(巴金《巴金文集》第二卷)

原句重在叙述存在的人或事物，改句则突出了施动者。

⑨ 原句：什么该死的东西咬它的？　　(郑振铎《猫》，《郑振铎文集》第二卷)

改句：是什么该死的东西把它咬死的？　(郑振铎《郑振铎文集》第二卷)

改句比原句更具有处置强调的意味。

⑩ 原句：……他为我把杀父之仇报了。这项大恩我非报不可。

(郭沫若《虎符》，甲版)

改句：……他为我报了杀父之仇……　(郭沫若《郭沫若文集》第三卷)

根据句意，没有处置强调的必要，故改用了非"把"字句。由此一改，后面一句的句意倒显得更加突出了。

⑪ 甲　教室已经被同学们打扫得干干净净。

乙　教室已经打扫干净。

如果没有引出施事者的必要，就不用"被"字句，那样会显得更简洁一些。

⑫ 鼓动吧，风！咆哮吧，雷！　　(《郭沫若文集》第二卷)

⑬ 荷塘四面，长着许多树，蓊蓊郁郁的。　　(朱自清《荷塘月色》)

⑭ 如果我能够，我要写下我的悔恨和悲哀，为子君，为自己。　(鲁迅《伤逝》)

例⑫主谓倒装，突出了谓语，强化了人物的心愿；例⑬定语后置，突出了树的特点及其所形成的环境氛围，便于表现作者苦闷、忧郁的心情；例⑭状语后置，更富有抒情意味，更能显示出涓生睹物思人时的感伤、悲凉的心情。

⑮ 而且又证明着这不但是杀害，简直是虐杀，因为身体上还有棍棒的伤痕。

(鲁迅《记念刘和珍君》)

此句因果倒装，作用有二：一是与前文联系更紧；二是可突出原因，突出反动派虐杀的铁证，对段政府诬蔑学生是"暴徒"的做法，给予了无情的揭露。

（二）语义照应的调整

词语、分句和句子都有语义的搭配照应问题，如果照应不周，搭配不当，那就必须予以适当的调整。

① 原句：人民的力量是不可轻侮的地下火，我们坚决地相信：我们人民总有翻身的一天。　　　　　　　　　　　　　（郭沫若《祭陶行知先生》，《蜩螗集》）

改句：人民的力量是不可轻侮的地下火，终有烧毁镣铐，像火山爆发的一天。

（郭沫若《郭沫若文集》第二卷）

改句中"烧毁镣铐，像火山爆发"，与前面的"地下火"照应严密，而且更富有感染力量。

② 原句：……不管你怎样对我好……你母亲愈来愈恨我。（巴金《寒夜》，甲版）

改句：……而且你越是对我好……你母亲越是恨我。　　（巴金《寒夜》，乙版）

原句前后之间缺乏照应，读之当然也不顺畅；改句不仅前后照应，而且事理关系也准确清晰了。

③ 从上身摸到下身，从衣领捏到衣角，一个铜板也没有。　　（方志敏《清贫》）

从上身到下身，用"摸"，从衣领到衣角，用"捏"，可谓贴切、自然而又传神。

在对仗（对偶）的格式中，上句与下句的同一个位置上往往需要运用类义词，即要求词性基本相同，所表达的应是同一类事物或同一类动作或同一种状态。这就要求说写者要善于选择类义词，并且做好类义词的配合照应工作。

④ 白日依山尽，黄河入海流。

⑤ 飘在果林，点红桃花；

洒在树梢，染绿柳芽。

在上面的两组对仗句中，"白日"与"黄河"、"山"与"海"、"果林"与"树梢"、"桃花"与"柳芽"都是名词或名词性偏正短语，分别属于同一义类的词语；"依"与"入"、"尽"与"流"、"飘"与"洒"、"点"与"染"都是动词；"红"与"绿"则是形容词。正是由于作者选择精当、配合严谨，便构成了工整的对偶句。

⑥ 一位须髯飘飘的老道人陪我在泰山极顶上，指点着远近的风景给我们看，最后带着惋惜的口气说："可惜天气不佳，恐怕你们看不到日出了。"

我的心却变得异常晴朗，一点都没有惋惜的情绪。　　（杨朔《泰山极顶观日出》）

"心"与"晴朗"孤立地看如何搭配？然而与前文的"天气不佳"联系起来看，就成为照应极其巧妙的句子了。

⑦ 从故乡山村最早的灯光，到秋收起义的革命烈火，都是父亲和革命前辈们亲手点燃。

"烈火"自可点燃，"灯光"怎能点燃呢？顾此失彼，照应不周；若改"灯光"为"油灯"之类，就可以了。

（三）语言风格的调整

语言的风格不同，其表达的效果就不同。语言风格的调整，既与语体有关，也与表情

达意的需要有关;不过其中起决定作用的,还应是说写者。说写者应善于根据需要而随机应变,适当调整自己的语言风格。请看下例:

① 甲　炮声响了
　　　你立刻昂然站起来!
　　　一会儿,下隧洞;
　　　一会儿,登山崖;
　　　一会儿,进工事;
　　　一会儿,上炮台;
　　　……
　　　　　　　　　　　　　　　　　(郭小川《大海浩歌》)
　　乙　我们的青纱帐哟,跟甘蔗林一样地布满浓阴,
　　　那随风摆动的长叶啊,也一样地鸣奏着嘹亮的琴音;
　　　我们的青纱帐哟,跟甘蔗林一样地脉脉情深,
　　　那载着阳光的露珠啊,也一样地照亮大地的清晨。
　　　　　　　　　　　　　　　　(郭小川《甘蔗林——青纱帐》)

以上两段诗歌,都出自郭小川之手,但由于内容的不同,却用了两种不同风格的句式。甲诗的句子短小精悍,明快有力,适于描绘战士的敏捷的动作;乙诗全为长句,但由于主语之后都有明显的语音停顿,且用了语气助词,所以读起来韵律优美,韵味绵长,适合于抒发深挚的感情。这是作者本身语言风格的调整。

② 甲　我的很重的心忽而轻松了,身体也似乎舒展到说不出的大。一出门,便望见月下的平桥内泊着一只白篷的航船,大家跳下船,双喜拔前篙,阿发拔后篙,年幼的都陪我坐在舱中,较大的聚在船尾。母亲送出来吩咐"要小心"的时候,我们已经点开船,在桥石上一磕,退后几尺,即又上前出了桥。于是架起两支橹,一支两人,一里一换,有说笑的,有嚷的,夹着潺潺的船头激水的声音,在左右都是碧绿的豆麦田地的河流中,飞一般径向赵庄前进了。
　　　　　　　　　　　　　　　　　　　　(鲁迅《社戏》)
　　乙　看见的人报告说,河里面上午就泊了一只白篷船,篷是全盖起来的,不知道什么人在里面,但事前也没有人去理会他。待到祥林嫂出来淘米,刚刚要跪下去,那船里便突然跳出两个男人来,像是山里人,一个抱住她,一个帮着,拖进船去了。祥林嫂还哭喊了几声,此后便再没有什么声息,大约给用什么堵住了罢。接着就走上两个女人来,一个不认识,一个就是卫婆子。窥探舱里,不很分明,她像是捆了躺在船板上。
　　　　　　　　　　　　　　　　　　　　(鲁迅《祝福》)
　　丙　总之,我们要拿来。我们要或使用,或存放,或毁灭。那么,主人是新主人,宅子也就会成为新宅子。然而首先要这人沉着,勇猛,有辨别,不自私。没有拿来的,人不能自成为新人,没有拿来的,文艺不能自成为新文艺。
　　　　　　　　　　　　　　　　　　　(鲁迅《拿来主义》)

以上三段文字均出于鲁迅之手,然而风格各异。甲乙两段均摘自小说,属于文艺语体,但由于描绘的对象不同,表情达意的需要不同,故风格有所不同。甲段文字生动、形象、活泼、逼真,给人以朝气蓬勃之感。乙段文字虽然也生动、形象,但活泼、逼真不足,且显得较为客观冷静。至于丙段文字,则摘自杂文,应属政论语体,语言虽然也很形象,但由于是对全文的总结,侧重于说清应当怎样,为何这样,所以语言显得严谨周密、干脆果决、雄辩有力,逻辑性很强。这是作者善于调整自己的语言风格的体现。

(四) 色彩的调整

遣词造句，应当让词语的色彩与特定的场合相适应，与表情达意的需要相适应。如果不适应，就应当通过调整使之运用得更加贴切，以收到更好的表达效果。

1. 感情色彩的调整

① 原句："比去年都不如，虽有五块钱！"伴着一副懊丧到无可奈何的嘴脸。
改句：……伴着一副懊丧到无可奈何的神色。　　（叶圣陶《多收了三五斗》）

虽说"嘴脸"一词原先是中性的，至叶老写作的时候仍处于演变过程中，还没达到今天这样的纯粹贬义的地步，但毕竟是带上一些贬义了，而例中描写的是作者所同情的贫苦农民，所以在修改稿中把"嘴脸"换成了中性的"神色"。

有些词语本身没有感情色彩，但如果把它们安排在一个特定的语言环境中，它们也就会临时带上感情色彩。语言环境有时还可改变词语的感情色彩。例如：

② 已经借来了，再送回去，倒叫她多心，我看他那副认真、为难的样子，又好笑，又觉得可爱。不知怎的，我已从心底爱上了这个傻乎乎的小同乡。
　　　　　　　　　　　　　　　　　　　　　　　　（茹志鹃《百合花》）

"傻乎乎"本是贬义词，有时可用作中性词，但是在这儿却饱含着"我"的情意，无疑含有了褒义。再如：

③ 既异想天开，又实事求是，这是科学工作者特有的风格，让我们在无穷的宇宙长河中去探索无穷的真理吧！　　　　　　　　（郭沫若《科学的春天》）

"异想天开"本是一个贬义的成语，意为本来办不到的事却不自量力硬想办。这里与"实事求是"对着说，意为敢于大胆想象，用成褒义了。

2. 语体色彩的调整

一般说来，具有明显语体色彩的词语同某一语体有着稳定的对应关系，同时也排斥其他语体；因此，我们运用这些词语时就应充分考虑这种词语的语体色彩，尽力做到与某种语体相互协调，以争取收到和谐一致的修辞效果。例如：

④ 船已像箭一样迅速飞下，巨浪被船头劈开，旋卷着，合在一起，一下又激荡开去。
　　　　　　　　　　　　　　　　　　　　　　　　（刘白羽《长江三峡》）

"被"字原先是作"为"，"为"属于含有文言味道的书面语，在现代文艺语体里运用显得不协调，所以改用"被"字比较好。

⑤ 积累基金的绝对量必须基本上与生产资料生产的增长量相适应，消费基金的绝对量必须基本上与消费基金的生产量相适应。

这个句子应属于科技语体，不仅用词准确严谨，还使用了一些专业术语。

具有特定语体色彩的词语一般只适用于相应的语体，但也有一定的灵活性。有时候，为了形成某种风格或取得某种修辞效果，可以故意用上少量的不同语体色彩的词语。例如：

⑥ 我们都是中国人。三十六计，和为上计。金门战斗，属于惩罚性质。你们的领导者们过去长时期间太猖狂了，命令飞机向大陆乱钻，远及云、贵、川、康、青海，发传单，丢特务，炸福州，扰江浙。是可忍，孰不可忍？因此打一些炮，引起你们注意。
　　　　　　　　（《中华人民共和国国防部告台湾同胞书》：毛泽东1958年起草）

这段话虽然属于应用语体,但由于对象特殊,所以在词语的使用上具有灵活性。"远及……""丢特务,炸福州,扰江浙。是可忍,孰不可忍"具有书面语体的色彩,"三十六计,和为上计""乱钻""打一些炮,引起你们注意"具有口语语体的色彩;对于台湾同胞用"和",对于台湾当局的"领导者们"则用"钻"。语体色彩交织灵活,感情色彩也溢于言表,使人感到诙谐、幽默。

三、增删修辞法

不管是大手笔还是初学者,第一遍写出的稿子一般都不够成熟,作者如发现语意上有冗赘或者有疏漏,或发现词语上不周到或者不简洁,往往需要增删。人们在长期的修辞过程中,便形成了一种增删修辞法。

(一) 增添修辞法

① 原句:屋里屋外,就没个严密的地方可以藏身。
(杨朔《程子头》,见 1944 年 10 月 29 日《人民日报》)
改句:屋里屋外,就没有个严密的地方可以让胡区长藏身。 (同名,《铁骑兵》)
改句增添状语"让胡区长",语意就更为准确、严密了。

② 原句:……假使叫我起草"睦邻"政策的文章,或是抹杀救国运动的文件,我将怎么办呢? (邹韬奋《患难余生记(手稿本)》)
改句:……假使叫我起草当时的所谓"睦邻"政策的文章……
(邹韬奋《患难余生记(手稿本)》)

改句添上了"当时的所谓"这样的限制成分,不仅语义上无懈可击了,而且感情色彩也更加鲜明了。

③ 原句:他们会照顾自己,你不走对他们也没有好处。 (巴金《寒夜》,甲版)
改句:他们会照顾自己,你不走对他们也没有好处。你走了,还可以给他们留一笔小小的安家费。 (巴金《寒夜》,乙版)

改句增添了一个完整的句子,使"不走"和"走"两方面相反相成,把意思表述得更加全面、更富有说服力。

④ 原句:他就好像老鼠一样,没有一天不到这儿来一两遍的。
(郭沫若《孔雀胆》,甲版)
改句:他就跟老鼠一样,没有一天不偷偷摸摸地到这儿来一两遍。
(郭沫若《郭沫若文集》第四卷)

改句比原句多用了一个形容词"偷偷摸摸",既与"就跟老鼠一样"密切照应,又能将"他来"的动作特征更为形象地呈现于读者的眼前,当然收到了更好的修辞效果。

⑤ 原句:离开敌人十里以外的土地,都在白天耕种。
(周立波《沁源人》,见《周立波选集》)
改句:离开敌人十里以外的土地,农民们大摇大摆地在白天耕种。 (改名《沁源人民》,见《战场三记》)

改句增添"大摇大摆(地)",作状语,形容了农民在战争前线勇敢地抓生产、无畏地抢耕抢种的情态,从而增强了语言的生动性。

(二) 删减修辞法

① 原句：她去试提一下她的箱子，刚提起来，又即刻放下。

(巴金《寒夜》，甲版)

改句：她试提一下她的两只箱子，刚提起来，又放下。　(巴金《寒夜》，乙版)

改句删除了"去"和"即刻"，语意并未受到丝毫影响，句子倒显得更为简洁了。

② 原句：你招纳了天下的贤士在你门下，为的是什么？(郭沫若《虎符》，甲版)

"在你门下"，不言而喻，要之累赘，故后被作者删去。

③ 原句："黑暗?!"他几乎惊叫出声响来……　　(刘白羽《政治委员》)

"声响"作"惊叫出"的宾语，欠妥；改成"声音"虽然可以，但又没有使用的必要，故后被作者删去。

④ 原句：愤怒像暴风似的卷起来了。那些人的眼睛里都放出要吃人似的凶光。

(茅盾《子夜》)

改句：愤怒像暴风似的卷起来了。　　　　　　　　　　(茅盾《子夜》)

原句用了比喻兼夸张的辞格，但感情色彩不够妥当，语意程度也未能把握好分寸，所以在改句中将其删除了。

⑤ 原句：陈真仰卧在地上微微动着，腥血包围着他的身子。(巴金《雨》甲版)

改句：陈真仰卧在地上，一身都是血。　　　　(巴金《巴金文集》第三卷)

原句中"微微动着"，给人以生命将止的感觉，"腥血包围着他的身子"语意不够明确，好像地面上也都是腥血似的；改句既简洁，又明了，可见删减之后表达效果更好一些。

关于增删修辞法，也需灵活地予以掌握。一个句子，有时此处需增添，彼处需删减，增添与删减两种方法需要同时并用；有时从这个角度考虑需增添，从另一角度考虑需删减，这要根据语义的重点、表达的主旨，机动灵活地加以掌握。

四、创新修辞法

清人李渔指出："新也者，天下事物之美称也！""新即奇之别名也。"他提倡"洗涤窠臼"，反对"因袭窠臼"(《闲情偶记》)。他又进一步指出："琢句炼字，虽贵新奇，亦须新而妥，奇而确，妥与确总不越一'理'字。欲望句之警人，当求理之服众。"(《窥词管见》) 李渔提倡创新，但又强调创新必须贴切自然，必须合情合理；要求在创新中但见锤炼之功力，不留雕琢之痕迹。李渔的主张对我们今天的修辞活动，仍具有极其重要的指导作用。

此外创新并不等于追求艳词丽句，创新是对于看似平常的词语的创造性调遣。只要调遣得体，就可收到平字见奇，常字出新，淡中藏美，拙中寓巧的修辞效果。

(一) 比喻与创新

英国作家王尔德说过："第一个用花比美人的是天才，第二个再用的是庸才，第三个就是蠢才了。"可见在比喻这个"旧瓶"中，只要能装入"新酒"，也就可称得上创新了。

① 我们的锅有时干净得像个体面的寡妇。　　　　　　　　(老舍《月牙儿》)

此比喻可谓新鲜别致，耐人寻味。

② 卡车拼命地响着喇叭，
　　在黄风阵里寻找方向，
　　失掉光亮的两只大灯，
　　像泡在浓茶里的蛋黄。　　　　　　　　　　　　　　（阮章竞《风沙》）

此诗把塞外风沙中的车灯，比作"泡在浓茶里的蛋黄"，新颖独到，形象贴切。

（二）通感与创新

没有独特深切的感受，是很难运用通感这种辞格的，能够恰当地运用通感，这本身就是一种创新。

① ……光与影有着和谐的旋律，如梵婀玲上奏着的名曲。（朱自清《荷塘月色》）

作者以听觉写视觉，给人以更远一层的遐想，也给人以更深一层的美感。

② 在雨的哀曲里，
　　消了她的颜色，
　　散了她的芬芳。
　　消散了，甚至她的
　　太息般的眼光，
　　丁香般的惆怅。　　　　　　　　　　　　　　（《诗刊》1980年第5期）

诗中将视觉与听觉相沟通，使人不仅仿佛看到了"她"那哀愁的眼神，也仿佛听到了"她"那微微的叹息；诗中又将内心的感受与视觉和嗅觉相沟通，让丁香的芬芳引来人的淡淡的愁思，用丁香的朦胧美来衬托"她"那惆怅的心、哀伤的神，真是内涵丰厚，韵味无穷。

（三）仿词与创新

仿词往往给人耳目一新、别有情趣的感觉，但仿造新词必须自然得体。

① 头面人物和"脚底人物"都心里有数，关键在他身上。　　（高晓声《飞磨》）

由"头面人物"仿造出"脚底人物"，可谓自然又贴切；用"脚底人物"来指称一般群众，真乃"别有一番滋味在心头"。

② 一个阔人说要读经，嗡的一阵一群狭人也说要读经。　　（鲁迅《这个与那个》）

由"阔人"而仿造"狭人"，从形式上看是贴切的，但从意义上看，似又不合逻辑；然而正因如此，语言之幽默、讽刺之辛辣便自在其中了。

（四）曲释与创新

曲释又叫歪解。说话者明明知道词语的原意，却偏偏故意误解出另一种意思来，这故意误解的本身，也就是一种创新。

　　乙　你什么工作？
　　甲　后勤。
　　乙　怎么个后勤？
　　甲　后门走得勤。　　　　　　　　　　　　　　（相声《不正之风》）

相声常常运用曲释的方法，抖掉包袱，引来笑声，给人以峰回路转、豁然明亮之感，使人在笑声中受到美的熏陶，受到一定的启发和教育。

据说清人纪晓岚（纪昀）曾背地里称乾隆为"老头子"，不想被乾隆听见，乾隆从帷帐走出，正颜厉声地喝道："你何故叫我'老头子'？有说则生，无说则死！"众人都为纪昀捏一把汗。纪昀却从容奏道："皇上称万岁，岂不是'老'？皇帝居兆民之上，岂不是'头'？皇帝贵为天子，所以称'子'。"纪昀说得头头是道，斩钉截铁，皇帝也只好一笑作罢。

（五）析字与创新

如果按照汉字的结构特点，遵其本义而加以解释，那当是一般的析字，如果根据表情达意的需要，紧扣某字的特点而作另一番解释，这才是析字中的创新。

（六）成语翻新

成语翻新，别有情味。目前，翻新使用成语的情况大为增多，这是值得我们注意的。

社会上蔑称满口污言秽语者为"出口成脏（章）"，戏称随地吐痰者为"无所不痰（谈）"，批评从楼上往下乱泼脏水者为"居高淋（临）下"，讥讽善拍马屁者为"舔（恬）不知耻"，如此等等，不一而足。

社会上流传的一首打油诗也不无新意：二楼三楼，厂长书记；四楼五楼，朋友亲戚；工人阶级，"顶天立地"。此诗极巧妙地讽刺和抨击了分房问题上的不正之风。

（七）其他形式的创新

目前随着社会的全方位开放和人口文化素质的提高，人们常常把一些政治术语、科技术语、专业用语等巧妙地运用于日常交际之中，构成了幽默风趣的语言风格。

一切的一切，经过时代回旋加速器的颠簸而转化为信息，真情假象（被）贮存于历史这个无比巨型的电子计算机。　　　　　　　　　　　　　　（公木《真理万岁》）

随着语言的不断演变和发展，人们所使用的修辞方式也在不断创新。这些新的修辞方式，有的已被概括出来，有的还有待我们去进一步总结。

网络用语中，有些创新性用法应引起高度关注。这其中有用谐音的数字以代原词的，如9494即就是就是；584即我发誓；1414即意思意思；886即拜拜喽；55555即指哭等。还有利用拼音字母以代原词的，如MM即妹妹；BT即变态；SL即色狼；HC即花痴；SJB即神经病；PMP即拍马屁；BXCM即冰雪聪明等。这类问题还有待于进一步研究。

张贵元在《跌落，奥妙无穷的幽默感》（《现代交际》1991年第5期）一文中曾这样指出：顿跌，就是在言语交际中，故意把完整的一句话截断而成为两部分，先说一半，停顿一下，让读者产生听觉错位，随后再把后半句接上，造成一种"啊，原来如此"的效果。比如1983年4月11日在第三届全国优秀电视剧颁奖文艺晚会上，相声演员马季担任报幕。晚会安排了获奖演员康泰表演节目。当康泰走到麦克风前时，马季说："欢迎《青春之歌》的主角林道静——"说到这里大喘一口气，全场愕然：扮演林道静的不是谢芳吗？……正当大家怀疑之际，只听马季轻轻地说："的男朋友卢嘉川朗诵诗歌"顿时全场爆发出雷鸣般的掌声，以及欢笑声和赞叹声。

语言贵在创新，更贵在富有实效的创新。创新不等于不守规范，更不能恣意妄为；广大的语言使用者应当自觉抵制语言运用中的混乱、低俗等现象。

练习与思考

1. 修辞的方法主要有哪些？应该如何运用这些方法？

2. 你在说话写文章时特别重视修辞吗？如果重视就请举例说明；如果不重视，那就说说以后应该怎样做。

3. 指出下面句子里哪些词锤炼有方？有什么修辞作用？

① 国民党反人民集团抄袭袁世凯的老路，追求专制的统一，打了整整十年内战，结果把一个日本侵略者打了进来，自己也缩上了峨眉山。　　（毛泽东《论联合政府》）

② 孔乙己便涨红了脸，额上的青筋条条绽出，争辩道，"窃书不能算偷……窃书！……读书人的事，能算偷么？"　　　　　　　　　　　　（鲁迅《孔乙己》）

③ 我最佩服北京双十节的情形。早晨，警察到门，吩咐道"挂旗！""是，挂旗！"各家大半懒洋洋的踱出一个国民来，撅起一块斑驳陆离的洋布。（鲁迅《头发的故事》）

④（猫）甚至跳上你的桌子，对着你咪呜咪呜地叫，在你的稿子上踩上几朵梅花。

⑤ 风带着雨星，像在地上寻找什么似的，东一头，西一头的乱撞。

⑥ 站在瀑布下仰望，

　好伟大呀，一座珍珠的屏，

　时时来一阵风，

　把它吹得如烟、如雾、如花。

4. 下列各组中的两个句子，你认为哪一个好？为什么？

① { A. 百万大军渡长江。
　　 B. 百万大军横渡长江。

② { A. 我痴立在她面前，好像在瞻仰一座女神的石像。
　　 B. 我痴痴地立在她面前，好像在瞻仰一座女神的石像。

③ { A. 这种扣子不很大，容易丢失。
　　 B. 这种扣子很小巧，容易丢失。

④ { A. 他被一位女教师抚着肩，慈爱地轻婉地问道："你叫什么名字？"
　　 B. 一位女教师抚着他的肩，慈爱地轻婉地问道："你叫什么名字？"

5. 比较原句与改句，说说作者修改的目标以及所用的方法，并比较修改前后修辞效果有什么不同。

① 原句：你想一对爱人在花园里，这样好的天气，这样好的环境，不谈别的话，却谈生死自杀的问题，哪里会有这样荒谬的事？

改句：这样好的天气，这样好的环境，一对年轻的爱人不谈别的话，却谈生死自杀的问题，你说哪里会有这样荒谬的事？

② 原句：……不管你怎样对我好（你并没有对不起我的地方），你母亲愈来愈恨我。

改句：……而且你越是对我好（你并没有对不起我的地方），你母亲越是恨我。

③ 原句：他们不仅没有找到出路，反而落进死亡的陷阱。

改句：敌人不仅没有找到出路，反而遭到了我军的伏击。

④ 原句："还要给他狗日的吃这么好呀！"那个伙夫嚷叫出来。

改句："还要给他吃这么好呀！"炊事员不平地嚷叫着。

⑤ 原句：开幕时，周朴园一人坐在沙发上，读文件，旁边燃着一个立灯，四周是黑暗的。

改句：开幕时，周朴园一人坐在沙发上读报，旁边开着一个立灯，四周是黑魆魆的。

⑥ 原句：你刚来的那年，真要命得很，几乎每天看见你的眼睛里面含着眼泪似的，我当时和维汉说哪来这么一个寂寞的女性哩。

改句：你刚来的那年真像把祖国的梅雨天带来了似的，眼睛老是潮潮的，我当时跟维汉说："哪来这么一位寂寞的女性啊！"

第五节 辞格的运用

一、辞格概说

辞格，即修辞格，又叫辞式，是具有特定的构成方式和相应的表达效果的言语格式，是高度形式化且具有艺术感染力的积极的修辞方式。

（1）辞格在组织结构上高度形式化，具有一定的模式或规则。

辞格多数具有较为明显的形式上的标志。如比喻，有本体、喻体、比喻词三个要素，这三个要素的机动组合就构成了特定的比喻形式；再如对偶，则要求字数相等，词性相对，结构相同，意义相关。少数辞格，如夸张、反语、通感、拟人等在意义或其他方面也是有规则可循的：夸张必是言过其实，反语必是意在反面，通感必是感觉相通，拟人必是当作人去写。

（2）辞格应有积极的修辞效果，能使表达的内容富有生动形象性、具体可感性。

辞格积极的修辞效果可体现在很多方面。辞格可以使抽象变具体，使模糊变真切，使静态变动态，使平庸变神奇，使人在特定的情景体验中获得审美享受。不过辞格只有运用得恰当，才可收到应有的积极的修辞效果；运用不当会适得其反。

二、常用辞格

（一）比喻

不同事物之间具有某种相似点，便用彼事物去描述所要表现的此事物，这种修辞方式叫比喻。

1. 比喻的构成要素及必备条件

比喻的特点是以彼喻此。"彼"指用来作比的事物，叫"喻体"；"此"指被彼所喻的事物，叫"本体"——二者便构成比喻辞格的两大基本要素。喻体和本体赖以构成比喻的纽带是它们之间的"相似点"；彼事物与此事物相比，彼事物一定是大家比较熟悉的，容易接受的。标示彼此之间相似关系的语词叫喻词（或"比喻词"），喻词是比喻的语词标志。比喻中本体和喻体的相似点一般不直接点明，让读者从中去寻味领悟，也有在比喻中点明其相似点的，如"那孩子像花朵般可爱"。通常人们把本体、喻体、比喻词称为比喻的三要素。

构成比喻的必备条件是：喻体和本体必须是本质不同但有相似点的事物。这也就是说本质相同的事物构不成比喻，没有相似点的事物也构不成比喻。

2. 比喻的基本形式

（1）明喻。

直接、明白地用喻体来描写或说明本体，常以"像""似""如""仿佛"等词语连接本体和喻体。结构形式："本体"像"喻体"（甲像乙）。例如：

① 随送的人们和空着的轿子都渐行渐远渐小地过了河，像一群蚂蚁似的爬到石阶上去了。　　　　　　　　　　　　　　　　　　　　　　　　（靳以《珊瑚坝》）

（2）暗喻。

直接将本体等同于喻体以描写或说明本体，常用"是""成为""等于"等词语连接本体和喻体。结构形式："本体"是"喻体"（甲是乙）。例如：

② 何等动人的一页又一页篇章！这是人类思维的花朵。（徐迟《哥德巴赫猜想》）

（3）借喻。

不出现本体，也没有喻词，直接用喻体描写或说明本体。结构形式：只有喻体（乙）。例如：

③ 最可恨那些毒蛇猛兽，吃尽了我们的血肉。　　　（欧仁·鲍狄埃《国际歌》）

以上所述的三种比喻形式，是比喻的基本结构类型。从明喻到暗喻再到借喻，喻体与本体之间的关系越来越密切，因而喻体也越来越占据主要的地位。大致说来，表达激昂情绪或强调比喻的事物时，宜于用暗喻或借喻，在一般情况下，宜于用明喻。这要由表达内容和特定语境来决定。

3. 比喻的变式

比喻的变式有很多。

（1）倒喻。

就是把本体和喻体的关系倒过来，即喻体在前，本体在后。例如：

④ 灿烂的阳光下盛开的百合花就是您的笑容，

巨大的汽锤起落的铿锵就是您的声音，

解放军前进的队列就是您的步伐，

葱郁耸立的名山就是您的身影。　　　（白桦《周总理您在亿万人民心目中永生》）

（2）反喻。

从反面说明本体，常用格式为本体不像（或不是）喻体。例如：

⑤ 这些作风并不像冬天刮的北风那样，满天都是。　（毛泽东《整顿党的作风》）

（3）回喻。

就是先提出喻体，接着对喻体加以否定，最后方引出本体。例如：

⑥ 在那高高的山上，

闪亮着一盏红灯，

那不是闪亮的红灯哟，

那是姑娘火红的纱裙。　　　　　　（《维吾尔族情歌·在那高高的山上》）

（4）互喻。

它是两个比喻连用，前一个比喻的本体和喻体是后一个比喻的喻体和本体。例如：

⑦ 远远的街灯明了，
　　好像闪着无数的明星；
　　天上的明星现了，
　　好像点着无数的街灯。　　　　　　　　　　　（郭沫若《天上的街市》）

（5）博喻。

用几个喻体从不同角度或不同方面反复设喻去说明同一个本体。例如：

⑧ 两岸都是悬崖峭壁，累累垂垂的石乳一直浸到江水里去，像莲花，像海棠叶儿，像一挂一挂的葡萄，也像仙人骑鹤，乐手吹箫……说不定你忘记自己在漓江上了呢！
　　　　　　　　　　　　　　　　　　　　　　　（杨朔《画山绣水》）

（6）较喻。

较喻就是比喻兼比较，即在某一相似之点上，本体超过了（或不及）喻体。例如：

⑨ 为人民利益而死，就比泰山还重；替法西斯卖力，替剥削人民和压迫人民的人去死，就比鸿毛还轻。　　　　　　　　　　　　　　　（毛泽东《为人民服务》）

（7）引喻。

引喻又叫平列式比喻，本体和喻体各自成句，前后并列。例如：

⑩ 生铁百炼成好钢，军队百战无敌挡。

（8）等喻。

本体和喻体之间，结构上同位，意义上复指或注释。例如：

⑪ 讨债鬼张三又来了，你设法应付一下。

（9）缩喻。

本体和喻体之间是修饰和被修饰的关系。例如：

⑫ 是党的知识分子政策的阳光雨露唤起了我们的热情和希望。

4. 比喻的功能与运用

恰当地运用比喻，可以使抽象的事物具体化，概括的事物形象化，深奥的事理浅显化，给人以生动形象之感。运用比喻要注意：

（1）远取譬更具审美价值。本体和喻体必须是本质不同的事物，其类差越远审美价值就越大。

（2）喻体应是常见、易懂的。

（3）情感色彩不能颠倒。通常，爱的取褒义作喻，恨的取贬义作喻。

（4）运用比喻切忌老一套。有人说，第一个把知识比作精神食粮的是天才，第二个把知识比作精神食粮的是庸才，第三个把知识比作精神食粮的是蠢材，这样的说法是很有道理的。比喻一定要新颖别致，富有独创性。

（二）比拟

根据想象把物当作人或把人当作物或把甲事物当作乙事物去写，这种修辞方式叫比拟。运用比拟，思想上要把表达对象（本体）看作是他类事物（拟体），而字面上并不出现这个事物。

1. 比拟的类别

(1) 拟人。
描述时将物当作人，赋予物以人的动作行为或思想情感。例如：
① 群山肃立，江河挥泪，辽阔的祖国大地沉浸在巨大的悲痛之中。

（《敬爱的周恩来总理永垂不朽》解说词）

② 看，榕树老人捋着长髯，
　　木瓜弟兄睁着大眼，
　　候着出海的渔民哪，
　　披风戴露满载鱼虾回家园。　　　　　　　　　（郭小川《厦门风姿》）

①句中的"肃立""挥泪""悲痛"等词，常用来表现人的感情、行为，一般不用于物。现在移用于物，把"群山""江河""大地"也当作人来描写，赋予它们人的动作，人的感情，从而真切动人地抒发了人民群众对敬爱的周总理的深切悼念之情。②句把"榕树""木瓜"当作人来写，实际是在借以抒发对出海归来的渔民的热爱赞美之情。

(2) 拟物。
描述时将人当作物或将甲事物当作乙事物。例如：
③ 她在呢喃低语中蒙眬睡去，窗口的两支红烛滴落着一滴一滴红色的泪。

（刘绍棠《两草一心》）

将"她"当成了小燕子，同时又把"红烛"当成了人，两处比拟相互照应，很是耐人寻味。

④ 有一问，是"公理"几块钱一斤？　　　　　　（《鲁迅全集》第三卷）

把抽象的"公理"当作可以论"斤"、可以定价的具体的"物"来写，深刻地揭露"正人君子"们口口声声"公理""正义"，时时刻刻以冠冕堂皇的话语吓人、骗人的鬼蜮伎俩，并给以辛辣讽刺。

2. 比拟的功能与运用

恰当地运用比拟，可以增添语言的形象性，增加爱憎、褒贬的情感色彩，增强语言的感染力。运用比拟要注意：
(1) 拟体形象的美丑与情感的爱憎褒贬应统一。
(2) 比拟的要点在于人格化或物性化，因此用来比拟的人和物与被比拟的人和物在性格、形态、行为等方面应该有相似或相近之点。

3. 比拟和比喻的区分

比拟和比喻有相近之处，因为二者的构成基础都是相似性。但它们有一个根本的不同点，那就是结构上的不同：比喻有本体、喻体和比喻词，不管何种比喻，喻体一定要出现；比拟有本体、拟体和比拟词语（即适用于拟体的词语），不管何种比拟，拟体绝不出现（它只能是潜在的）。凡是出现了本体和比拟词语的，就是比拟。再者，比喻中的喻体一般是名词性的词语，而用来构成比拟的词语一般都是谓词性的。

(三) 夸张

故意言过其实，对客观的人或事作扩大、缩小或超前的描述，这种修辞方式叫夸张。夸张重在情感的抒发，而不重在事实的记叙。透过极度的夸张，我们可以感受到情理的真，而非客观事实的真。

1. 夸张的类别

（1）扩大夸张。

故意把一般事物往大（多、快、高、长、强……）处说，也就是对事物的形象、性质、特征、作用、程度等加以扩大。例如：

① 飞流直下三千尺，疑是银河落九天。　　　　　　　　　（李白《望庐山瀑布》）
② 大虫见掀他不着，吼一声，就像半天里起了个霹雳，震得那山冈也动了。
　　　　　　　　　　　　　　　　　　　　　　　（施耐庵《水浒传》）

（2）缩小夸张。

故意把一般事物往小（少、慢、矮、短、弱……）处说，也就是对事物形象、性质、特征、作用、程度等加以缩小。例如：

③ 五岭逶迤腾细浪，乌蒙磅礴走泥丸。　　　　　　　　　（毛泽东《长征》）
④ 教室里静得连根针掉在地上也听得到。

（3）超前夸张。

故意把出现晚的事说得早，这是从时间上进行夸张。

⑤ 这种媳妇，才算媳妇，要照如今的妇女呀，哼，别说守一年，男人眼没闭，她早就瞧上旁人了。　　　　　　　　　　　　　　　　（周立波《暴风骤雨》）
⑥ 他酒没沾唇，心早就热了。　　　　　　　　　　　（郑直《激战无名川》）

"男人眼没闭，她早就瞧上旁人了"这在当时的社会背景下，确实是超前夸张。至于"酒没沾唇，心早就热了"什么时候都应看作超前夸张。

2. 夸张的功能与运用

恰当地运用夸张，可以引起人们丰富的想象，有利于突出事物、行为的特征；可以表达强烈的感情、态度，增强感染力。运用夸张要注意：

（1）夸张有据。夸张要有客观基础，要有事实做根据。
（2）夸张有节。使用夸张要有节制，夸张不同于浮夸、吹牛。
（3）运用夸张要使接受者明白是故意言过其实，不能既像夸张，又像写实，否则容易产生误解。
（4）夸张要在实质上符合逻辑，要在情理上让人容易接受。

(四) 移就

把描写甲事物性状的词语移来描写乙事物的修辞方式就叫作移就。

1. 移就的类别

（1）移情。
移情，就是把属于人的感受或感情移用于物。例如：
① 历史/倚着愤怒的废墟/站在地狱的门口/以热血/一次次淘洗我们/黎明前的祖国。
(李瑛《我的中国》)

诗中"愤怒的废墟"就用了移就，连"废墟"也在"愤怒"，可想而知，这些经过高度凝缩的诗句，蕴含了多么深刻的思想意义，更具有了多么震撼人心的思想力量。

② 他留着浓黑的胡须，目光明亮，满头是倔强得一簇簇直竖起来的头发，仿佛处处在告白他对现实社会的不调和。
(唐弢《琐忆》)

"头发"本无所谓"倔强"不"倔强"，可在②句中，"直竖"在鲁迅头上的"头发"自然就"倔强"起来了。这对抒写人的感受及刻画人的性格都起到了烘云托月的作用。

（2）移性。
移性，就是把属于甲事物的性状移用于乙事物。例如：
③ 吴荪甫突然冷笑着高声大喊，一种铁青色的苦闷和失望，在他酱紫色的脸皮上泛出来。
(茅盾《子夜》)
④ 辽阔的呼伦贝尔，甜蜜的湖光山色。
(杨志美《草原牧歌》)

例①将适于描写脸色的"铁青色"移来描写"苦闷"和"失望"，这就使得一个平时颇有城府的人，此时此刻也无法控制自己的心情而使之外泄于形了。"湖光山色"如何"甜蜜"？然而这样的语言却使人想到呼伦贝尔大草原生活的甜蜜，人的心情的甜蜜以及方方面面的甜蜜。这"甜蜜的湖光山色"难道不是对呼伦贝尔大草原的热爱和歌颂吗？

移性，多数是把具有感情色彩的色彩词移来修饰没有感情色彩的事物，有人称之为"移色"。

移就主要的结构形式：把摹写彼物的形容词（多属写人的词语）移用过来作此物（多属写物的词语）的修饰语。移就的语言表达形式多数是定中式结构，只有少数不是，如上所举第一类的例②。

2. 移就的功能与运用

恰当地运用移就，可以使语言高度凝练，简明深刻，突出所描绘事物的性状和本质，增加写景、状物、抒情等方面的表现力。运用移就要注意：移就是一种在特殊语境中将具有别样性状的词语临时移用于该事物而形成的修辞方式，离开了这种特殊的语境，这种移就的辞格可能就无法成立；移就经常出现在文艺语体中，写实性语体不宜使用。

3. 移就和拟人的区别

移就大多把属于人的性状词语移属于非人的或无知的事物上面，这一点跟拟人有些相似，但它们是两种不同的修辞方法：
（1）在内容上，拟人侧重在把物人格化；移就只是把甲性状词语移属于乙，侧重在移而就之，不把物人格化。
（2）在形式上，移就的移用词语常作定语，拟人所选用的词语多作谓语。

(五) 通感

在叙事状物时,用形象性的语言使感觉转移,或者把甲种感觉故意写作乙种感觉,从而启发接受者联想、体味,这种修辞方式叫通感,又称移觉。

1. 通感的常见类别

(1) 由听觉移到视觉。

① 唱了十数句之后,渐渐的越唱越高,忽然拔了一个尖儿,像一丝钢线抛入天际⋯⋯如一条飞蛇在黄山三十六峰半腰盘绕穿插⋯⋯忽又扬起,像放那东洋烟火,一个弹子上天,随化作千百道五色火花,纵横散乱。　　　　　　　　　　(刘鹗《老残游记》)

② 莲妮好快活,银铃似的笑声把个初夏的早晨布置得一片灿烂。
　　　　　　　　　　　　　　　　　　　　　　　　　　　　(金曾豪《野种》)

①句由听觉感觉到的"乐音",移到视觉感觉到的"钢线""飞蛇""东洋烟火",生动形象地描绘出了"乐音"的艺术魅力。②句将听觉的"银铃似的笑声"写成了具有灿烂的色彩的东西,语言风趣而耐人寻味。

(2) 由听觉移到味觉。

③ 她的声音像蜜,听着甜滋滋的。　　　　　(李叔德《赔你一只金凤凰》)

由听觉感觉到的"声音"移到味觉感觉到的"甜滋滋"。

④ ⋯⋯三万六千个毛孔,像吃了人参果,无一个毛孔不畅快。"
　　　　　　　　　　　　　　　　　　　　　　　　　　　　　(《明湖居听书》)

这既是把听觉当味觉去写的例子,而且又用了夸张。

(3) 由视觉移到嗅觉。

⑤ 我的情人啊,你的微笑像新奇的花卉的芳香,是单纯而又费解。
　　　　　　　　　　　　　　　　　　　　　　　　　　　　(泰戈尔《流萤集》)

⑥ 瑶台雪花数千点,片片吹落春风香。　　　　　　　　　(李白《北风行》)

由视觉感觉到的"微笑""雪花",移到嗅觉感觉到的"芳香""(春风)香"。

(4) 由嗅觉移到听觉。

⑦ 微风过处,送来了缕缕清香,仿佛远处高楼上渺茫的歌声似的。
　　　　　　　　　　　　　　　　　　　　　　　　　　　(朱自清《荷塘月色》)

由嗅觉感觉到的"清香"移到听觉感觉到的"歌声"。

(5) 由视觉移到听觉。

⑧ 方鸿渐看唐小姐不笑的时候,脸上还依恋着笑意,像音乐停止后袅袅空中的余音。
　　　　　　　　　　　　　　　　　　　　　　　　　　　　　(钱钟书《围城》)

由视觉感觉到的"笑意"移到听觉感觉到的"余音",惟妙惟肖地刻画出方鸿渐痴情于唐小姐的神态。

⑨ 那个浑身只有一条短裤的男孩子,挥着一根树枝,树枝挂满绿叶,歌谣般亲切、柔和。　　　　　　　　　　　　　　　　　　　　　　(高风《金黄的大斗笠》)

那男孩子的动作甚是可爱,也可说洋溢着诗情画意,但"像歌谣般亲切、柔和"就让人咀嚼不尽其中的意味了,只是轻轻一笔,就使其审美的空间得到了适度的拓展,真乃妙笔生花。

(6) 由视觉移到触觉。

⑩ 澜说:"那笑容,暖暖的……" （杨晓《阳光杨澜》）

视觉感觉到的"笑容"移到触觉感觉到的"暖暖",这就将某种感受由一个层次推向了一个更深的层次,令人体味不尽。再比如"暖洋洋的橙色","令人感到压抑的黑灰色"等也是用触觉来形容视觉的例子。

(7) 由听觉移到触觉。

⑪ 晨钟云外湿,胜地石堂烟。 （杜甫《夔州雨湿不得上岸作》）

以"湿"字形容钟声,所闻之钟声,穿雨而来,穿云而去,故"湿"也,触觉与听觉相互沟通,言简意赅。

有不少通感是通过比喻的形式来实现的。朱自清在他的《荷塘月色》中就使用了不少这样的辞格。"月光如流水一般,静静地泻在这一片叶子和花上";"塘中的月色并不均匀;但光与影有着和谐的旋律,如梵婀玲上奏着的名曲";这一连串的比喻无不是从视觉、听觉等感觉器官描摹出来的。运用比喻与通感有机结合的辞格,将有机融合在一起的荷塘与月色的柔美、幽雅、朦胧的物态之美栩栩如生地展现出来,即使让人调动所有的感官,也难以尽数感悟中的妙处。

2. 通感的功能与运用

恰当地运用通感,可以绘形绘声绘色,强化体验,增加语言韵味。运用通感要注意:通感是建立在视觉、听觉、味觉、嗅觉和触觉等感觉挪移与丰富想象的生理和心理基础之上的,也是建立在各种感觉之间以及感觉与事物特性之间的相似性的基础之上的。没有丰富的生活阅历、深刻的生活体验、扎实的语言功底以及发现和联想的能力是运用不好通感辞格的。运用通感时,词语的变异组合应以自然、贴切、巧妙为宜。

3. 通感和移就的区别

通感和移就从语言形式上看,有相同之处,但它们有着内在的区别:

(1) 将甲种感觉当作乙种感觉去写,这是通感。将表示甲种事物性状的词语巧妙地运用于乙种事物,这是移就。通感体现在感觉上,移就体现在性状上:二者体现的角度是不同的。

(2) 通感被描写的对象往往是具体名词,移就被描写的对象往往是抽象名词。

(六) 借代

不直接说出事物的本名,而借用同它密切相关的事物的名称来代替,这种修辞方式叫借代,也叫换名。被代替的事物叫本体,用来代替的事物叫借体。

1. 借代的常见类别

(1) 以特征、标记相代。

① 买一斤龙井。

② 先生,给现钱,袁世凯,不行么? （叶圣陶《多收了三五斗》）

①句的"龙井"指一种茶叶。②句的"袁世凯"是当时"大洋"上的图案,这里代"大洋"。

(2) 借特称代泛称。

用具有典型性的人或物的专用名称作借体代替本体事物。例如：

③ 普及工作若是永远停止在一个水平上，一个月两个月三个月，一年两年三年，总是一样的货色，一样的"小放牛"，一样的"人、手、口、刀、牛、羊"，那么教育者和被教育者不都是半斤八两？　　　　　　　　（毛泽东《在延安文艺座谈会上的讲话》）

④ 小朱说，老赵您不是做生意了吗？什么时候您也请咱们上那儿撮一顿，让咱们这帮刘姥姥也长回见识。　　　　　　　　　　　　　　　　　　　　　（宁空《赶海》）

③句用"小放牛"和"人、手、口、刀、牛、羊"代指低水平、普及性的教学内容，④句用"刘姥姥"代指没有见过世面的人。

(3) 借具体事物代替抽象事物。

⑤ 有些电影和电视剧，深圳青年倒不像内地有些人那样着迷，他们讥之为"不是拳头，就是枕头"，有什么好看？

⑥ 在中国共产党的领导下，中国人民用小米加步枪，打垮了帝国主义在中国的统治。

在这两句中，用"拳头"代替武打片，用"枕头"代替色情片，用"小米加步枪"代替落后的武器装备，各句都用了借代。

(4) 借部分代替整体。

⑦ 我们都是来自五湖四海，为了一个共同的革命目标，走到一起来了。

（毛泽东《为人民服务》）

⑧ 到天旱雨涝，几百张嘴都等着政府救济。

⑦句的"五湖四海"，具体说，"五湖"是指洞庭湖、鄱阳湖、太湖、洪泽湖、巢湖；"四海"指东海、南海、黄海、渤海，"五湖四海"在这里代全国各地。⑧句用"嘴"代替了整个的人。

部分代整体和具体代抽象之间既有联系又有区别，其区别既表现在被代的人或事物有具体和抽象之别，又表现在修辞的着眼点也确有不同。

(5) 借结果代原因。

⑨ ……"宝宝"都上山了，老通宝他们还是捏着一把汗。　　　（茅盾《春蚕》）

⑩ 一听说这孩子今天又逃学了，我心里顿时火冒三丈。

"捏着一把汗"是提心吊胆、过分紧张的结果；"火冒三丈"是生气或发怒的结果，它们都是以果代因的借代。

(6) 以作者替代作品。

⑪ 方鸿渐从此死心不敢妄想，开始读叔本华……　　　　　　　（钱钟书《围城》）

"叔本华"不能读，这里指他的作品。此类借代还有，如"我们应当多读点鲁迅"，"他不仅翻译过基希，而且翻译过肖洛霍夫"等。

借代是一种运用广泛的修辞方式，只要本体和借体有相关性都可以构成。除了上面列举的，还有很多。

2. 借代的功能与运用

恰当地运用借代，可以突出事物特征，可以使行文简洁，新颖别致、形象生动。运用借代要注意：

(1) 借体必须有代表性，即借体一定要能代表本体。

(2) 有时还需要在一定的上下文对本体有所交代，否则表意可能不明。

3. 借代和借喻的区别

借代与借喻有相似之处，都有代替性，借喻是以喻体代替本体，借代是以借体代替本体；但二者有很大的不同。

(1) 在形式上，借代是"以乙代甲"，借喻是"以乙喻甲"。借代重在"代"，借喻重在"喻"。借喻可以改成明喻，借代则不行。

(2) 表达作用不完全一样。一般说来，运用借喻时，想象的意味较重；运用借代时，特征的鲜明性较强。

(3) 借喻的客观基础是两个不同事物的相似点，借代的客观基础是事物内部或外部的紧密联系，即相关性。

(七) 双关

在特定语言环境中借助语音或语义的联系，使语句同时关涉两种事物或兼含两种意义，但实际上说写者还是言在此而意在彼的，这种修辞方式就叫作双关。

1. 双关的类别

(1) 谐音双关。

就是利用音同或音近的条件，使词语或句子具有两种不同的意义。

① 不写情词不写诗，/一方素帕寄心知，/心知接了颠倒看，/横也丝来竖也丝。/这般心事有谁知？　　　　　　　　　　　　　　　　　　(冯梦龙《山歌》)

② 就业有"位"来。　　　　　　　　　　　　　　　　　　　　(中央电视台)

例①"横也丝来竖也丝"中的两个"丝"字，谐音双关"思"。就第二句的一方素帕而言，是"丝"，就末句的"心事"而言，是思念的"思"。例②"'位'来"与"未来"谐音双关。该句字面意思为这里有职业岗位，想就业就到这里来吧；而另一层意思则为只要能就业，你就有了未来，有了前途，有了希望。

古时对对联，上联用了双关，下联也必须使用双关，这就得多费一番思忖。据传明宰相李贤欲招神童程敏政为婿，于是指着席上果品出对曰：因荷（何）而得藕（偶）；程对道：有杏（幸）不须梅（媒）。李贤大喜，便将女儿许配于他。

(2) 语义双关。

语义双关就是利用词语或句子的多义性，使表达具有两种不同的意义，不过主要的意义指向还是清楚的。

③ 母亲和宏儿都睡着了。我躺着，听船底潺潺的水声，知道在走我的路。

(鲁迅《故乡》)

"在走我的路"，表面上看是"我"离开故乡，在走水路，但作者扩展开去，将情、景自然地融合在一起，指的是人生的道路。作者发挥了丰富的想象力，并借此寄托了自己美好的希望。

杰拉尔德·R·福特（1913年出生）是美国第38任总统，他说话喜欢用双关。有一次，他回答记者提问时说："我是一辆福特，不是林肯。"众所周知，林肯既是美国很伟大的总统，又是一种最高级的名牌小汽车；福特则是当时普通、廉价而大众化的汽车。福特说这句话，一是表示谦虚，一是为了标榜自己是大众喜欢的总统。

有些理发店的对联也颇有新意，如"虽为毫末技艺，却是顶上功夫""到此尽是弹冠客，此去应无搔首人"等，他们都用了语义双关的辞格。

2. 双关的功能与运用

恰当地运用双关，可以使语言含蓄、委婉、饶有风趣。运用双关要注意：要依据特定的语言环境和特定的接受者，巧用表里两层含义，做到含蓄而不晦涩，不致引起歧义或误会。

(八) 拈连

甲乙两类事物连在一起叙述时，把用于甲事物的词语就势巧妙地拈来用于乙事物，这种修辞方式叫拈连。拈连的两件事物，往往甲比较具体，在前，乙比较抽象，在后。运用拈连，便赋予了抽象事物以具体形象，增加了语言的艺术美。

1. 拈连的常见类别

(1) 述宾式。

述宾式就是把适用于甲事物的词语移用到平常不适用的乙事物上来，构成具有特定修辞效果的述宾关系。

① 他们可以承担一个浩大的战争，可以承担重建家园的种种艰辛，可是却承担不了如此沉重的离情。　　　　　　　　　　　　　　　(魏巍《依依惜别的深情》)

② 蜜蜂是在酿蜜，又是在酿造生活；不是为自己，而是在为人类酿造最甜的生活。

(杨朔《荔枝蜜》)

单独地看"承担"与"离情"是不搭配的，但是由于有上文"承担……战争""承担……艰辛"为条件，就不感到别扭了；单独地看"酿造生活"是说不通的，但因为有了前文的"酿蜜"才这样说的，那就是自然得体的了。这种利用前后文的联系顺势构成的拈连，显得巧妙自然，生动活泼，新颖别致。

(2) 主谓式。

主谓式就是把适用于甲事物的词语移用到平常不适用的乙事物上来，构成具有特定修辞效果的主谓关系。

③ "哼！你别看我耳朵聋——可我的心并不'聋'啊！"　　(郭澄清《大刀记》)

"耳朵聋"主谓相配，这是一般的用法，"心不聋"是变通说法，"心"一般和"明"之类形容词搭配，现在顺势连用与"不聋"搭配，显得新颖，也很深刻、有力。

(3) 偏正式。

偏正式就是由谓语中心——动词作为拈连的关键词，而将乙事物用一个介词引入，充当了状语。

④ 那船便将大不安载给了未庄。　　　　　　　　　　　　(鲁迅《阿Q正传》)

在这个句子中，"船"是必要的条件，"载"是关键的词语，船载人或货物可以，若单说"载大不安"就说不过去了；但由于前文已经出现"船"，接下去说"将大不安载给了未庄"，这也就符合顺势而为的要求了。这样说，既紧凑简洁，又意味深长，岂不很好？

2. 拈连的功能与运用

恰当地运用拈连，可以使语言简约，引人联想，也可使语言新颖别致，产生新的情趣。运用拈连要注意：既要考虑拈连词语形式上的联系，也要考虑甲乙事物语义上的关联，做到贴切自然，易于接受。

(九) 设问

本无疑问，有意自问自答，或问而不答，这种修辞方式叫设问。

1. 设问的类别

(1) 自问自答。

自问自答就是说话人或作者先提出问题，随后自己作答。例如：

① 啊，是谁，这么早就把那亲爱的令人心醉的乡音送到我的耳畔？是谁，这么早就用他那吱吱哇哇的悦耳动听的音乐唤来了玫瑰色的黎明？是一个青年人。

(峻青《乡音》)

② 什么是路？就是从没路的地方踏出来的，从有荆棘的地方开辟出来的。

(鲁迅《生命的路》)

(2) 只问不答。

只问不答就是提出问题，不作回答，或答寓问中，或无须也无法回答。例如：

③ 日本日立公司电机厂，五千五百人，年产一千二百万千瓦；咱们厂，八千九百人，年产一百二十万千瓦。这说明什么？要求我们干什么？　(蒋子龙《乔厂长上任记》)

④ 谁家今夜扁舟子？何处相思明月楼？　　　　(张若虚《春江花月夜》)

例③"这说明什么？要求我们干什么？"这种只问不答的设问，更能引人注目，发人深省。例④"谁家""何处"尽管用了问句的形式，但无须也无法回答。正因为如此，才托出了诗人离愁别绪的感人意境。

2. 设问的功能与运用

恰当地运用设问，可以引人注意，启发思考，或者突显重点，显示条理，使行文不呆板，有波澜。运用设问要注意：设置问题要有针对性和启发性，切忌不分轻重巨细地滥用。

(十) 对比

把两种对立的事物或同一事物的两个不同方面，放在一起相互比照，这种修辞方式叫对比，又称对照。

1. 对比的类别

(1) 两体对比。

把两种对立的事物放在一起描述，使对立更加鲜明突出，又叫两物对比。

① 一边箫鼓声中，一双新夫妇在那儿嫁——娶；一边拳脚声中，一双旧夫妇在那儿

打——哭。难为他新新旧旧，冤冤亲亲，热闹煞这"望衡对宇"！

(刘大白《邻居的夫妇》)

② 一<u>丛</u>深色花，十户<u>中人</u>赋。　　　　　　　　　　　(白居易《买花》)

(2) 一体两面对比。

把同一事物的两个对立的方面放在一起描述，在比照中使人对于事理的认识更透彻、更全面、更辩证，这种对比又叫一物两面对比。例如：

③ 这些人，马克思主义是有的，自由主义也是有的；说的是马克思主义，行的是自由主义；对人是马克思主义，对己是自由主义。　　　(毛泽东《反对自由主义》)

④ 他们是羊，同时也是凶兽；但遇见比他凶的凶兽时便现羊样，遇见比他更弱的羊时便现凶兽样。　　　　　　　　　　　　　　　　(鲁迅《忽然想到（七）》)

2. 对比的功能与运用

恰当地运用对比，可以揭示矛盾对立的意义，能使事理、语义鲜明突出。两体对比，能使人更容易鉴别不同事物的好坏、善恶、美丑；一体两面对比，能使人更容易认识同一事物对立各方面的特性及辩证统一的关系。运用对比要注意：对比的两种事物或同一事物的两个方面应该存在矛盾对立的关系，否则便不能构成真正的对比。

(十一) 对偶

把字数相等、结构相同（或基本相同）、意义相关的两个句子或短语对称地排列在一起，表示相反、相关或相连的意思，这种修辞方式叫对偶。

1. 对偶的类别

(1) 正对。

上下联内容相关，从两方面说明同一个事理，或描写一种情景，两联从内容上相互补充，相互映衬。例如：

① 苏武慢吟陇头月，乾隆醉卧金山亭。　　　　　　　　(车书昌《妙对偶得》)

② 墙上芦苇，头重脚轻根底浅；山间竹笋，嘴尖皮厚腹中空。

③ 风声雨声读书声，声声入耳；家事国事天下事，事事关心。　(顾宪成)

(2) 反对。

上下联用的词或短语意义相反，对称地组织在一起，使对偶两句的内容形成对比。例如：

④ 行善之人，如春园之草，不见其长，日有所增。
行恶之人，如磨刀之石，不见其损，日有所亏。

⑤ 横眉冷对千夫指，俯首甘为孺子牛。　　　　　　　　　　(鲁迅《自嘲》)

在浙江杭州的岳庙内，岳飞坟前塑着奸臣秦桧夫妇等四人的跪像，大门两边刻着一副爱憎分明的对联，巧妙地运用了反对："青山有幸埋忠骨，白铁无辜铸佞臣。"

(3) 串对。

上下两联的意思相关，有承接、因果、条件、假设等关系。串对又叫流水对。例如：

⑥ 山重水复疑无路，柳暗花明又一村。　　　　　　　　　(陆游《游山西村》)

⑦ 才饮长江水，又食武昌鱼。　　　　　　　　　　　(毛泽东《水调歌头·游泳》)

⑧ 不因鹏翼展，哪得鸟途通？　　　　　　　　　　　　　（陈毅《西行》）

对偶有宽严之分，严对要求字数相等，词性相对，结构相同，意义相关，而且要求平仄要符合规律，用字不得重复；不过宽对就没有那么严格了——宽对要求字数基本相等，词性基本相对，结构基本相同，重复个别字眼也是允许的。

3. 对比与对偶的区别

对比要求两项意义必须"对立"，不管结构是否相同、字数是否相等；对偶要求两项结构必须"对称"，字数一般"对等"，除了"反对"之外，不一定要求意义对立。可见二者立足点不同，对比立足内容上的"对立"，对偶立足形式上的"对称"。对偶中的"反对"，从内容上说是对比。

（十二）衬托

为了突出主要事物，用相似、相关或者相反的事物做背景，做陪衬，以对主要事物起到烘云托月的作用，这种修辞方式叫衬托，又叫映衬。

1. 衬托的类别

（1）正衬。正衬一般采用和本体相同或相近的事物来正面衬托本体事物。常常是用美好的景物来写快乐，用凄凉的景物来写悲哀。它使喜者更喜，悲者更悲，勇者更勇，怯者更怯，不过陪衬者总是为突出本体事物而存在，让本体事物更加突出。例如：

① 落花无言，真水无香，人淡如菊，心素如简。　　　　（《二十四诗品·典雅》）
② 桃花潭水深千尺，不及汪伦送我情。　　　　　　　　　（李白《赠汪伦》）

例①用"落花无言，真水无香"，来衬托"人淡如菊，心素如简"的精神境界。例②用"桃花潭水"来衬托"汪伦"对"我"的深挚感情。二例都是正面衬托。

（2）反衬。用事物的相对关系，采用和本体相反或相对的事物，从反面衬托本体或主体事物。它往往是以乐写哀，以哀写乐或以勇写懦，以懦写勇。它比正衬显得更有力量。例如：

③ 海鸥在暴风雨到来之前呻吟着，——呻吟着，在大海上面飞蹿，想把自己对暴风雨的恐惧，掩藏到大海深处。海鸭也呻吟着，——这些海鸭呀，享受不了生活的战斗的欢乐：轰隆隆的雷声就把它们吓坏了。愚蠢的企鹅，畏缩地把肥胖的身体躲藏在峭崖底下。……只有那高傲的海燕，勇敢地，自由自在地，在翻起白沫的大海上面飞翔！

　　　　　　　　　　　　　　　　　　　　　　　　　　　（高尔基《海燕》）

④ 一九三七年四月中旬，正是樱花盛开的季节。日本横滨码头噪声沸腾，无数彩色的纸带，在远行人与送行者手中飘动。只有一个少妇，孤单地站在一艘英国轮船的甲板上，两手空空，没有彩带，默默地向祖国告别。这就是绿川英子——当时在日本叫长谷川照子。　　　　　　　　　　　　　　　　　（《中日两国人民忠实女儿》）

例③借"海鸥""海鸭"及"企鹅"来反衬"高傲""勇敢""自由自在"地飞翔的海燕，对海燕的赞美之情，洋溢在字里行间。例④借樱花盛开的美好季节和彩带"在远行人与送行者手中飘动"的欢快场面，反衬出长谷川照子离别祖国的痛苦和惜别的心情。

2. 衬托的功能与运用

恰当地运用衬托，可以使主次分明，让需要突出的事物更加鲜明，给人留下更加深刻的印象。运用衬托要注意：主体和陪衬的事物之间联系要自然，主次要分明，不能喧宾夺主。

3. 反衬和对比的区别

反衬是利用和主要事物相反的事物作陪衬，对比则是两种根本对立的事物或同一事物的两个矛盾对立面的比较，二者有相似之处，也有不同之处：衬托是以宾托主，有主次之分；对比意在彰显对立，两种对立的事物是平行的并列关系，无主次之分。

（十三）反复

为了突出强调某种思想感情而有意重复词语或句子，这种修辞方式叫反复。

1. 反复的类别

（1）连续反复。

连续重复相同的词语或句子。例如：

① 社会主义好，
　社会主义好，
　社会主义国家人民地位高，
　反动派被打倒，
　帝国主义夹着尾巴逃跑了！　　　　　　　　　　　　（希扬《社会主义好》）

② 一见面，他车子还没放稳，就很激动地对我说："大有文章可做，大有文章可做呀！"　　　　　　　　　　　　　　　　　　　　（李存葆《高山下的花环》）

（2）间隔反复。

重复的同一词语或句子中间，隔着其他词语或句子。例如：

③ 可是"友邦人士"一惊诧，我们的国府就怕了，"长此以往，国将不国"了，好像失了东三省，党国倒愈像一个国，失了东三省谁也不响，党国倒愈像一个国，失了东三省只有几个学生上几篇"呈文"，党国倒愈像一个国，可以博得"友邦人士"的夸奖，永远"国"下去一样。　　　　　　　　　　　　　　　　　（鲁迅《"友邦惊诧"论》）

④ 她嫁了，女婿是个清秀的人，我喜欢。她生儿子了，是个聪明活泼的孩子，我喜欢。他们俩高高兴兴当教员，和和爱爱相对待，我更喜欢，因为这样才像人样。
　　　　　　　　　　　　　　　　　　　　　　　　　　　　　（叶圣陶《夜》）

构成反复的部分，从本身的结构看，既可以是句子，也可以是短语；上面几例都是句子构成的反复，下面则是短语构成的反复。

⑤ 在碧波荡漾的中南海，
　周总理的办公室的灯光啊，
　和毛主席书房的灯光辉映相交。
　灯光下，学习马列、毛主席著作，
　灯光下，批阅文件、报告，

　　　　灯光下，接待四海宾朋，
　　　　灯光下，会见各地工农兵代表……　　　　（石祥《周总理办公室的灯光》）

2. 反复的功能与运用

恰当地运用反复，可以突出语意重点，抒发强烈的感情；可以加强语气，增添节奏感。运用反复要注意：反复是强烈感情的自然流露，如果没有充实的内容、强烈的情感，而一味重复词语，则会使表达拖泥带水、单调乏味。

（十四）排比

将三项或三项以上内容密切关联、结构相同或相似、语气一致的短语或句子连续排列出来，以提高语言的表达效果，这种修辞方式叫排比。

1. 排比的类别

（1）句子成分的排比。

句中同一句子成分内部构成排比。例如：

① 它（歌声）是黑夜的火把，雪天的煤炭，大旱的甘霖。　　（吴伯箫《歌声》）

② 快乐就是乡间小道上一串串的脚印，一袭袭的花香，一声声的鸟啾，还有一条条吓得你半死的小毛毛虫。　　（杨戈《寻找快乐》）

①②都是宾语的排比，此外还有主、谓、定、状、补语等的排比。

（2）句子的排比。

句子的排比也包括分句与分句构成的排比。例如：

③ 自私是一面镜子，镜子里永远只看得到自己；自私是一块布匹，蒙住了自己的眼睛，看不见别人的痛楚；自私是一层玻璃，看上去透明，却始终隔开了彼此的距离。

④ 敬爱的周总理，我从锤和镰刀的闪光中，
　　看见了你；
　　我从边防战士警惕的目光中，看见了你；
　　我从奔腾不息的涛声中，看见了你；
　　我从每扇窗口的晨曦中，看见了你。　　（李瑛《一月的哀思》）

⑤ 古往今来，彪炳史册的杰出人物，都曾做出过非同寻常的努力，因而在事业上创造了辉煌的业绩。试想，如果没有司马迁实地考察、搜集史料，没有他忍辱负重、发愤著述，又哪会有不朽之作《史记》的流传！如果没有李时珍跋山涉水、遍尝百草，没有他数十年如一日的搜集整理、笔耕不息，哪里会有药学巨著《本草纲目》的问世！如果没有李四光潜心治学、大胆创新，没有他风尘仆仆深入西南、涉足华北，怎会有地质新说地应力学的创立？

（3）段落的排比。例如：

⑥ 他哭了，不是因为邻居的眼色，这个从南市来的孩子从小见惯了各种各样冷漠和怀疑的眼色。

他哭了，不是因为路人的歧视，这个在各国港口为中国争取到荣誉的海员，有的是对付歧视的办法。

他哭了，不是因为亲人们——妻子儿子，特别是哥哥，那个一心一意支持他走上这条

路的哥哥的质问。虽然他们疑虑的视线在他心上织起了灰色的和有罪的雾似的迷网……

(柯岩《船长》)

2. 排比的功能与运用

恰当地运用排比,可以使语句整齐匀称,音律铿锵,节奏感强;可以深化语义,强化感受;可以增强语势,增强感染力。运用排比要注意:

(1) 排比注重的是结构相同或基本相同,允许有不妨碍整体统一的小变化。
(2) 排列讲究次序,有条不紊。
(3) 不可单纯追求形式,硬凑排比。

(十五) 层递

用三项或三项以上结构相同或相近的语句,按照一定的逻辑关系,使语意内容递升或递降排列,这种修辞方式叫层递。

1. 层递的类别

(1) 递升。

按照数目的多少、范围的大小、时间的长短、程度的深浅、面的宽窄、量的轻重等依次上升排列,即由少到多,由小到大等等去排列。例如:

① 听说四川有一只民谣,大略是"贼来如梳,兵来如篦,官来如剃"的意思。

(鲁迅《谈金圣叹》)

② 生活中的许多厂长都像吕建国一样,为了上百号人、上千号人乃至上万号人的吃喝拉撒,在披肝沥胆地工作着。　　　　　(卢腾《厂长看〈厂长〉》)

③ 读书为考试,考试为升学,升学为留美。　(林语堂《来台后二十四快事》)

(2) 递降。

递升的特点是步步上升,与此相反,步步下降的是递降,即按照由深到浅、由重到轻、由高到低、由大到小等语意顺序排列。例如:

④ 他父亲留下的一份家产就这么变小,变做没有,而且现在负了债!

(茅盾《春蚕》)

⑤ 做不成天空的星子,就做山上的燎火吧!做不成山上的燎火,就做屋中的一盏灯吧!

(张秀亚《持灯者》)

2. 层递的功能与运用

恰当地运用层递,可以强化认识,加深感情和印象,营造出事理和语言的"渐层美"。运用层递要注意:层递具有严密的逻辑性,使用时,一定要注意依次排列的逻辑关系,不可紊乱。

3. 层递和排比的区别

层递和排比都是由三项或三项以上组成,都有结构整齐、气势贯通的特点,但又有所不同。其不同之处主要表现为:

(1) 层递着眼于内容上具有级差性,排比主要着眼于内容上的平列性。

(2) 层递在结构上不强调相同或相似，排比在结构上必须相同或相似。

（十六）仿拟

故意模仿现成的词语、句子或篇章而仿造成新的词语、句子或篇章，这种修辞方式叫仿拟。现成的词语、句子等一般应是上文出现的或者是人们所熟悉的，而仿造成的词语、句子等则和原义相反或相似、相近。

1. 仿拟的类别

（1）仿词。

更换现成词中的某个语素，临时仿造出新的词。例如：

① "您真是个天才！" 戈勒校长笑道，"您的胆量令人钦佩，女士。" "我是'地才'，博士！" 女科学家冷冷一笑，"正如生命起源于大地一样，我的认识也是脚踏实地摸索出来的。"
（张扬《第二次握手》）

② 第二天早晨，她们的头发上都结了霜。男同志们笑她们说："嘿，你们演'白毛女'都不用化妆了！" 她们也笑男同志，"还说哩！你看，你们不是'白毛男'吗？"
（魏巍《年轻人，让你的青春更美丽吧！》）

③ 过去，不识字叫做文盲。搞四个现代化，不懂科学技术，就要成为"科盲"，就不能担负起历史赋予我们的新时期的新任务。（"两报一刊"社论《神州九亿争飞跃》）

④ 正如"水感"特好的人有可能成为世界级游泳运动员一样，让有"球感"的人去打球踢球，有"生意感"的人去担任厂长经理，有"新闻感"的人去当记者，"群众感"特强的人当干部，这于本人于国家于事业都大有好处。（《文汇报》）

"天才"与"地才"、"白毛女"与"白毛男"、"文盲"与"科盲"、"水感"与"球感""生意感""新闻感""群众感"等都属于词的仿造。

（2）仿语。

更换固定短语中的一个或几个语素，仿造出一个新的短语来，这种辞格被称为仿语。仿语所仿的对象一般是成语。例如：

⑤ 龙二井又有油和水的矛盾，这是它的特殊性。周队长说，要促使矛盾转化，就要捞水，把水捞干。我们想一不做，二不休，搞它个水落油出。（张天民《创业》）

⑥ 球稳稳地进了，对方队员只能望"球"兴叹！（张抗抗《杯》）

（3）仿句。

故意仿造既成的句法格式。被仿造的句子一般是名句或熟语句。例如：

⑦ 当街的几个孩子，既不敢问他，又舍不得不看他，只远远地好奇地盯着他。他是谁？他就是那个"青年被抓走老大回，儿童何敢问相识"的中学教师李八一！
（高尔品《"细胞"闲传》）

这里仿拟的是贺知章《回乡偶书》中的两句："少小离家老大回，……儿童相见不相识……"

（4）仿篇。

仿造既成的篇章，这既成的篇章一般也是有名的。例如：

⑧ 美德，我所欲也；美玉，亦我所欲也，二者不可得兼，舍玉而取德者也。何也？是故德重于玉者也。

⑨ 寻寻觅觅,猜猜测测,想想碰碰撞撞。乍小还大时候,最难中奖。三注四注买入,怎敌他,包号威力?奖开也,那一组却是旧时相识。满地彩票堆积,憔悴损,如今有谁收拾?守着佳码,独自怎猜得中!连码更兼冷号,到黄昏,悔悔恨恨,这次第,怎一个愁字了得!

(刘雪梅《声声慢》)

例⑧仿的是《孟子》中的《鱼我所欲也》,例⑨仿的是李清照的《声声慢》。

从意义的角度分类,仿拟又可分为类仿和反仿。上面所举的例子中,例①、例②属于反仿,其他都属于类仿。

2. 仿拟的功能与运用

恰当地运用仿拟,可以给人新鲜活泼、生动明快之感,可以培养人的想象力、创造力。由于仿造的词、语、句、篇和原词、语、句、篇在意义上相反或相似、相近,所以又有联系比照之效。

运用仿拟要注意:为了表达的明晰,临时仿照的语言单位通常需要与被仿照的语言单位在上文或下文形成映照。

(十七) 顶针

顶针(也叫顶真)是通过重复一定的词语,使下一句与上一句头尾蝉联的一种辞格。根据形成蝉联的部分的单位的不同,可将顶针分为两类:

1. 重复词语形成的顶针

① 桃林枝枝挂满桃,
　桃花谢落已缥缈。
　缥缈晨雾风吹散,
　散落远方入仙岛。

② 不闻不若闻之,闻之不若见之,见之不若知之,知之不若行之。

(荀子《儒效》)

2. 重复句子形成的顶针

③ 竹叶烧了,还有竹枝;竹枝断了,还有竹鞭;竹鞭砍了,还有深埋在地下的竹根。

(袁鹰《井冈翠竹》)

④ 咱们做的事越多,老百姓就来的越多;老百姓来得越多,咱们的力量就越大;咱们的力量越大,往后的事也就越多。

(欧阳山《高干大》)

顶针的修辞功能主要在于:(1) 使事情按照一定的顺序紧凑地连接起来,形成语势畅达、一气呵成的修辞效果;(2) 使事情层层推进的逻辑顺序更加清晰,易于理解,也常能给人以深深的启迪。

(十八) 回环

回环是通过句子结构的前后颠倒而形成的一种别有情趣的辞格。例如:

① 从我一生的经历,我悟出了一条千真万确的真理:只有社会主义才能解放科学,

也只有在科学的基础上才能建设社会主义。科学需要社会主义，社会主义更需要科学。

（郭沫若《科学的春天》）

② 理性认识依赖于感性认识，感性认识有待于发展到理性认识，这就是辩证唯物论的认识论。

（毛泽东《实践论》）

③ 长相知，才能不相疑；不相疑，才能长相知。（曹禺《王昭君》）

④ 响水潭中潭水响；黄金谷里谷金黄。
　佛山香敬香山佛；翁源乳养乳源翁。

⑤ 雪花飞暖融香颊。颊香融暖飞花雪。
　欺雪任单衣，衣单任雪欺。
　别时梅子结，结子梅时别。
　归不恨开迟，迟开恨不归。

（苏轼《菩萨蛮》）

回环的修辞功能：（1）回环重在揭示两种事物、两种道理之间相互依赖的逻辑关系，使事理得以彰显；（2）用以描写各种景物，揭示各种景物之间的交互和相互影响的关系，从而创造一种令人回味无穷的艺术境界。

回环与顶针的联系和区别：若仅从句子首尾的关系看，回环之中包含顶针，所以常有两者结合运用的情况，如秦少游诗云："静思伊久阻归期，久阻归期忆别离；忆别离时闻漏转，时闻漏转静思伊。"不过回环与顶针还是不同的，一是从格式上看，回环是甲—乙、乙—甲，顶针是甲—乙、乙—丙……；二是回环一般只有两项，或多项之中只看最终是否将首句的首变成了尾句的尾，顶针的项数不限，不过至少得有两项。

三、辞格的综合运用

一段话之中包含有多个辞格，这便称为辞格的综合运用。从所用辞格之间的关系看，辞格的综合运用有三种情况：兼用、套用、连用。

1. 辞格的兼用

几种辞格兼而用之，互相交织在一起，融为一体。例如：

① 他赢而又赢，铜钱变成角洋，角洋变成大洋，大洋又成了叠。

（鲁迅《阿Q正传》）

这是排比、层递和顶针的兼用。从结构的角度看，此句用了排比；"铜钱——角洋——大洋"，概念一个比一个大，表达了层层递进的意思，从这个角度看，是层递；但是"……角洋，角洋……大洋，大洋……"词语蝉联，从这个角度看，又是顶针。

② 勤奋是点燃智慧的火花，懒惰是埋葬天才的坟墓。

这例兼用了对偶、对比、暗喻（前一分句中还包含了比拟）。

兼用的特点是"横看成岭侧成峰，远近高低各不同"，从这一角度看是甲辞格，从另一角度看又是乙辞格。兼用可使多种不同的修辞格式相互补充，浑然一体，从而增添句子的文采和表现力。

2. 辞格的套用

一个主要的辞格中包孕着另外的辞格。其特征在于辞格分层次地结合，辞格里面包孕着辞格。例如：

③你是革命第一,工作第一,他人第一,而在有些人却是出风头第一,休息第一,自己第一。
(毛泽东《给徐特立同志的一封信》)

总体看来,从意义的角度分析使用了对比辞格,但从局部看,前后两部分都分别使用了排比,而在排比之中,又使用了间隔反复。

④为什么洪山礼堂今天这样明亮?因为被你们初升的太阳照亮!为什么我们大家心情这样激动?因为你们的青春给了我们无限希望!
(徐迟《要叫大自然听从你们摆布》)

⑤大理花多,多得园艺家定不出名字来称呼。大理花艳,艳得美术家调不出颜色来点染。大理花娇,娇得文学家想不出词句来描绘。大理花香,香得外来人一到这苍山下,洱海边,顿觉飘飘然,不酒而醉。
(茅盾《春城飞花》)

例④总看是对偶(宽对),对偶中又套用两个设问。辞格套用,相互照应陪衬,使大的辞格有所借助,小的辞格有所增补,相得益彰。例⑤作者以排比形式表达了大理花的无与伦比,各排比的分项又分别用顶针辞格,赞美了大理花的品种、花色、花形、花香几方面,而各顶针辞格蝉联词语之后的部分又以夸张形式对上述几方面给以渲染。整段文字的辞格结构形式是:排比(第一层次)包容着顶针(第二层次),顶针再包含着夸张(第三层次)。

3. 辞格的连用

几个辞格接连运用,它们之间的关系不分主次,平等并列,互相衬托。

⑥春分刚刚过去,清明即将到来。"日出江花红胜火,春来江水绿如蓝"。这是革命的春天,这是人民的春天,这是科学的春天!让我们张开双臂,热烈拥抱这个春天吧!
(郭沫若《科学的春天》)

第一句使用了对偶,第二句使用了引用(引用中含有对偶),第三句使用了排比,第四句使用了拟人。

⑦摇动的车轮,旋转的锭子,争着发出嗡嗡嘤嘤的声音,像演奏弦乐,像轻轻地唱歌。
(吴伯箫《记一辆纺车》)

⑧总理的轿车开动了,我们的心哪,跟着总理向前,向前,……忘记了卸装,忘记了时间,忘记了春寒……许久许久,周总理的音容笑貌,在我脑际萦绕;周总理的谆谆教诲,在我心中回响。

例⑦先对偶、再比拟,最后用了比喻与拟人兼用的辞格。例⑧是比拟、反复、排比、对偶的连用。比拟真切写出了多少颗心被牵动,两次反复有深化思想感情的作用,三个"忘记了……"突出了对总理专注的思想感情,对偶则强调了总理给人印象之深。它们有机结合,强烈地抒发了对周总理炽热如火的真挚感情。

辞格的综合运用还有更为复杂的。兼用、套用、连用之间相互并用的形式,在实际的语言运用中也时有所见。

练习与思考

1. 构成比喻的条件有哪些?比喻在表达上有什么作用?
2. 借喻和借代有什么联系与区别?

3. 什么是比拟？比拟与比喻有什么不同？

4. 指出下列句子哪些用了比喻辞格。

（1）透过雾帘，我们只能够隐隐约约地看见前面的小车。

（2）她好像什么也没有听进去。

（3）他的思想的大门终于敞开了。

（4）小鸟在唱歌，蝴蝶在跳舞。

（5）他长得一点也不像他的父亲。

（6）看大门的那么负责，真成了我们单位的一把锁。

5. 夸张可分为几类？运用夸张需要注意哪些问题？

6. 举例说明移就与拟人、通感的区别。

7. 什么是双关？没有被正确解读的双关是否依然是双关？为什么？

8. 对偶与对比有什么区别？请举例说明。

9. 层递和排比有什么不同？

10. 辞格的综合运用有哪几种情况？请举例说明。

11. 指出下列每段话中所用的辞格。

（1）人生是一条没有尽头的路，我走着走着，不停地走着。我探索着人生，人生也探索着我。

（2）古老的济南，城内那么狭窄，城外又那么宽敞，山城上卧着些小村庄，小村庄的房顶上卧着点雪，对，这是一张小水墨画，也许是唐代的名手画的吧。

（3）美丽的长江大桥在诉说着我们美丽的社会主义生活，美丽的社会主义现实，美丽的社会主义前景。

（4）人生有限，知识无穷。当你用汗水敬献她的时候，她和你携手前进；当你用游荡讨好她的时候，她和你分道扬镳。

（5）四周笼罩着渐次加深的暮色，使人仿佛置身于巨大的宝蓝色的玻璃器皿之中；河中景物仍可一一辨认。低头看水，绿波白浪，抬头望岸，黛树紫苇；鸥鸟双翅如灰白的飞剪，迅捷上下，仿佛要用锐剪剪破夜色；塘鹅鸣声自隐处传来，似惊喜交加，为多瑙河下游的风光增添着情趣。

（6）桃树、杏树、梨树，你不让我，我不让你，都开满了花赶趟儿。红的像火，粉的像霞，白的像雪。

（7）这种感情像红松那样，根深蒂固，狂风吹不动，暴雨浸不败，千秋万载永不凋谢。

（8）别看浪花小，无数浪花集中到一起，心齐，又有耐心，就这样咬上几万年、几千年，哪怕是铁打的江山，也能叫它变个样儿。

（9）讲到长征，请问有什么意义呢？我们说，长征是历史记录上的第一次，长征是宣言书，长征是宣传队，长征是播种机。

（10）我平生只爱两样东西：杯中物，案头书。喝着绍兴，读读鲁迅，岂不快哉？

（11）赵树理长期把根扎在太行山的土壤里，汲取乡土里的营养，开出浓郁的鲜花，结出香甜的硕果。

（12）您怕什么呢？那么多的买卖，您的小指头都比我的腰还粗。

（13）有一次，妻子说畅想状态中的夏浩一有伟人风度。当然那时是在蜜月里。可惜没有蜜年和蜜世纪。

(14) 透过车窗，我看见小个子北冈穿得整整齐齐，迈着兴奋的小碎步，匆匆赶来。

(15) 女子们朗朗的笑声，像水上的波纹，在工地的上空荡漾开去。

12. 综合分析下面各段短文的修辞特色（语言各要素的调遣、辞格的运用和修辞的效果等）。

(1) 山风啊，成了进军的喇叭，
　　松涛啊，成了庆功的唢呐，
　　漫山遍野，
　　都为咱吹吹打打。

(2) 一般情况？青藏线上哪有一般情况，都是特殊情况！每年每月每日每时每刻每分每秒都是特殊、特殊、特殊！

(3) 高松年听说他来了，把表情整理了一下，脸上堆的尊严厚得可以用刀刮。

(4) 田蛙篱外唱，
　　蜜蜂院里答，
　　落叶几片戏绿水，
　　乱了门前一群鸭。
　　竹桌上，摆满了富，
　　茶壶里，泡香了话。

(5) 突然，我发现一个孩子，一个从海的怀里奔跑过来的孩子。黧黑的裸体的，皮肤被浪朵吻黑了，小脸被海风抚圆了，像一轮跃动着的黛红色的太阳！我看见他举起一只白色的海螺，呜呜地吹响了，吹出的是一阵阵浑厚的、深沉的、带着海的咸涩的韵味的风！

(6) 不要以为幸福直接等于金钱，不要以为幸福直接等于情爱，不要以为幸福直接就是香车宝马、功名利禄，不要以为幸福直接就是随心所欲、无法无天。幸福是另外的东西，是有灵性的东西，是需要有微妙对应的东西。只有懂得收藏才会懂得品味，只有懂得品味才会抓住幸福。

(7) 歌声悠扬，淳朴，像谆谆的教诲，又像娓娓的谈话，一直唱到人们的心里，又从心里唱出来，弥漫整个广场。声浪碰到群山，群山发出回响；声浪越过延河，河水演出伴奏；几翻回荡往复，一直辐散到遥远的地方。抗日战争的前线后方，有谁没有听过，没有唱过那种从延安唱出来的歌呢？

(8) 你看它不管是在悬崖的缝隙间也好，不管是在贫瘠的土地上也好，只要有一粒种子——这粒种子也不管是你有意种植的，还是随意丢落的，也不管是风吹来的，还是从飞鸟的嘴里跌落的，总之，只要有一粒种子，它就不择地势，不畏严寒酷热，随处茁壮地生长起来了。它既不需要谁来施肥，也不需要谁来灌溉。狂风吹不倒它，洪水淹不没它，严寒冻不死它，干旱旱不坏它。它只一味地无忧无虑地生长。松树的生命力可谓强矣！松树要求于人的可谓少矣！这是我每看到松树油然而生敬意的原因之一。

(9) 海在我们脚下沉吟着，诗人一般。那声音仿佛是朦胧的月光和玫瑰的晨雾那样温柔；又像是情人的蜜语那样芳醇；低低地，轻轻地，像微风拂过琴弦；像落花飘零在水上。

(10) 风流哟，风流，什么是风流？
　　　我心中的情丝像三春的绿柳；
　　　风流哟，风流，谁不爱风流？

我思索的果实像仲秋的石榴。
我是一个人,有血、有肉。
我有一颗心,会喜、会愁。
我要人的尊严,要心的美好,
不愿像丑类一般鼠窃狗偷;
我爱松的高洁,爱兰的清幽,
决不学苍蝇一样追腥逐臭。
我年轻,旺盛的精力像风在吼,
我热情,澎湃的生命似水在流。
风流呵,我该怎样将你理解,
风流呵,我发誓要把你追求!
清晨时,我变成一只彩蝶;
"呵,风流莫非只在春光里嬉游?"
朦胧中,我化为一只蜜蜂;
"呵,风流好似是在花丛中奔走。"
我飘忽的思潮汇成大海,
大海说:"风流是浪上一只白鸥。"
我幻想的羽翼飞向明月,
明月说:"风流是花中一壶美酒。"
于是,我做了一个有趣的梦,
梦见了人生中的许多"朋友"——
他们都来回答我的问题,
争辩着,在八十年代谁最风流。
理想说:"风流和成功并肩携手。"
青春说:"风流与品貌不离左右。"
友谊说:"风流是合欢花蕊的柱头",
爱情说:"风流是并蒂莲下的嫩藕。"
道德说:"风流是我心田的庄稼。"
时代说:"风流是我脑海的秋收。"
……

第六节 语体和语言风格

一、语体

(一)语体与修辞

1. 语体及其分类

语体是指为实现交际目标,根据题旨和语境的需要,经过长期的语言实践而形成的语言运用体式。在丰富复杂的社会生活中，人们的语言交际，根据不同的交际领域、交际对象、交际内容、交际方式等，可实现不同的交际目标：有的告知人们一些常识性问题，有的处理行政事务，有的宣传思想理论，有的阐明独到见解，有的探求科学规律，有的致力于形象塑造等。为此，人们在语言交际中便对语言材料进行有意识地选择安排，从而使语言材料在行文时出现了分工上的不同，形成了不同的语言运用的特征体系和方式，这就是语体。

语体的分类多种多样，根据不同的标准可以分出不同的类别。一般来说，根据交际的场合、方式和功能的不同，可把语体分为口头语体和书面语体两大类，然后再作下位的分类。口头语体又可分为谈话语体和演讲语体；书面语体又可分为公文语体、政论语体、科技语体和文艺语体。还有一种语体——广告语体介于口语和书面语两种语体之间。不同语体之间既互相区别又互相联系。

各种语体都有其特定的运用语言的特征体系、方式或约定的程式，一经形成，它就具有约束效应，我们只有遵守它，才能很好地完成交际任务。同时，各种语体之间也互相影响，互相渗透。

口头语体，自然、活泼、通俗、生动。它充分利用语音手段，抑扬顿挫，停顿较多，语气词较多，有丰富的体态语相配合，一般具有较强的表现力；口头语体，常常使用通俗生动的生活化词语，包括一些方言和俗语；运用灵活简短的句子形式，比如省略句，有时也交叉重复；在随意谈话之时，话题经常变换，具有游移性、跳跃性，但在正式和某人谈问题的时候，主题也应当突出，内容也应当集中，只是其间需要一定的灵活性和策略性而已。

书面语体，严密、规范、文雅、庄重。它节拍分明，富有音乐感；大量使用书面语词，包括术语、文言词语、关联词语等；修饰成分、并列成分用得较多，句子结构比较完整，一般都合乎规范；话题集中，中心突出，表意细致、周密、严谨，表现出明显的连贯性、逻辑性和系统性。

口头语体和书面语体虽各有特色，又密切联系。口头语体是书面语体的源头，书面语体是口头语体的升华；口头语体给书面语体注入新鲜的血液，书面语体为口头语体指出规范的方向。口头语体会随着人们文化水平的提高和社会形势的发展而发生相应的变化，具有明显的时代烙印，是特定时代、特定社会领域人们的思想观念和思维方式的展现，常常呈现出新颖、活泼、超常的特点。书面语体的发展依赖于口头语体，一般都滞后于口头语体，具有很强的稳定性和系统性，其周密、严谨和系统的特点对于人们的思维无疑能起到积极的推动作用；但书面语体也应随着口头语体的变化和社会形势的发展而不断调整自己，使自己在具有更强的表现力的同时，能与时俱进，起到更强的示范作用和引导作用。总而言之，口头语体和书面语体虽各有特色，各自独立，但它们却相互依存，相互影响，相互促进，共同提高，它们一起为增强语体的表达功能而发挥积极的作用。

2. 修辞与语体密切相关

任何修辞活动都必须与语境保持和谐统一，语境应包括语体，因此修辞活动也必然与语体保持和谐统一。与语体保持和谐统一，是修辞活动要时刻把握的重要方面。

一切修辞活动都是为了增强语言的交际效果。语体的不同，正是语言材料在表达效果上分化的结果。词语具有语体色彩，句子也具有语体色彩，它们都可以在适当的语体中发挥其应有的作用。我们所讲的句类、陈述句、疑问句、祈使句、感叹句,可以看作是句子在功能效果上的基本分类。这四类句子在不同的语体中使用的情况是不一样的。在专门科技语体中,陈述句用得最多,疑问句用得极少,祈使句、感叹句则基本不用。在文艺语体和广告语体中,各类句式都可使用,尤其是疑问句、祈使句、感叹句,几乎随处可见。在事务语体中,陈述句、祈使句使用很多,但极少使用疑问句和感叹句。在政论语体中,陈述句使用最多,疑问句、感叹句次之,祈使句很少使用。因此,我们说话、行文时必须把握好词语、句子的语体色彩,使之与相应的语体能保持动态的统一;只有这样,才能更加充分地体现出修辞的效果。

一种语体形成之后,往往有它典型的表达手段和方式,以保持它的稳固性和独立性。虽然语体之间具有渗透性,但某一语体对其他语体的典型的表达手段和方式具有一定的排他性。比方说,事务语体就排斥文艺语体的典型的形象化的表达手段和方式。如果我们在一则通知中运用了比喻,那就会使人觉得不伦不类;如果我们在一份合同中运用了夸张,那只能造成交际的失败。比喻、夸张本身是非常有效的修辞手段,但如果不能与语体保持和谐统一,就不能取得有效的交际效果。

不过问题的另一方面也不能忽视。对于某些语体来说,若修辞者根据表达的需要故意使用与某种语体具有明显反差的词语,往往也能收到很好的修辞效果,这是因为修辞者遵循了相反相成的原则。遵循相反相成的原则,往往能使语言诙谐、幽默、风趣、新颖,从而也富有创造性地实现了修辞的功能。这种现象在目前的言语交际中越来越多,我们应当予以关注才好。

(二) 书面语体的类别及其特征

1. 公文语体

公文语体的功能是通过特定格式的行文而联系、处理国家机关、社会团体、企事业单位、社会成员之间的各种事务。公文语体与工作效益、社会生活有着密切的联系,运用范围很广,使用频率很高。它包含的文种很多,如法令、决定、决议、公报、公告、通告、通知、请示、批复、报告、条约、条例、声明、公约、合同、协议书、备忘录、倡议书、起诉书、判决书、启事、条据、书信等。公文语体具有简明性、朴实性、程式性等特征,在语言运用上具体表现出以下一些特色:

(1) 用词力求准确明晰。公文语体在表述时间、地点、数量、范围等方面用词必须十分准确,避免发生歧义和误解。概念的说明,事物的叙述,用词必须明白无误,不能模棱两可。

(2) 运用一些习惯用语。公文语体在长期的运用过程中形成了一些习惯用语,其中有现代的词语,也有一些文言词语,如"违反规定的""情节严重的""予以查处""特此函达""兹因""欣悉""值此""为荷"等。

(3) 句子谨严、简练。公文语体的句子结构比较完整,少用省略句,同时简洁凝练,以较少的文字表达严谨的内容。在句类上,主要使用陈述句和祈使句,多是叙述事情或发出指令、请求。

(4) 修辞上注重朴实无华。公文语体着重于消极修辞,追求明确、通顺、平匀、稳密。不追求形象化的描绘和感情强烈的渲染,极少运用比喻、比拟、夸张、双关等辞格,有时运用排比、对偶、对比等辞格。

（5）有固定的行文程式。公文语体有约定俗成的一些程式，文种不同式样就有不同。如文件往往有标题、编号、收文单位、正文、附件、发文单位、日期等。规章制度有总则、分则、附则等。报告与请示应有区别。合同、条据、书信等都有特定的格式。

请体会下面几段属于不同公文语体的短文：

① 为加强市直财政供给单位小汽车管理，根据国家和省有关规定，结合我市实际，现就进一步加强财政供给单位小汽车补充和更新作如下规定。

② 工资、薪金所得，是指个人在机关、团体、学校、企业、事业等单位从事工作的工资、薪金、奖金、年终加薪等所得。

前项奖金，不包括科学、技术、文化成果奖。

（《中华人民共和国个人所得税法施行细则》）

③ 如不服本判决，必须于判决书送达后的第二日起十日内，向本院提出上诉状及副本三份，上诉于××省高级人民法院。　　　　　（《……判决书》）

④《中华人民共和国民事诉讼法（试行）》已由中华人民共和国第五届全国人民代表大会常务委员会第二十二次会议于一九八二年三月八日通过，现予公布，自一九八五年十月一日起试行。　　　　　　　　　　　　（《五届人大常委会令（第八号）》）

2. 政论语体

政论语体的功能是对国际国内的政治生活和人们社会生活中的各种问题通过分析，评判是非，表明立场，阐明观点，宣传真理，驳斥谬误，帮助人们提高分析问题、认识问题和解决问题的能力，从而起到宣传教育、启发引导等作用。政论语体的运用范围较广，政治评论、思想评论、时事评论、文艺评论、问题探讨、专题论述、小品文以及一些新闻报道等，都属于政论语体的范围。政论语体具有论述的逻辑性、说理的雄辩性、表达的鼓动性等特征，在语言运用上表现出以下的一些特色：

（1）用词广泛，带有感情。政论语体涉及的领域很广，用词复杂多变，除了较多地运用政治性词语外，还运用各行各业的词语甚至专门术语，如生产、经营、金融、交通、气象、地理、文学、军事、法律、科技以及其他行业的专用词语。随着社会的不断发展也不断运用一些新词语，如"特区""三角债""股份制""信息技术""一国两制""投资融资""资金流动过剩""炒房""炒股""营销""物流""低碳"等等。在充分分析论证的基础上，在应该表明自己立场和态度的关键之处，应注意所用词语的感情色彩，应做到褒贬适度，旗帜鲜明，同时还应具有较强的感召力和鼓动性。

（2）句子严密，表意准确。政论语体要展开论述，使用的句子较为严密，修饰成分较多，关联词语较多，句子也比较长，常用主谓句、复句，尤其是多重复句。这样可以使概念的表述更具准确性，推理更具逻辑性，并增强论证的说服力。从句类来看，陈述句用得最多，借以显示严密的逻辑性；疑问句也常用，特别是常用设问句和反问句，借以增强鼓动性；在适当的地方也用祈使句和感叹句，借以加大号召力和感染力。

（3）修辞手法多样。与事务语体相比，政论语体在修辞上限制较少，可以运用多种修辞手法，除了经常运用长短句、肯定否定句之外，还较多地运用比喻、排比、层递、对偶、对比、引用、设问、反问、反语等辞格，以增强论述的形象性、鼓动性、感染力和说服力。

请体会下面的短文:

⑤首先来说研究现状。像我们这样一个大政党,虽则对于国内和国际的现状的研究有了某些成绩,但是对于国内和国际的各方面,对于国内和国际的政治、军事、经济、文化的任何一方面,我们所收集的资料还是零碎的,我们的研究工作还是没有系统的。二十年来,一般地说,我们并没有对于上述各方面作过系统的周密的收集材料加以研究的工作,缺乏调查研究客观实际状况的浓厚空气。"闭塞眼睛捉麻雀","瞎子摸鱼",粗枝大叶,夸夸其谈,满足于一知半解,这种极坏的作风,这种完全违反马克思列宁主义基本精神的作风,还在我党许多同志中继续存在着。马克思、恩格斯、列宁、斯大林教导我们要认真地研究情况,从客观的真实的情况出发,而不是从主观的愿望出发;我们的许多同志却直接违反这一真理。

(毛泽东《改造我们的学习》)

3. 科技语体

科技语体又叫知识语体。它的功能是总结、阐述自然现象和社会现象的内在规律,为自然科学和社会科学的研究、发展、普及服务,并进而服务于社会的进步和生产的发展。科技语体涉及科学技术的各个领域,主要的表现形式有学术专著、学术论文、学术报告、实验报告、技术标准、产品说明、新品推介、科技教材以及有关的读书笔记等,也包括通俗性的科普读物。由于交际对象、目的和语言表达上的不同,科技语体又分为专门科技语体和通俗科技语体。专门科技语体具有精确性、专业性等特征,在语言运用上表现出以下一些特色:

(1) 用词的专业性、国际性和符号化。专门科技语体运用大量的专业术语,表意单一而且精确。有的术语,在不同的领域有不同的含义。如"水",从化学及物理学的角度理解,指"最简单的氢氧化合物,化学式 H_2O。在标准大气压下,冰点0℃,沸点100℃,4℃时密度最大,比重为1"。通常情况则理解为"无色、无臭、无味的液体"。在这一语体中,还经常运用一些国际通用的词语和符号,如"欧姆、加仑、尼古丁、逻辑、克隆、基因"等词语,"⊥(垂直)、>(大于)、kg(千克)、log"等符号。还用一些字母词语,如"DNA(脱氧核糖核酸)、CPU(中央处理器)、MP3"等。

(2) 句子的单一性。专门科技语体运用的句子比较单一,所谓单一是指句子严整而较少变化。从句型看主要运用比较完整的主谓句,句子的限制性成分较多,一般不用或谨慎运用省略句,多用复句,特别是多重复句,注重句子表意的精确性、严密性和条理性。从句类看,主要运用陈述句,有时也用疑问句,基本不用祈使句和感叹句。

(3) 修辞的平实性。专门科技语体注重表述上的精确、严密、简洁,不追求语言的艺术化,主要追求消极修辞的表达,对积极修辞的手段有所限制,不用夸张、反语、双关等辞格,有时运用比喻、类比、引用、对偶、排比等修辞方式。为显示阐释的精准性,常常运用一些数字,并配之以准确的量词。通俗科技语体是向非专门人员或不大熟悉某一科学领域的人员深入浅出地介绍某一门科学知识,主要是指一些普及性的通俗科技读物所使用的语体。它与专门科技语体不同,以通俗性、明快性、可读性为其特征,往往用通俗的口头用语代替专门术语,句式也可灵活一些,经常运用生动形象的修辞手法,以增强作品的吸引力,提高读者阅读的兴致。

(4) 行文的逻辑性。科技语体的文章一般以将知识和道理阐释清楚为主要目标。为达此目标,务必要讲究行文的逻辑性。有的文章按照由浅入深的顺序层层剥茧,有的文章按照先总后分再总的顺序逐层展开，有的根据介绍对象各方面的重要性按照先主后次或先次后主的顺序组织结构，有的根据事物的特点按照方位或方向的顺序有条不紊地加以介绍……只有将文章的逻辑顺序安排得当了，知识和道理才能够阐释清楚，读者也才能很快接受并领会。

请仔细阅读下面的短文，以进一步体会科技语体的特点：

⑥ 2001年，时尚卓越的PC厂商Apple进军数字音频播放器市场，推出了第一台MP3随身听：iPod，其最大的特点就是它使用了移动硬盘（并非IBM公司的MICRODRIVE，而是笔记本电脑上使用的小型硬盘）来作为存储介质，5GB的大肚能装下70小时以160kbps压缩率压缩的MP3音乐，按每首歌4分钟计算，足足可以放下1 000首！这样的容量是其他的随身听难以相比的，可惜只能与使用MAC系统的计算机连接而不支持使用Windows操作系统的PC机，于是苹果于2002年一口气发布了三款iPod Windows，对应"iPod for Windows"，满足了广大Windows用户在PC机上享受Apple带来的绝妙感受的需求。

⑦ 天文医学认为：人类的许多疾病都与太阳有关。过度的紫外线侵袭，轻则使人反应迟钝，记忆力、注意力和视力均会下降，易激动、焦躁、失眠，突发感冒，促使血栓过早形成，导致早衰；重则诱发心脑血管病、白血病、皮肤癌和肺癌等25种恶疾。国外有识之士说：冬季阳光中的近紫外线给人的致命打击是全面降低人体正常免疫功能，并酿变成"病毒新变种"和"病毒连锁效应"！

⑧ 中国为纪念1840—1949年间在革命中牺牲的人民英雄，1949年中国人民政治协商会议第一届会议通过决议在北京天安门广场建立的纪念碑于1952年开始动工，1958年"五一"节落成。形式挺拔、雄伟。正面镶嵌着毛泽东题写的"人民英雄永垂不朽"8个金字，背面镌刻着周恩来书写的碑文，四面镶嵌着10块浮雕像。

浮雕设计始于1953年，由来自全国的著名雕塑家和画家参加。每件浮雕都表现一定的历史事件，10块浮雕既有独立性又有连续性，概括地表现了中国近代的革命历史。东面第1块是《烧鸦片》，表现1839年在广东虎门销毁鸦片的事件，作者曾竹韶等；第2块是《金田起义》，描写1851年1月11日广西金田农民起义，作者王丙召等。南面第1块是《武昌起义》，表现1911年10月10日武昌起义的情景，作者傅天仇等；第2块是《五四运动》，表现1919年北京青年学生运动，体现人民"外争国权，内惩国贼"的爱国热情，作者滑田友等；第3块是《五卅运动》，描写1925年上海日本纱厂因枪杀共产党员顾正红而爆发的示威运动，作者王临乙等。西面从南边起的第1块浮雕是《八一南昌起义》，表现中国共产党领导武装起义、开展武装斗争的情景，作者萧传玖等；第2块是《游击战》，描绘人民战争的游击战术，作者张松鹤等。正面的浮雕是《胜利渡长江、解放全中国》、《支援前线》、《欢迎人民解放军》3块，表现解放战争的伟大胜利，体现中国人民英勇斗争的伟大精神，作者刘开渠等。

4. 文艺语体

文艺语体的功能是运用语言塑造艺术形象，反映丰富复杂的社会生活，描绘多姿多彩的大自然，抒发感情，表现思想，使人们从中受到感染和教育，得到美的享受。文艺语体的作品包括小说、散文、特写、报告文学、随笔、诗歌、歌词、剧本、曲艺唱词等等。对文艺语体的作品，人们从文学体裁上一般分为小说、散文、诗歌、戏剧四类。从语言运用的角度看，文艺语体可分为散文体、韵文体两类。文艺语体是通过艺术形象来反映生活、表现情感的,所以它具有形象性和情感性等特征。与其他语体相比,文艺语体是表达最丰富多彩的一种语体,它不仅可以包含各种书面语体的表达方式,而且可以包含口语语体的表达方式。同其他语体比较,文艺语体在语言运用上有以下特色:

(1)用词丰富,注重形象,富有感情。文艺语体用词十分丰富,不受限制,各种语体的词语,词语的各种生动变化形式,都可运用,并且十分注重词语的感情色彩、形象色彩,通过描绘事物,抒发感情,给人以强烈的感染和特定的审美享受。比如说政论语体中讲"我热爱祖国",这样的思想在文艺语体中就可以作如下的描述:

⑨ 我是你的十亿分之一,
　　是你九百六十万平方的总和;
　　你以伤痕累累的乳房,
　　喂养了
　　迷惘的我,深思的我、沸腾的我;
　　那就从我的血肉之躯上去取得
　　你的富饶、你的荣光、你的自由;
　　——祖国啊,我亲爱的祖国!　　　　　(舒婷《祖国啊,我亲爱的祖国》)

这一例将"我"与"祖国"融为一体,并且誓用"迷惘的我,深思的我、沸腾的我"以及"我"的"血肉之躯"奉献于祖国,以换来祖国的"富饶""荣光"和"自由",表达了一种深沉的强烈的炽热的勇于献身的爱国之情。

(2)句子多样,富于变化。文艺语体为表达生动、形象、丰富的内容,会不拘一格,广泛使用各种句型、句类、省略句、变式句,一些富有创造性的句子也经常使用,其对各种句子的使用,能充分显示汉语句子的丰富多样性和机动灵活性。比如说,事务语体的通知中讲"要向群众宣传长毛兔的优越性",这在文艺语体中就可以演化成如下的生动具体的描述:

⑩"迷信!"黑娃瞥爹一眼,接着,便以一个初中生的聪明和雄辩,向爹宣传了饲养长毛兔的优越性。黑娃首先指出,兔毛是一种高贵的纤维,懂么?纤维!去供销社收购站看看吧,一两特级兔毛,明码实价两块七。一只长毛兔一次能剪一两毛,一年能剪五次,算算,四只长毛兔一年能剪出多少"两块七"?"特别的尤其是"——黑娃强调指出,母兔长到三个月就要当娘了,一个月就生一窝兔娃,一窝少说七八只,一年之中,兔娃生兔娃,兔娃的兔娃再生兔娃,找个电子计算机算算,一年能生养多少兔娃呢?兔娃满月半斤重,一只能卖一块钱,再算算,这笔收入是多少?"更加的尤其是"——黑娃进一步强调指出,长毛兔爱吃百样草,不吃粮食,冬天没青草,就吃蜀黍杆、红薯秧子。喂鸡还得舍把米,喂这长毛兔舍点啥?四两力气。　　　　　(张一弓《黑娃照相》)

从句子运用的角度看,有主谓句,有非主谓句;有完整句,有省略句;有单句,有复句;有长句,有短句;有带书面语色彩的句子,有大量的带口语色彩的句子;有陈述句,有疑问句,有祈使句,有感叹句。这些多样的富于变化的句子,参差错落,衔接连贯,表意清楚,重点突出,从兔毛、兔娃、兔饲料三个方面宣传了养长毛兔的好处,同时也使黑娃这个人物形象生动活泼地展现在我们面前。

(3)修辞手段广泛运用。文艺语体对修辞手段是开放的,没有什么限制,不管是语音方面、色彩方面,还是语汇方面、结构方面,都可在文艺语体中通过选择、调整、增删、创新而使其大放异彩。辞格在文艺语体中更能得到大量运用,各种辞格都可在文艺语体中找到适合自己的用武之地，特别是那些用于形象描绘和情感渲染的辞格，在文艺语体中更容易发挥它们的优势，辞格的连用、套用、兼用也常会出现于文艺语体中。比如说，科技语体中讲"泰山的石块有多种形状"，这在文艺语体中就可运用辞格作如下的描述：

⑪ 有的石头像莲花瓣，有的像大象头，有的像老人，有的像卧虎，有的错落成桥，有的兀立如柱，有的侧身探海，有的怒目相向。　　　（李健吾《雨中登泰山》）

这一例整体上看运用了排比，八个句子一连而下，气势非凡；再细看，前六个句子又接连运用了比喻，后两个句子又接连运用了比拟。泰山石头的多种形状，就凭借这些辞格而得以生动形象地展示在人们面前。文艺语体中的韵文体，除了具有散文体的特色之外，还十分注重语音方面的修辞，在用词造句上有时改变语序，采用与散文体不同的方式。

下面一段短文也是关于杨树的，可与事务语体的短文加以对照。

⑫ 它没有婆娑的姿态，没有屈曲盘旋的虬枝。也许你要说它不美。如果美是专指"婆娑"或"旁逸斜出"之类而言，那么，白杨树算不得树中的好女子。但是它伟岸，正直，朴质，严肃，也不缺乏温和，更不用提它的坚强不屈与挺拔，它是树中的伟丈夫。

（茅盾《白杨礼赞》）

⑬ 杨树从树枝到树根都是宝。树干做成木材可以出口，赚取外汇，它还是生产玩具和装饰房屋的优良板材。那细小的树枝看似无用了，但人们也可以将其变废为宝——细小的树枝可以被粉碎为细末，细末中再加入其他原料便可压缩成坚固的板材。杨树的生命力很强，它不需要什么肥沃的泥土。不管是房前还是屋后，只要把杨树苗朝地下一栽，不几天，它就会抽出新芽来。

5. 广告语体

广告语体是借助媒体用来宣传自我形象或推销产品的一种语体，是一种新兴的语体。广告语体不能只从语言的层面来研究，它与社会学、心理学、市场营销学、公共关系学、策划学、传播学、艺术设计包括音乐设计等密切相关，所以我们研究广告语体就必须予以适当的延伸，进行必要的联系；当然，我们研究和阐释的切入点和落脚点还应当是广告语言。

广告语体虽要充分考虑口语表达的需要，但因广告语都是经过加工提炼的艺术化了的语言，所以又可将广告语体归为书面语体。广告语体与公文语体、文艺语体存在交叉现象，可以说是艺术化了的公文语体或公文化了的文艺语体。但广告语体又有其独特的性质和特点，其特点主要表现为以下几个方面：

（1）语言要求既新颖生动又严谨得体，因为广告既要吸引人又要受广告法的制约。下面这则关于奔腾处理器的广告就做得很好。

⑭ 得"芯"应手。一部高效率的超级个人电脑，必须具备一片高性能的快速处理器，才能得"芯"应手地将各种软件功能全面发挥出来。

INTEL现率先为您展示这项科技成就，隆重推出跨时代的奔腾处理器。它的运算速度是旧型处理器的8倍，能全面缩减等候时间，大大增加您的工作效率。除此之外，它能与各种电脑软件全面兼容，从最简易的文字处理器到复杂的CD-ROM多媒体技术应用，它均可将这些软件的工作效率发挥得淋漓尽致，而它的售价却物超所值。若想弹指之间完成工作，您的选择必然是奔腾处理器。

INTEL奔腾处理器，给电脑一颗奔驰的"芯"。

（2）广告语体要求在真实、合法的基础上，还要注意修辞的技巧，力求语言生动、醒目、简洁。

⑮ 让你爱不"湿"手。（洗衣机广告）

⑯ 清新爽快，洁净肌肤，令您明丽动人！　　（福州伊贝思天然化妆品有限公司广告）

（3）为加强语言表达效果，广告语言中经常使用双关、仿词、反复、比喻、排比、对偶等修辞格。例如：

⑰ 赶走热辣辣的暑气，享受凉津津的滋味。　　　　　　　　　（电风扇广告）

⑱ 今年二十，明年十八。　　　　　　　　　　　　　　　　（白丽香皂广告）

例⑱看似无理，细想又有理。用了白丽香皂，皮肤光滑白皙，自然显得年轻。此广告语可以理解为别人对商品使用者的赞美和羡慕，也可以理解为消费者内心的自我欣赏；当然，其真正的意义指向还应是对商品"白丽香皂的夸赞"。

⑲ 说不出……说不出……说不出的感觉，情有所钟，脸儿红，心儿跳，软软的滋味，甜甜的滋味，还有心跳的滋味。如果您知我心，就该知道我心中的喜欢，知心软糖，水果滋味，软软的，令人真喜欢！　　　　　　　　　　　（仪美知心牌软糖广告）

这则广告运用了反复、对偶、排比、移就等辞格，对"知心"二字进行了情深意切的剖析，具有很强的感染力。

（4）广告语言应亲切、悦耳、动听，富有情感感染力，将受众的心理需求与现实需求有机地统一起来，让受众容易接受，容易产生共鸣，并容易将心理共鸣进一步转化为实际行动。例⑲已经具备了这样的特点，请再欣赏一则广告：

⑳（海鸥欢鸣声）

女：嘀嘀，多么熟悉的声音，

男：嗒嗒，多么亲切的呼唤。

女：海鸥表，我们可靠的朋友，

男：海鸥表，我们亲密的伙伴。

女：海鸥表，

男：计时之宝。　　　　　　　　　　　　　　　　　　　（海鸥表广播广告）

这则广告既运用了对偶、反复、拟人、夸张等辞格，而且与声音、画面有机配合，具有浓厚的人情味，应该说，其修辞效果是上乘的。

（5）广告语言可以运用搴误、争辩等手段，形成诙谐幽默的艺术效果，使人在笑声中留下深刻的印象。例如：

㉑ 甲：我要买砖机。

乙：您要买专用飞机呀？

甲：不是飞机，是制砖机。　　　　　　　　　　　　　　（某制砖机广告）

此广告语利用同音词形成了搴误，在日常生活中，人们也常会遇到这样的笑话。

㉒（5秒钟快乐的乐曲）

女：华佗无奈小虫何。

男：不对，是小虫遇上"华佗"无可奈何。

女：华佗无奈小虫何。

男：不对！不对！是小虫遇上"华佗"无可奈何！

（音响：模仿细菌、真菌等皮肤病菌的悲鸣哀音……）　　（华佗中草药皂广告）

此广告言语中,作者让对话中的女性因受古语模式的影响而老是说错话,教也教不会,令人忍俊不禁。这样,受众在轻松幽默的微笑中就记住了此则广告。

(6)广告语言应当富有韵律美,朗朗上口,易记易诵。例如:

㉓ 金星,金星,亮晶晶,电视机的一颗明星。你那绚丽的色彩,吸引着多少双眼睛。啊!彩色的金星,美丽的金星,美丽的金星!

这首广告歌,首先从商品的名字切入——"金星",顺势把金星电视机比喻为"明星"。哪儿的明星?当然是众多电视机中的明星,这就强调了金星电视机的高档、上乘。由于这则广告运用了押韵、反复等辞格,语言简短,悦耳动听,便在广大受众中,成了耳熟能详的流行歌。

(7)广告语言注意声音稍纵即逝的特点,尽量做到简洁明了,重点突出,从而给受众留下深刻的印象。例如:

㉔ 英克莱自行车,新、奇、帅! (英克莱自行车广告)
㉕ 扬起生命风帆,享受生命辉煌。 (生命口服液广告)

(8)广告语言应当新颖别致,不断创新,具有强烈的时代感。

㉖ 甜而又酸的酸奶有初恋的味儿。 (日本一酸奶广告)

此广告没有多说它的酸奶有什么特殊的营养和特殊的味道;甜而又酸,是一般酸奶都具有的味道,但是它把酸奶的味道与人初恋时的情感体验联系在了一起,这就起到了一种"移情"的作用,让人感觉既新鲜,又时尚。

㉗ 洗去人生风尘,留下美好青春。 (丽华香皂广告)
㉘ 输入千言万语,打出一片深情。 (四通打字机广告)

这两则广告既与产品性能完全吻合,也蕴含着一定的哲理,而且紧扣了"青春"、"深情"这样的时尚话题,应该说很有创意。

广告的写作十分灵活,它可以运用各种表现形式,如新闻形式、诗歌形式、议论形式、简介形式等。在当前的广告语言中也存在一些语言不通、夸大其词的毛病。由于广告宣传的范围大、流传广,这些毛病会给语言运用、社会风气带来不良影响,所以要注意提高广告用语的水平,使广告语体逐步走向规范化。

二、语言风格

语言风格是在语言交际的主客观因素的制约下由语言表达手段的诸多特点综合表现出来的风味和格调。语言风格按不同的标准可以分出不同的类别,如时代风格、民族风格、地域风格、个人风格、语体风格、表现风格等。这里着重讲表现风格。语言的表现风格是从不同侧面对综合运用语言表达手段所形成的风味和格调做出的抽象概括。这样抽象概括出的表现风格往往相反相成、相辅相成。常见的表现风格有豪放与柔婉,繁复与简约,明快与含蓄,绚丽与平实,等等。

一个人的语言的表现风格是否会呈现出一种还是以一种为主、他种为辅的形态特点,究竟会呈现出什么样的形态特点,这与一个人的知识、修养、才智、气质、性格、胸怀以及思想境界等密切相关。语言所呈现出的风味和格调方面的形态特点,表面看来是外在的东西,其实它是人的内在诸要素的综合体现,没有内在的东西,何来外在的体现?我们在注意体验语言的各种表现风格的同时,一定还要深入地想一想:你究竟喜欢哪一种表现风格?你为什么会喜欢那种表现风格?通过怎样的努力才能让自己也具备那样的表现风格?

（一）豪放与柔婉

豪放是气魄大而无所拘束之意，作为表现风格，其特点是气势雄浑、境界开阔、色彩鲜明、格调高昂、感情激荡、大气磅礴，具有阳刚之美。体现豪放风格，常运用激越昂扬的语气情调，色彩明朗、刚健有力的词语，淋漓酣畅、富有气势的句子以及铺陈夸张的修辞手法。例如：

① 海燕叫喊着，飞翔着，像黑色的闪电，箭一般地穿过乌云，翅膀刮起波浪的飞沫。

看吧，它飞舞着像个精灵——高傲的，黑色的暴风雨的精灵，——它一边大笑，它一边高叫……它笑那些乌云，它为欢乐而高叫！

这个敏感的精灵，——从雷声的震怒里早就听出困乏，它深信乌云遮不住太阳，——是的，遮不住的！

风在狂吼……雷在轰响……

一堆堆的乌云像青色的火焰，在无底的大海上燃烧。大海抓住闪电的箭光，把它熄灭在自己的深渊里。闪电的影子，像一条条的火舌，在大海里蜿蜒浮动，一晃就消失了。

——暴风雨！暴风雨就要来啦！

这是勇敢的海燕，在闪电之间，在怒吼的大海上高傲地飞翔。这是胜利的预言家在叫喊：

——让暴风雨来得更猛烈些吧！　　　　　　　　　　　　（高尔基《海燕》）

柔婉是柔和而温婉之意，作为表现风格，其特点是笔调柔和，感情细腻，表意委婉，韵味深幽，语气舒缓，具有阴柔之美。体现柔婉风格，常运用柔和曼妙的音律，娓娓动听的词语，深沉细腻的句子，委婉含蓄的修辞手法。例如：

② 就在这时，我们的小燕子，二只、三只、四只，在海上出现了。它们仍是隽逸地从容地在海面上斜掠着，如在小湖面上一样；海水被它的似剪的尾与翼尖一打，也仍是连漾了好几圈圆晕。小小的燕子，浩莽的大海，飞着飞着，不会觉得倦么？不会遇着暴风疾雨么？我们真替它们担心呢！

小燕子却从容地憩着了。它们展开了双翼，身子一落，落在海面上了，双翼如浮圈似的支持着体重，活是一只乌黑的小水禽，在随波上下地浮着，又安闲，又舒适。海是它们那么安好的家，我们真是想不到。　　　　　　　　　（郑振铎《海燕》）

（二）繁复与简约

繁复是纷繁复杂之意，作为表现风格，其特点是泼墨如水，洋洋洒洒，纵横铺写，多方刻画，如同一幅工笔画。繁复的风格，一般是词语丰赡，多方铺张，枝繁叶茂，多用叠句；修辞上常用排比、反复、博喻等辞格。例如：

③ 人们都说："桂林山水甲天下。"我们乘着木船，荡舟漓江，来观赏桂林的山水。

我看见过波澜壮阔的大海，欣赏过水平如镜的西湖，却从没看见过漓江这样的水。漓江的水真静啊，静得让你感觉不到它在流动；漓江的水真清啊，清得可以看见江底的沙石；漓江的水真绿啊，绿得仿佛那是一块无瑕的翡翠。船桨激起的微波，扩散出一道道水纹，才让你感到船在前进，岸在后移。

我攀登过峰峦雄伟的泰山，游览过红叶似火的香山，却从没看见过桂林这一带的山。桂林的山真奇啊，一座座拔地而起，各不相连，像老人，像巨象，像骆驼，奇峰罗列，形态万千;桂林的山真秀啊,像翠绿的屏障,像新生的竹笋,色彩明丽,倒映水中;桂林的山真险啊,危峰兀立,怪石嶙峋,好像一不小心就会栽倒下来。

这样的山围绕着这样的水,这样的水倒映着这样的山,再加上空中云雾迷蒙,山间绿树红花,江上竹筏小舟,让你感到像是走进了连绵不断的画卷,真是"舟行碧波上,人在画中游"。　　　　　　　　　　　　　　　　　　　　　　　　　(《桂林山水》)

简约是简略而节省之意,作为表现风格,其特点是惜墨如金,精炼干净,简明扼要,词约意丰,如同一幅写意画。简约的风格,用词精练,寓繁于简;句子精约,多用省略;修辞上讲究精警、节缩,运用白描手法。例如:

④ 江头又见新秋,几多愁?

塞草连天何处是神州?

英雄恨,古今泪,水东流。

惟有渔竿明月上瓜州。　　　　　　　　(张辑《月上瓜州·南徐多景楼作》)

例⑤这首词短短四句共36个字,却言简意赅,令人回味无穷。作者何故一见新秋、一见衰草就惆怅无限呢?原来是中原地区仍陷于金兵之手,山河破碎,年复一年,却没有收复的希望,作者能不惆怅无限吗?渔翁垂钓是假,北望中原山河是真,作者抑郁孤独、忧愤爱国之情,也只能化作随水东流的英雄泪喽!

(三) 明快与含蓄

明快是明了晓畅之意,作为表现风格,其特点是明朗爽快,辞直义畅,阅之一目了然,读之语气畅达。明快的风格,在用词上直言快语,色彩鲜明;句子比较简短,常用肯定、否定句式;修辞上常用对偶、排比等辞格。例如:

⑤ 不是我当嫂的架子大,事到如今,要拿你一把,咱为人就为到底,送人就送到家,只不过呀小秀芝,有些个话儿得先说下。头年春天,是你说人家三锁好,思想进步,干活泼辣,让嫂我出去串串门,你们要在这谈谈话。门也串啦,话也谈啦,哪知你以后又变了卦。倒不是怪你变了卦,婚姻的事儿别人当不了你的家,只是说你那颗心,不知是阵什么风眨眼间就给刮迷啦!秀芝你说说,变卦到底是为什么?　　(张志民《小姑的亲事》)

含蓄是含而不露、耐人寻味之意,作为表现风格,其特点是引而不发,含蓄蕴藉,言近旨远,余韵无穷。含蓄的风格,在用词上常用一些委婉的词语、转义形式;句子在衔接上有时有跳跃性,在表意上有时隐晦曲折;修辞上常用借代、婉曲、双关、反语等辞格,注重意在言外。例如:

⑥ "明天就要结束了……"她忽然伤感地说。

"是呀,我又要见到我的孩子们了。"他却愉快地说。

"你除此就不想到一点什么别的吗?"她忽然变得恼怒了。

"噢,想的,也想的……"他猛醒过来,嗫嚅道,脸却唰地红了,幸亏有夜色遮掩。

"不过,那不可能,不可能……"他喃喃道。

"可能的,怎么不可能……"她也喃喃道。　　　　　　　(吴雪恼《距离》)

(四) 绚丽与平实

绚丽是绚烂美丽之意,作为表现风格,其特点是辞藻华丽,文采绚烂,情思丰富,感情浓烈。绚丽的风格,在声音上追求悦耳动听,声情并茂;在用词上大量选用富丽华美的词语；在句子中多用描绘性、形容性的修饰成分；在修辞上多用生动性、形象性的手法，奇巧多变，艳丽多姿。例如：

⑦ 抬眼一看，那灰色的天幕像浸透了水一样，沉甸甸的，越坠越低，颜色也由灰变乌，更阴暗了。眨眼工夫，像有狂风从天幕后边猛吹，只见这里那里涌出一大团一大簇的乌云来。有的如有首无面的凶神恶煞、有眼无珠的妖魔鬼怪，有的如乌龙青蟒、黑熊灰猩，奔跑着、追逐着、拥挤着、翻卷着、聚拢着，好像在执行着什么攻城略地的庄严神圣而又刻不容缓的使命，大有非把敌人逐出国门并踏为齑粉不可之势。"心为物役"，我的思路也禁不住随着乌云狂奔起来。忽然，吧嗒吧嗒的声音把我的思路打断了，我看见黄豆粒大的雨点冷不丁地东一颗西一颗地摔下来，砸在水泥地上，炸开一个个小小的水花。不一会儿，雨声就由沙沙沙而刷刷刷，雨丝由断而联，由细而粗，雨大起来了。

（孙荪《云赋》）

平实是朴实无华、浅近易懂之意，作为表现风格，其特点是确切明白，质朴无华，不加修饰，清淡平易，正可谓"清水出芙蓉，天然去雕饰"。平实的风格，在用词上多用常见的浅显易懂、朴实自然的词语；句子一般不长，少用描绘性的修饰成分；修辞上注重消极修辞的手法，少用积极修辞的手法。例如：

⑧ 层积云云块一般较大，在厚薄、形状上有很大差异，有的成条，有的成片，有的成团。常呈灰白色或灰色，结构比较松散，薄的云块可辨太阳的位置，厚的云块比较阴暗。云块常呈行或呈波状排列。

层积云厚度一般从几百米到两千米。多由直径为5～40微米的水滴组成。在冬季出现的积雨云也可能由冰晶或雪花组成。

层积云在多数情况下，是由于空气的波状运动和乱流混合作用使水汽凝结而成。有时是强烈的辐射冷却而形成的。一般表示天气比较稳定，不过层积云逐渐加厚，甚至融合成层则表示天气将有变化。低而厚的层积云往往产生降水。

此段短文中虽有描写，但这种描写是为能更好地说明而服务的，整段短文明显是以说明为主——既把层积云的厚薄、形状、组成说得比较清楚，又把层积云的变化及其对于天气的影响交代得比较到位。这段短文的说明效果还是较为理想的。

练习与思考

1. 什么是语体？语体与修辞的关系如何？
2. 什么是语言风格？语言风格一般分为哪些类别？
3. 指出下列几段文字的语体类别及其特征。

（1）生物按照亲代所经历的同一发育途径和方式，摄取环境物质建造自身，产生与亲代相似的一种自身繁殖过程叫作遗传。

（2）拉开架子，他打了趟查拳：腿快，手飘洒，一个飞脚起去，小辫儿飘在空中，像从天上落下一个风筝；快之中，每个架子都摆得稳、准、利落；来回六趟，把院子满都打到，走得圆，接得紧，身子在一处，而精神贯串到四面八方。抱拳收势，身儿紧缩，好似满院乱飞的燕子忽然归了巢。

（3）人民解放军所到之处，深望各界人民予以协助。兹特宣布约法八章，愿与我全体人民共同遵守之。

(4) 只要全党紧密地团结一致,并且同人民群众紧密地团结一致,那么,我们党和党所领导的社会主义事业虽然还会遇到这样那样的困难,但总的趋势必然会日益兴旺发达。

(5) 园中的许多小品,也极具匠心。比如有一座假山,山上一挂细泉垂下,就在下面立着一个汉白玉的石雕小和尚,光光的脑门,笑眯眯的眼神,双手齐肩,托着一个石碗接水。那水注在碗中,又溅到脚下的潭里,总不能盛满碗。再如清清的小溪旁,有一只石雕大虎,两只前爪抓着水边的石块,引颈探腰,嘴唇刚好没入水面,那气势好像要吸尽百川似的。

历代文人墨客都喜爱晋祠这个好地方,山径旁的石壁和殿廊的石碑上,留着不少名人的题咏,词工句丽,书法精湛,为湖光山色平添了许多风韵。

(6) 北京话的土语很多,而现在呢,有些个,欸,也都渐渐地被淘汰了。因为,人的文化提高了,年轻人说话不照老年人那么说喽,自然改变喽。欸,特别说,过去北京劳动人民说的话,很多现在不用了。你比如说,过去吧,北京这个,不是最近演这个《茶馆》啊,过去,北京呢,大街小巷有许多的茶馆,当然,它那个电影里演的是比较大的茶馆。照北京吧,矮矮的,一两间房子,连住家带茶馆,就叫茶馆儿。

4. 请分析下面短文的语言风格。

(1) 你从雪山走来,
　　春潮是你的风采;
　　你向东海奔去,
　　惊涛是你的气概。
　　你用甘甜的乳汁,
　　哺育各族儿女;
　　你用健美的臂膀,
　　挽起高山大海。
　　我们赞美长江,
　　你是无穷的源泉;
　　我们依恋长江,
　　你有母亲的情怀。

(2) 鲁迅的第二个特点,就是他的斗争精神。刚才已经提到,他在黑暗与暴力的进袭中,是一株独立支持的大树,不是向两旁偏倒的小草。他看清了政治的方向,就向着一个目标奋勇地斗争下去,决不中途投降妥协。有些不彻底的革命者起初是参加斗争的,后来就"开小差"了。比如德国的考茨基、俄国的普列汉诺夫是明显的例子。在中国这等人也不少。正如鲁迅先生所说,最初大家都是左的,革命的,及到压迫来了,马上有人变节,并把同志拿出去献给敌人作为见面礼。鲁迅痛恨这种人,同这种人做斗争,随时教育着训练着他所领导下的文学青年,教他们坚决斗争,打先锋,开辟自己的路。

(3) 当你坐在飞机上,看着我们无边无际的像覆盖上一张绿色地毯的大地的时候;当你坐在汽车上,倚着车窗看万里平畴的时候;或者,在农村里,看到一个老农捧起一把泥土,仔细端详,想鉴定它究竟适宜于种植什么谷物和蔬菜的时候;或者,当你自己随着大伙在田里插秧,黑油油的泥土吱吱地冒出脚趾缝的时候,你是否为土地涌现过许许多多的遐想——想起它的过去,它的未来,想起世世代代的劳动人民为要成为土地的主人,怎样斗争和流血,想起在绵长的历史中,我们每一块土地上面曾经出现过的人物和事迹,他们的痛苦、愤恨、希望、期待的心情？

　　有时，望着莽莽苍苍的大地，我骑着思想的野马奔驰到很远很远的地方，然后，才收住缰绳，缓步回到眼前灿烂的现实中来。

　　(4) 来到集上，见范进正在一个庙门口站着，散着头发，满脸污泥，鞋都跑掉了一只，兀自拍着掌，口里叫道："中了！中了！"胡屠户凶神似的走到跟前，说道："该死的畜生！你中了甚么？"一个嘴巴打将去。众人和邻居见这模样，忍不住地笑。不想胡屠户虽然大着胆子打了一下，心里到底还是怕的，那手早颤起来，不敢打到第二下。范进因这一个嘴巴，却也打晕了，昏倒于地。众邻居一齐上前，替他抹胸口，捶背心，舞了半日，渐渐喘息过来，眼睛明亮，不疯了。众人扶起，借庙门口一个外科郎中的板凳上坐着。胡屠户站在一边，不觉那只手隐隐地疼将起来；自己看时，把个巴掌仰着，再也弯不过来。自己心里懊恼道："果然天上'文曲星'是打不得的，而今菩萨计较起来了。"想一想，更疼得狠了，连忙问郎中讨了个膏药贴着。

　　(5) 盼望着，盼望着，东风来了，春天的脚步近了。

　　一切都像刚睡醒的样子，欣欣然张开了眼。山朗润起来了，水涨起来了，太阳的脸红起来了。

　　小草偷偷地从土里钻出来，嫩嫩的，绿绿的。园子里，田野里，瞧去，一大片一大片满是的。坐着，躺着，打两个滚，踢几脚球，赛几趟跑，捉几回迷藏。风轻悄悄的，草软绵绵的。

　　桃树、杏树、梨树，你不让我，我不让你，都开满了花赶趟儿。红的像火，粉的像霞，白的像雪。花里带着甜味儿；闭了眼，树上仿佛已经满是桃儿、杏儿、梨儿。花下成千成百的蜜蜂嗡嗡地闹着，大小的蝴蝶飞来飞去。野花遍地是：杂样儿，有名字的，没名字的，散在草丛里像眼睛，像星星，还眨呀眨的。

　　(6) 目前世界上第一台光脑已由欧共体研制成功，这是一台全光数字计算机，其运算速度比电脑快一千倍。

　　光脑和电脑的工作原理基本一样，所不同的是光子代替了电子；光互连代替了电子导线互连；光开关、光三极管、光存储器、反馈装置和集成光路等部件，代替了电脑中的电子硬件；用光运算代替了电运算；用非冯·诺伊曼结构代替了冯·诺伊曼结构；从而使光脑中的功能为电脑所望尘莫及。

　　光脑具有超并行性。目前最新的并行处理电子计算机常具有NXI的并行性，其结构和运行极为复杂，速度和精度也相当低。光脑则不同，它不仅具有NXI的并行性，还具有并进通信和并行处理能力强、可用简单的运算去处理大阵列的特点。

　　光脑可在接近室温条件下具有超运算速度。电子的传播速度每秒只能达到593公里，而光子的速度每秒30万公里，因此利用光在光缆中互联通信要比利用电子在互连的导线中通信减少大量的时间，提高了运算速度。同时超高速电脑的计算器件只能在极低的温度下工作，而光脑则可以在接近室温下进行超高运算。其运算速度之快，还在于光的频带远大于无线电波和微波，具有极大的信息存储量，存储量可达108位。

　　光脑抗干扰能力强。光脑靠光子传播信息，光电子没有带电荷，对其他邻近的光子和电子毫无影响。所以光信号不仅不相互干扰，而且可以与电子控制信号交叉，此外光脑容错性能好，具有与人脑类似的容错性，系统中某一元件损坏或出差错时，并不影响到最后的结果。

参考书目

1. 吕叔湘. 现代汉语八百词［M］. 北京：商务印书馆. 1980.
2. 吕叔湘. 汉语语法分析问题［M］. 北京：商务印书馆. 1998.
3. 胡裕树. 现代汉语［M］. 上海：上海教育出版社. 1995.
4. 黄伯荣，廖旭东. 现代汉语［M］. 增订5版. 北京：高等教育出版社. 2011.
5. 邢福义. 现代汉语［M］. 北京：高等教育出版社. 1993.
6. 邢福义. 汉语语法三百问［M］. 北京：商务印书馆. 2002.
7. 马真. 简明实用汉语语法教程［M］. 北京：北京大学出版社. 1998.
8. 倪宝元. 汉语修辞新篇章［M］. 北京：高等教育出版社. 1992.
9. 倪宝元. 大学修辞［M］. 上海：上海教育出版社. 1994.
10. 倪祥和，裘荣裳. 新语法体系详解［M］. 合肥：中国科学技术大学出版社. 1993.
11. 张登岐，秦礼君. 现代汉语修辞专题［M］. 北京：海洋出版社. 1992.
12. 张登岐. 现代汉语［M］. 北京：高等教育出版社. 2005.
13. 宋庆山. 应用汉语［M］. 合肥：合肥工业大学出版社. 2005.
14. 陈望道. 修辞学发凡［M］. 上海：上海教育出版社. 1979.
15. 陈望道. 陈望道修辞论集［M］. 合肥：安徽教育出版社. 1985.
16. 王希杰. 汉语修辞学［M］. 北京：北京出版社. 1983.
17. 王希杰. 修辞学新论［M］. 北京：北京语言学院出版社. 1993.
18. 姚殿芳，潘兆明. 实用汉语修辞［M］. 北京：北京大学出版社. 1987.
19. 李裕德. 新编实用修辞［M］. 北京：北京出版社. 1985.
20. 王德春，陈晨. 现代修辞学［M］. 南昌：江西教育出版社. 1989.
21. 程希岚. 修辞学新编［M］. 长春：吉林人民出版社. 1984.
22. 江南. 汉语修辞的当代阐释［M］. 北京：中国矿业大学出版社. 2001.
23. 胡习之. 语言交际美学［M］. 北京：中国文联出版社. 2000.
24. 赵宏. 广告言语艺术［M］. 北京：中国经济出版社. 2004.
25. 曹炜. 广告语言学教程［M］. 广州：暨南大学出版社. 2009.

后 记

　　现代汉语是汉民族的母语，也是中国各族人民的官方语，还是世界各地华人的交际语。就世界范围而言，各个国家学习汉语的人也越来越多，现代汉语有可能成为中国人民与世界各国人民友好交往的通用语。

　　对于使用现代汉语的人们来说，现代汉语不仅与他们的生活息息相关，而且与他们的工作密切相关，与现代信息技术密切相关。能不能学好现代汉语，实在会影响到一个人的生活质量和生存状况。

　　编写本教材的主要宗旨，一是想为现代汉语的规范化做出自己应有的贡献，二是想为高职高专的现代汉语教学奉献出自己的微薄之力，三是想为尽快提高人们的文化素质和文明程度而起到积极的推动作用。

　　本教材基本上做到了以下几点。

　　1. 通俗性：由于本教材是专为应用型本科及高职高专的学生编写的，所以适度降低了理论层次，尽量避开了学术争论，让表述和示例尽量贴近学生，做到了行文流畅，通俗明了，方便阅读，易于自学。

　　2. 实用性：在教材内容的处理上，尽量将学生难于理解或容易混淆的地方，讲清讲透；而对学生今后的生活和工作有用的地方，则不惜笔墨。此外，本教材还尽量多列举一些富有代表性的示例，以帮助学生理解。在设计章节之后的"练习与思考"时，也尽量做到题型新颖、题量丰富，富有针对性和实效性，有利于提高学生理解语言和应用语言的实际能力。

　　3. 系统性：不管教材的深浅难易程度如何，也不管教材中融入了哪家观点，作为一本教材，都应当做到前后照应，严谨有序，互不抵牾，自成系统。教材按照绪论、汉字、语音、语汇、语法、修辞的顺序编写，既考虑到了知识的系统性，也考虑到了学习的渐进性，还考虑到了与计算机操作技能的结合问题，这样更有利于教与学。

　　亳州师范高等专科学校的胡利华老师，阜阳师范高等专科学校（筹）的桑春燕、王子英老师，淮北职业技术学院的刘红松老师，阜阳职业技术学院的徐玲、周安、刘牧老师都参与了本教材的编审工作，承担了一定的编校任务。大家彼此协作，倾心互助，收到了边编撰、边探讨、边学习的理想效果。本教材是各位专家集体智慧的结晶。

　　在编写本教材的过程中，本人曾得到许多同人和前辈的指导与帮助，得到许多领导和朋友的关心与支持，在此表示诚挚的谢意。

　　倪祥和老师是一位德高望重的前辈，也是对我影响最大的恩师。他的人品和学识我已铭刻在心，并将终身受益。不管是在大学学习期间，还是在后来的工作期间，本人遇到难解的问题，总喜欢向倪老师请教，与倪老师促膝探讨。在这次编写教材的前前后后，倪老师不吝赐教，给予了多方面的指导和帮助；不仅如此，倪老师还克服身体欠安、不便提笔的困难，亲自为本书撰写了热情洋溢的前言，实在令人感动不已。

阜阳师范学院的王绍峰老师、胡习之老师，既是我的朋友，也是我的同人，他们也从体例、内容等方面提出了许多宝贵的意见和建议。

阜阳职业技术学院的许多领导和同事都曾为本教材的编写工作，给予过热情的关心和大力的支持。

本教材参考了许多专家的专著和论文，吸收了他们的观点和见解。由于在编写的过程中，都给予了这样或那样的处理，所以不便一一标明，还请各位专家多多谅解。

尽管编写本教材的初衷是好的，但由于本人才疏学浅、能力有限，所以不足之处在所难免；恳请各位专家和学者批评指正，以使该教材更臻完善。

2008 年 3 月 10 日